朱有志　郭钦　主编

湖南近现代实业人物传略

湖湘文库编辑出版委员会

中南大学出版社

出 版 说 明

湖湘文化源远流长，博大精深，是中华文化中独具地域特色的重要一脉。特别是近代以来，一批又一批三湘英杰，以其文韬武略，叱咤风云，谱写了辉煌灿烂的历史篇章，使湖湘文化更为绚丽多彩，影响深远。为弘扬湖湘文化、砥砺湖湘后人，中共湖南省委、湖南省人民政府决定编纂出版《湖湘文库》大型丛书。

《湖湘文库》编辑出版以“整理、传承、研究、创新”为基本方针，分甲、乙两编，其内容涵盖古今，编纂工作繁难复杂，兹将有关事宜略述如次：

一、甲编为湖湘文献，系前人著述。主要为湘籍人士著作和湖南地区的出土文献，同时酌收历代寓湘人物在湘作品，以及晚清至民国时期的部分报刊。

二、乙编为湖湘研究，系今人撰编。包括研究、介绍湖湘人物、历史、风物的学术著作和资料汇编等。

三、乙编中的通史、专题史，下限断至1949年。

四、甲编文献以点校后排印、据原本影印及数据光盘三种方式出版。

五、除少数图书以外，一律采用简体汉字横排。

六、每种图书均由今人撰写前言一篇。甲编图书前言，主要简述原作者生平、该书主要内容、学术文化价值及版本源流、所用底本、参校本等。乙编图书前言，则重在阐释该研究课题的研究视角和主要学术观点等。

七、对文献的整理，只据底本与参校本、参校资料等进行校勘标点，对底本文字的讹、夺、衍、倒作正、补、删、乙，有需要说明的问题，则作出校记，一般不作注释。

八、甲编民国文献中的用语、数字、标点等，除特殊情况外，一般不作改动。乙编图书中的标点、数字用法、参考文献著录规则等均按现行出版有关规定使用和处理。

《湖湘文库》卷帙浩繁，难免出现缺失疏漏，热望社会各界批评指正。

《湖湘文库》编辑出版委员会

前 言

自古以来，湖南以农业著称，但工商业的发展也不容小视，同样有着光荣的历史。蔡侯纸，铜官陶，享誉汉唐。洞庭客商与晋商、徽商齐名，风光了大半个中国。“湖广熟，天下足”的美誉，记载着几千年农耕文明中湖南的热闹与繁华。近代以降，随着湖南逐渐被卷入资本主义商品经济的大潮，一批具有卓越才能的湖湘实业人物顺时而生，他们不甘落后，自强不息，积极发展民族经济，向世人展示了湖南人杰出的经济才能和超人的经济智慧。

一

近现代湖南，军政人才浩如繁星，举世瞩目，其经济人才也同样光彩夺目。

嘉道年间，两江总督陶澍“大度领江淮”，改漕政、倡海运、行盐引、自铸银，实行“海代河”、“商代官”、“因商用商”，促进南北交流，推引自由贸易，进行币制改革，被誉为“中国近代经济改革的先驱”。

同光时期，曾国藩、左宗棠不仅以军功著称于世，而且把魏源的“师夷长技”付诸实践，倡导了洋务运动，建立了中国第一批近代新式工业企业，堪称中国近代工业兴起的拓荒者。

维新期间，陈宝箴这位“识力恢闳、肇开风气”的赣籍湘抚，以“惟天下非常之变，必有度外之举”的改革气魄在湖南“通商惠工，百废俱举”。一时间，湖南境内开矿局、办交通、投资设厂、改良农业之风蔚然兴起，成为晚清改革的模范地区，成为在全国“最富朝气”的省份。湖南近代工业化正是于此间开始了不凡的起步。

“第一流人才”熊希龄是晚清民初一位颇有影响力的政治经济人才。他参与筹组了湖南最大的内河航运公司鄂湘善后轮船局，还创办了湖南瓷业学堂，促使湖南的瓷器业一度领先全国。另外，熊希龄还任过清朝东北奉天农工商局局长、江苏农工商局总办、奉天盐运史、奉天造币厂总监和民国财政总长、内阁总理等职，为晚清民初全国经济的发展作出了贡献。

民国建立，黄兴风尘仆仆地回到湖南，宣传、倡导实业建设。他除提出湖南实业建设必须路矿先行、农工商并举之外，还身体力行，与湖南实业界人士一同创办了湖南五金矿业股份有限公司、中华汽船有限公司等多种实业团体。在展望未来湖南农工商业的发展时，黄兴曾豪情满怀地预言：“湖南土地肥沃，农为极盛，矿产甲于全国，工值极为低廉。以湖南之资，从农工商上努力进行，自不难为民国模范。”

毛泽东更是系统地提出了中国共产党在新民主主义革命时期的三大经济纲领，它的实行使中国逐步建立起新民主主义的社会经济制度并逐步向社会主义经济制度转变。

二

在近代中国，还有一批闻名海内外的湘籍实业人物。

长沙人朱昌琳是晚清湖南商业巨擘，其经营的米谷、淮盐、茶叶三大商业项目成为晚清湖南商业贸易的支柱。他灵活地把治国之方用于商业贸易，按物产产销流转方向，在安化、汉口、泾阳、西安、兰州、塔城等地设置分庄，分段负责收购、转运、加工、销售工作，各司其职，成效很大。朱昌琳还有儒商风度，一边从事实业，一边热心慈善事业。他专门设有“保节堂”、“育婴堂”、“施药局”、“麻痘局”等慈善机构，并拨付专项资金支付办义学、发年米、送寒衣等常年慈善项目，他还先后捐巨资 13 万元，历时 10 年修浚了长沙新河，1899 年又捐资修建平江长寿街麻石路面，体现了湖南商人的“儒商”风范。

宁乡人廖树蘅是湖南早期矿业先驱之一，他经营水口山矿前后 8 年，盈利银元 600 万两。后由其子廖基植等人接办水口山矿，前后 16 年，投资银元 119 万两，陆续采用更为新式的西方采矿技术，逐渐装设锅炉、抽水机、吊车、铁轨等，获利也在银元 600 万两以上。

湘潭人梁焕奎是清末民初湖南矿业界又一位代表性人物，他虽然双目失明，但为了维护民族利益，毅然通过变卖妻子首饰等多种渠道筹措资金开办了华昌炼锑公司。华昌炼锑公司使用当时世界上最先进的炼锑技术，拥有炼锑专利，自置轮船和自修铁路以运送锑矿及其产品，在上海和纽约都设有分销处，直接进行国际贸易。梁焕奎也因此有“锑业大王”之美誉。

20 世纪 20 年代，擅长国际贸易的长沙人李国钦自任董事长兼总经理，直接在美国纽约设立华昌贸易公司，同时在国内天津、上海、长沙、青岛等地设立分支机构，其经营活动遍及北美、南美、东南亚和南亚地区；他从国内收购钨、锑、锡等矿产品，桐油、猪鬃、麻黄草等农副产品销往美国，又将美国的机械、化工、采矿、纺织、炼钢等工矿设备与钢材等工业品输入中国，沟通了中美之间的贸易渠道。二战前后，他被聘为美国政府战略物资顾问，曾任纽约五金同业公会主席、美国中华协会董事兼副会长，成为当时华人在美商界最著名的人物之一。他还获得巴西、意大利、泰国等国政府相继颁发的"南十字座"勋章、"最高荣誉勋章"和"王冠勋章"等。李国钦逝世后，美国政府为表彰他的功绩，将他的名字镌刻在纽约港口的自由女神像基石的铜牌上，还将他的肖像悬挂在美国国会图书馆，永志纪念。

在20世纪初的上海，实业界可以说无人不知衡山人聂缉椝、聂云台父子。黄浦江边的恒丰纱厂是聂家的骄傲，也是20世纪初中国最大的民营棉纺厂。除此之外，聂家主持或参股的还有大中华纱厂、大通纺织股份有限公司、华丰纺织公司、中美贸易公司、中国铁工厂等企业。聂家企业的发展，使聂云台成为工商界风云一时的人物，一度成为上海总商会会长、全国纱厂联合会副会长，被工商界誉为"纺织界泰斗"。

中国化学工业之父是湘阴人范旭东。他早年就立下志向，要走"工业兴邦、科学救国"的道路。民国建立后，在日本帝国大学工作的范旭东抱着实业救国的理想，毅然回国，投身于祖国的化学工业，在中国化学工业史上创造了诸多第一：1914年创立了中国第一家现代化工企业——久大精盐公司；1919年创立了亚洲第一座纯碱工厂——永利化学公司碱厂；1922年建立了独立的中国第一家专门的化工科研机构——黄海化学工业研究社；1935年"黄海"试炼出中国第一块金属铝样品；1937年他建立的中国首座合成氨工厂——永利南京硫酸厂生产出中国第一批硫酸铵产品，此厂逐渐发展成为远东第一大厂。范旭东逝世后，毛泽东主席在其遗像前亲笔题写"工业先导，功在中华"8个大字。

永顺人李烛尘与范旭东一样同怀“实业救国”的理想，在日本留学后毅然回到祖国，应范旭东之约，共同开拓中国的化学工业。李烛尘本着“工商并举、科研并进、分文必争、分秒必争”的经营方针，以“大企业要有大企业管理制度”的思想，实行严管理、大经营。他率先在久大精盐厂、永利碱厂实行8小时工作制，并兴建职工医院、职工食堂、职工宿舍、明星小学等服务全厂职工，这种做法在当时是非常罕见和难得的。正是这种严经营大管理，使中国的化学工业发展走在亚洲的前列。李烛尘是我国民族工商业家的楷模。

……

三

历史是有继承性的。中国近现代史上这些湘籍实业人物的业绩，不应该随着他们退出历史舞台而烟消云散，而应该永远成为后世的精神财富。为湘籍实业人物作传，就是为了展示他们的经济智慧，学习他们革新创造、求实进取的精神以及高超的管理才能、经营艺术，同时也吸取他们成功的经验和失败的教训。

本书立传的对象主要是1840—1949年中国近现代史上有代表性和影响力的湘籍实业界人物，以期通过回顾传主们的实业活动，展示出他们在工业、矿业、商业、金融业、交通运输业以及手工业等实业中的经营决策、生产管理、产品销售、技术创新等方面的丰富经验，总结出他们创办实业活动的特点，特别揭示出他们不甘落后于人、奋力振兴中华的精神。某些实业家的生平跨越1949年，其创办实业的主要经济活动在1949年以前，也选入本书。全书顺序编排，大体以人物主要的实业活动先后时间为序。

本书虽然是一部人物传记，但与一般人物传记有所不同，本书只选择传主从事实业活动的事迹历史地、具体地予以记述，对于传主其他方面的事情则略而述之。

需要说明的是，本书也选取了一些政治人物的实业活动，如参与企业活动较多的曾国藩、左宗棠、刘坤一等晚清洋务重臣，他们在军政方面的是非功过姑且置之不论，但作为最早一批放眼世界的识时务者，他们积极倡导师法西方科技，创办近代军工和民用企业，对推动我国新的生产力发展是起过重要作用的。

同时需要说明的是，有关湘籍实业人物的事迹散见于各种文史资料等材料中，虽有一些学者对某些人物做过系统的整理和研究，但大多数实业人物传世材料或者不够全面，或者阙如。因此，本书斟酌使用了部分访谈史料和传主后人提供的材料，在此一并致谢。对一些重要但又难以写成完整传记的实业人物，则集中放在卷末的附录之中，以尽量保持该书的全面性。尽管如此，由于编著者的见识所限，肯定还有许多符合本书编撰体例的实业人物未收录进来，对此只能表示遗憾，也请读者见谅。因此，从某种意义上说，这项工作还是初步的，但愿能够起到抛砖引玉的功效。

本书是一项集体合作的成果，在撰写过程中得到《湖湘文库》编委会同志的诸多指导。参与撰写本书的作者有：郭钦、张衢、张江洪、毛健、马延炜、周亚平、王国宇、王安中、闵群芳、梁小进、岑生平等同志。本书人物名单主要由郭钦、余应彬、闵群芳提供。概述为郭钦所写。王国宇、郭钦、马延炜协助我进行了统稿工作。

四

末了，我仍然要说——编纂此书，决非一时心血来潮。记得9年前的2001年，我们在研究历史所工作时，大家在畅谈历史所当年因以《湖南通史》开地方社会科学院编写地方通史的先河而享誉全省乃至全国社会科学界时，同志们论到，在以经济建设为中心的今天，若要拉长历史所的成果链，将历史的成果作逻辑的延伸，则需要深入研究湖南的经济史，以便为今天的湖南经济发展提供经验，为今天的湖南经济人才启智开慧！

认识到了这一层面，思想便很快统一：将《湖南经济通史》列入院重点课题，不久就成了院里的决策。

尔后，组织班子，分题研究是题中应有之义。记得在这一"行程"中，参加研究的历史所同志们不论是在写《当代湖湘文化应该实现10大转换》，还是在写《湖南人要充满经济自信》，不论在参与写《湖南非公有制经济三十年》，还是参与写《湖南在当代中国的战略地位》，都成了他们改善知识结构、积累经济史料、加深经济观念、打牢专业基础的必要环节。

值得一提的是，约在5年前，因感于政治家在经济发展史上的特殊作用，盘及湖南近代史上有哪些政治家对湖南工矿企业的发展有突出贡献时，郭钦特别地将曾在湖南主政的陈宝箴介绍出来，随之又选了8篇关于研究陈宝箴促进湖南工矿企业发展的由外省学者在外省刊物上发表的文章给我参阅。其时，我颇受触动，感慨道：我省应有这类研究本省实业家或政治家兼实业家的人才和成果才好！

当场，郭钦告诉我，历史所的余应彬、闵群芳此前曾做过这方面的课题研究，也发表过相关文章，积累了这方面的资料，郭钦他自己也在开始这方面的研究，并陆续写出了一些文章发表。

2006年，湖南省委、省政府组织实施的大型文化工程《湖湘文库》正式启动，并列入了《湖南近现代实业人物传略》专题，其编写任务便理所当然地由我院历史研究所承担起来。所以，我欣然表示赞赏和鼓励！

在湖南经济已迈入万亿元俱乐部的时刻，在湖南经济连续两年稳居全国十强的今天，在湖南工业对省GDP的贡献率已达50%以上的时期，我们编写这部《湖南近现代实业人物传略》，记载他们的做法与成就，书写他们的喜悦与苦恼，挖掘他们的经验与教训，陈述他们的局限与不足，颂扬他们的功绩与精神……难道只是为了弄出一本书？难道只是为了想起一些人？

显然——

过去的只能说明过去！

我们的目标是指向将来！

朱有志

2010年10月于长沙浏阳河畔德雅村

目 录

附录一:

附录二:

概　述

一

早在公元前1500年左右，湖南就已进入青铜器时代。隋唐五代，长沙铜官窑生产的釉下彩瓷器远销10多个国家。五代时期，长沙茶叶贸易盛极一时。宋代，冶炼、陶瓷、纺织、造船、造纸和酿酒业在工业水平上都有新突破，“长沙十万户，游女似京都”是都市繁荣的体现。明代，湘潭号称“小南京”，成为湖南商贸中心。清代，长沙成为中国四大米市之一，中国五大陶都之一。工商业发达，自有能工巧匠、经营奇才辈出，遗憾的是，古代这些能工巧匠、工商业人士大都湮没在历史的长河中，鲜为人知。

近代以降，由于外国资本主义入侵，中国从沿海到内地逐渐被卷入到资本主义经济体系之中。对于处于内陆的湖南而言，近代初期受外国资本主义的影响相对较小。19世纪四五十年代，全省各地仍然主要是以小农业与家庭手工业相结合的自然经济，工业仍以生产传统的手工艺品为主，商业贸易仍局限于粮食、茶叶、木材、桐油等农林产品贸易，此时从事此类经济活动者仍然是传统工商业人士，还不是近代意义上的实业人士。

咸丰、同治年间，为镇压太平天国运动，湘军兴起。首先，湘军军需的巨大需求，促使湖南农产品大规模商品化，最为突出的是数10万湘军衣食两项所致的布、米市场，朱昌琳就是这一时期经营布、米的著名商人。其次，巨大的军火需求刺激了手工业的发展。一时之间，长沙、湘潭、衡阳等地冶炼、采煤、锻造、造船等手工业作坊大规模发展。如湘潭苏钢坊发展到40余家，湘乡商人周岳山雇工300余人，建土炉百余座炼铁，湘潭熬硝户大增至30余家，湘乡采硫业达于全盛。1853年，湘潭水师造船厂建于杨梅洲，一时杨梅洲一带造船业获得迅速发展。同年，宝庆人杨成贤兄弟在长沙太平街开设"杨隆泰"钉子铺，经营手工锻造的各种铁钉，同时为湘军提供造船等器械所用铁钉，一时生意兴隆，获利颇丰。

洋务运动期间，因军事的需要，湘籍清朝官员或与其密切相关的人物开始了近代实业活动。1861年曾国藩创办了安庆内军械所。此后，左宗棠在福州、西安、兰州、新疆等地陆续开办了一批近代军事工业、民用企业。刘坤一则在广东、上海等地或筹办或支持开办了一批近代军事、民用企业。但是，湖南省内由于思想保守，暮气沉沉，除了巡抚王文韶在1875年试办过湖南机器制造局外，以机械化为特征的近代化工业在省内几乎没有。因此，到甲午战争前，除了一些早期商业资本家外，湖南几乎没有近代产业性质的实业人物。

19世纪90年代，中日甲午战争爆发，中国大败，湖南士气被激发起来。湖南巡抚陈宝箴慨然以开化湖南为己任，与黄遵宪、江标、谭嗣同等一批开明官绅倡办新政，广辟利源，创设湖南矿务总局以开发全省矿产，又创设电报、轮船、枪弹厂、制造公司等，各项维新活动蓬勃兴起，湖南近代工业得以艰难起步，逐渐成为全国最有生机、最引人注目的一个省。这些近代工矿业，除一部分由原来的商办手工业作坊和小矿窑发展而来以外，还有三种形式：一是“官办”，不招商股；二是“官督商办”，官不入股，由商请办；三是“官商合办”，官商都入股。湖南早期近代工业主要的代表性企业有善记和丰火柴股份公司、湖南宝善成机器制造公司、湘裕炼锑厂、履和裕锑矿、裕湘机器厂、鄂湘善后轮船局、水口山铅锌矿、新化锡矿山锑矿、益阳板溪锑矿等。这些官办、商办企业，为湖南培养了第一批近代工业人才和实业人物，朱昌琳、廖树蘅、梁焕奎、蒋德钧、张通典、黄修元、张祖同、杨巩、姜华林等是其中的杰出代表。

1899 年岳州开埠，1901 年清政府宣布实行新政，1904 年长沙开埠，1905 年湘潭成为“寄港地”，这些内外因素给湖南近代工商业的发展带来了巨大的影响。岳、长开埠，大大便利了外国资本主义掠取湖南原料和倾销其商品，客观上也刺激了湖南城乡商品经济的发展和实业人物的产生。清末新政，也给湖南民族资本主义发展带来相对宽松的环境。1903—1906 年，湖南共创建路、矿、厂、航企业 104 家，总投资 1704.4 万银元，比戊戌维新时期大为增长，其中绝大部分属商办性质，改变了陈宝箴当政时期以官办为主的状况。

1903 年，湘乡人禹之谟在湘潭县创办湘利黔织布局，为湖南近代机织业之始。1908 年，梁焕奎兄弟将 1899 年接办的久通公司扩充，改组为华昌炼锑公司，在长沙南门外西湖桥设立炼锑厂，开始提炼纯锑。1909 年，陈文玮、李达璋、饶祖荣等人发起组织“湖南电灯股份有限公司”，湖南电业也发展起来了。这些公司的发起人成为湖南较早的一批民族资本家。除了上述大企业外，一些地主、绅士和商人，或投资一些中小企业，或附股于铁路公司和矿务总公司成为中小股东，借此也跻身于民族资产阶级行列。1906 年，反映民族资产阶级经济利益的完全商办的湖南商务总会也成立了，曾任淮盐公所总董的郑先靖为第一、二任会长，“急图抵制”外商从而创办湖南电灯公司的陈文玮、长沙交通业巨头龙璋分别为第三、四任会长。1910 年，湖南工业总会问世，表明湖南近代实业人士的队伍大大壮大了。

民国初年，振兴实业成为民族资产阶级的一大口号，加上正值第一次世界大战风雨欲来之际，欧美各国无暇东顾，暂时放松了对中国的经济侵略，而此时主政湖南的谭延闿都督也把促进湖南工矿商业的发展作为其督湘的重要举措，受其影响，一时全省新的工商企业如雨后春笋般涌现。这种民族工业蓬勃发展之势直至欧战结束后方止。这一时期，著名的工矿实业有谭延闿亲自发起组织的洞庭制革股份有限公司，黄兴和龙璋等人创建的中华汽船公司，吴作霖创办的经华纱厂(1913 年收归省办后更名为湖南第一纱厂)，舒百瑶创办的湘潭惟一膏盐股份有限公司，黄雁九集资成立的湘潭大明电灯股份公司等。欧战结束，因帝国主义重新加紧对华侵略，国内军阀混战造成社会动荡等原因，近代湖南工矿业急剧衰落，这种状况一直延续到 20 世纪 20 年代末才有所改变。

20 世纪 30 年代，湖南境内政局相对稳定，工矿、交通、运输和对外贸易都逐渐得到恢复和发展。湖南民族工业在纺织、机械、冶金、运输等领域都有发展，对外贸易也进入最好时期。轻纺工业，除原有的湖南第一纱厂外，丁鹏翥 1920 年创办的华新羽绒公司进一步扩大；潘岱青 1925 年扩建的菲菲制伞商社等轻工业继续发展；羽绒制品和“菲菲”纸伞还远销日本、英国、东南亚和港澳等地。在交通运输方面，彭六安所经营的航运业也从小到大，扩展迅速。

抗日战争爆发之初，湖南地处后方，沿海及沦陷地区人员、游资、工厂后撤，长沙是主要终点和中转站之一，省会长沙成为繁荣仅次于重庆的战时经济枢纽。如百货大户“大德昌”、“大五洲”、“裕阜长”等，绸布业大户“大盛”等，均从沪杭大量进货运抵长沙。“文夕大火”之后，湖南战时经济中心沿交通线向湘潭、衡阳、湘西转移，湘潭、衡阳、湘西的商贸一度极为繁荣。

战时工厂内迁，湖南运输业进入繁荣时期，“永福隆”、“南通”、“同安”、“建安”、“信丰”等业务繁忙，湘渝川水陆联运也十分发达，如彭六安联合民生公司抢运物资即是一例。战时湖南经济发展的另一特征是轻工业发展迅速，首先是纺织工业大扩展，长沙木织机有400架，铁架机100架，从业工人数千人。其次是烟草业发达，比较著名的有长沙锦大烟行总经理肖哲生等人开设的华中烟草股份公司；彭虞阶于1927年创设的华昌卷烟厂（湖南第一家机制卷烟厂）到抗战时一度迁宝庆，后迁回长沙望城坡更名为复兴卷烟厂，有更大的发展。

抗战胜利后，湖南民族工业得以再度兴起。以长沙为例，长沙炼锌厂复工，长沙纺织厂和利华橡胶厂先后投产，天伦造纸厂开始机制纸生产。但不久内战爆发，国民党百般课税，湖南的实业人士虽设法经营，仍不免陷入困境之中。

1949年8月以后湖南各地相继解放。湖南新政府一方面宣传中国共产党的工商政策，鼓励各业积极复业；一方面发动各界爱国人士，如向德（新华工厂厂长）、曾诚意（利华橡胶厂厂长）、熊伯鹏（长沙碾米业同业公会理事长）等在工商业者中做工作，开展复业活动，私营工商业开始恢复。此后随着国有企业的逐渐建立和社会主义工商业改造的完成，旧时代的实业家们走上了社会主义道路。

二

工业化是现代化最明显的特征，资源开发则为工业化的起点。湖南矿产丰富，号称“中国有色金属之乡”。中国的锑矿产量为世界的70%，居首位，而湖南的产量则为全国的90%。另外，铅、锰、钨、锌、锡、煤等储量也在全国占有重要地位。历史资料显示，明代时湖南矿产就很发达，只是限于技术以及用途不广等原因，时兴时辍，直至近代甲午之前，也未见规模之厂矿。甲午战争之后，湖南巡抚陈宝箴从自强和利于国计民生出发，1896年4月正式设立湖南矿务总局，组织开采矿产资源，如常宁水口山铅锌矿，平江黄金洞金矿，新化锡矿山锑矿，益阳板溪锑矿等。从这里走出了湖南矿业的早期实业家，代表人物有梁焕奎兄弟、廖树蘅和廖基植父子、张通典、黄修元、蒋德钧等。

梁焕奎，湘潭人。1896年任湖南矿务总局文案。受维新思潮影响，致力于发展湖南矿业。1899年筹集资金接办益阳板溪锑矿，将其改组为久通公司。1908年在长沙南门外西湖桥成立华昌炼锑公司，任董事长，使用世界上最先进的炼锑技术，市场急剧扩大。为了保持技术优势和夺取更大的市场，华昌公司向清朝商部申请专利10年。所出纯锑质量超过美国。他自置轮船，开行省内外，运输产品和原料。在益阳板溪自修铁路40余里，购置火车输送锑矿品。华昌公司总资本最多时达银300万两，每24小时可炼纯锑30~40吨，每年可产1万吨，在上海和纽约都设有分销处，直接进行国际贸易。工厂最盛时，从长沙碧湘街到西湖桥河边一带，机声喧扰，烟囱林立，厂房宿舍，鳞次栉比，湘江沿岸，火轮电艇，络绎于途，均为华昌所有，一派兴旺发达的景象。

廖树蘅，宁乡县人。从1896年起，主持常宁水口山矿务，采用“明窿法”，排除水患，开采铅锌矿，依靠技术改进促进了采矿率的增长。他经营水口山矿前后8年，盈利银600万两。1903年，因办矿有成就，调回省城，主持湖南矿务总局。其子廖基植等人接办水口山矿，前后又16年，投资银元119万两，陆续采用更为新式的西方采矿技术，逐渐装设锅炉、抽水机、吊车、铁轨等，获利也在银元600万两以上。廖氏父子为湖南早期矿业发展作出杰出的贡献，也是湖南早期著名的矿业先驱。

张通典，湘乡人。1896年入陈宝箴幕后，积极参与创设湖南矿务总局，任提调，直接参与开办了龙王山、水口山、黄金洞等矿厂，为湖南近代矿业先驱者之一。

黄修元，湘潭人。1902年协助办理湖南炼矿总公司（阜湘总公司）、沅丰总公司事宜，1903年两公司合并为湖南全省矿务总公司，黄修元主持中路公司。梁启超、杨度称其经济之才“不可一世”。

在矿砂销售方面，李国钦是不可多得之营销专才，他受梁焕奎派遣，在纽约设立了华昌公司纽约销售处，分销锑产品。后来，进一步组织华昌贸易公司，直接与国际市场接轨，专门从事国际贸易。

湖南开采化学矿石历史悠久。北魏郦道元所著《水经注》，对石门县界牌峪雄黄矿就有记载：“凿石深数丈，方得佳黄。”至于熬硝和炼磺，用于火药、烟花等，更为普遍。民国元年（1912年），全省持有开采硫磺矿执照的矿山共25处，私营公司开始在常宁、郴县、攸县、桂阳等地利用钨锡矿的副产品（含砷、磺、铁矿）炼制砒霜（三氧化二砷），并将下脚渣加工为青矾作农业用料。1914年，全省硫磺矿产量达2 000余吨。20世纪40年代，衡阳、邵阳分别建有日产150公斤和600公斤硫磺的装置。1949年，全省硫酸产量为25吨。总体而言，1949年前，湖南本省化学工业基础薄弱，只能生产少量的硫酸、硝酸钾等基本化工原料；化学矿场用手工开采和土法冶炼，有机化学工业尚未起步。在本省化工业中几乎未产生较有影响的化学工业实业人物。然而湘籍人物在省外化学工业舞台上，却是赫赫有名，代表性人物便是中国化学工业之父——范旭东，中国盐碱业大王——李烛尘。

范旭东，湘阴人。1908年考入日本京都帝国大学理学院应用化学系深造，毕业后留在帝国大学做研究工作。辛亥革命后，范旭东抱着实业救国的理想，毅然抛弃安定的生活回到祖国，致力于中国的化学工业，谱写下了中国化学工业史上诸多第一：1914年，范旭东创立了中国第一家现代化工企业——久大精盐公司。1919年，范旭东创立了亚洲第一座纯碱工厂——永利化学公司碱厂。1926年，永利碱厂生产的红三角牌纯碱，质量已经超过了英国卜内门公司的洋碱。这年秋天，在美国建国150周年国际博览会上，红三角牌纯碱荣获金质奖，打开了广阔的国际市场。1937年2月5日，中国首座合成氨工厂——永利南京硫酸厂生产出中国第一批硫酸铵产品，逐渐发展成为“远东第一大厂”。抗战爆发后，范旭东毅然将工厂内迁，又在西南开辟新的化学工业基地，支持抗战与国家建设。范旭东一生致力于中国化学工业，并取得了巨大的成功，当范旭东逝世时，毛泽东在范旭东的遗像前亲笔题写“工业先导，功在中华”8个大字。

在范旭东的麾下，有一位老乡、永顺人李烛尘，他与范旭东一样同怀“实业救国”的理想，在日本留学后毅然回到祖国，应范旭东之约，共同开拓中国的化学工业。在久大企业，范为总经理，李任厂长，以后建立永利碱厂，也是李为厂长。李烛尘还建议范旭东创立黄海化学工业研究社。在经营管理和人事管理上，李烛尘显示出了他的卓越才能。1919年，他任久大精盐厂厂长。上任伊始，他就为工厂确立了“工商并举、科研并进、分文必争、分秒必争”的综合经营方针，并且本着“大企业要有大企业管理制度”的思想，全面制定了严格的管理条例，企业不仅很快扩大了生产，还生产出肥皂、牙粉等副产品，实现了多种经营。

1922年，李烛尘率先在久大精盐厂、永利碱厂实行8小时工作制。为了改善劳动条件，李烛尘还拨出资金兴建了久大、永利两厂职工医院、职工食堂、职工宿舍、明星小学。这种做法在当时是非常罕见和难得的。由于其在事业方面和民主建国方面的贡献，新中国成立后，李烛尘被任命为华北行政委员会副主席。1956年5月12日，李烛尘被任命为食品工业部副部长。在食品工业部与轻工业部合并后，任轻工业部部长。

在玻璃工业方面，清代末年就已起步，用废旧碎玻璃以明炉熔化制造灯罩、花瓶等产品。1912年，长沙工商业者彭次英、肖丽生等人集资18万两白银，在长沙六铺街建麓山玻璃公司。1919年，麓山玻璃公司制品在美国巴拿马赛会获一等奖。约1919年前后，产品还出口东南亚各地。1921年，肖丽生又在长沙南门外兴办当时规模最大的宝华玻璃厂。这两个厂，为湖南玻璃工业培养了一批技术力量和实业人才，带动了省内玻璃工业的发展。此后长沙有宝湘、永隆盛，常德有华晶、德山，衡阳有宝华、美华，湘潭有宝兴，邵阳有宝光，永州有天宝等玻璃公司；省内玻璃工业一度繁华异常，出现了一批从事玻璃生产经营的实业人士，如肖丽生、易筱秋等。

在日用化学工业方面，火柴工业起步较早。1896年，巡抚陈宝箴拨工赈银1万两委长沙士绅张祖同、刘国泰、杨巩等办火柴厂，实行以工代赈。三位绅士又集资1.2万两白银，另招商股8 000两白银，合计资金3万两白银，成立善记和丰火柴公司，1897年开工，为湖南火柴工业之始。此后，湖南火柴工业起起伏伏，1930年，官方入股银6万元，将善记和丰火柴公司改名为湖南和丰火柴公司。1937年，商人张慕先集资承租和丰火柴公司，抗战中迁徙不停，1939年，迁至宁乡黄材复业，为官商合办，定名湖南火柴厂。1946年，商人章用中等集资购买湖南火柴厂，迁回长沙，在兴汉门设长沙火柴厂，月产火柴200余箩。

三

湖南境内水系发达，河道纵横全省，境内湘、资、沅、澧四大干流汇集洞庭湖，而后出长江东流入海。因此，湖南航运向来便利，只是传统航运以帆船和人力为主。19世纪中期以后，外轮进入湖南。甲午战争前，郭嵩焘首倡在湖南行轮船，未能如愿。甲午战争后，维新思潮兴起，谭嗣同再次呼吁在湖南发展内河航运。随后，蒋德钧、熊希龄开始筹办湖南行轮事宜。1897年8月，在禀报巡抚、总督同意后，官督绅办的鄂湘善后轮船局租用官轮，在湖南内河试航成功。随后鄂湘善后轮船局制定了章程，两省公举总董各3人，主持集股、用人、备料等事宜，分省成立南局、北局，各集银5万两，各购置大轮1艘，小轮2艘。大轮对开于湘潭至汉口，小轮各在本省境内航行。同年9月，南局公董蒋德钧等租用了抚院“长庆”、“湘帆”、“慈航”等官轮，试行长沙至湘潭、常德、岳州航线，取得成功。1898年6月，鄂湘善后轮船局改名为两湖轮船局，此后客货两运，盛极一时。辛亥革命后，改为商办，改名为两湖轮船公司。

鄂湘善后轮船局开办不久，湖南民营轮船业也开始发轫。1900 年，安化茶商梁啸岚租赁小火轮 4 艘，开辟了长沙至株洲、长沙至靖港的短途航线，客货兼营，以客运为主，成为湖南民营轮船业的开始。1901 年，袁斯美等人开辟了长沙至湘潭、长沙至岳阳、长沙至湘阴等航线。1903 年，长沙士绅龙璋招集商股，在江苏购置火轮四艘，雇用船员 8 人，开回长沙港金家码头，成立了"开济轮船公司"，行驶长沙至湘潭、长沙至汉口等航线。1904 年，长沙开埠，英商太古、怡和各公司，以轮船行驶湘、汉。不久，日人组织日清公司，也纵横湘江下游。1904 年，为挽救利权，开济轮船公司又添置了两艘轮船，沟通了湘江与洞庭湖的航路，还在长沙、湘潭、湘阴、岳州、汉口等港建立码头、堆栈、仓库，开拓了货运商务，这是湖南民族资本主义航运业的重大进展。

辛亥革命后，振兴实业风起。1912 年 11 月，黄兴与龙璋等 20 余人发起成立中华汽船有限公司，招股 200 万银元，力图夺回被洋人垄断的湘汉之间的水运。此后轮船日多，航线日广。民众、普济、长津、鸿安、楚利、湘利、湘衡、长衡、大德等都是有一定规模的省内轮船公司。20 世纪 30 年代，航运业更加发达，竞争也更激烈。1935 年，彭六安凑足 200 银元，和人合伙租了一条"保定"号小轮船，行驶于沅江至长沙的线路上。略获盈利后，1937 年，彭六安利用外轮撤走之机，逐步扩展航线，扩大轮船业务，先后投资湘沙轮船公司、长湘轮船公司。1944 年，本着爱国之心，毅然凿沉公司船只以免资敌。抗战胜利后，彭六安率领公司船员打捞沉船，组织复华公司开始复业，并与重庆民生公司联运，业务发展很快。由于经营有方，复华公司越办越旺，成为湖南民营航运公司中较有影响的企业。新中国成立后，复华公司最早在湘轮船业中实现公私合营，改为湘江轮船公司，逐渐走上了国营之路。彭六安也走上了湖南工商联、全国工商联的领导岗位。

公路运输方面亦在近代艰难起步。长潭（长沙—湘潭）公路是中国最早的公路之一，从1913年春起开始修建至1921年11月全线竣工通车，四兴四辍，历时9年，终于建成了湖南第一条标准汽车公路。长潭公路竣工的当年，湘鄂人士何又伊、盛廉生、叶尚农等人创办了湖南第一家汽车运输公司——龙骧长潭长途汽车公司，拥有大小客车10辆，开湖南公路运输之先河。1925年，经营湘潭至湘乡客运的“潭宝汽车公司”成立，经营着湘潭至邵阳的公路运输。1929年，何键主湘，成立公路局取代了民办的汽车公司，并且大力筑路。公路的畅通，使汽车运输业得到了大发展。公路局成立后，收入虽大，利润却很小，原因是汽油太贵，汽油费用竟占去运输成本的50%～60%。在此情况下，湖南省建设厅技士向德着手研制用木炭发生煤气替代汽油的装置。向德先后研制出了5种煤气发生炉。1932年8月，向德研制的煤气发生炉安装在汽车上进行第一次公开试车获得成功。同年10月在长益公路上举行试车典礼，有实业部和全国14个省市及外国专家观看，评价甚高。后又研制成除尘器，并获得专利权，解决了木炭污染问题。事后，向德主持或参与了湖南机械厂、汉口福华汽车公司、上海中华煤气车公司的煤气车制造和经营，成为煤气车制造业风靡一时的人物。就湖南而言，1935年，湘省汽车有20%～30%改装成煤气车，1939年更是达到50%以上。

四

纺织工业在人民生活中占据着重要地位。20 世纪初，禹之谟先后在湘潭、长沙等地筹设了湘利黔纺织厂。辛亥革命后，在振兴实业思潮的鼓动下，湖南都督府参议吴作霖经都督谭延闿批准，1912 年向省财政司借款 60 万银元，在长沙河西银盆岭购地置厂，创建了经华纱厂，始为官商合办。1913 年，收归省办，更名为湖南第一纱厂。后因政权更迭频繁，纱厂几建几停，至 1921 年 8 月初具规模，开工生产，因日美大量倾销纺织工业品，第一纱厂受到重大打击。1928 年 9 月，彭斟雉为厂长，正值棉贱纱贵时期，加之经营有方，湖南第一纱厂扭亏为盈。20 世纪 30 年代，纱厂扩建，由何元文任厂长，开办了湘省第一家动力织布厂。1932 年更名为湖南第一纺织厂。抗战爆发，部分设备迁于安江，未迁走的设备毁于“文夕”大火。抗战胜利后，在湖南第一纺织厂旧址上建成裕湘纺织厂，系官办性质。

湘籍人士在纺织业中的贡献主要体现在省外，上海著名的恒丰纱厂就系湖南衡山籍实业家聂缉椝、聂云台父子开办，规模宏大，一度辉煌至极。

聂缉椝，湖南衡山人。1890 年，上海筹办官商合办的华新纺织新局，聂缉椝兼理筹办事宜，购股票 450 股，合银 5.4 万两，占股权 1/10。1904 年，聂缉椝通过汤癸生组织复泰公司承租华新纺织新局，又陆续吸买该厂股票达 2/3，以其子聂云台任经理。1908 年，复泰与华新租约期满，他以银元 32 万两收买该局，更名为恒丰纺织新局，独资经营，仍以其子聂云台管理公司。聂云台为发展恒丰纺织新局，随即开办训练班、培养技术人才；废除包工制，提高劳动效率；率先改蒸汽机为电动机，降低生产成本。产量很快增长，获利丰厚。1919 年，聂云台发起企业招股，在吴淞蕴藻浜建大中华纱厂，资本额达银元 200 万两，有纱锭 4.5 万枚，为当时华商第一流纱厂。恒丰纱厂最兴旺的时期，拥有纺锭 4.44 万枚，职工 3046 名，电力动力总量达 219.8 万瓦，每年出产棉纱 3.78 万包，棉布 30.3 万匹，资本额达银元 108 万两。这在当时已是很大的规模了。因为华新纺织新局开办时才 45 万两资本，官商合办的上海织布局(原由李鸿章创办)也才投资银元 100 万两，而荣氏家族的申新纱厂那时才刚刚起步。恒丰成了上海实业界一面成功的旗帜，聂云台被工商界誉为“纺织界泰斗”。聂家企业的发展，使聂云台成为工商界风云一时的人物。1920 年起，他担任上海总商会会长和全国纱厂联合会副会长。

中国近现代史上，湖南羽绒制品闻名于海外。1918 年 4 月，长沙人丁鹏翥最先试制成功提绒车，7 月制成洗毛机和烘毛机，随后又取得北京政府农商部授予的 5 年专利权。1920 年，丁鹏翥组建华新羽绒公司，设厂于长沙堂皇里，当年盈利，并获上海商会金质奖。丁鹏翥成为中国羽绒工业的创始人。1921 年，丁鹏翥与李倬兄弟合伙，迁厂于长沙东茅街。1924 年，李倬兄弟另组华泰羽绒公司。华新、华泰两厂主要生产羽绒被褥、枕垫、车垫、衣裤、背心等。丁记鸭绒制品，更为有名。1932 年，湖南国货陈列馆开张，丁记鸭绒制品陈列显目柜台，格外夺目。湖南鸭绒制品远销日本、英国等，在历年各种博览会上，丁记鸭绒制品获奖 30 余次。

湖南陶瓷业久负盛名。唐代，岳州窑为全国六大青瓷名窑之一，铜官窑首创釉下彩瓷器，远销亚非各地。清雍正七年(1729 年)，醴陵创设窑厂，湖南陶瓷业更加得到发展。光绪三十一年

(1905年)，凤凰人熊希龄与醴陵人文俊铎等深入醴陵县沩山调查，主张设公司，以新法制瓷。1906年，熊希龄等在醴陵姜湾创办湖南瓷业学堂，培养人才。同年，熊希龄集股5万银元，创设湖南醴陵瓷业公司，始制细瓷。1908年、1910年、1914年，醴陵瓷业公司创制的釉下五彩瓷器，曾两次在南洋劝业会、巴拿马世界博览会获奖。1913年，湖南瓷业公司由省府投资改为官商合办，更名为官商合办湖南瓷业公司。1915年前后，醴陵商人集股合建细瓷公司3家，新化也于此年创办华新瓷业公司。1928年，张辉瓒创办长沙瓷业公司。20世纪40年代，由于战火纷飞，瓷器不能外运，故瓷业萧条。1949年，醴陵仅7户细瓷厂勉强维持生产。在醴陵瓷业生产史上，荣庆祥从事瓷业多年，也是值得一提的实业人物。

近代湖南在传统工艺品的商品化方面大有成就。湘绣、烟花、制伞业等特别有名，也出现一批卓有成效的实业人物。湘绣为湖南特有工艺品，起源甚早。湘绣商品生产开始于19世纪后期，最早的专业刺绣户应推湘阴人吴健生之妻胡莲仙，她先后在长沙天鹅塘和尚德街开设了“绣花吴寓”和“彩霞吴莲仙女红”绣坊，接受订货和自产自销。1898年，胡的儿子吴汉臣在长沙红牌楼开设吴彩霞湘绣坊，继续从事湘绣生产。1899年，长沙袁家冲袁魏氏和其子袁瑾荪在长沙八角亭开设“锦云绣馆”。他们都采取店外加工、工商合一的办法，以专带副，扩大产销，成为湖南最早一批专业绣庄。1904年，宁乡著名湘绣画工杨世焯迁居长沙，开设春红簃绣庄，自产自销，兼授门徒。杨世焯运用丰富的国画知识和功力，改进湘绣的设计和技艺，对现代湘绣风格的形成有显著功绩。1933—1937年，民国时期湘绣达于鼎盛。1934年，长沙绣庄达40多家，常德、衡阳两地有5家。仅长沙年产绣品就有 3 万件以上，价值 120 万银元，行业资金积累约 50 万银元。

湖南制造烟花爆竹，始于唐，发展于宋，近代以浏阳生产最为著名。清光绪初年起，湖南烟花鞭炮开始出口，先是商贩运至广东，转至港、澳试销，再运销南洋。外销渠道打开后，商家直接到产地采购者更多。浏阳培德厚爆庄自设鼎元和爆庄于香港，直销南洋。此外，浏阳尚有保生东号经营汕头庄，丰绥永号经营汉口庄。20 世纪 20 年代是民国时期湖南鞭炮生产的最盛时期，仅 1926 年经长沙海关出口的鞭炮就达 11.3 万担，价值 226 万关平两。在浏阳烟花发展史上，李熙雅为浏阳烟花发展作出过重要贡献。李熙雅祖辈善制烟花。他立志恢复和继承先辈技艺，先后研制出重量轻、亮度强、冲力大的多种烟花，如“萝卜花”、“大叶兰花”、“大叶菊花”、“二度梅花”、“连升三级”等。1918 年，他扩大作坊，名为“李四美”，相继研制出“地老鼠”、“冲天炮”、“天鹅抱蛋”、“二龙戏珠”等新品种；并制作出大型组合烟花，燃放时，一组组花木、鸟兽、人物、逐层腾空，蔚为奇观。“浏阳李四美花炮”盛名远扬，还在美国芝加哥博览会上获奖。

湖南纸伞制造遍及各县，以长沙、湘潭、浏阳、湘乡等县所制伞最为精细，行销颇广。20 世纪 30 年代，湘潭大杆黑油琢伞、长沙菲菲伞、益阳明油伞各以其特点和较高质量而享有声誉，远销港澳、南洋各地。1936 年，全省纸伞产量高达 800 万把，是民国时期最高年产纪录。这些伞厂以同治年间开业的彭正大伞厂和平江同春伞厂建厂最早，以光绪三十二年(1906 年)开业的长沙裕兴伞厂资金(2500 银元)最多，产量(年产 2.4 万把)最大。1914 年，开设于长沙南阳街的振记布伞店，以钢骨为架，配以布面，制成“洋伞”出售，是湖南布伞生产之始。蜚声江南的苏恒泰伞厂，创建于1930年，厂址在湘潭九总正街，所作油琢伞最为考究，以茶陵楠竹作伞骨，益阳小竹为伞柄，并用湖北罗田的柿水、陕西的云皮纸作辅料，精工制作而成，使用寿命比一般纸伞长数倍。绸面花伞最为有名的是长沙菲菲制伞商社，系湘乡人潘岱青兄弟于1925年扩建而成，以王雨时为画师，分雨伞、阳伞两大类，款式新颖，有大盆边、荷叶边、鱼齿边、平整边等，花色有绘花、喷花、印花、贴花4种。伞面装饰有芳草奇花、才子佳人、飞禽走兽、绿水青山等，畅销江南，远销东南亚以及美国，1936年获巴拿马国际博览会金质奖章。

五

近代湖南实业人物大致由商业资本家、产业资本家、金融资本家以及大量的中小作坊主构成。

商业资本家是湖南较早出现的一批近代实业人物。最早一批商业资本家是在湖南近代工业兴起之前的19世纪70年代前后因经营米、谷、盐、茶贸易而起家的。以朱昌琳、魏鹤林、凌堂卿为代表，他们是近代湖南第一批湘商。这些人或与官供、军供相连，或与东南沿海地区刚刚兴起的资本主义工商业发生联系，一般从事收购土货，推销进口洋货业务。因此已不同于传统商人，逐步被纳入资本主义的市场网络。20世纪初期，特别是岳、长开埠以后，随着外国商品的倾销加剧以及资本主义新式企业的兴起，从事有关进出口贸易和国内工业品销售的新式商人迅速成长。入湘的外商多雇佣华商即“买办”为其代理业务。如1903年英商怡和洋行雇佣陈裕洲为其长沙经理处负责人，主持怡和洋行业务以及日常管理。再如英商亚细亚洋行买办曾春轩，多年经营亚细亚煤油业务，成为巨富，且担任常德商会会长。不过，由于湖南地处内陆，开放程度远不及东南沿海，因此，更多的是由从事地方谷米、盐、茶、绸布、鞭炮、桐油等土产经营销售的中小商人，因经营有方，逐渐扩大规模而成为商业实业家。如经营绸布业的徐瑶轩、吴玉书、陈艾庭、黄和卿、沙弼成、钱鹤订、陈萼泉、李寿增、李溪亭、饶菊生、魏韵篁、陈芸田等；经营米粮业的傅南轩；经营百货业的刘廷芳、林绍元；经营杂货业的萧莱生、胡茂春等。

产业资本家是湖南新兴实业人群中的重要一员。甲午战争后，真正近代意义上的工业在湖南产生。当时在湖南巡抚陈宝箴的倡导下，湖南的部分官僚、绅士、商人以官督商办、官商合办、商办等形式开办了近代工矿业、交通运输业、机器制造业等，这些官僚、绅士、商人与政府一道投资认股成为企业的股东、董事，有的还直接参与企业策划、筹建和经营管理，在企业充当督办、总办、合办、提调等职。到后来，许多近代企业逐渐转成完全商办性质，部分官绅接办了这些企业。这些企业投资者和经营管理者便成了湖南早期的产业资本家。据估计，1895—1917 年间，湖南陆续创办了 183 家近代企业，包括采矿、办厂、铁路和轮船公司，总投资达 1982.3 万银元，这些企业在民国初期尤其是欧战期间都有极大的发展。华昌炼锑公司的梁焕奎兄弟，长期主持水口山铅锌矿的廖树蘅、廖基植父子，在上海开办恒丰纱厂和在湖南开办种福垸的聂缉椝、聂云台父子，开办开济汽船公司的龙璋，开办湖南醴陵瓷业公司的熊希龄等是这些产业资本家的杰出代表。

这些人除极少数人是商人出身外，绝大多数是政府官僚或是已经退职的官绅（绅士），这种产业资产阶级亦官亦绅亦商的身份在中国近代工业的舞台上极具特色。正如马敏在《过渡形态：中国早期资产阶级构成之谜》一书中所指出的：如果说买办是“洋商与中国商人间的桥梁”，并间接沟通了洋商与官僚的关系，使外国资本主义、中国资本主义和封建统治势力在三足鼎立中又呈现出相互渗透、融合的趋势，那么，绅商更多地体现了新兴资产阶级与传统封建势力的不解之缘。绅商沟通了工商资本家和封建官僚的疆界；而辉煌的翎顶及显赫的功名又是绅商和官僚彼此辨识和认同的醒目标记。一般而言，除投资近代工矿、交通运输业外，绅商还广泛投资于钱庄、银行和各类新式商业，并积极倡设实业和商业学堂，举办劝工会、劝业会等。这些亦官亦绅亦商的声名显赫、拥资万贯的一派人物，实则是早期产业资产阶级、早期工商资产阶级的主要代表。清末湖南绅商的情形也大致如此。

湖南金融资本家的孕育与产生和产业资本家大致同时。湖南金融实业人物一部分由钱庄老板转化而来，比如裕顺长钱庄、德昌盛钱庄、福昌祥钱庄等；一部分来自商业资本家或产业资本家。20 世纪 90 年代以来，随着新式企业的出现和发展，钱庄的职能和经营范围、经营方式也发生变化，传统钱庄也向近代金融转变，有的钱庄主因投资新式企业成为产业资本家。在湖南，更多的是投资于金融、产业而一身二任的资本家。如朱昌琳因经商致富，开设了乾益号钱庄。1896 年，为创办近代工矿企业创立了具有早期银行性质的金融机构——湖南阜南钱号官局，朱昌琳被湖南巡抚陈宝箴委为总理，而由他的侄子朱卓钦负责营业事务。朱昌琳以开辟利源、救济桑梓的名义，从自己开设的乾益号借银万两给阜南钱号官局，促使其壮大。再如朱奎峰，曾任湖南实业银行董事长及总经理，他先后在湘乡、安化、新化等地经营茶叶、锑矿，且与长沙、汉口、广州、香港、澳门等地商人往来密切。积累巨资后，在安化兰田镇经营余斯盛等三家钱庄。由此可见，朱奎峰是一位身兼商业、矿业、金融业于一身的实业家。再如陈文玮，既经营过宝善成制造公司、湖南电灯公司，也自办过颐庆和钱店，是一位金融、产业合一的实业家。除了上述两种人物外，还有一种直接从事新式金融业的，即银行家。李维诚即是其中之一，他先后在察哈尔兴业银行、西北银行中工作过。从1933年开始，先后任过陕西省银行总经理、四川聚兴诚银行总经理、建业银行董事、湖南银行行长，是从银行中脱颖而出的金融实业家。

手工作坊主是湖南资产阶级中的最大群体，属于中小实业人物。湖南的手工业作坊主大多由手工业者演变而来，而且一般都是集生产、销售于一身。这些中小资本家大量分布在制茶业、碾米业、鞭炮业、桐油业、小工业品制作业等行业中。如开办“九如斋”糕点并为“介福昌”绸布店股东的饶菊生，恒泰商行萧莱生，百货商号林绍元，利生盐号胡茂春，菲菲伞的创制者潘岱青，雷同茂百货店雷韵伯等都属这类人物。

就近代湖南实业人物的来源而言，既有官绅，也有白手起家的民间人士，还有一批学有所成的留学人员。由于留学人员学有所专，视眼开阔，因而在中国近代实业舞台上有过精彩的表现。如中国化学工业的开创者范旭东和李烛尘，长沙正圆机械厂的戴桂蕊，湖南银行行长李维诚，华昌贸易公司的李国钦，西北纺织工业的奠基人傅道伸、任理卿等，这些人在各自的领域里成就了一番事业，为民族经济的振兴做出了重要的贡献。

大江流日月，岁月代古今。有着光荣传统的湖南人在充满艰险而又富于希望的经济大潮前，必将以史为鉴，充满自信，开拓未来，创造出再次让世人瞩目的经济奇迹！

朱昌琳

朱昌琳(1822—1912 年)，派名咨典，字雨田，又字禹田、宇田，晚年自号养颐老人，长沙县人。长沙朱氏，系明藩岷庄王朱楩后裔，数更迁徙，历经安徽南陵、湖南宝庆，于清代前期定居长沙东乡，后居省垣。其父朱原善，字采鹄，一字玉堂，“自幼天分过人”，“年十四出应童子试，即常列前茅”①，后因家庭拮据，乃出外就馆，曾入长沙府幕②，后在省城草潮门开一小碓坊以营生。

朱昌琳自幼“生而和静”，少承儒业，考取秀才后，乡试屡不第，乃以教书为业。道光二十七年(公元 1847 年)，湘中农业丰收，谷价骤贱，至“千钱三石”，“富室困弊”，人多以谷贱不愿经营。时朱昌琳在省城富绅唐际盛家课读，乃借资购入千斛。③ 次年，沅、湘大水，谷价骤涨，至“倍十又五”。朱昌琳乃将积谷全部抛售，大获厚利，朱家“以此起富”。

是年冬，因沅、湘饥荒，常德、澧州一带灾民流亡长沙，就食无所。朱家则出资招雇一批灾民，在城东营建屋宇，壮者“致材木，运甓石”，“老弱则计口授食，病辄施药，食不给，即尽出所

① 《棠坡朱氏家谱》(民国十三年刊)卷十，朱昌琳撰《祭赠公玉堂府君文》。

② 《棠坡朱氏家谱》卷六，熊少牧撰《赠光禄公玉堂府君墓志铭》。

③ 《棠坡朱氏家谱》卷六，王闿运撰《朱昌琳墓表》。

储畜蔬分饲之”。时值严冬，其母胡氏又率家人缝制棉衣，“人各授一袭”，灾民“赖以仰给者甚众”，而朱氏乐善好施之名亦自此始。

朱昌琳致富以后，乃辞馆唐府，在长沙租赁一铺房，开设乾升杂货店，“转百货居积为贾”①，后又将乾升杂货店改为朱乾升碓坊，专营谷米生意。咸丰二年(1852 年)夏、秋间，太平军进击湖南，围攻长沙。时其弟朱昌藩在南昌知府邓仁堃幕，司会计。朱昌琳乃携眷离湘避难，至湖北武昌。其父朱原善则至江西南昌，寄居昌藩处。后朱昌琳亦至南昌，与父同处。太平军撤围北去，湖南稍转安定，朱昌琳随父回到长沙，其弟朱昌藩亦辞幕同归。咸丰四年(1854 年)十月，朱昌琳在长沙县东乡纯化都棠坡(今长沙县安沙乡和平村)置地营造宅第，奉父家居，自己则以行医济世，“更历十载”。②

同治三年(1864 年)，湘军攻克太平天国都城天京(今南京)。曾国藩为解决财政困难，奏准改革两淮票盐制度，招商领票，每票缴银十两，运卖淮盐。湖南巡抚即奉旨在长沙设立督销局，以专司其事。时“湘人犹迟疑莫应”，观望不前。朱昌琳独见先机，遽购百票，并创设“乾顺泰盐号”，又在沅湘一带口岸设置专岸，专营票盐。一时淮扬至湖湘水面，盐船络绎，首尾相接，多为乾顺泰字号。③ 不久，淮运大通，票价竟猛涨至巨万，朱氏由此获利甚丰。

同治十年(1871 年)，陕甘总督左宗棠为开发西北，奏准改革

① 《郭嵩焘诗文集》卷十五，《朱禹田六十寿序》，岳麓书社 1984 年版。

② 《棠坡朱氏家谱》卷六，《阁学公雨田府君家传》。

③ 《湖南省志·人物志·朱昌琳传》，湖南出版社 1992 年版。

陕甘茶政，以票代引，招商给票，贩运茶叶，并设立"南柜"，以专司湖南茶商领运事宜。朱昌琳不失时机，出资请领官票二百余张，又大力经营茶叶。为此，他新设"朱乾升茶庄"，在长沙太平街设朱乾升总栈，于汉口、汉阳、陕西、甘肃、新疆塔城等处皆设分栈，运销茶叶。

清代湖南盛产茶叶，尤以安化黑茶在西北各地享有盛名。朱昌琳即在安化设立总茶庄，由安化采办茶叶，于汉口、泾阳、羊楼司、西安、兰州等地设分庄，雇佣人员不下数千，运至陕西泾阳，又取泾阳之水，制成茶砖，运销新疆、西藏、蒙古各地，盈利日增。此外，他还在长沙县麻林市、高桥、金井等地，辟有大片茶园，生产绿茶、红茶和砖茶，以朱漆木匣盛装，上盖"乾益升"牌号，运销全国各地。①

随着经营的日益扩大和需要，约在同、光年间，朱昌琳又开始涉足银钱业。他在长沙太平街开设了"乾益钱号"，发行庄票，从事汇兑业务。为此，他不惜代价，高薪聘请了熟知行情、号称"长沙通"的人员，以联系各处业务，而尤以经营枯饼、玉兰片、纸钱、刀剪、玻璃、荒货、香烛、草药等湖南土特产商为放款重点对象。湘西一带盛产木材、桐油，但商业资本周转不够灵活。朱昌琳即让其诸执事与洪江帮、常德帮多相过从，选择一些信用可靠的木商、油商，给予较长时期如3～4个月的放贷，从而获得较高利润。②

在经营谷米、盐、茶和银钱业的同时，朱昌琳还广置田地房产。他曾在长沙四乡和华容、南洲厅(今南县)购置大片田地，又

---

① 朱镕坚:《八十述怀并泛论棠坡朱氏》，台湾《湖南文献》第67期。

② 朱运鸿:《朱禹田史料拾零》，《长沙文史》第21辑，2009年版。

曾派其子往安徽南陵县购买荒田2万余亩，在长沙征集农民百户移往耕垦，共计十余万亩。他还在长沙城乡置有大片地产和房屋，如长沙小吴门外藕芽冲一带、南门外金盆岭至新开铺一带、北门外丝茅冲至新河一带、新河长庆街全部，以及城内太平街、西长街、高井街等地的不少房屋、地产，都属朱家所有，每年的田租房租收入数额巨大。

朱昌琳为人诚笃忠厚、精明能干。其以经营谷米起家，转而经营盐、茶、钱庄，规模日盛，获利巨万，从此号为巨商。50余年的经商理财生涯中，朱昌琳积累了丰富的经验，形成了一套较为完整的经商之道。

首先，明了大势，把握全局。朱昌琳自同治初年经营淮盐之始，即常住长沙，以总揽大计，掌握全局。曾有人问其理财之要，他回答说："务审时，如治国。"①即经商如同治国，要审时度势。他特别注意了解国家形势和商业信息，并根据不断变化的形势，以制定经商的方针。因此，他每年派出大批人员分赴各地，与当地行商坐贾订立购销合同，"任使客舟载车运，分曹四出"，在淮扬与西北各地设立庄号，均派员坐庄经理，而自己坐镇长沙，遥授方略。

其次，"规则尤彰"，讲究信用。为经销盐、茶，朱昌琳曾创立《盐茶章程》，于用人行事均立有规程，"分数甚明"。朱昌琳经商，最为注重信誉二字。其经营安化茶叶，即曾前往产地，与茶农商定茶叶的种植面积和产量，并预付三成定金，又到各处收购名茶，加以配制，提高质量。曾有劣商假冒"乾益升"茶牌名，制作赝品，混入市场，后为承销商发觉，前来交涉。朱家为顾全信

① 《棠坡朱氏家谱》卷六，《阁学公雨田府君家传》。

誉，将全部赝品备价承受。

朱昌琳经营谷米，也不同于一般粮商。其谷米来源，大多并不由外购进转售，而主要来自自家田庄租谷。其时，朱家在湖南长沙、南县、华容和安徽南陵各地的田庄都设有囤粮栈房，专人经管，因而既能保证所售谷米的质量，又能把握粮食的价格与数量，经受市场的风波。

再次，“择人设任，咸有品程”。朱昌琳经商理财，尤善于用人。他知人善任，凡所识拔，“即百工执役亦罗致之”，曾有管事王惠泉、李弼臣、刘锡纯等，均十分能干。刘锡纯即为“朱乾升”管理会计事宜者。① 朱昌琳善于从细微小事考察人，根据各人兴趣与所长，“委任而责成功”，并根据各人业绩给以报酬，即所谓“量材而畀，以事程功而酬其劳”，故人多乐于其用，亦“往往得所任”。前署广东巡抚郭嵩焘曾向他请教“知人之道”，他回答说：“试之疑以观其能，畀之事以观其守，渐积而察之以观其恒，有失焉亦寡矣。”②

朱昌琳在其经商过程中，也得到了其弟朱昌藩的帮助。朱昌藩，字岳舲，自少即有理财之能。早年曾为善化富室唐氏司理账房。后为南昌知府邓仁堃所识拔，聘请入幕，“所司会计一以委之”，昌藩“从容钩稽，纤悉曲当”。朱昌琳与弟友爱敦笃，始终如一，而在经营谷米、盐、茶之时，“凡所规画”，都要先与昌藩咨商而后行。③

朱昌琳出身贫寒，早岁历经艰难，熟知社会积弊和民生疾

① 《郭嵩焘日记》第四册，“光绪七年十月二十四日”，湖南人民出版社 1982 年版。
② 《棠坡朱氏家谱》卷十，郭嵩焘撰《阁学雨田公五十寿序》。
③ 《棠坡朱氏家谱》卷六，《资政公岳舲府君家传》。

苦。因此，他在经商致富以后，以所盈利，“既赡其家，益务利民”，对于友朋、亲族与道路穷饿者，无不伸手援助。每年春节前后，朱家都要在长沙城内发放年米，以救助无以度岁的贫民。在乡间，对孤老无靠的老人发放固定粮折一本，每年秋收时，可凭折在指定地点领取稻谷六担。其时，朱家发放此项粮折共三百余本。其义行善举，遍及城乡，有口皆碑。

作为一位巨商，朱昌琳还十分热心于地方公益事业，置义山、修道路、办义学、施棺木等，颇多善举。他曾提取田租数千石，在长沙县四乡举办保节堂、育婴局、施药局、麻痘局，于省城育婴堂等也都捐有巨款。其时，省城长沙从小吴门外分路口起，至长沙县东乡青山铺一带之古大路，均为泥土路，每逢冬、春两季，因雨水不时，泥深路滑，行人及独轮车来往极为困难。朱家有见及此，乃出资雇人，自数十里外的丁字湾购运长方形麻石，铺于大路之中，从此每遇天雨，行人称道不已。长沙城东北郊有浏阳河渡口，曰黑石渡。朱家特设置三艘渡船，雇专人司渡，以方便往来行人。即使在安徽南陵的朱家田庄，朱昌琳也要每年从田租中拿出三千石稻谷，捐给当地办教育和其他慈善事业。

同治十二年(1873 年)，省城奉旨修建曾国藩祠。朱昌琳为之捐款，“一意营度”。次年曾祠工成，极其园林祠宇之胜，朱昌琳又于其旁设置思贤讲舍，“延诸生俊秀弦诵其中”。后来，思贤讲舍于光绪七年(1881 年)开办，先后有郭嵩焘、王闿运、王先谦主讲其中，授徒讲学，出版书籍，在湖南文化史上产生了重要影响。此外，又于光绪元年至四年为重建长沙名胜古迹贾太傅祠和定王台，分别捐资。

对于赈灾救荒，朱昌琳尤为尽心，出资捐款，动辄巨万。同治九年(1870 年)，湖南大饥，省城士绅相议储积备荒，人各“相顾莫敢发”，而朱昌琳出以至诚，立即表示“可四十余万斛”①。

光绪三年(1877年)，陕西、山西等省发生严重旱灾，历时数年，灾情惨重，史称“丁戊奇荒”。时陕西巡抚谭钟麟、山西巡抚曾国荃均系湘人，乃以朱昌琳为湖湘巨富，请其在湘办理捐赈。朱昌琳深明大义，慷慨捐资，为灾区运送了大批粮食。他又精心筹划，于运米赴晋、陕之时悉用布袋，得布数万匹，再做成棉衣，为灾民解决寒衣之急。② 此后，他即以此次赈灾出力，被地方督抚上奏叙功，保为道员，并加按察使衔，发江西补用。此外，湖北、安徽发生灾荒，他都极力相助，捐资“辄数十万”。

朱昌琳的慷慨捐资、乐善好施，在当时产生了很大影响。“湘中兴作，巡抚皆倚毗以举”。自同治后期至光绪年间，历任湖南巡抚如刘崑、王文韶、陈宝箴等都与之交好，对其十分尊重。即僻乡百姓，素不知有达官显宦，但一闻朱昌琳之名，即“无不额手颂其贤”③。晚清名臣左宗棠对他也十分钦佩。光绪八年(1882年)，左宗棠告假回到长沙，前来拜访者络绎不绝，“高年勋硕入谒者率循后进礼”。独朱昌琳来左公馆拜会时，左宗棠“降阶趋迎，酬对款洽逾常仪”④。左宗棠还举手称颂朱昌琳为“吾乡之豪杰也”。

朱昌琳经商致富以后，即在长沙城乡精心营建宅苑。早在咸丰四、五年间，朱家即在家乡棠坡建造了颇具规模的宅第园林和朱氏宗祠，内有亭、台、楼、舫，石梯回廊，假山竹林，又植有山茶、菊花、牡丹、罗汉松等，古雅典致，风景宜人，名曰“恬园”。

---

① 《棠坡朱氏家谱》卷十，郭嵩焘撰《阁学雨田公五十寿序》。

② 《棠坡朱氏家谱》卷六，王闿运撰《阁学雨田公墓表》。

③ 《郭嵩焘诗文集》卷十五，《朱禹田六十寿序》，岳麓书社1984年版。

④ 《棠坡朱氏家谱》卷十，陈宝箴撰《陈太夫人六十寿序》。

而在此前后，朱家在长沙城西西长街还建造了公馆，内有心远楼，登楼远眺，可极湘江、岳麓之胜。

咸丰末年，朱昌琳兄弟又在长沙北郊丝茅冲营造别墅，由弟朱昌藩自行设计，建有亭台、水阁、回廊、假山等，风景雅致，为一古典园林，面积六百余亩。园内布置紧凑，广植名贵花木，尤以牡丹、梅花，品种多样，引人入胜，名曰“余园”。别墅四周，树木参天，绿阴遍地。该处别墅，为晚清长沙之著名私家园林之一，人称“朱家花园”，后于民国初年对外开放。

朱昌琳以一介书生经商，致富以后，尤礼名士，与郭嵩焘、郭崑焘、王闿运、邓辅纶、吴敏树、杨恩寿等交好。同、光年间，他经常邀约诸友前来心远楼或“余园”，或至棠坡“恬园”，置酒高会，观景赏花，吟诗作赋，为一时之盛。

光绪二十一年(1895 年)冬，陈宝箴任湖南巡抚。其时，正值中日甲午战争之后，中国战败，清朝政府被迫与日本签订丧权辱国的中日《马关条约》，中华民族陷入空前的危机之中。陈宝箴到任以后，湖南发生旱灾，赤地千里，大批灾民拥入长沙，无所得食，枕藉道路；加之甲午战争后，大批湘军士兵遣散回籍，“日与饥民并道而驰，就食都会”①，一时米价腾贵，势甚岌岌。陈宝箴痛国势阽危，乃邀集有志之士，举办赈济，开辟利源，又大兴新政，办学堂，开矿山，设报馆，掀起了救亡图存的热潮。各项新政设施，“烦费滋多”，而“库帑空竭”，陈宝箴乃“首延阁学为助”。②

---

① 《棠坡朱氏家谱》卷十，陈宝箴撰《陈太夫人六十寿序》。

② 陈三立:《散原精舍文集》卷十六，《朱鄂生真斋诗存序》，辽宁教育出版社 1998 年版。

其时，朱昌琳年已七十有四，早已“谢绝世事”。光绪二十二年(1896年)正月初一日，陈宝箴特地登门造访，“以所患苦者语之”，请朱昌琳出而“以维钱法、荒政之穷”。朱昌琳“始闻而愕然，已而瞿然，久之乃慨然请从事”，从此以其雄厚的经济实力与社会信誉，积极支持并参与湖南的维新变法运动，作出了重要的贡献。

一是集资平粜，赈济灾民。光绪二十一年(1895年)，朱昌琳“毅然身任其难”，与省城诸绅集资二十万银两，并令其子放弃参加会试的机会①，赴江、皖间采买谷米，转运长沙，救济灾民。而自己按照陈宝箴之谕，于省城设立平粜所五处，就粜者“常数千人”，于是“群情大定”②。自是年冬至次年六月，各处所粜米约七八万石，而每石米价格较市价少三四百文。③

二是开设钱局，铸造银钱。朱昌琳早在经营盐茶时，就曾发行庄票，流行市面，颇有信誉。而其时清朝“圆法久敝，制钱耗竭”，钱商因之操纵，“小民重困”。陈宝箴乃设矿务局，“又设官钱局、铸钱局、铸银元局，以朱公昌琳领之”④，而任朱昌琳长子朱访彝为湖南矿务总局会办。朱昌琳担任阜南官钱局总办以后，以其侄朱卓钦负责营业事务，鼓铸制钱、银元，发行官票，其时发行了一两、十两、一百两的市票和千两、万两的巨额庄票，并铸造了刻有“朱乾升号省平足纹一两”的圆形银饼，流行市面。

在朱昌琳主持下，经历数年，湖南官钱局共发行制钱票10万余串、银两票七八万两。由于朱家资产雄厚、信誉良好，官票得

① 《陈宝箴集》上册，《陈明捏造朱昌琳父子劣迹片》，中华书局2003年版。
② 《棠坡朱氏家谱》卷十，陈宝箴撰《陈太夫人六十寿序》。
③ 李崧峻：《朱昌琳复李辅燿函》，《长沙芋园翰墨珍闻》，作家出版社2009年版。
④ 陈三立：《散原精舍文集》卷五，《湖南巡抚先府君行状》。

以流行，混乱一时的金融市场很快稳定下来，“钱价较他处皆多减轻，民咸便之”。而朱昌琳通过举办阜南官钱局，又进一步涉足金融业，从而又在金融业获得了极大的信誉。光绪三十年(1904 年)，湖南官钱局发生纸币挤兑风潮，湖南巡抚曾借其市票加盖图记，代作现金兑付，才稳定了市场。

在此期间，朱昌琳父子三人，不受薪水，“约己从公”。但有敌视新政者竟向其投寄匿名书信，“痛肆狂诋”，又捏造朱氏父子“劣迹多条，以官封及信局图记，寄致在京、在外各官宦”，以攻击陈宝箴。为此，陈宝箴特上奏清廷，痛予驳斥。而朱昌琳坦然表示“既已感奋于前，当不至顾虑于后”，不为所动。

三是开浚新河，“且兴商利”。长沙城北，湘江水流湍急，不利泊船。湘春门外原有碧浪湖，一名北湖，商民曾议开北湖纳浏阳河，以避湘涛之险。康熙、乾隆年间，巡抚赵申乔、陈宏谋曾拟开浚新河，但苦于资金缺乏而未成。光绪十年(1884 年)前后，省城士绅又兴此议，朱昌琳极力参与。光绪二十三年(1897 年)，在陈宝箴的主持下，新河工程开始动工，朱昌琳先后捐银 13 万两，招民导浏阳河水入北湖再与湘江接通，称新河，历十年竣工。两江汇合处，水面深广，利于商船停泊，同时使湘江东岸与浏阳河北岸之间一片沙滩变为良田，并形成一新的街市。新河开通后，经湖南巡抚保奏，朱昌琳被清廷授予一品顶带、三品卿衔。1899 年又捐资修建平江长寿街麻石路面。宣统二年(1910 年)，湖南巡抚复举耆贤，他又奉旨被授予内阁学士衔，时人尊称为“阁学公”。

在湖南维新变法期间，湖南维新人士还创办了一些近代新式企业。朱昌琳亦积极参加，曾购买昭信股票，投资湘裕炼锑厂、和丰火柴公司等，开始了向近代实业家的转变。

朱昌琳一生以儒家理念经商理财，历五十年而成巨富，同样亦以儒家思想治家教子。鉴于其时“大家风气”日渐奢靡，“以致家道日衰，而不知所终”，他以其家口授相传之家法，手订“家章”，以训诫子孙后代。其于婚丧节庆之用度、居家往来之馈赠、僮仆奴婢之管束等，都有严格的规定，而于“不讲礼法”、“懈怠奢侈”、“樗蒲六博”和吸食洋烟等，则严为禁止，而且告诫后人要勤俭持家、乐善好施。① 在朱昌琳的严格要求下，朱家子孙多能恪守家训，攻读成才。郭嵩焘曾在谈及长沙省城诸大家子弟时，赞叹道：惟朱禹田“子弟，循循礼法，读书能文，辉光日新，最足欣慕”②。

朱昌琳夫人胡氏，继室陈氏，俱有德行，生有子女七人。长子幼殇。次子访彝，字鄂生，廪贡生，曾为耒阳县学训导，捐福建补用道。三子访纶，字乔生，廪贡生，曾任刑部山西司行走、广东道员、安徽皖南镇总兵。四子访德，字菊生、鞠尊，副贡生，光绪十四年(1888 年)举人，曾任江南盐巡道、署江宁布政使。五子访羲，字枚勋，附贡生，曾任法部主事③。

1912 年 11 月 27 日，朱昌琳病卒于家，终年 91 岁，安葬于长沙县纯化都五甲(今长沙县安沙乡)杜家塘。

---

① 《棠坡朱氏家谱》卷九，“训诫”。

② 《郭嵩焘日记》第四册，“光绪八年九月初一日”。

③ 《棠坡朱氏家谱》卷四“世系谱二”。

朱紫桂

朱紫桂(1838—1903 年)，原名先跃，号云轩，双峰人。幼年聪慧好学，后因家贫弃学从商。咸丰四年(1854 年)到湘乡永丰(今属双峰)舅父孙某的杂货店当学徒。他生性伶俐，虚心好学，善于应对，很快就把学徒应操业务料理得井井有条，业余时间还学习珠算，熟练掌握了记账、挂账、结账等业务知识，善于经营，深得器重。

当时，乡邻刘麟郊也在永丰开设一家杂货店，资金比较充裕，他看到朱紫桂打理生意得心应手，为人处世与众不同，深为赏识，就邀他到自己的店里经营生意。永丰地处长沙、湘潭至宝庆(今邵阳)的要冲，商业比较发达。朱紫桂很快表现了他的经商才能。一次，宝庆某商人来到刘家店里，要求采购大批山珍海味，可这些东西已经卖空，尚待进货，刘麟郊看着货单左右为难，拿不定主意，朱紫桂趁机建议老板暂且留住客商，陪其去剧院看戏，而他立刻去湘潭进货，保证及时赶回，决不让这一大宗生意从手中溜走，果然既赚了一大笔钱，又提高了本店声誉。经此一役，刘麟郊对朱紫桂的经商才能深为叹服，遂放手由朱施展才能，负责经营，自己则出资坐股分红，生意更加红火。

茶叶原本就是我国的大宗出口货物。同治初年，欧美各国纷纷在汉口设立洋行，大量收购红茶。长江中游湘、鄂、赣、皖四省的茶户是时逢谷雨，开园采摘，制成细茶后，将陈皮粗叶制成花香(茶砖)，成批装箱，运至汉口，销给外商，获利颇丰。此时，朱紫桂已涉足商场几年，看到经营茶叶牟利较大，于是转而经营此业，在湘潭开设“封君茶庄”，仍由刘麟郊出本钱，他负责经营。待自己也有了一定的资本积累后，于同治四年(1865 年)转为自家独营，生意规模逐步扩大。他安排本家兄弟在安化、梅山、湘乡等产茶地设立分庄，收购茶叶并加工制作，装箱发运；在湘潭设立“生记茶庄”收集和转运成品；派专人常驻汉口，掌握茶市行情。自己则来往穿梭于安化、湘潭、汉口之间，指导和检查各地茶务工作，一有特殊情况，则和茶庄、分庄联系。每年新茶收购之时，他亲自到出产茶叶的安化等地，督促分庄开秤收茶，并向茶农宣传茶叶采购储藏知识。他告诉茶农，谷雨一到，宜开园采制，不要长期存蓄，以免影响茶叶的色香气味。如遇天雨，宜用事先准备好的木炭生火烘焙，避免霉潮沤叶，但禁止烟熏，免生火气等。他还提醒茶农留意商号收购时候的印记真伪，务必使茶农利益不受损害。待销售时，朱紫桂亲赴汉口，与各省茶商权衡轻重，周旋其间。

其时，湘、鄂、赣、皖四省之茶，每年在两百万箱以上。立夏前后，皆由汉口集散，几天之内，全部运去，外商见状，认为货源充足，常设法刁难，压价收购。朱紫桂早虑于此，便在开园采摘之前，与四省茶商商议，将装箱茶叶，按采制先后，分期分批运载汉口。这样每次运达货物不多，外商就放宽价格，竞相购买，便于多获利润。

外商每次洽谈，总是相机行事，先发制人。朱紫桂又建议汉口茶商共同设立公磅，如有外商故意以“短斤少两”等事相诘难，可以凭公磅彰公道、显信义。汉口茶业总会挂牌销售时，外商前来洽谈生意，以朱紫桂言出必行，深为信服。而四省茶商见他能与外商争巧斗机，出奇制胜，亦无不叹服。汉口的茶叶生意由是日益兴隆，四省的茶叶生产也更加发达。

此后，朱紫桂与各地茶商联系日益广泛，用诚信结交四方友朋，仅十多年光景，就赚回外商白银百余万两，成为湖南地区著名的大茶商。“远近闻其名，持片纸走天下，声号冠湖湘。”因此，“湖南茶税收入大增，官私饶足，几达四五十年”。在经营茶务的实践中，朱紫桂深感商场无异于战场，只有“知己知彼”，才能“百战不殆”。他提倡将兵法中一些相应的方法用于商战，又倡“合纵”、“连横”之术，开展商务活动，并在自己的经营活动中进行了实践。如设茶庄于湘潭，设分庄于各地，设办事机构于汉口，是所谓“纵”；联络各省茶商，设置茶务总会，分批启运汉口，按次洽谈销售业务，是所谓“横”。

当时红茶赢利巨大，茶商奸巧百出，茶叶质量也鱼龙混杂，加之印度、孟买等地生产的茶叶逐年增加，价格又相对便宜，导致湖南茶叶销售额连年减少，茶商亏本，茶业渐贱，税额收入也大为减少。光绪二十四年(1898 年)，湖南巡抚陈宝箴计划革新全省茶务，致信朱紫桂征询利弊。朱紫桂综其实践所得，写出《茶商条陈》，指出当时茶务三大弊端。一是茶质差，二是搬运靡费，三是货多滞销。并针对性地提出 8 项改良意见：一是四个产茶省份合颁引票，根据以前产茶数量，按数领票，以便限定茶箱数额，免得积滞，以碍销路。二是汉口设立四省茶商总局，统一管理。三是茶箱要分批运去汉口，挂号轮销，不得争先恐后。四是禁止潮霉沤叶、火气烟味的茶叶出现，力求制作精工。五是行情疲钝时，由汉口总局通知各省茶庄停止收购，已经成箱的留存庄上，免得运去汉口，形成拥挤积压现象。六是四省各设商局，总其业务。七是专提大邦，严禁样货，设立公磅，以昭公允。八是通告茶户采摘嫩叶，不要老蓄，加工要精益求精。光绪二十五年(1899 年)，朱紫桂担任汉口“开济轮船公司”主管。光绪二十九年(1903 年)，湖南巡抚赵尔巽又以茶商事务召朱紫桂“询问方略”，朱再上《茶商条陈》，提出 4 项建议。赵委以“全省商务总会理事”一职，令其改革茶务。遗憾的是，朱氏不久即一病不起，赵尔巽也调离湘省，此事遂未能付诸实施。

朱紫桂发达后，与兄弟广置房屋、田产，于光绪至民国年间先后修建筱山堂、璜璧堂、文甲堂、石壁堂、扶稼堂、东明堂、沙田朱氏宗祠及五公祠等建筑，置田万余亩，并投资经营矿业、航运业和种植业等。光绪初年，捐输田租 300 石(约 120 亩)作义田，设置义庄负责经营，订立条款，明确用途，使朱氏人丁因家贫无法生存者、供养不了父母者、完成不了儿女的婚嫁事务者有所依靠。光绪五年至廿三年，又捐资续修朱氏族谱，并自行负担经费的 80%。此后又置祀田 20 亩，作为朱姓先宗常年祭费。光绪十八年(1892 年)，其母孙老夫人八十大寿，朱氏兄弟秉承母意，将准备庆寿的资金用来修建沙田大桥，里人称便。光绪二十年(1894 年)，捐谷 800 石(约 96 000 斤)给永丰义仓，以救济乡邻。湖南巡抚吴大澄特赠一块金匾，上书“君子有谷”。光绪二十二年(1896 年)，复捐田租 300 石，设立义田，资助本族贫困者。光绪二十三年(1897 年)，捐学租 200 石，设立义学，以资助和奖励朱姓子弟读书，并捐大批资金给双峰书院，为之添购图书，振兴教育。光绪二十六年(1900 年)，湘中大旱，朱紫桂捐银万元，捐谷 600 石，捐米 500 石。因善举颇多，清朝批准旌建“乐善好施”坊，并累赠奉直大夫、朝议大夫。曾国荃亦应其请为之作谱序云：“有朱生紫桂者，愤其家之未振，读书数载，隐业于商，继乃坐贾湘潭，足迹遍江、汉、淮、沪，心计既敏，执业尤勤，每视货殖之盈虚消长，权衡子母利益，以剂其平，而无不亿中。廿年以来，既丰其家，又复分润家族，故永丰朱氏之业独隆，而族之丁亦日盛……光绪五年冬，谱牒告成，寓书求序于余，余嘉紫桂有自立之志，既光大其门间，而又能不忘厥本，遂书此以付之，并以告吾乡之凡有家者，宜各自树立，而弗忘先绪可乎？”

朱紫桂经商之余，好读儒家经典，潜心研究朱熹、陆九渊学说，对中国传统文化怀有很深的崇敬之情，亦有着非常深厚的民族感情。中日甲午战争爆发的第二年，他在给龙应田的信中写道：“方今海氛不清，夷焰日张，扰我边陲，索我金帛……未审犬羊种族不复心生鳞介否？”光绪二十四年(1898 年)，他在给谢辑生的信中写道：“今泰西之学，海外盛行，惟我中国重古薄今，固执成法，辄以西学为鄙。究竟泰西之天算、舆图、格致、化工等学，不惟无损我纲常名教，而其重工商、精制造，以利天下而通有无，何惮而不为之，以图自强也。”这些都反映了他的远见卓识。光绪二十七年(1901 年)，在写给湘乡知县涂谷臣的信中，他说：“衢州之案，英使居然拟罪直达清廷，以使中国大臣刑戮重典，而权归外夷，中国何以自主？不能自主，何以立国？又何以保民保教?!”朱紫桂目睹西方列强频频以武力欺辱中国，因此力主学习西方先进科技，维新变法以求富国强兵、民族独立。

朱紫桂常以幼时家贫失学为憾，“故虽老于商，而未尝一日废学，自经史以下，先儒之语录格言，无不省记，尤服膺姚江王阳明之学。尝语人曰：‘致良知者，慎独也。’故其行己接物一以诚意为宗。”自号“教斋主人”。其后，子孙利用朱氏宗祠和五公祠创办族学私立宁翰高小，聘请名师，讲求新学，为培养大批科技人才打下了基础，成为当时有影响的一所名校。光绪二十九年(1903 年)春，朱紫桂逝世，当时名士纷纷挽以诗联。其中曾纪梁

挽云:

兄弟两难，名成三徙，孝友萃同堂，春草池塘诗梦冷；

相违十日，永诀千秋，晨星悲旧雨，梅萼风雪泪痕多。

作为名满湖湘的茶商巨子，朱紫桂既带动了大批邑人经商茶叶，也推动了双峰、湘乡乃至湖南全省的茶叶生产。据谭日峰编写的《湘乡地史常识》记载:“其时湘乡产茶土地面积约在七千亩以上。每年估计，可产红茶三千担上下，产地以三、六、七、八、九、十各区为多。”“民国五年(1916 年)以前，红茶商人无不获利，自后茶业逐渐衰落。到民国十一二年，茶业复旺，迨后又受对俄绝交影响，大都亏本。直到民国二十三年与俄复交，茶商才有一部分获利的。”三、六、七区即相当于今双峰县域。朱紫桂死后，其子将永丰一小茶村转让给管事朱奎峰，朱奎峰也由此发迹，成为湘中巨富。十年后，朱奎峰在长沙创设“湖南实业银行”，盛极一时，成为湖南首家综合性的大型企业，职工约达 2 万人，茶农遍布湘中。

廖树蘅

廖树蘅(1839—1923 年)，字荪畡，宁乡人。自幼读书，虽曾获得秀才的功名，但后来厌弃科举，所写文章，不限于八股程式，而善于剖析事理，曾主讲玉潭书院。光绪三年(1877 年)，应陈宝箴邀请，教授其次子陈三畏。光绪二十一年(1895 年)，陈宝箴任湖南巡抚，期间实行新政，大办矿业，设矿务总局于长沙，并于光绪二十二年(1896 年)委任廖树蘅开办常宁水口山矿。

湖南铅锌出产，在国内列居首位，而湘省铅锌矿蕴藏量最丰富的地区，首推常宁的水口山。水口山位于常宁县治东北方向，距离县城 65 里，原为民间私人开采。陈宝箴抚湘后，始将该矿区收归官办。廖树蘅到任之初，即与陈宝箴公约“既经信委，请饬官局勿荐人，勿掣肘，勿以意度未曾经临之事谕办，有效幸也，无效自行投劾，不烦举措”①。要求授全权于己，陈宝箴答应了他的要求，授权其放手经营。

廖树蘅初到矿山，见四处都是草棚，住有百余户棚户，借拾遗矿为名，窝娼聚赌，贩卖鸦片，寻衅滋事，无所不为，夏秋之交，更是疾病流行，火灾频发。于是遍谕棚户，给予搬迁费用，将棚户集中于山口居住，并清查户口，编为保甲，随时稽查，矿区秩序随之安定。水口山矿在深山之中，当地人用暗坑法开采已

① 《长沙文史资料》第 7 辑，1988 年版，第 123 页。

久，地表千疮百孔，春夏雨多，积水很深，不能生产。廖树蘅见此情景，开始亦无计可施，后忽悟出明坑法，将上层土壤揭去，开一大口，上大下小，宽深十数丈或数十丈不等，迤逦斜下，作为坦坡，豁然开通，全无遮蔽，使积水流归一处，再用农家所用龙骨车将水排泄出去，然后向地下深挖采矿。新法确定之后，报省矿务局批准开工，不料省矿务局认为古今中外无此种采矿之法，开必无成，对廖树蘅百般指责，但他不为所动，坚持己见，不久竟获大矿。明坑采矿法成效卓著，蜚声中外，日本亦派专家来参观考察，对此法大加赞赏，水口山之名，遂闻名中外。

水口山矿开采多年，各种积弊很深，要对矿务进行有效管理，管理者必须廉洁奉公，扫除官场上贪污腐化的恶习。廖树蘅在主持水口山矿开工仪式时，曾作文祭祀山神，有“洗手奉公，勉存朝气。有渝此盟，明神殛之”等语。他同时想尽各种办法转变经营方式，降低成本，以求盈利。

当时水口山矿的矿砂开采出来之后，主要采用河道运输至武汉，然后再销往国外。为此，湖南省矿务局自光绪二十四年(1898 年)年起，买巨轮七艘，雇佣水手 40 余名，但船只需借助风力才能行驶，无风时仍须汽轮拖带，到武汉后又揽运商货，迟迟不归，一年之内只能往返 4 次。廖树蘅认为此种运输方式弊病百出，加上报销船工的工食、修补船只、轮船拖曳，以及船关缴税费用等，成本亦昂，建议直接雇佣民船以节省开支。另外，当时水口山矿还对开采出的矿砂进行土法冶炼，主管的官绅只求能够提炼白银，对盈亏成本则从不过问。廖树蘅经过仔细调查了解到，每 100 斤黑铅砂炼子母铅(含银质在内者曰子母铅)40 余斤，内提银一两六七钱，而工价、炭料需钱四五千。原铅 40 余斤，提炼银后，存不满 30 斤，得不偿失。与其土法炼铅，不如直接销售矿砂。至光绪二十九年(1903 年)，黑铅矿每吨售价多至白银 70 两，少亦五六十两，而每吨的开采及运输成本大约为银十余两，水口山矿仅销售矿砂即获利颇丰。

自光绪二十二年(1896 年)至辛亥革命，廖树蘅共主持矿务 8 年，离职后，其子廖基植、廖基棫继续管理水口山矿务又 8 年，期间共投入建矿开采银 119 万两，大部用于采矿的基础设施建设，获利则在 600 万银两以上。廖氏父子勤勉奉公，无丝毫贪污行为，于湖南矿业的发展贡献颇巨。巡抚岑春萱以树蘅有功矿业，奏请清廷赏三品衔，并给予主事官职、二等商勋。辛亥革命后，廖树蘅回宁乡老家休养，1923 年病逝于家。

丁静庵

丁静庵(1843—1901 年)，又名铸元，祖籍江西省金溪县，定居浏阳。自北宋以来，江西就有很浓厚的经商传统，赣商是中国古代十大商帮之一，复因江西地处江右，又称江右商帮。咸丰十年(1860 年)，丁静庵 17 岁时，随祖父丁玉圃到湖南浏阳定居，在同乡王锦隆的布号学徒，后开始协助祖父经营自家的“培德厚”商号，不久，祖父返回江西原籍，由他经营该号。从此，他长期在浏阳进行实业经营活动。

“培德厚”商号原经营夏布、土纸，丁静庵见到浏阳鞭炮销路顺畅，遂将原来的业务停止，专门经营鞭炮烟花。先后在浏阳金刚、澄潭江，醴陵白兔潭，江西萍乡、上栗等地设立分庄，加强收购和运转业务。其间，为了扩大资本，丁静庵于同治十二年(1873 年)回赣与兄弟商议，卖掉了老家部分田地房产。他除了开辟湖南、广西两地的分号外，还注意向广东等沿海地区扩展。在广东佛山镇八间楼开设了“鼎和元爆庄”，一年后又在香港德辅道西设分庄。

原先，浏阳鞭炮要想在广东销售，须靠木船装载，工人挑运，一路经过湘潭、郴州、宜章、坪石、韶关等地，运输时间长，成本高，且极不安全。后来，上海招商局的轮船直达汉口，还定期开往长沙、湘潭。丁静庵瞅准这一有利时机，将鞭炮改由浏阳河运至长沙或湘潭装船，北运汉口，再东运上海，转运香港，开创了浏阳鞭炮的海外市场。同时在汉口、上海、厦门等地加设分庄，采用与当地其他商号联营或代理经销的办法，进一步扩大了鞭炮的销售业务。

丁静庵非常重视商品质量，各收购点和包装站均请老手把关，分级包装，分等论价，并采取薄利多销的办法，使浏阳鞭炮畅销国内外。

丁静庵虽自少年起就经营商业，暇时却也喜读《周易》、《史记》等书，曾说"经商者应智于权变，勇于决断，仁于取予，强于自守"，被欧阳中鹄称为"商界特出人才"。为人崇尚俭朴，乐善好施，经商30余年，积资巨万，却布衣、粗食，在长沙、湘潭、汉口各庄巡查分号时，从不坐车轿。人问何故，他说："浏阳的山路我都走得，何况街道?"光绪二十七年(1901 年)九月，丁静庵病逝于浏阳。

龙　璋

龙璋(1854—1918 年)，字砚仙，号特甫，别号甓勤，晚号潜叟，清咸丰四年(1854 年)生，湖南省攸县人，寓居长沙通泰街西园。光绪二年(1876 年)中举人，历任江苏沭阳、如皋、上元、泰兴、江宁等县知县，后辞官回家乡湖南，致力于教育事业和创办实业。

龙璋出生于一个世代显赫的仕宦之家，他的曾祖父龙彬为秀才；祖父龙夔为恩贡生，曾任国子监学正、候选教谕；父亲龙汝霖是道光年间的举人，曾历任知县、知州等职；二叔龙溥霖也是举人，曾历任知府，后因军功加候补道；三叔龙湛霖为同治元年(1862 年)壬戌科进士，授翰林院编修，先后典试云南、福建，督学江西、江苏，官至刑部右侍郎、内阁学士。

近代中国正值内忧外患的多事之秋，受东西文化碰撞的影响和家庭环境的熏陶，少年时代的龙璋聪明好学、思维敏锐，喜欢研究政治，善于接受新思想，他博览新书，尤服膺法国思想家卢梭的《民约论》。光绪二年(1876 年)，23 岁的龙璋考中了举人，此后他七次上京城参加会试，结果都名落孙山。青年时代的龙璋虽然注重政治仕途，热衷于科举考试，但是他的思想并不顽固守旧，而是善于思考和接受新事物。1879 年，当时以好谈洋务著称的驻英公使郭嵩焘回到故里，顽固守旧分子多斥之为汉奸，羞于与之为伍，但龙璋却与他谈得很投机，两人交往甚密，他们“抵掌谈天下事，相得甚，侍郎叹曰‘举世非难，不意于故人子得此英年知己也’”①。在同郭嵩焘的交往中，龙璋不仅了解到许多有关西方的政治、经济、科技、军事和文化等情况，而且对学习西方先进技术产生了浓厚的兴趣，并赞同洋务派的主张，以致郭嵩焘慨叹：“举世无知己，独此一少年耳!”由此可见，青年时代的龙璋确实思想活跃、与众不同。光绪二十年(1894 年)，龙璋出任江苏沭阳知县，开始了他的为官从政生涯。他励精图治、勇于任事，决心为官以造福于民，并试图有所作为，但甲午战争惨败的现实，使他看到了清朝政治的腐朽黑暗，也认识到了中国社会的落后。甲午战争后，中国掀起了维新变法运动，他的家乡湖南一改往日顽固守旧的保守倾向，维新变法之风大兴，成为当时中国维新变法思想最活跃的省份之一。他虽为官江苏，但对家乡的维新变法运动给予了极大的关心和支持。由于受到维新变法思想的影响，龙璋对清代社会的认识，在思想上也发生了重大变化，他逐渐认识到教育兴国和实业强国的重要性，并开始致力于开办新式学堂和创办实业。龙璋为官苏南地区，这里地处长江三角洲，是早期中国资本主义萌芽和近代民族资本主义最先发展起来的地区，既有当时著名状元实业家张謇在家乡南通创办实业的生动范例，又受到上海开放口岸和西方文明的影响。这种身临其境、耳濡目染的深刻影响，使龙璋认识到“改革政治，必须启发民智，发展工商，开设路矿，因此对创办学校，振兴实业，极其热心”②。他非常崇拜张謇，决心以开办教育和创办实业来实现国富民强的愿望。

---

① 《郭嵩焘日记 · 行状》第三卷，湖南人民出版社 1982 年版，第 876 页。

② 龙伯坚:《龙璋事略》,《湖南文史资料选辑》第 10 辑，湖南人民出版社 1978 年版，第 131 页。

光绪二十三年(1897 年)龙璋调任如皋知县，为了开启民智，为当地培养人才，他捐资开办了一所新式学校——如皋小学。此后，他先后担任上元、泰兴、江宁知县，凡所任地区，他都十分关注当地百姓的疾苦，热衷于兴办学校和创办实业，为官颇有政绩，受到当地百姓称赞。他在泰兴任内非常注重选拔培养奋发有为的年轻人。当时，一个在县衙充当传达的衙役有个儿子年方十岁，十分机灵可爱又聪敏好学，龙璋以《汉武帝通西南夷论》为题对其进行面试，并特地选拔入县学读书，后来又慷慨资助其出国留学深造，此人就是我国当代著名地质学家丁文江。在江宁任内，龙璋还开办了湘省旅宁中学，为湖南和当地的近代人才培养做出了贡献。与此同时，龙璋对当时中国的维新政治也给予了极大的关注和支持。1900 年，西方八国联军入侵中国，并攻占北京，龙璋深受震动，他分别给当时最有威望的地方大员两江总督刘坤一和湖广总督张之洞写信，请他们趁机联合地方督抚迫使太后归政光绪。① 这次上书虽然没有达到目的，但足见他对通过维新政治以谋求国家民族富强的渴望。

龙璋虽为官江苏，但他心系家乡，时刻关注湖南的维新变法和革命动向，大力支持湖南开办新式学堂和创办实业。1902 年初，龙璋与黄忠浩等人提出捐资兴学，并打算在长沙创办一所中学。当年冬，湖南首批官派留日学生之一的胡元倓学成归来，他矢志振兴教育，打算在长沙开办新式学堂，于是前往泰兴拜访时任知县的表兄龙璋，以寻求支持。龙璋当即捐赠 1 000 银元，同时还给弟弟龙绂瑞写信，要他也捐出 1 000 银元，用来作为学堂的创办基金。在龙璋的极力资助和协同筹划下，胡元倓在长沙创

① 龙璋:《甓勤斋诗文存》, 1928 年刊印。

办了著名的明德学堂。明德学堂是湖南第一所私立中学，学校租用左文襄公祠作为校舍，后又在西园龙宅设立经正学堂作为明德的第二基础，同时还专门为龙璋老家设立攸县速成师范班。由是，湖南私立中学以明德为嚆矢，推动了湖南教育事业的发展。

1907年，龙璋因丁母忧辞官回到家乡湖南，此后他致力实业和教育事业，放弃了出仕做官念头。辞官回乡后，为了开启民智，同时为振兴实业培养专门人才，他先后资助并主持或参与创办南云中学、南云商业学堂、湖南商业铁路学堂、观海学会等。由候补用知府彭文明等人于1899年创办的长沙开济轮船公司自通航以来一直经营不佳。1904年长沙对外开埠成为通商口岸后，日本商人在长沙设立湖南汽船株式会社。日本航运商的进驻，使开济公司面临激烈的竞争。为了应对竞争，以摆脱经营困难局面，开济公司邀请龙璋接办。龙璋认为航路与铁路一样，都属于国家命脉，“尚稍卸仔肩，则吾省内河航业，必全非华商所有，故苦心孤诣，独力支持”①。龙璋接办后，他着手购置汽船，扩大公司业务，到1910年底，开济公司已拥有各类运输船舶7艘，往来于上海、南京、安庆、九江、汉口和长沙等长江流域各港口，从事客货运输，获利较多，成为湖南省内河航运中中国人经营的最大的轮船公司。在开济轮船公司的影响下，国人相率成立华商轮船公司，对垄断当时长江航运的日商给予一定的打击。

随着殖民帝国主义经济入侵的进一步加深，当时铁路问题已引起中国各界人士的极大关注并引发激烈冲突，全国各地掀起了轰轰烈烈的保路运动。在湖南的保路运动中，龙璋是积极参加者、领导者和组织者。1909年，清政府与英、法、德、美四国进

---

① 龙璋：《湖南出品协会说明书》第六册，1910年印本。

行谈判，企图向国外借款修筑铁路，湖南境内的粤汉铁路也在该借款计划之列，这一举动引起湖南绅商的一致反对。为了争夺修筑铁路的领导权，当时湖南存在着官、绅、商三方不同派别，龙璋、谭延闿及资本家陈文玮等都是商方的代表人物。为了抵制清政府的对外借款阴谋，当年 8 月，龙璋与谭延闿、陈文玮等发起组织湘路股东共济会，以拒借外债、集股自办为宗旨。作为湖南保路运动统一的领导机构，湘路股东共济会于 11 月召开股东大会，选举龙璋、谭延闿、陈文玮等 5 人为办事员，并预备作为将来董事的推选人。为了宣传拒债自办的保路主张和扩大影响，湘路股东共济会刊行了《湘路新志》，由龙璋任主编。1911 年 4 月，保路运动日益高涨，斗争更趋激烈，龙璋与湖南立宪派领导人一同发起组织了湘路协赞会。协赞会由集股部、研究部两部组成，作为该组织的重要人物，他积极参与筹划湖南铁路的修建工作，为湖南近代地方铁路建设打下了基础。

湖南醴陵瓷业历史悠久，但长期以来，由于技术落后、设备陈旧，因而工艺不精、产品滞销。1905 年，熊希龄等人创办醴陵湖南瓷业公司，通过采用新设备和新技术进行生产，使产品质量和工艺水平大为提高。1910 年，醴陵湖南瓷业公司生产的产品在参加当年的南洋劝业会上，受到与会各国和外商的高度关注和一致好评，并获得一等第一的最高奖项，声誉度大为提高。1911 年，龙璋接任醴陵湖南瓷业公司总经理。为了扩大生产规模，提高产品质量，他在公司原有股本的基础上，继续扩招股本 30 万银元用以购置新设备和采用新技术。通过扩大生产规模和改进生产技术，醴陵湖南瓷业公司成为当时湖南最大的公司之一。龙璋担任醴陵湖南瓷业公司总经理职务一直到 1913 年。

此外，龙璋在辛亥革命前还先后创办了贫民工艺厂、军用干粮厂、百炼矿物公司等一系列军用民生实业。由于他在创办实业和兴办教育的活动中取得了一定的成就，加之他此前的为官背景，因而使龙璋成为当时湖南政界、教育界和工商实业界有重大影响的主要领袖人物之一。1907 年，杨度在日本东京发起组织宪政公会并在湖南设立分会，龙璋被选为常务委员。1909 年，湖南省成立咨议局，他被选为议员；同年他还被推举为湖南商务总会第四任总理。1911 年 7 月 4 日，长沙各界人士在湖南教育总会召开宪友会支部发起会，龙璋担任会议的临时主席，同年 7 月 9 至 10 日成立的辛亥俱乐部湖南支部，他也是成员之一，并被选为该俱乐部的候补常议员；当年他还被推举为湖南农务总会总理。

戊戌维新变法失败后，清朝政治更加腐败，民族危机更加深重，作为绅士阶层的有识之士，龙璋当然也不可能置身事外。辛亥革命以前，他积极参加立宪运动，主张改良，希望通过不流血的和平方式改革国家宪政，实现国家民族富强，但戊戌变法的前车之鉴和国内外形势又使他同时具有同情和支持革命的倾向。他与同盟会的革命志士很早就有往来，并与革命党人一直保持着密切联系。早在 1903 年，黄兴从日本留学回国，打算到家乡湖南筹建秘密组织，从事革命活动。为解决活动经费问题，在途经上海时，他与当时主持《苏报》笔政的章士钊前往泰兴拜访了时任知县的龙璋，得到了龙璋的热心赞助和大力支持。华兴会在湖南长沙成立后，龙璋不仅捐出了大量的款项予以资助，而且为了准备起义，他还用自己的轮船为华兴会运送武器。1904 年 11 月初，华兴会在长沙起义失败后，黄兴等革命党人脱险到达上海。由于万福华刺王之春事件的牵连，黄兴与张继等人在上海被捕入狱，党人蔡锷赶赴泰兴向龙璋求援。闻知此事，龙璋立即着手设法营救，他一方面赠款相助，一方面又以重金购物送付狱吏并向会审公廨保释，终于使黄兴等人先后获释出狱。1907 年，龙璋解职回长沙后，与湖南地区的革命党人仍保持密切的联系，他与焦达峰是至交好友，同陈作新、谭人凤等人也多有往来，同盟会湖南分会负责人禹之谟还在他家里设立通讯处。

武昌起义爆发后，湖南革命党人准备起义响应并加紧活动，龙璋不仅捐助资金，还积极参与筹划起义。1911 年 10 月 22 日，长沙起义爆发，湖南巡抚余诚格弃城逃走，但布政使黄以霖却企图负隅顽抗，革命党人焦达峰试图以武力强攻，由于布政使官署附近的民房过于密集，为了千年古城长沙免于战火和过多的损失，龙璋临阵受命前往劝降，晓以利害，使黄以霖被迫投降，长沙终告光复。

长沙光复后，龙璋被推举为湖南省参议院议员。从 1911 年 9 月到 1912 年 1 月，他担任湖南省交通司司长。为了推动革命的进一步发展，他捐出两艘轮船给军政府，同时还出资雇用一批民船，往来于湘鄂间帮助运送军队和武器弹药。当时湖南大部分地区已经光复，但湘西仍为清军控制，为了平定湘西，龙璋受命出任西路巡按使，负责平定湘西。此时龙璋已年近六十，仍不辞辛劳亲率新军一营奔赴湘西，斩杀对抗革命的清军游击杨让梨，驱逐辰沅永靖兵备道道台朱溢浚，收服了湘西地区的军队，安抚了当地少数民族百姓，1912 年 1 月底，湘西遂告平定。

辛亥革命后，龙璋虽关心支持革命，但仍然把主要精力放在兴办实业上。他与周震鳞、陈文玮等人合作创办湖南制革公司；在黄兴等人的大力支持下，创办了中华汽船公司；与仇毅等人创办民生畜牧公司；同时，还开办了许多采矿业。辛亥革命虽然推翻了清王朝腐朽统治，但以袁世凯为首的北洋军阀却窃取了革命果实。为了应对袁世凯的专制独裁，1912 年 8 月，宋教仁主持把同盟会改组为中国国民党。湖南作为宋教仁的家乡，国民党的声势很大。同年9月下旬国民党湖南支部成立，龙璋担任评议会评议长，成为国民党在湖南的重要人物。1913年3月，袁世凯暗杀宋教仁，上海召开公民大会声讨袁世凯。同年5月，龙璋在长沙发起召开湖南公民联合大会，声援上海公民大会的反袁斗争。二次革命爆发后，龙璋利用实业界领袖的地位和政治上的声望，大力支持讨伐袁世凯的战争。二次革命失败后，龙璋被袁世凯政府指定为湖南"四凶"之一，并遭到通缉。袁世凯的爪牙、时任湖南都督的汤芗铭多次派人赴汉口等地侦缉龙璋。出于自身安全，龙璋不得不改名换姓逃到上海租界，直到护国运动时才回到湖南。在此后的护国运动和护法运动中，龙璋都提供资助，并予以大力支持。在护国运动失败后的一段时期，他曾一度担任湖南省民政厅厅长。1918年3月，龙璋病逝于长沙南乡白泉铺，享年65岁。

龙璋一生致力于创办实业和兴办教育，在清末民初危机四伏、风云变幻的年代里，他主张立宪和支持革命，是一个审时度势、与时俱进的智慧人物。他的立场和功绩得到了革命者的尊重、理解和称颂。孙中山曾亲笔题书"博爱"赠送于他；章士钊在作《近代湘贤手札》跋中称赞道："辛亥以前，由海东贯长江，略洞庭而南，上下数千里间，吾党所为处心积虑，不论激随隐显，殆莫不有龙氏一门之心计与血汗渐渍其中。"①龙璋死后，章太炎为他作墓志铭，称赞其"晚乃佐革命，不大声色，而功与开国诸将齐"②。龙璋一生颇有著述，有《甓勤斋诗文存》、《小学蒐逸》等著作传世。

---

① 龙伯坚：《龙璋事略》，《湖南文史资料选辑》第10辑，湖南人民出版社1978年版，第132页。

② 章太炎：《龙研仙先生墓表》。

陈文玮

陈文玮(1855—1935年)，字佩葙，晚号遁奥，长沙人。早年赴京应试，落榜后遂绝意科举，弃文经商。后援例捐得湖北补用道，未赴任。在长沙开设颐庆和钱庄及绸缎庄。

1905年，陈文玮与煤炭商周声洋、淮盐公所总董郑先靖等，率先发起成立湖南总商会，以振兴商业、联络商情为宗旨，禀呈商部立案，并任协理。当时规定商家愿入会者，出资注册，年捐数目不等。会员有经济纠纷或困难，商会出面为其调停排解。商会成立一年，注册商号已达2 000余家。1906年4月，在收回粤汉铁路的斗争中，陈文玮以商会名义联络各界人士，倡议粤汉铁路归商承包，拟集股2 000万元，创立商办湖南全省铁路有限公司，发刊《湘路周报》杂志，反对清政府出卖路权。

陈文玮在实业方面最大的成就是在长沙创立获准专利的民营湖南电灯公司。长沙之有电灯，始于1897年，当时地方绅士王先谦、黄自元等，集股创设宝善成公司，购办各种机器。原拟制造电气灯、东洋车、银元及矿务各局一切应用元件，但由于该公司业务不专，生产方针不明确，所办各项业务鲜有成效，惟发电照明一项粗具规模。当时长沙官厅、学校、报馆以及繁华街道、商店，由南北两厂供电，共开灯800多盏，挂号订灯者更是络绎不绝，后因该公司亏损，迫使电灯同时停办，社会各方，多为惋惜。1909年初，在长沙的外国商人一方面运来大批洋油，设站零售，牟取暴利；另一方面又计划在长沙开办电厂，意图垄断本省的电力行业。时任湖南商会总理的陈文玮深感若不设立本省自己的电厂，不但电力资源将会受制于人，巨额利润外流，损失遍及湘省，而且会引发与外国商人的诸多纠纷，遂与李达璋、饶祖荣二人发起组织湖南电灯股份有限公司，拟集股20万银元，安装电灯1万盏，迅速呈报农工商部立案，并请准予专利，均获得允许。陈文玮、李达璋为开办电灯所呈农工商部之文，刊于1909年的《长沙日报》副刊。其文如下：

窃长沙自开商埠，外入争先恐后，络绎而来，凡湘中自有之利权，每为攘夺而莫可挽救；华商势微力弱，往往落人之后，后悔已噬脐。顷又有洋商在小西门外议办电灯，擘划经营，不遗余力，若不急图抵制，匪特利源外溢，损失遍及于湘垣，抑且交涉日多，纠葛蔓延于官署。职道等各有保商之责，势难放弃地方自有之权利，拱手而让之他人。查光绪二十二年曾经在籍宁夏府知府黄绅自元等，禀准设立宝善成制造公司，即已兼设电灯，于时衙署街衢已安之灯八百余盏，而到厂挂号定灯者，又不下一千七百余盏之多。嗣因该公司以制造他项货物亏折，无力支持，遂并电灯同时停办，湘人至今惜之。方今风气大开，市面亦形繁盛，而公所、学堂、新军、警察，皆为从前所未有，其乐得而用电灯者，必然倍徙于前，而需用之木材烟煤等项，皆湘中所产，其成本既较他省为廉，其获利必较他省为厚，况洋油输入，日益滋多，近复有亚细亚洋行，自运大批洋油在大西门外设栈零卖，吾湘行商坐贾之利，均为所攘，惟有赶办电灯，职等组织于前，政界维持于后，他日电灯普遍，洋油输入之数，必然锐减于前，非但预杜觊觎，不使利权旁落已也。爰约同志，主持自办，众议佥同，拟集股本洋二十万元，设备电灯一万盏，一面筹办机厂物料，妥议章程，一面予省城先立公司，遴派语习工师及早部署，以为先发制人之计。惟此项公司与他项公司迥别，必得援照北京、镇江、汉口各电灯公司成例，准予专利。嗣后华商只准附股，不得另设，方可保全。为此公恳大人俯赐批准，先行立案，并请援照湘省矿产不许外人开采定案，咨请外务部转照各国政府，所有湘省电灯，概归本省绅商自办，外商不得仿设，以保利权而省交涉。一俟开办有日，再将详细章程禀呈察核批示祗遵。

农工商部批：

据禀已悉。该总协理等拟集股在湖南省城设立电灯公司，系为自保利权、振兴公益起见，所请先行立案及援案归本省绅商专办之处，均应照准。仰即妥订章程，招集股份，迅速筹办。除咨外务部及湖南巡抚备案外，合行批饬该总协理遵照可也。此批。①

1911年农历五月一日，湖南电灯公司厂房装机竣工，正式发电。发电时间从晚上6时至12时，供应长沙城内照明灯2000盏。不久改为通宵供电。

作为公司发起人的陈文玮，于1911年10月长沙光复后，受任为湖南都督府财政司司长，负责清理大清银行湖南官钱局事务。不久自请解职，仍理商务。1912年，国民党湖南支部成立，被推为评议员，及袁世凯复辟帝制后，军阀混战，湘政不安，乃退职家居，不预政事。筑晚香别墅，以诗画自娱自乐，其画以山水人物见长。1935年去世。

湖南电灯公司成立后，发展迅速，但也历尽磨难。初办时，公司设在皇仓坪，1922年迁至苏家巷，1935年又迁往南门外中六

① 《长沙文史资料》第4辑，1897年版，第13～14页。

铺街新建办公大楼。公司从1911年五月开始发电，这时装机容量480千瓦，到1937年2月，已陆续增至12 240千瓦，成为全国一等民营电厂之一，供电范围遍及长沙。1938年11月，长沙“文夕大火”，湖南电灯公司办公楼、发电厂机组设备、器材库、沿街线路、电灯等均遭焚毁，无力恢复，职工大部解雇失业，公司停办。1940年，战局稍趋稳定，长沙迫切需要恢复电力。已停业的湖南电灯公司与国民党当局资源委员会协商发展湖南电力，官商合资经营，成立“湖南电气特种股份有限公司”，后改名“湖南电气股份有限公司”。1949年，长沙和平解放后，湖南电气公司的全部设备和财产，均完整无损地由人民政府派员接收，湖南电力行业进入了新的发展时期。

聂缉椝　聂云台

聂缉椝(1855—1911 年)，字仲芳，衡山县东乡(今属衡东)人。曾国藩的女婿。聂家原是清代衡山望族，以三代进士、两代翰林以及乐善好施而闻名远近。聂缉椝的父亲聂亦峰亦为进士，咸丰年间点了翰林，散馆拣放广州各地当县官，长达 30 多年，官至高州府知府，补用道员。1869 年曾国藩将曾纪芬许配给聂缉椝，纳彩回聘之事办妥之后，1875 年，聂缉椝和曾纪芬在曾国荃的主持下结为伉俪。[①] 1876 年，聂缉椝受刘长佑委派为滇捐局帮办，后随其姐夫陈鸿志去江宁在帮办营务处任差。1882 年，聂缉椝被左宗棠派任为上海制造局会办。1884 年，曾国荃为两江总督时，聂缉椝升任上海制造局总办，直至 1890 年。在聂缉椝主持下，江南制造总局甩掉了连年亏损的帽子，转亏为盈，他卸任时还盈余十几万两银子。1886 年，托陈鸿志在台湾报捐道员，以曾国荃保荐留江苏补用。1890 年，聂缉椝由江南制造总局总办升任苏松太道(上海道台)，上任后接手官商合办的华新纺织新局。

华新纺织新局创设于 1888 年，1891 年正式开工，是中国现代纺织工业中历史最悠久的纺织企业之一，也是恒丰纱厂的前身。华新纺织新局最初是由当时洋务官僚、上海道台龚照瑗呈请

---

① 曾纪芬:《崇德老人自订年谱》，曾宝荪《曾宝荪回忆录・附录》，岳麓书社 1986 年版，附录第 17、21 页。

李鸿章设立的，创办人官方除龚照瑗外，还有上海惠通官银号负责人严信厚，商绅则有经营华新轧花厂的汤子壮，开设苏葆元药铺的苏葆元以及士绅周金箴等人。

华新纺织新局以合并华新轧花厂为基础扩展而成。华新轧花厂原有轧机 80 台，产品“云锦牌”棉花，曾行销于牛庄及日本。合并于华新纺织新局后，仍兼营轧花业务，但产品主要供给本厂和本市机器棉纺厂。华新纺织新局筹设之初，一切筹备费用均由苏松太道惠通官银号垫支，总办由龚照瑗自兼，实际工作则由惠通银号负责人严信厚主持。

1890 年，聂缉椝接任苏松太道时，华新纺织新局尚未正式开张。由于该局为官商合办，因此，聂缉椝也就继承了这个企业的筹办工作。1891 年，华新纺织新局开工，资本为规元 45 万两，共分 4 500 股，每股 100 两，官利定为 8 厘。聂缉椝拥有华新纺织新局 1/10 的股权，即 45 000 两股票（合 450 股）。华新纺织新局的设备，最初仅有纱锭 12 000 枚，布机 200 台，轧花机 80 台。①这些设备和 1890 年开工的由李鸿章筹办的上海机器织布局（有纱锭 35 000 枚，布机 530 台），或者和 1892 年开工的湖北织布局

① 关于华新纺织新局开办时的情况，有以下几种说法：（1）严中平：《中国棉纺织史稿》（科学出版社 1955 年版，第 342 页）认为，创办人为上海道台唐松岩，纱锭为 7 008 枚，1892 年增加 2 016 枚；1894 年添设布机 50 台。（2）徐雪军等译编：《上海近代社会经济发展概况（1882—1931 年）——〈海关十年报告〉译编》（上海社会科学院出版社 1985 年版，第 32 页）认为，实际经理是候补官员唐松岩，企业资本是 29 万两。（3）朱富康：《上海早期纱厂几点史料的考证》（参见中国近代经济史丛书编委会编《中国近代经济史研究资料（6）》，上海社会科学院出版社 1987 年版，第 134 - 136 页）认为，华新纺织新局筹办者是龚照瑗，建成开工时为唐松岩，资本额为 29 万两。（4）上海社会科学院经济研究所编著：《恒丰纱厂的发生、发展与改造》，上海人民出版社 1958 年版，第 2 页。本处以及下文所引资料数据均来自《恒丰纱厂的发生、发展与改造》一书。

(有纱锭 40 592 枚，布机 1 000 台)相比，规模都是较小的。1893 年，华新纺织新局纱锭增为 15 000 枚，布机增为 350 台，规模仍不大。

1891 年，华新纺织新局开工后，由于得到官方的支持，加上上海全市仅有 5 家纱厂，竞争者少，产品销路不成问题。因此，业务情况一度比较好，每年都能按时发给股息，规模也在增大。1893 年，聂缉椝调任浙江按察使。1894 年，黄幼农接任苏松太道后，官股逐渐退出，华新纺织新局由官办性质变成了商办性质。

1897 年以后，华新纺织新局经营逐渐发生了困难，客观原因是中日甲午战争以后，清政府和日本签订丧权辱国的《马关条约》，准许日本在中国通商口岸设立各种工厂。英美等国则援引片面最惠国待遇条款，获得了同样的待遇。仅在 1897 年，就有英商怡和纱厂、英商老公茂纱厂、美商鸿源纱厂及德商瑞记纱厂在上海开工。这 4 家外商纱厂共有资本 4 215 800 两，纱锭 160 000 枚，其设备占到全上海市总设备的 53%。加上技术和设备、经营管理方面，外商的条件非常优越，非华商纱厂所能相比。这样，华商纱厂在强大的外商纱厂压迫之下，在竞争上处于劣势的地位。华新纺织新局也自然相形见绌，经营逐渐困难。主观方面则是由于官商合办的原因，官商之间关系难以理顺，官场式管理制度腐败落后、开支浩大，华新纺织新局逐渐陷入艰难的境地。股票市价大跌，最低时每股 28 两。为了免于倒闭，华新纺织新局逐渐采取了一些措施：如 1900 年，股息无法发出时，只得以资产升值的办法，增资 20%，原有股票面值 100 两，改为 120 两，作为补偿股东的利润，资本总额改为 54 万两。为了获得流动资金，向德和洋行借债 8 万两。即便如此，华新纺织新局还是连年亏损，借债也无力偿还。1904 年，由汤癸生出面组织复泰公司租办华新纺织新局。

汤癸生，浙江萧山人。原为聂缉椝沪道内账房。1894 年，聂缉椝卸去沪道以后，汤癸生在上海从事商业和经营地产。1904 年，聂任浙江巡抚，汤自告奋勇，取得聂缉椝的同意，以聂缉椝为后盾，以资本 8 万两，自任总理，组织复泰，租办华新。

汤癸生租办期间，代聂缉椝逐渐收买华新股票。复泰租办第一年就获得 9 万余两的利润。1905 年春节期间，汤癸生赴杭访问大股东聂缉椝，要求两家合办。就在这年春天，汤癸生病逝，复泰公司进行了改组，聂缉椝以其子聂其杰出任总理，另一儿子聂管臣为协理，另聘沈梅伯为经理，蔡晋臣为纱厂厂长，涂小宾为布厂厂长，张慎卿为总账房。复泰改组后，汤家所持股票，全部售于聂家，聂缉椝逐渐掌握了华新股权的 2/3 以上。

聂云台(1880—1953 年)，名其杰，以字行世。聂缉椝的第三子。幼时随父在外，与兄弟姊妹延师共读，1893 年，随二哥聂其昌回衡阳原籍应县试，考取秀才，后在上海跟随外籍老师学习英语，涉猎电气与化学工程，精于英语，曾到美国留学，回国后正值清朝末年，国势积弱不振，于是主张“教育救国，实业救国”，个人事业也从实业着手。

复泰公司租办华新时，原与华新董事会拟定的租期为六年，先行试办一年，然后订立正式租约。试办一年后，由于获利丰厚，引起了华新董事会及新老股东的注意，双方再次商谈，结果订立正式租约，只是租期减少一年，至 1908 年租约届满。

聂云台总理复泰公司，经营华新期间，厂中生产设备仍与华新初期相同。他重视管理，依据市场需求开工，市场需求多时，则日夜开工；反之，则一周只开工 3 天。棉纱产量，以每天 24 小时计，日产量大约 30 件；棉布产量以每天 14 小时计算，每月可产 420 000 码左右。此时，全厂职工有 1 千余人，以女工为多，约占 80%。工资分计件和计时两种，其中以计时为多，做满 1 班(12 小时)可得工资 0.25 元左右，每月工资每人 7 元左右；技工待遇较优，除膳宿外，每月工资可得 20 元左右。

1904—1908 年，复泰公司经营状况较好，每年都有盈余，除了聂云台的管理有方外，还有两个有利于民族资本主义发展的外部条件：首先，日俄战争爆发后，日本运销中国的棉纱，除东北地区略有增加外，其余各地棉纱均见减少，对国内纱市的压力大为减轻；其次，自 1899 年迄日俄战争期间，上海中外纱厂曾因市况不振实行减产，因此供少需增，市场好转。

1908 年，复泰租期日满，此时纱厂经营正处于较好的时期，华新董事会中的老股东龚锦章(龚照瑗的儿子)、周金箴、苏葆生和汤子壮希望收回自办，但又没有能力偿还德和洋行 8 万两借款。聂云台邀请各位董事商议，商议结果，董事会决定将全部厂产拍卖。此时，聂缉椝虽因 1905 年浙江铜元案被革职，但经济上势力仍然强大。聂缉椝为了竞拍成功，命聂管臣协助聂云台办理拍卖事宜。

拍卖华新的方案由聂管臣草拟经董事会同意，标底为 28 万两，参加竞标者缴纳保证金 2 万两，标买者出价，以 2 500 两为递增单位，标价最多者得标。当时参加竞标者有三家，即聂管臣——代表聂缉椝，祝兰芳——怡和纱厂买办，高懿涵——代表杭州通益公纱厂(实际上代表龚锦章)。开标结果，聂家出价最高，以 31.75 万两得标。自此以后，聂缉椝将华新纺织新局更名为恒丰纺织新局。由于聂缉椝隐居湖南家乡，恒丰的经营管理由其儿子聂云台和聂管臣负责主持。聂云台任总理，聂管臣任协理，朱芑臣为经理。

恒丰成立后，聂云台为促进恒丰的发展，实行了一些管理革新和技术更新，主要有以下几方面：

一是在管理方面，逐渐废除“老规”制度和包工头制度。恒丰最初沿用华新机器，以蒸汽为原动力，所以恒丰与其他纱厂一样，存在“老规”制度，就是管理蒸汽机的工匠头目，其下还有二规和三规等帮手。老规把持蒸汽机器的修理工作和技工的人事，权力很大，生产也被其牵制。1912 年，恒丰改用电气动力以后，蒸汽引擎成为无用之物，老规失去作用，该制度事实上已被废除。老规制度废除后，包工头制度也逐渐取消。所谓包工头制度为恒丰初立时，按照复泰时期的制度，车间生产由包工头承包，工人大部分由包工头招来的制度。这一制度原系仿效英商怡和纱厂办法，英资本家通过买办和包工头控制工人，较其自己直接控制更为有效，但对于中国厂主来说，包工头制度不利于厂主直接控制工人和获得更多的利润，在机器改用电气马达以后，聂云台就废除了包工头制。

二是更新生产设备和技术。恒丰纺织新局设备陈旧，以动力机器而言，当时采用蒸汽锅炉，温度升降不易控制，引擎转运速度快慢不一，影响纺织品的匀度。加以锅炉设备耗煤甚多，且易生锈，常需整洗，费用很大。1912 年，上海租界工部局电气处推广电气动力，奖励各工业厂家使用电气动力，所需电力马达可以出租，租费低廉，较之使用蒸汽锅炉便宜得多，而且可以提高产品的质量。聂云台决定趁此机会废弃蒸汽机，采用电动机。恒丰租用工部局电气马达 15 个，554 匹马力，每个马达自 5 匹至 80 匹马力不等，随工程机械配置，每机装一个或数十部装一个。恒丰改用电力马达，先由纺部开始，随后推广到织部。自此以后，不仅生产成本减低，而且生产效率大为提高。至 1915 年，16 支锭扯达到0.9 镑左右，棉纱质量也大为改进，其所出16 支云鹤牌棉纱，成为上海纱布交易所的标准纱。棉布产量提升到每天2 匹左右。

在废除蒸汽机的同时，聂云台也对纺织机械进行了相应的技术更新。恒丰纺织新局的生产设备，开始时全套沿用华新时期的机器。纺机式样主要为英国制和美国制两种式样。美式主要有松花机、直立开棉机、粗纱回纱机各1 部及弹花机3 部。其余各机，均为英国制品。由于华新开办近20 年，这些机器大都磨损腐蚀，所以生产效率较低，如纺13 支粗纱每工作23 小时，以16 支标准计算，仅产0.50 磅(锭扯)。根据这个生产效率，则以15 000 锭计算，每天仅能生产棉纱21 件，全年生产仅7 660 件，这较之当时新纱厂的16 支纱每天每锭产量0.7 磅相去甚远。当时恒丰的棉布产量，大约每台开足14 小时，每天可生产1 匹(40 码)，以350 台计算，每天可生产350 匹，全年可产12 万匹左右。这与当时新纱厂每台每天产布量1 匹半(60 码)比较，也大为逊色。恒丰机器设备的陈旧，严重地影响着其生产产品的质和量。为此，聂云台将旧有的不合用的37 英寸钢丝车淘汰，买进 Dobson Bardow 40 英寸钢丝车20 台，又将15 000 锭之细纱车的罗拉、车头、钢领等换购 Hetherington 制品。关于机器的修理与保养，除责成技工负责外，并特约瑞和洋行装配零件，请光裕洋行派技师来厂教练加润滑油的工作方法，又聘请德商瑞记纱厂英籍工程师雷达蒙为工程顾问，随时来厂视察机器保养和指导修理工程。

三是训练培养技术人才。聂云台早在主持复泰时期，就感到纺织技术人才的缺乏，拟自行训练培养，但直至恒丰成立以后才着手筹办。首期训练班开始于1909 年，招学员十数名，以湘籍人员居多。训练班由聂云台亲自主持。最初训练班的课程较为简单，主要学习英算、金工，车间内则聘有英籍工程师教习实地平车等工作。训练班开办过8期，以学习生产知识、掌握技术为主要内容，期间一些培训班曾委托南通纺织工学院代办。

恒丰所生产的棉纱以10支、12支、14支、16支、20支为主；织布以11磅、13磅、14磅、16磅为多。生产随市场之需要，定纺纱之支数及织布之种类。纱之商标为云鹤牌，布之商标为马牌、牛牌和羊牌。恒丰所产棉纱，除供本厂织布外，3/4供应市场。

恒丰纺纱的原料主要为“姚花”与“火机”两种。当时上海的棉花市场集中在江湾，恒丰与江湾姚信义花号交易最多。为了便利纱布的销售，恒丰专在苏州河北岸设立发行所，营业对象为上海邻近的县乡，销售数量较大。其次，在厂前设立卖部，主要业务为零售。对本市的销售，则委托纱号和布庄。棉布交易最大的商号是日新盛棉布号。棉布对外埠销售，恒丰并不直接经营，一般通过本市批发商经销，当时转口棉布，每件需纳转口税银二两，税负较洋布为重。

恒丰调度资金的办法，主要不是靠银行和钱庄，而是商业信用，采用期票的方式调度资金。例如，纱厂付给棉花商的货款，一般为十天期票，而布商或纱号支付给恒丰的货款，一般为五天期票，期间相差五天。这样，只要调度得宜，就可利用商业信用得到一笔很大的周转资金，又节约了利息。

1914年一战爆发，外国资本主义国家忙于战争，也放松了对中国民族资本的压迫。另外，交战国如英国本是纺织业大国，但因战争原因，棉织业开工不足，英制棉织品在中国市场大量减少。例如，大战以前，英国利物浦的棉花库存经常有100万包左右，而在1918年仅存4万包左右，纺锭则减少了50%，开工时间仅为战前的1/3。在这样的情况下，英国棉纺织品输出大量减少，其他各国除日本外也缺乏输出能力。就我国而言，欧战发生后，除东北地区以外，我国各地区的直接进口的洋纱和棉布都呈现锐减的趋势，尤其以洋纱最为显著。这就使得大量依靠进口的棉纱和棉布市场供不应求，因此，市场高涨，华商棉织业获得了丰厚的利润，形成了一个办厂的高潮，中国的棉纺织业获得了飞速的发展，恒丰纱厂自不例外。

1918 年，恒丰资本为 60 万两，1919 年增为 90 万两。1919 年是恒丰纱厂盈利最多的一年，除股东分红 100 万元外，还以 200 多万元新建了一些厂房、仓库、宿舍。1919 年，聂云台对生产设备进行了扩充，纺锭由15 000锭增至 18 144 锭，布机由 350 台增至 450 台。此年开始建第二厂及布厂，1921 年先后开工，纺锭增至 41 280 锭，布机增至 614 台。至 1925 年，全厂纺锭总数为 44 400 锭，布机 614 台，电力动力总量为 2 198 千瓦，职工总数为 3 046 人，棉纱年产量为 37 800 包，棉布年产量为 30. 3 万匹。

正是在欧战前后一段时间，独资经营恒丰的聂氏家族已成为上海商场中有名望的家族，中心人物则是恒丰总理聂云台。1921 年，由于聂云台的名望，他被选为上海商会的会长和全国纱厂联合会的副会长，许多企业都请他去投资，作董事或董事长，以资号召。恒丰自己也开始了扩张和多种经营的过程，开设了一系列工厂和贸易公司，主要有：

大中华纱厂。1919 年 6 月，由聂云台发起，公共招股。资本总额最初为 90 万两，旋改为 120 万两，1921 年又改为 200 万两。共有纺锭 45 000 锭，厂址设在吴淞的蕴藻浜，占地 150 亩。1922 年 4 月正式开工。在大中华纱厂的初期资本中，聂氏各房共投资为23万两，占初期总投资的1/4强。大中华纱厂的规模和设备，在当时都是一流的，号称“模范纱厂”，创建大中华纱厂是聂云台经济活动的高峰。

中国铁工厂。中国铁工厂系专门制造纺织机器的工厂，由聂云台等发起组织。1921年正式成立，资本原定35万元，后改为30万元，出资人都是上海及各地纱厂老板。董事长为张謇，董事为聂云台、荣宗敬、穆藕初、徐静仁、薛文泰、刘福森、杨翰西、穆杼斋等人。总经理由聂云台兼任。该厂设于吴淞，厂房面积共600余平方米，专门制造纺纱、织布、摇纱、并线、经纱、打包各机，锭子、纱棍、油管、牙轮等配件，以及扎花、织绸、打米、榨油等机器、各种引擎及各种翻砂用料，聂云台创设此厂的本意是因为中国自已不会制造纺织机，而向国外订购，不仅价贵，而且运输费时，连零件也要仰仗于外国。因此，办自制纺织机器的工厂，发展纺织工业的机器就可以自给。但由于工厂开工以后，适值纺织市场逐渐萧条，加上股东认股不愿缴足，以致资金周转困难。另外，华商纱厂对国产制品信心不足，产品销售困难，业务未能开展。聂云台自身又集中心力经营大中华，不久即辞去中国铁工厂的总经理职务。

华丰纺织公司。华丰纺织厂系由聂云台、王正廷、吴善卿、李柏葆、张英甫、李国钦等人发起组织，资本100万两，纺锭15 000锭，专纺14支、16支、20支纱。厂设吴淞蕴藻浜，占地100余亩。董事长由聂云台担任，总经理为王正廷。该厂于1921年6月正式开工。共有1 200余名工人，1927年为日商所收买。

中美贸易公司。这是一家外贸商业组织，资本5万元，为王正廷、曹霖生、朱少屏、陈光甫、孔祥熙等人发起创办，聂云台担任名义上的董事长，经理为曹霖生。

恒大纱号。1921 年建立，取名“恒大”就是主要为恒丰纱厂和大中华纱厂服务的意思，恒大主要经营纱布交易并代客买卖。恒大是纱布交易所的经纪人，而纱布交易所又是当时上海市场的投机中心之一，恒丰很自然和这个市场联系起来。当大中华失败后，恒大就成了恒丰的附属事业。

1920—1926 年，恒丰纱厂全厂工人有 2 500 ~ 3 000 人，以女工为多。细纱间一般工人的工资，每天约为 0.25 元，最高不过 0.30 元，最低 0.20 元。1927 年左右，每天工资略有增加，为 0.20 ~ 0.40元左右，技工工资还要高些。女工较男工少。工资的付给，工头按月计，一般工人按日计，打包间、拣花间及织布间一般按件计。两星期发放工资一次，每两星期不请假者升工一天。

早在清末，聂缉椝就在湖南洞庭湖领垦土地。洞庭湖为湖南第一大湖泊，近代以来因多次决口致泥沙淤积，洲土蔓延扩展。湖南地方当局为增加财源，决定在洞庭湖区设立垦务局，招人领垦。1904 年，聂缉椝以三千余缗的垦照费，先在南洲一带领淤田 4 万余亩，不久又收买邻近刘公垸等土地，建立种福垸。

种福垸总面积有 5 万余亩，可种面积为 4.5 ~ 4.8 万亩。种福垸东西长 16 华里，南北宽 10 华里，东滨大通湖。经过十余年的排涝和筑堤等工程建设，到 1916 年以后种福垸渐渐丰收。当初聂缉椝买下种福垸后，主要交由儿子聂其贤经营。1920 年以后正式建立管理机构，这个机构由总理、协理、堤务局主任、保警队、外交、稽核组成，俨然一行政机关。

堤务局主任由县府委派，由种福垸的协理担任，管理佃户，用公告形式发布有关佃务措施，并设有武装组织——保警队，由堤务局主任亲自率领指挥，有 20 ~ 30 人，设巡长一人，班长三人，负责种福垸的保卫工作。外交主要负责和官场以及外界打交道。总管主要管辖佃务，下设管佃、催头、牌头等，主要是收取地租。稽核主要监督和检查垸内开支和征租情况。工程主任监修堤垸，下设监修、包头、棚头，管理监督修堤人员。

种福垸全垸约有职员30人，工人40人，加上警员30人，约100人，月日常开支约1 500元。职员每月底薪20～50元，工人每月底薪约10元，催头每月底薪约10元，协理每月底薪约140元，稽核及工程主任、总管等高级职员为50～100元。

为了便于管理，种福垸的土地共分东西南北四区，每区划分为若干牌，东区10牌，西区10牌、南区5牌，北区9牌，共34牌。每牌有土地900亩至2 000亩不等，每牌设牌头管理佃务。垸内农民直接向垸主租佃土地的约有2 000户（包括转租佃户在内约有3 000户）。

种福垸的经营主要为地租收入，按实物征收，主要为谷子，一小部分为棉花。出租农田，约占90%以上，每年可收租6万石左右；棉田占8%左右，每年可收租15 000斤左右。按种福垸的规定，农民租田，按租田亩数，免租3%，作为屋基，如租田100亩，农民付租只付97亩，其余3亩不计租费。

1921年，为囤积和销售谷棉，聂云台令种福垸在长沙设立协丰粮栈，这是湖南最大的粮栈之一，经营粮食、堆栈、轧米业务。该栈可容10万石谷子，以机器轧米，由于协丰粮栈信用好，其所出的粮食栈单，可作借款的押品，所售谷价也较市场略高。

种福垸之所以设立协丰粮栈，其目的有三：一是为了便于大量租谷的出售。种福垸每年有5万～6万石租谷出售，设立粮栈，可以视市场价位，主动掌握销售行情。同时，粮栈经营堆存业务，既有栈租收入，又可掌握市场粮食存销实况。二是便于种福垸自身资金调度。种福垸开支较大，修堤时支出尤其多，需款时可以存粮或协丰的信用向银行抵押借款。三是利用协丰作为恒丰与种福垸之间经济联系的桥梁。种福垸与恒丰之间的资金调度，或恒丰在湖南推销产品代收货款等，都可以协丰为中介。同时，利用这种三角关系，还可以经营种福垸所在地(沅江及南县)与长沙之间，长沙与上海之间的商业汇兑业务，既有汇兑利益的收入，又可以无息利用大量汇兑资金，这对于恒丰尤其重要。

种福垸与恒丰有着相互依存的关系。在种福垸建立之初，因为筑堤排涝，需要大量的款项，恒丰以其盈余，给予源源接济。如1904—1915年12年间，恒丰汇湘资金不下60万元，大部分用于种福垸筑堤和购买土地。1916年以后，种福垸开始有了收益，反过来汇给恒丰的款项先后有20万元之多，这给聂云台在上海扩建新厂房，投资其他企业起了支持作用。

从聂缉椝接办华新纺织新局，特别是经营复泰公司后到聂云台改组复泰为恒丰纺织新局，应当说这些企业更多的是家族企业，因此，这些企业都具有家族企业的两面性。即一方面家族企业能够聚集家族的力量，团结一心，搞好经营管理；另一方面，由于是家族企业，在工厂管理、人事关系、财务管理方面存在着难以理清的关系，影响着企业的发展。比如，聂氏这些企业，总理、协理，都是聂氏兄弟，其他高级管理职员，基本上是湖南人，连工人也大都是湘鄂籍的。恒丰所培养和使用的工程师，几乎都是湖南人，乡土观念、家族观念又阻碍着恒丰的发展。

聂缉椝在世时，聂家的大小经济活动均由其掌握，1911年聂缉椝去世，主要经济活动掌握在三儿子聂云台手中，而四儿子聂管臣，六儿子聂潞生、十儿子聂慎余协理或分管聂氏某些经济活动。“家厂不分，账务难管”，几乎是家族企业的通病。1918年

11 月 19 日，恒丰纱厂股份析产，定总资本 60 万两，资本原定为 10 股，每股 6 万两，四儿子聂管臣不愿参加这个企业，要求析出股本，因此股份改作 9 股分派，每股股本定为 66 666.67 两。聂管臣析出股本，因恒丰对外尚有负债，按 6 万两九折计算，发给现金 54 000 两。

聂家兄弟析产后，恒丰的股权分配如下：

聂崇德堂（曾纪芬）2 股；聂氏慈善户 1 股；聂隽威 1 股；聂云台 1 股；聂潞生 1 股；聂光尧 1 股；聂慎余 1 股；聂少萱（因出嗣关系）半股；聂光坚（时光坚已故无后，作为聂氏教育基金）半股。

经过析产，恒丰纱厂就成为母子兄弟合伙组织的企业，析产后各方于 1918 年 11 月 19 日订立了《恒丰纺织新局合约》，议定权利义务如下：

（1）议定恒丰纺织新局资本为 98 规银 60 万两整。

（2）各房股份分作 9 股，计崇德堂（曾纪芬）占 2 股，慈善 1 股，隽威、云台、潞生、光尧、慎余各 1 股，少萱、光坚各半股。

（3）议定每股资本 66 666.67 两。

（4）各房现有资本不敷，由公司暂行挪借足数，由该房认还，息金按月以 8 厘计算。

（5）各房推聂云台为公司总经理，畀以全权处理厂务。

（6）总理应每半年邀集会议一次，报告营业盈亏情形并议决应办事件。如有要事，随时邀集特别会议。惟大致出入账目，每月报告一次或抄阅。

（7）公推查账员一人查阅账目。

（8）除官利外，凡有盈余，应作 20 股分派，公积金 4 份，折旧 4 份，股东 9 份，花红 3 份。

(9)遇有特别情形处分余利及公积，可开特别会议决定之。

在签订合约时，因聂管臣辞去恒丰协理，遂任命聂潞生为协理，因聂潞生不住厂，又任命黄益民为厂长，朱沛霖为厂长秘书。

聂缉槼遗留下来的另一产业是种福垸。种福垸的土地虽有5万亩，但因为处在湖区，经营的关键在于修堤，如果分割，势必无法管理，所以种福垸作为公产没有被分散给各家。

恒丰纺织新局这个家族企业在析产之后，关系得到了理清，加上欧战结束后初期，中国的纺织工业仍处在黄金时期，所以恒丰纺织新局得到了很大的发展。

中国的棉纺织业从1922年秋季始，慢慢出现了危机。1922年，华商纱厂联合会召集同业，共谋挽救困难局面，决定停开夜工和减少运转锭数，并订出135两为售纱最低限价。但最低限价没有带来实际效果，至8月底纱价反跌至124两左右。同年12月，纱厂联合会又召开紧急会议，决议一律减工25%，而实际此时已有部分纱厂减工50%，甚至完全停工。1923年3月，纱厂联合会又决议全国纱厂减工50%，而实际减工为40%。

聂云台苦心经营的大中华纱厂1922年开工。开工之时，全国纱厂已面临全面的危机，大中华纱厂自不例外。这家聂云台费尽全力以聂家资本为主体的“模范纱厂”，1924年终因债务负担忍痛拍卖。该厂董事长兼总经理聂云台作了专门总结，他认为大中华纱厂失败主要有如下原因：

一是国际汇价剧变。大中华纱厂的机器主要购自国外，以英镑结算。“本公司购机时的镑价为5先令左右(每两汇价)，所付机价定银四分之一，即以此结定。厥后(银价)涨至六至九先令以至一辨士者结两万三千余镑，是时所结之数已共十万七千余镑，而市情颇惊慌，银行家咸谓将涨至十五先令，遂未敢多结。……

当时汇价为从来未有之变局，公司因审慎迟延而坐失机会，至为可惜。”

二是时局动荡，造成棉布棉纱市价暴落。“公司债以 1922 年 11 月成立，不过半年而公司停顿。所以亏折如此之速，则由 1923 年春间花布市价暴落之故。自公司债成立以后，即另由钱庄五家组织营运垫款银团，订立条件，银钱贸易概归银团派人主持，信用既孚，垫款遂溢过一倍以上，年底存货有一百二十万两之巨，适因时会不顺，川省战事忽起，开工未几，纱价暴落二十至三十两之巨，花价亦暴落十数两之多。自是公司原有十数万两之垫款现金亏折已尽，既无垫头，则营运垫款当然不肯继续进行。适于此时银团内发生争端，竟因此而致停顿。”

聂云台所言的只是大中华纱厂亏损的自身原因，实际如前文所言，更重要的是国际原因。一战时日本纱厂在中国增加 1 倍，而自 1923—1931 年又增加了 2 倍，几乎占我国棉纺织业总设备的 45%。日本纱厂为什么能迅速发展从而摧毁我国的民族工业呢？这是由于日本纱厂利用不平等条约的保护，加上日厂有银行和财阀为后盾，资金充足，利息低廉，经营集中，在经营上和市场竞争上处于有利地位。因此，华商纱厂在政治上和经济上重重压迫之下，无法生存下去。正如当时华商纱厂联合会所指出的：“大中华之失败，当事者于营业之计算失于周密，在所难免，然以受不平等条约之约束，外厂竞争之压迫，供过于求之打击，债主重利之盘剥为其之主要。”

从大中华的失败的确可以看出，中国民族资本是如何的软弱，即使在民族资本空前繁荣时期，也竟不能独立进行再生产，而不得不依靠金融业的贷款。一旦市面发生变化，就束手无策，不能自行维持，完全听从债权人摆布。

1924 年 4 月，大中华纱厂不得不忍痛登报以 194 万两资本本数拍卖。拍卖之时，江浙一带正好又发生战火，上海震动，无人敢接盘。最后在实在无办法的情况下，以 159 万两折价低卖给永安公司。除去佣金、律师费、保险费等，净得 153 万余两，且只三成现款，余款一年后付清。

据聂云台统计，大中华纱厂计债权人损失共45 万两，公司股本 1 549 200 两(内有23 700 两为后招之优先股，定期存款11 000 两)。鄙人经手挪借之款计 9 万余两，未付股息计 25 000 余两，杂欠 9 000 两，营运垫款团项下欠 13 000 余两，此项已由该银团代表面告允作清讫，统计各项损失总数为 211 万余两。

大中华的失败，令聂氏家族共损失投资23 万两，加上聂云台个人垫付债息等支出9 万余两，共损失 32 万两，几占恒丰当时资本总额(108 万两)的 1/3。对于聂氏家族而言，这确实是一个很大的打击。

几乎与大中华纱厂亏损的同时，中美贸易公司也出现了很大问题。1920 年，聂云台去欧洲游历时，曾以董事长的名义具函委托另一董事王正廷代拆代行。当时该公司曾向美国订购颜料价值数十万两，由上海银行承办押汇。此项颜料系德国充作赔偿美国战费的物资。在欧战期间因德国参战，颜料生产停顿，上海方面德国颜料大为缺货，价格飞涨。中美公司向美订购德制颜料时正值价格高峰，而到货之时，德国已恢复大量生产，货物涌到，市价大跌，损失达 30 万 ~ 40 万两，因此无力偿还上海银行的押汇欠款，聂云台作为中美贸易公司的董事长，不得不设法偿还。

在民族棉纺工业凋敝的时候，聂氏家族所投资的其他事业也不景气。如制造纺织纱机器的中国铁工厂，招资不足，业务无法开展，不得不改制军火，因债务关系，曾一度被债权人金城银行标卖，后来毁于炮火。华丰纺织厂在1922年也遇到不景气的浪潮，向日商东亚兴业会社借款100万日元，作为归还购机欠款之用。1923年，因为无力偿付利息由债权人委托给日华纺织会社经营，1927年被正式标卖，改称日华第八厂。

大中华纱厂、中美贸易公司、中国铁工厂和华丰纺织厂等企业经营的失败，影响着恒丰的经营。在整个民族纺织工业全面不景气的浪潮中，恒丰在1923—1924年，和其他同业一样，进行了减工减产，财务也发生了困难。为了维持当时困难的局面，1924年恒丰向恒隆钱庄借款60万两。1925年由于所借恒隆钱庄之款到期仍无法归还，于是改向恒丰昌等4家钱庄借款100万两，一部分作为偿还恒隆欠款，以不作为维持费用，借款定期一年，到1926年到期无法归还，乃求借于沙逊银行，用厂房机器作押，抵借150万两，利率为年息6厘。该笔押款曾展期三次，最后因沙逊银行坚持收回。在此情况下，1929年向浙江兴业银行借款240万两，除归还欠款外，余款作为建造第三厂的费用。

自从聂家收买华新，成立恒丰纺织新局以后，聂云台一直是恒丰和聂氏家族的中心人物。1924年，大中华纱厂失败以后，聂氏兄弟的投资都受到损失，聂云台的威信大大降低，虽然仍居恒丰总理名义，实际上逐渐退出聂氏家族的中心，而由聂潞生接替。1928年，聂潞生正式对外称经理，逐渐成为恒丰和聂家经济活动的中心人物。

1926年，聂云台被迫以退休为名而退居幕后，担任上海公共租界工部局董事和顾问，经营事业的不如意，也促使聂云台转而信仰佛教，他皈依于如幻法师座下，潜心学佛，闭门静思。后又参谒印光法师，受持五戒。后来又因骨痨而锯掉一条腿，更少过问世事。1942—1943年间，为劝诫世道人心，聂云台撰写了《保富法》一书，在上海《申报》上连载。《保富法》全书不足两万字，分为上、中、下三篇，内容全是宣扬因果感应，“积善之家必有余庆，积不善之家必有馀殃”。这类故事，原不足吸引读者，但以他的身世和阅历、所闻所见书写出来，在当时社会上产生了极大影响。数日之间，便收到助学献金17万余元之巨，柳亚子等各界名流纷纷响应，一时传为佳话。

抗战期间，恒丰纱厂先被日接管，后又被合办，即所谓“恒丰纺织株式会社”。抗战胜利后被国民党政府接收为“中国纺织建设公司第20厂”。

1945年底，国民政府行政院长宋子文到上海视察后，颁布了《处理敌伪产业条例》，“凡工厂被日寇强迫合作的，如能提出确切证件，即可申请发还”。随即，国民政府在上海成立“敌伪产业处理委员会”以及“敌伪产业处理局”。据此，聂云台向行政院宋子文以及国民党“敌伪产业处理委员会”、“敌伪产业处理局”申诉。经过几个月的活动，1946年3月底，国民党“敌伪产业处理局”以及经济部办公处先后批示：“恒丰原有的厂产准予发还，惟恒丰收受日方资产作价款日金829 653元，连同聂家售给大日本纺织会社的股票2 250股所得日金135 000元，共计日金964 653元，应按照收受时汇率合当时法币，再按目前指数折合应缴法币1亿8千万元，限一个月内缴清。”

1946年3月28日，国民党经济部特派员办公处召开发还会议，聂云台之子聂含章代表业主列席了会议，会议决定：

(一)关于设备方面属业主者应即发还，其在开工增添设备者，购置费用由业主归还。

(二)其属于日人增益及寄存部分，以政府迁出为原则，但双方同意时得由业主承购。

(三)工人全部由业主继续雇佣。

(四)职员。业主方面承认留用工务人员10人，应由纺建公司撤回，惟纺建公司主张以全部留用为原则。

(五)接收期间全部费用由业主归还。

这样，聂氏家族可以法币1亿8千万元的代价(约合当时黄金1 000两左右)取得价值黄金数万两的产业，但是抗战以后，聂家主要的生活来源皆依靠湖南种福垸的收入，因此，聂云台等虽然收回了恒丰产权，但却无法付出法币1亿8千万元。

经过讨论，聂氏家族决定求助于有多年交情的特约批发商吴锡林和吴柏年叔侄俩。

经过多次谈判，聂吴协议由吴家投入现金资本6亿元，聂家恒丰厂产作价34亿元，实际资本40亿元。这个协议，解决了聂家资金不足的问题。在这个基础上，1946年4月15日，聂(甲方)吴(乙方)订立了合作契约，妥议各款的主要内容如下：

一、甲方因战时损失之机器房屋，将来当请求政府向日本要求赔偿。此项赔偿权益，归甲方所有。

二、甲方厂内之机器在战时被日人盗卖搬出厂外者将来如能收回，此项机器之所有权归甲乙双方之新公司共有。

三、乙方所投资之股本6亿元，于订约日先交2亿元，其余于5月1日以前交清。

四、甲方推定聂含章，乙方推定吴柏年为共同负责执行代表，组织新公司，关于其他人事由二代表协商办理。

五、乙方所缴资本金之临时收据，除盖用甲方原有纺织新局印章外，并由甲乙双方代表人会同盖章，将来乙方凭此掉换股款临时收据。

六、所有呈缴敌伪产业处处理局之法币1亿8千万元，基本息均归甲方负担(惟在双方签字时甲方提出利息一项改为自3月15日起至4月14日止负担一个月之利息，当经乙方表示同意)。

七、中国纺织建设公司移交厂产时，即由甲乙双方代表前往接受承受产权，所有一切开支，均归新公司负担。

根据双方议定，恒丰纺织新局改组为恒丰股份有限公司，根据顾问会计师的建议，以8亿元的资本向国民政府经济部注册。经双方协议和股东大会通过，新公司的董事及职员一般应以聂家为正职，吴家为副职，并尽量容纳双方提出的人事名单。结果，聂云台任董事长，聂含章、吴柏年等为董事，黄立鼎等为监察人。总经理为聂含章，主管业务和生产，经理为吴柏年，主管财务及资金调度。从组织机构和重要职员安排来看，吴家虽然也参与企业领导，但是聂家仍居于支配地位。

1946年5月，聂吴合作经营，恢复后的恒丰，最初开工17 000枚纱锭，织机250台。这17 000枚纱锭之中部分系怡和纱厂所有，1946年9月，恒丰以9.26万元收买怡和留下来的机器和纺织机器零部件。同年还向国内外订购机器物料合美金4万2千元左右；1947年又订购梳棉机零件价值美金2万余元；1948年曾以8 000美元的代价订购美制考尔门1947年式自动经纱接头机。

聂吴合作下的恒丰股份有限公司，聂云台虽然是董事长，实际经营大权主要掌握在聂云台的儿子聂含章以及吴家的代表人物吴柏年手中。聂家主要提供厂房机器等固定资产，吴家主要提供现金流动资产。聂家掌握股权85%，吴家掌握15%。但是，吴家资金实力比较雄厚，并有若干中小企业和几家钱庄为其后盾，调度资金有办法，因此，吴家在企业中，也有举足轻重的地位。聂含章接手恒丰纺织有限公司后，接受聂云台后期办实业失败的教训，订立出经营方针：

（一）不许任何人向公司借钱宕账，公私分明；

（二）不许作盲目性扩张；

（三）坚守营业范围，勿东投资西投资；

（四）决不投机抛空栈单；

（五）专心业务，不兼职，不参加社会活动；

（六）不随意任用私人。

恒丰复业后，除分红分息、增加机器设备等固定投资外，还获取了巨大的利润。以 1946 年 5 月复业计算，当时该厂的流动资金约合棉花 6 660 担（合美金 26 万元），1949 年除还清一切债务外共有流动资金约值棉花 2 万担（合美金 78 万元），恒丰的流动资产增益了 3 倍。

中华人民共和国建立后，经人民政府多方面扶助整顿，恒丰生产逐渐从战时混乱状态中恢复，逐渐好转，随后相继完成了企业改造和公私合营。1953 年 12 月 13 日，聂云台病逝于上海。

甘长林　甘寿彭

甘长林(1867—1904 年)，甘寿彭(1904—1988 年)，湘阴人。百年老店“甘长顺”的开创者和著名经营者。清光绪五年(1879 年)，甘长林 12 岁时，家里以两石谷的田(约合半亩田)作抵押，当了四吊钱从老家湘阴县高坊镇白羊洞(现属汨罗高坊镇永安乡)送他到长沙当学徒。少年时代的甘长林，虽未上过学，却聪慧勤快，学徒期间学得扎扎实实，出师后又帮师，更学得不少东西。

清光绪九年(1883 年)，16 岁的甘长林与人合伙在长沙药王街口的天升福商号隔壁开了一家面粉馆，号“长顺斋”，这是甘长顺的第一处店址。开业时只有“三张半”桌子。因为有张桌子缺只腿，只能靠墙放着，所以算半张。不久，因生意不好，合伙人退出，甘长林便将己姓冠上，改“长顺斋”为“甘长顺斋”，独自经营。改号不久，适逢开绸缎庄的街邻童老先生 60 大寿，来店订寿面 1 000 碗。甘长林抓住这一商机，选取上好面粉及码子精心制作，食者啧啧称好。“甘长顺斋”从此声名鹊起，食客络绎不绝，经营进入良性循环。甘长林此后也有了一句教育后代的口头禅：“我是用四吊钱打的天下。”

甘长林站稳了脚跟，也悟出了经营之道。光绪十五年(1889 年)农历六月二十八日光绪帝万寿节当天，甘长林打出祝寿招牌，敞开铺面免费供应寿面一天。市民欢天喜地，扶老携幼来吃寿面。“甘长顺”此举震动官府，不但得以免税一年，更是声名远播，产生轰动效应，慕名而来者日甚一日。

1904 年甘长林去世，由其夫人与内弟继续经营该店。7 个月后，甘长林遗腹子甘寿彭出生，到 1920 年时，16 岁的甘寿彭继承父业，接手掌管甘长顺。由于甘寿彭沿袭父亲一贯的经营之道，生意一直很红火，店子越做越大。

甘长顺面馆的特色招牌面为“鸡丝火面”，面用一只碗装，码子用另一只碗盛装。码子碗装码子有讲究：上面是黄澄澄切成细丝的极嫩的鸡脯肉，下面是红艳艳排成行的火腿丝，配上碧绿的葱花，雪白的玉兰片，色彩缤纷，油亮亮的透出诱人光泽，令人食欲大动。面碗装面也有讲究：面条能在碗中浮动是甘长顺师傅做面的特色技艺。将面条从锅里夹到碗里也是有讲究的，一是根根面条要求排列整齐，如梳子一般；二是中央稍稍凸起，略呈龟背状；三是摆在碗里还要求有棱有角，呈四方形。整碗面看过去就像一枚外圆内方的古钱币。最奇的是，用筷子将碗中面条轻轻一拨，这排列整齐的整碗面条，还能在汤碗中转出几个圈来。究其原委，正因为上面呈龟背状，下面则会凸起来浮在汤中央。这样做面，还有一个好处，时间稍长面条也不会发黏，依然清清爽爽，最适合“出堂”（行话：即由顾客端走）。做出一碗这样的面，没有娴熟的技术是不行的。验证面条是否是从甘长顺“出堂”的，一看一拨便知分晓。

民国时期湖南督军谭延闿极好甘长顺的鸡丝火面，每到勾起馋虫，即同随从来店吃面。还曾兴之所至，将“鸡丝火”对“鸦片烟”撰成一联，市井相传，更使得甘长顺名号不胫而走。

1938 年“文夕”大火后，甘寿彭在走马楼右侧东方巷内买地两亩左右，扩大经营场地。建主楼两层，前后均有花园，后面小花园中还凿有一井，这是甘长顺的第二处店址。因为食客络绎不绝，常常“打涌堂”。每逢夏日，门前花园也临时改做露天面馆。

甘长顺生意好时，一个晚上要另外追加两袋面粉（共90斤）方能满足顾客的需要。业内行规，一斤湿面可做四碗熟面，一个晚上便要多卖出300多碗，可见生意之旺。后来，由于在业界的声望与日俱增，甘寿彭被推举为长沙市饮食同业主席。

甘长顺的发展史，证明了正确的经营理念是企业得以起死回生、欣欣向荣的法宝。甘寿彭接手甘长顺面馆以后，有着自己独特的经营之方。

一是注重质量、讲究用料。甘长顺的面条，面粉选用上好精白面，每袋45斤，规定要打入50个鸡蛋，一个也不能少。先用手工用力糅和，再用杠子反复碾压，然后才铺平切成细小面条。揉面的师傅常年这样操作，双手五指粗壮有力，胜于“一指禅”功。揉好的面条弹性劲道极好，入口韧性十足，有嚼头，也不易煮碎、发黏。做码子用的肉，要求是刚刚宰杀的新鲜肉，送上案板时，手摸上去还是热的。这样才能保持肉味鲜嫩。即使是小至香葱一类的佐料，也要反复甄别选用，要求买来的香葱在厨房切碎时，作坊外要能闻到香味，否则弃之不用。汤料用鸡骨、筒子骨熬制，内置一小包正宗浏阳豆豉，因此，汤料香气四溢。而且坚持一天一换，不隔夜。如果，哪天有哪位顾客碗里的面没有吃完，甘寿彭会将这碗剩面端过来吃上一口，然后让煮面的师傅也吃一口，看看究竟是口味咸了还是淡了，或是有不尽如人意的地方，以便日后改进。

二是坚持薄利经营原则，服务热情周到。甘长顺的阳春面（即俗称的光头面）是不赚钱的。因为甘寿彭说过：来吃阳春面的，一般情况都是做苦力的劳动人民，他们赚两个血汗钱不容易，吃一碗面条是要当餐饭的。所以，他吩咐厨房，凡是来吃阳春面的，都要多给分量多加油，让他吃上满满一碗，干活好有力气。甘寿彭说：我不赚他们的钱，只赚口碑。这正是他的过人之处。甘寿彭没有投入广告费却比那花钱去大吹大擂做出的广告效果还好，像这种“不赚钱只赚口碑”的广告，甘寿彭做了很多。比如每到年廿九，甘寿彭会从下午四点开始给街坊邻里免费送碗热气腾腾的面条，名曰“收牌面”。街坊每人一碗，随面送上拜年帖子，写上甘长顺春节期间何时开始放假，何时开始营业，节后恭候光临等语。待街坊吃过，店里学徒来收碗时，还会同时送上热毛巾供街坊擦脸擦手，俗称“手把子”。

三是善待员工。除了甘寿彭自己善于经营外，他还想办法让员工尽职尽责地为企业服务。甘长顺在这方面是怎么做的呢？甘寿彭不仅对顾客热情，驭下也宽。为了留住师傅，甘长顺有一套人性化的管理方法。如：面馆里的小碟下酒菜，甘寿彭不做，交给厨房师傅们去经营，所得利润由师傅们自行分配。此举等于他让请来的师傅们做了个“小老板”。师傅们何乐而不为呢？因此，小碟总是做得异彩纷呈，各显风流。面馆生意自然就锦上添花了。

甘长顺有道小碟，用雪白的肥肉夹在猪肝中，谓之“金银肝”。切片装盘后，每片红中夹白，不但好看，而且猪肝因有肉油滋润，入口嫩滑，肥而不腻，这道小碟就是后堂师傅们别出心裁做出的。另外，用店里肉皮、油渣、拆骨肉等做成小碟卖的钱，以及卖潲水的钱和顾客给的小费等，老板也是不要的，另外用个箱子装着，每晚打烊后，这些钱就拿出来分给师傅们。勤快的学徒还可以赚到跑腿费，谓之“草鞋钱”。当时，一个大师傅的月工资在十元(旧币拾万元)左右，但是，每月这些七七八八的收入反倒有二三十元，而且伙食由店里供给。师傅们出门做事为的就是“三分赚钱，七分赚吃”。所以，甘长顺的员工有的一做便是二三十年，很少有中途辞职不干的。

1956 年，百年老店甘长顺由国家赎买，甘寿彭任长沙市饮食公司改进委员会主任。1988 年，甘寿彭去世，享年 84 岁。①

① 主要资料来源：陈钟华：《甘长顺——四吊钱打出的百年老店》，《文史博览》2008 年第 1 期。赵幸：《由“甘长顺”“朱乾升”说开去》，《文史博览》2001 年第 3 期。

梁焕奎

梁焕奎(1868—1930 年)，字星甫，亦字璧垣，又作辟垣、辟园，湘潭人。清同治七年(1868 年)农历十月十二日出生。梁焕奎的父亲梁本荣本是广西临桂人，于咸丰六年(1856 年)随其祖父梁宝善避乱来湘，落户湘潭。同治十三年(1874 年)，梁焕奎 6 岁，入私塾，稍长后入湘潭昭潭书院学经史词章等。光绪九年(1883 年)，山西发生大灾，梁本荣捐资助赈，按例被录为江苏县丞，并加理问头衔，往江苏赴任。梁焕奎随父宦游。

光绪十二年(1886 年)，梁焕奎与湘潭人曾广勖结婚。次年，以诗赋见赏于太仓陆伯葵学使，补弟子员(秀才)。光绪十六年(1890 年)，梁焕奎父亲升为知县，又因捐资赈灾加五品衔，遂将全家迁往江宁(南京)。此时湖南武冈人邓辅纶主讲江宁文正书院，邀梁焕奎助其评阅课卷。也因此，梁焕奎从邓氏学诗。光绪十九年(1893 年)，梁焕奎在湖南乡试中中举人。光绪二十年(1894 年)，中日甲午战争爆发，次年中国被迫签订《马关条约》，割地赔款，丧权辱国，激起朝野变法维新运动。梁焕奎深受维新思潮影响。1895 年 9 月，直隶省布政使陈宝箴调任湖南巡抚。11 月，陈宝箴奏设湖南矿务总局。次年 2 月，陈宝箴正式设湖南矿务总局于长沙，以刘镇为总办，邹代钧为提调，梁焕奎任总局文案。梁焕奎协助陈宝箴拟奏了《湖南矿务简明章程》，对办矿的方法、经费、股份等问题作了若干具体规定。1896—1897 年，湖南创办了常宁水口山铅锌矿、新化锡矿山锑矿、益阳板溪锑矿、平江黄金洞金矿等大型官办企业。益阳板溪发现锑矿后，矿务总局成立了官办“中路久通矿务公司”。新化、益阳锑矿的大量开采，使长沙省城的炼锑业开始产生，逐渐有民族资本家在灵官渡开设大成公司、裕湘炼锑厂，灵官渡则成为长沙最大的矿产品转运码头。

1897 年，梁焕奎协助熊希龄、谭嗣同、梁启超等在长沙办时务学堂，同时积极参加湖南维新活动。是年冬，其全家由湘潭迁居长沙。

1898 年秋，戊戌变法失败。10 月，湖南巡抚陈宝箴被撤职，俞廉三接任湖南巡抚。1899 年，由于益阳板溪矿厂亏损严重，俞廉三决定将板溪锑厂由官办改为商办。板溪锑矿虽然品位低，但储藏丰富，很有发展前途。不甘心将国家民族利益拱手让给洋人的梁焕奎怀着振兴民族实业的满腔热情，变卖妻子所存的首饰细软，多方筹措资金，与黄修元、杨叔纯合伙购得益阳板溪锑矿开采权，成立了民营“久通公司”，并任董事长，命二弟梁焕章任经理。这是梁焕奎兄弟经营锑矿业的开始，为日后创建华昌公司打下了坚实的基础。

实业初创，难题接踵而至，其中最主要的是技术难题。板溪锑矿虽占地 3 000 多亩，但成分不纯，矿质较差，品位不高，含锑 20% ~30%，提炼和开采成本较大。而且白板溪锑矿厂运至长沙，运输成本也较高。虽然当时为了降低运输成本，在距板溪约 50 里的沾溪建了一个土法炼厂，将矿砂冶炼成“生锑”（硫化锑）后外运，但不能解决根本问题。梁焕奎一方面寻找技术上的突破，一方面利用这一时期比较优越的身份，经营着久通公司。所谓优越的身份，指的是这一段时期，梁焕奎先后担任省学务处文案(1902年)、省留日学生监督(1903年)、江苏金陵火药局提调(1903年)、省矿务总局提调(1903年)等职。特别是1903年，梁焕奎被湖南各界士绅推荐在北京参加了经济特科考试，名列二等，不仅显示了其极赋天资的经济才能，而且扩大了知名度，创造了有利的社会环境。

1903年冬，梁焕奎向湖南巡抚赵尔巽条呈："国家富强在尽地利，而地利在矿；开采矿利在得人，非先作育人才，无从阐发地藏。"当局采纳此议，委梁焕奎创办湖南实业学堂，并任实业学堂监督。梁焕奎从湖南矿务总局拨借基金银16 000两，在贡院旧址建立湖南高等实业学堂。聘请福建海军学堂毕业生、候官人翁幼恭司教务。教学除国文外，还用英语、法文课本。其用意盖以英美人长于采矿、而法国人长于修筑铁路，以此准备，为将来设置采矿科以及铁路科两个本科作准备，为湖南培养矿务、铁路技术人才。

1905年春，梁焕奎眼疾发作，"两目昏翳"，"寻丈之外不复能辨人眉目"。拟去日本就医，因日俄大战，留止上海，住裕成公司，此公司系李子善经营，专销湖南矿砂，梁焕奎入有股份。此年秋天，梁焕奎终于到达日本东京求医，但他在日本遍求医药治目，毫无效果。1906年，梁焕奎自日本返湘前夕，作《留别东京诸君》，称"四载浪游三去国，一身残病暂还家"，但自信对于"夙昔所经手治学务和工矿实业，犹可从旁致力"。① 回湘后，他专心致力于湖南矿业的发展。同年，因日俄战争，锑价顿涨，久通公司获利不少，梁焕奎兄弟乃有引进西法、进一步提炼纯锑的设

① 梁漱溟：《梁焕奎事略》，《湖南文史资料选辑》第18辑，湖南人民出版社1984年版。

想。是年冬，久通公司股东黄修元、杨叔纯退股，“久通公司”为梁氏所独有。同年，其弟梁焕彝在美国结束学业，梁焕奎命其又入英国皇家矿业学院深造，专攻锑、钨、铜、锡采炼工程，以备将来办矿之用。

正当梁焕奎苦心思索如何获得先进的炼锑技术时，1907 年，其正在英国伦敦皇家矿业学院深造的三弟梁焕彝得知法国专家赫伦士米德(Herrenshmidt)在潜心研究低质锑砂成纯的方法，认为益阳板溪锑矿必须采用此法，生产方可改观。但专利要价极高，非出重金，不可到手。梁焕彝急忙将此消息函告梁焕奎。梁焕奎接到消息，喜忧参半。喜的是终于找到了自己梦寐以求的炼锑技术，忧的是到哪里去弄到购买专利的这些资金呢?

正当梁焕奎焦急不安之时，恰逢好友杨度回到长沙。杨度与梁焕奎同乡又是挚友，关系非同一般，梁焕奎将欲购买专利开办纯锑炼厂一事告知了杨度。杨度极表赞同，认为机会不可错过，并认为如能获得此项专利，不仅有利于久通公司，而且对湖南整个工矿业的发展极为有利，表示愿意全力支持。杨度首先向湖广总督赵尔巽借得银元 5 万，随后又向军机大臣袁世凯、直隶总督端方和山东巡抚袁树勋等借得 11 万，部分用于购买专利，部分供按专利设厂之用。

1908 年 3 月，梁焕奎以久通公司为基础，在长沙创设“湖南华昌炼锑公司”，自任董事长，主厂设在长沙南门外碧湘街一带。不久，又命梁焕彝通过洽商终以 7 万两白银购得法国赫伦士米德的“蒸馏炼锑法”专利。梁焕彝还奔波于英法之间采购兴建炼厂的一应设备，并邀矿冶工程学家王宠佑博士和法国工程师回国。经反复试验，华昌炼厂专利试验成功，1909 年正式开工生产，炼出了成色相当高的纯锑，质量超过了世界著名的炼锑公司——英国廓克逊公司，梁焕奎一手经营的锑业王国步入了发展的黄金时期。

华昌公司提炼纯锑的方法主要有 3 种：①将成分较低的矿砂，制成三氧化锑，再由三氧化锑，炼成纯锑；②由生锑烘成四氧化锑，再由四氧化锑炼成纯锑；③由生锑直接炼成纯锑。华昌公司设有：(a)炼氧炉 24 座，将成分较低的锑矿砂，混合 20% 的燃料，放在炉中烘炼，挥发出三氧化锑，用仓箱收集，未收集者用导管引入水池中，生成水氧。这种方法，每天可炼生砂二三吨。(b)长方形反射烘砂炉 15 座，每座炉分级而建，将含硫较多的生锑堆放在各级之上提炼。此种炼锑方法主要是除去生锑中的硫磺，从而生成四氧化锑。每天每炉可炼四氧化锑 2 200 镑。(c)反射提纯炉 19 座，炉做成长方形，中间放置一大锅，将三氧化锑、四氧化锑或水氧，配以碳酸钠及木炭末一同冶炼 12 小时，可以提炼出纯锑，每次可得纯锑 15 ~ 20 吨。

因为华昌公司产品质量高于英商廓克逊公司，英商怕华昌公司挤占市场份额，便派员来湘商谈，愿为垫价包销。华昌公司创办之初，对外销售业务、市场运作方式均不熟悉，也愿意与其签约。

1910 年，梁焕奎为四弟梁焕均捐得三品衔直隶候补官位，梁焕均出任湖南电报局总理。1911 年，梁焕奎资助李国钦赴英国留学，就读于“皇家矿业学院”。1912 年 10 月，黄兴回到长沙，居住在六堆子赐闲湖。梁焕奎为了支持革命将江西萍乡尚株岭铁矿赠与黄兴。黄兴带领广东矿冶工程师和湖南留学日本的矿业学生余焕东到达尚株岭勘矿。1913 年，蔡锷任云南总督，家境贫寒。梁焕奎拿出 5 000 银元以借贷方式赠送给蔡锷，并声明此款已投入华昌公司新化分公司，作为蔡氏股份。1914 年，华昌公司属下的裕阜公司在资兴县瑶岗仙开采铅、砒矿，烧制磺灰时，发现一种黑色矿砂，经梁焕彝用化学干试法测定，仍是钨砂，这是中国首次发现钨矿，于是组织开发。同年，华昌公司发现，英商廓克逊公司虽然包销华昌公司产品，但是华昌产品销量不升反降，遂派人调查。原来，廓克逊公司在各国市场推销产品时，首先大力推销自己的产品，而将华昌公司的产品压在其后，并不是一同推销。而当时，第一次世界大战爆发，世界各地对锑产品的需求骤然增加，伦敦锑价又低于纽约甚远。外人争买时，华昌公司则又不能违约销售。为了摆脱受制于人的被动局面，华昌公司不得不与廓克逊公司展开艰苦谈判。由于战争，英商廓克逊公司也确实难以按时收购华昌公司产品，也只得于该年 12 月达成协议，原约改为："无论售于何人若干吨，皆给予廓克逊公司以佣金。期限为一年，至 1915 年底止。"

1915 年春夏之交，锑价暴涨，因而矿山中矿石稍含锑者都可以换到钱。正因为如此，锑砂被盗挖、被抢现象在各矿山严重发生，甚至房屋、窿洞、设备均遭破坏，就华昌公司而言，直接损失达银 4 万余两。8 月，为适应市场发展，华昌公司进行了机构改革，梁焕均任公司总经理；梁焕彝辞去水口山局长之职，专心办理华昌公司技术事务；梁焕廷任驻美销售经理，梁焕均的连襟李国钦任驻美销售副经理，专驻纽约负责销售工作。同时废除与英商的包销合同。1915 年，由于世界大战的原因，世界市场大量需要能造军火的锑，价格一路飙涨，公司盈利颇多。7 月份，公司还归还了原政府农商部拨给的补助款银 16 万两，而且还付给了利息银 9 万两，总计银 25 万两。华昌公司年底统计结果表明，公司的生产能力较常年增长 2 倍，且公司扩股达到银 96 万两。1916 年 5 月 2 日，华昌公司在湖南《大公报》发表 1915 年营业账目，营业收入高达银 300 余万两，获纯利银 120 万两。为了更好更快地开采益阳板溪锑矿，板溪锑矿逐渐采用西法开采。同时为解决运输问题，准备修筑板（溪）桃（江）铁路，该年完成了铁路购地，购买了铁轨车头，铺枕架轨工程也已过半。由桃江至资水游筏完全造就，从资江至省城长沙运输锑产品也采用了铁驳火轮，每月运输量可达1 200吨锑矿砂。在长沙新开工建设的炼厂也将次竣工。整个华昌公司一片红火景象。美中不足的是，外界指斥华昌公司为“帝制余孽”杨度操纵，要求公司扩股改组。至1917年农历正月，华昌公司召开股东大会，加招商股204万元，至此总股本达300万元，梁家占1/3。华昌公司改组后，由章勤济任坐办，汪颂年为总理。

1918年，第一资世界大战结束，锑价大落，华昌公司营运不振，再次改组，汪颂年辞职，杨度出任公司总经理。10月，为反对美商运动增加湖南锑税，杨度自日本到达北京，向政府游说，请拒绝美商要求。同年，梁焕均在江西庐山小天池购地一万平方米，成立天一公司，在庐山修筑疗养院、别墅。1919年，华昌公司走向衰落，生产难以维持。杨度和另一股东周扶九向上海银行借款100万元，以出口锑砂为抵押又接纳中美贸易公司投资银50万两，并撤掉公司在美国所设立的推销处，委托中美贸易公司代销出口锑砂。1920年，国际锑价继续暴跌，华昌公司运美纯锑大量积压，国内债台高筑，矿山、工厂生产完全停顿，不得不低价抛售存于纽约的锑砂，其所得仅够关税、保险、运费之用，数十万采炼成本全部亏蚀，华昌公司结束它的繁华时代，从此一蹶不振，至1921年宣告破产。

华昌公司盛极而衰，有成功的经验，也有失败的教训。华昌公司的成功，自与董事长梁焕奎的经营管理有极大关系。梁焕奎的经营管理在以下几方面有突出表现：一是组织严密。华昌公司根据炼锑业的发展需要，设置了相当严密的组织管理体系。由股东会议产生董事会，再经董事会互选总理一人，协理一人，负责常务。在总理和协理之下，设总工程师管理工厂生产事务，下有开采、冶炼、翻砂、化验、技术工程、水电、修理等部。设理事总管厂务及辅助等事项，下有堆栈、转运、翻译、文牍、会计、收支、警务、稽查、采买等部，全部员工达数万人。各部门既各负其责，又紧密合作，在很大程度上形成了自己别具一格的产业体系。二是人尽其才，这是经营之本。梁焕奎特别重视人才在企业发展中的关键作用，力求做到因人而用，各尽其才。还在久通公司时期，梁焕奎就注意培养实业人才，如将自己的二弟梁焕彝先后送到日本、美国、英国等地学习矿业，将三弟梁焕均、四弟梁焕廷先后送到海外学习矿务和管理技术。利用自己任湖南矿务提调等职兴办实业学堂，培养人才等。为了公司的发展，梁焕奎除聘用国内专家王宠佑、谭长生等人外，还聘用了法国机械专家，使各产业、各部门都有一流的技术人才和管理人才。另外对 4 个兄弟的分工，也突出了“人尽其才”的原则。大弟梁焕章忠厚稳重，被委任为板溪锑矿基地驻矿经理，负责矿石的开采和冶炼；二弟梁焕彝勤恳好学，善于交际，负责奔走欧美各地，广为联络；三弟梁焕均治事精干，才略不凡，任公司总经理；四弟梁焕廷曾留学美国，通习英语，被委任为驻纽约经理处经理，负责国际贸易。事实证明梁焕奎的这种安排是非常合理的，很契合几个兄弟的资质个性，便于他们在各自的岗位上施展才华。

在梁焕奎的严谨管理下，华昌公司的规模不断扩大。特别是随着 1914 年第一次世界大战的爆发，帝国主义因忙于欧战，无暇插手中国事务，加之锑产品为军用物资，需求猛增，华昌公司遇到了前所未有的大好发展时机。梁焕奎紧紧把握住这一机会，不断扩充公司规模，除长沙南门口外的华昌炼锑厂外，又在安化、新化等地新设采锑矿场100多家，同时新设钨矿、锡矿、煤铁各矿等近百处，并投资银60余万两准备开发江西大庾岭的钨矿。1908年，华昌公司开办时总资本仅银10万两，1916年迅速增加至银300余万两，获纯利银120万两。短短的8年时间增加了30余倍，其资本规模之大在湖南各矿业中首屈一指。在基地建设方面，仅一战时期，在安化等地新设采矿场地100多家，矿工2万多人；长沙老厂改扩建后，产锑业迅速增加，1912年产生锑5 947吨，纯锑2 307吨，1915年生锑产量达到7 895吨，纯锑7 200吨，1916年纯锑产量高达8 600吨。1917年纯锑产量保持8 200吨。由此可以看出，欧战前后，随着国际上对锑砂的大量需求，梁焕奎所追求的矿业事业也发展到了顶峰时期，是华昌公司发展的“黄金时期”。梁焕奎创办的华昌公司作为当时湖南最大的民营企业，有如下显著特点：

一是使用世界上最先进的炼锑技术，同时申请专利予以保护。华昌公司使用赫伦士米德的“蒸馏炼锑法”，经过多次改进试验，成为当时世界上最先进的纯锑提炼技术。华昌公司由于得到了当时世界上最先进的技术，其所炼锑产品质量急速提高，市场急剧扩大。为了保持技术优势和夺取更大的市场，华昌公司向清朝商部申请专利十年，奏准“在湖南专利十年，无论何国官商，不准在中国境内设同样之炉座，亦不得在湖南境内，设他样提纯锑之炉座”①。清政府准许湖南全省各地锑砂均交华昌公司提炼并集中使用双环商标出口，这样洋商也就不可能在湖南境内廉价收购锑砂了，梁焕奎此举打破了洋商垄断湖南锑砂价格的局面，保护了湖南民族工业。中华民国建立后，华昌公司为保护矿业专利

① 梁奇：《华昌炼锑公司及其创办人梁焕奎》。

权，两次连续申请，获得专利权延至 1932 年。

二是华昌公司规模宏大，设施齐全。据梁焕彝传记记载，华昌公司拥有“华运”号轮船一艘，和上千吨的铁壳驳船 5 艘及浅水汽轮多艘，往来于资水、湘江流域，甚至直达上海。总部坐落在长沙南门外，“从碧湘街到西湖桥河边一带，占有约十万平方公尺面积的建筑物，它的办公大楼紧靠着面临湘江的楚湘街，包括有自己经营的轮船码头、机械修理车间、仓库、工人宿舍、堆栈、化验室和一连串大型冶炼纯锑的设备与厂房，并附属有电力厂与自来水厂等，再加上耸立达数十丈的——在长沙各类工厂中最高的——炼锑的烟囱和直接为华昌服务的各类大小商店，全体构成一幅资本主义的场景。”①

三是积极开拓海内外市场。由于近代中国工业基础薄弱，除国内印刷业所需不多外，锑矿砂和锑产品主要用于军事工业上，故中国锑产品主要销往国际市场，成为世界军事战备物资。在华昌公司建立之前，湖南以出口锑砂和锑制半成品为主，由于产品从矿山到出口商之前，中间层层转卖，毫无统一组织，这样就给洋商操纵提供了绝好的机会。洋商可以利用其丰厚的资本，任意垄断矿山的开采，控制出口量，操纵中国国内的价格，加上当时湖南还没有新式冶炼设备和技术，也没有化验机构，“但凭洋人眼力，随意估评砂色成分，以决定收购与否和价格高低……故洋人于转手之间，多获得暴利，每担矿砂计百余斤，售价不过数百文耳”②。更有甚者，有些成色较差的锑矿，洋商借故不收不售，非要勒索至最低价，甚至低于成本价方罢。售价低于成本，矿砂

① 梁奇：《华昌炼锑公司及其创办人梁焕奎》。
② 梁奇：《华昌炼锑公司及其创办人梁焕奎》。

又被掠卖，国内矿商也曾做过消极抵制，“有所不能甘心，致宁废弃不卖者”[①]，但于事无补。华昌公司成立后，由于锑品质良好，加上专利垄断，于是迅速拓广海外市场，华昌公司在外商云集的上海和美国纽约等地设立销售联络处，派专人负责管理销售业务。当时，同时同华昌公司有生意往来的外国公司，有德国多福洋行的多来福，加利洋行的施来克，日本中日实业公司的山井，英国商人安利英、卜内门等。由于华昌公司市场的迅速拓展，外商垄断中国锑业的局面迅速改观。同时在商业贸易过程中，华昌公司积极争取利权，以保持原有市场。1912 年，英商支那矿业公司与华昌公司签订包销合同，规定锑品全部归英国批买，不得零售他人，并且规定生产的吨数，不得超过，以控制湖南锑业生产规模和发展。一战爆发后，锑品因为是军用物资，价格飞涨，英商支那公司却不按期收购，给华昌造成不小的损失。华昌公司派员依据国际条例，多次交涉，迫使英商解除合同，为华昌公司、为湖南矿业挽回了权力。

1918 年，一战结束，锑价暴跌，从战争期间每吨 1 000 元猛跌至 100 余元，最低时仅 20.3 元，华昌公司每况愈下，挣扎至 1921 年不得不宣告关闭。华昌公司盛极而衰直至破产倒闭，原因是多方面的。就自身原因而言，一战期间随着锑价飙升，获利很大，以至于贪大图快，过分追求规模，而后随着战后锑价暴跌而使投入收不回来，造成债务不堪重负。但自身原因不是主要的，主要的还在于当时民族工业所生存的外部环境，这个环境包括国内国外两个方面，对此，梁焕奎在事业受挫之后进行总结时，认为在当时的中国，办矿有三难：一是洋人凭借其国富兵强、资本雄厚，同其对抗竞争

① 梁奇：《华昌炼锑公司及其创办人梁焕奎》。

难；二是国内地痞恶霸人多势众，蛮横霸道，同其讲理难；三是国内局势不稳定，军阀豪强敲诈勒索，支应难。到晚年梁焕奎又继续总结道："华昌公司非败于内，实败于外……苟非洋商作祟与各方恶势力交相煎迫，内部问题调整，固不难也。"①这些话道出了半殖民地半封建时代中国民族工业发展艰难的真谛。

在中国近代民族工业起步之时，帝国主义对中国民族工业极尽摧残之能事。华昌公司未设立前，外商任意垄断湖南矿产开采权，任意贬低矿产收购价格，控制矿砂出口。当华昌崛起之时，特别是当华昌获得锑矿采炼专利后，外商一方面与华昌保持密切关系，争相供应采冶设备和运销产品，另一方面则广泛勾结华昌以外的各地私商暗中破坏华昌专利权。尤其是当华昌将巨额资金投入到冶炼厂的建设后，外商竟然卑鄙地唆使各地私商仿效，并廉价供给设备，暗中提供周转资金，让他们与华昌对抗。由于外国势力的插手，华昌公司的专利权很难维护，不得不与私商们进行价格大战，以致锑价一降再降，有时每吨不过二三十元。炼锑厂纷纷倒闭，华昌最终也难逃厄运。除了帝国主义侵略和摧残，国内军阀政客也肆意敲诈勒索。湖南处于南北军阀交战要冲，是各路军阀的必争之地。华昌公司后期正值北洋军阀统治时期，南北军阀你来我往，每次新军阀来旧军阀去，总要勒索一笔巨款钱财方肯罢休，还美其名曰"报效军饷"。梁焕奎终日处于惶惶不安之中。其家人因经常受到军阀土匪的要挟，连生命安全都难以得到保障。据梁焕奎儿子梁奇记载，公司在湖北汉口德租界碧秀里有一住宅，专供避难之用，一年往返多次，时而逃汉，时而返湘。有一次，在湖南恰遇军阀唐某率军逼令报效军饷，梁焕奎带领全

① 梁奇：《华昌炼锑公司及其创办人梁焕奎》。

家老小，从后门匆匆逃至武汉，以为暂离险境，可以稍稍休息。未想到住在碧秀街后面的日本人一边四处放火，一边袭击公司住宅，一时火光冲天，枪声大作，一家老小不得已又深夜冒雨越窗而出，逃到法国租界巡捕房附近，事情平息后返回湖南。回来后，梁焕奎不得不以重金聘请洋人保护住宅，并在公司门口挂上美国洋行招牌和美国国旗，以此掩人耳目，逃避勒索。梁焕奎明知此举有辱国格和人格，却又不得不为之，其内心之痛苦是不言而喻的。他曾愤慨地说："在自己的国土上，却要靠洋人保镖，实乃奇耻大辱。"另外各厂矿所在地区的地痞流氓与土豪劣绅沆瀣一气，仗势勒索，稍不如意便捣毁设备、阻碍运输。对此，公司不得不长年累月派罗泽南等奔走于各地进行处理，每年耗费银数十万两。

早在1907年，梁焕奎39岁时就双目失明，生活行动很不方便。华昌公司倒闭后，其精神受到严重的打击，加之时局多变，治安混乱，他一面学佛，一面避居于宁乡、湘潭等地乡野以求得清静。但地方势力总认为他是腰缠万贯的富翁，仍不时上门骚扰，其内心之苦楚，真不足为外人道也！避居乡野期间，本是文人出生的梁焕奎除总结华昌公司失败的教训之外，最大的爱好就是吟诗。其诗充满思乡之念，忧国之情，离乱之感。在涉及华昌公司的诗句中，他从不隐瞒自己对帝国主义洋商的切齿之恨，颇多愤世嫉俗之词。不过在花甲之年将诗稿汇集成册时，他特意将这些诗句删除掉了，并说："洋商险毒，非我诗所能道其万一，毋使污我白纸。"①足见其对华昌悲惨命运的痛惜之情。

1926年，梁焕奎的原配曾夫人病逝，其精神再度受到严重打

---

① 梁奇：《华昌炼锑公司及其创办人梁焕奎》，《湖南历史资料》1959年第2期。

击。1928 年，他忍受丧妻之痛远走上海，其间曾与堂弟梁漱溟相聚小叙，言谈中颇多对时局的感叹，对华昌的成败得失多所总结。伤心处，喉哽声噎。此种伤心，既是对个人命运的悲叹，又何尝不是对中国民族工业发展前途的忧心！1930 年，梁焕奎在庐山小天池别墅中病逝。

梁焕奎的三位弟弟梁焕章、梁焕彝、梁焕均也是近代湖南难得的实业人才。

梁焕章（1873—1927 年），字端甫，兄弟中排行第二。1899 年，长兄梁焕奎购得益阳板溪锑矿的开采权，成立民营久通公司时自任董事。但梁焕奎因自己在湖南矿务局任文秘职，不便脱身，乃委派二弟梁焕章出任久通公司经理，常驻矿山。这是梁焕奎兄弟经营锑矿业的开始。久通公司开通之初，生产方式和经营管理都十分原始，矿砂是任凭矿工随意开窿掘采，公司只负责坐山收购。加上交通不便，矿砂运出十分困难。其时，国内尚无冶金工业，限于技术水平，仅能采用土法提炼生锑，按规定不必交官方统一收购。由官督粤商大成公司在长沙设炉提炼生锑。为了降低运输成本，经多方交涉，方同意久通公司在距矿山 50 里的沾溪设厂，用土法冶炼后外运。由于运输成本太高，而锑矿价格又低，因此，梁焕章虽然驻板溪辛苦经营，但仍十分艰难。至 1906 年，锑价顿涨之后，才稍有余利。此后梁氏兄弟遂有改售生锑为炼纯锑之举。1908 年华昌炼锑公司成立，久通公司为华昌分厂，兄弟分工，梁焕章仍住板溪，主持矿山开采事宜，开始一系列技术改革，窿内用木条支撑，用压缩空气钻孔机钻孔，采用平峒与斜井开拓。1916 年又投入巨额资金，聘请了国内最有声望的工程师谌湛溪，驻山进行大规模技术改造和扩建。在矿场安装了当时最先进的蒸汽机和全套机械设备，以保证排水、送风和直井矿石的卷扬。板溪矿场矿内坑道四通八达，自东至西贯通了整个经脉，上下左右坑道有十余里，深入地下八十余丈，在主要干线中，还敷设了轻便轨道，以利矿砂运输。矿区范围内，包括采矿工、选矿工、窿内外运输工和机械工人数常在三五千人之间，最盛时达万人以上。1917 年华昌公司募资欲修筑板溪至桃江的轻便铁路，因种种原因而停顿。梁焕章一生吃苦耐劳，最后积劳成疾，于 1927 年 4 月逝世。梁焕奎作有《哭仲弟端甫》诗，其中云："劳苦忧生事，寻山入板溪。幽居颜惨惨，孤岭草萋萋。宝气生灵壑，寒箱踏滑泥。廿年差不负，银瓮得新题。"这可说是对梁焕章一生事业的概括。

梁焕彝(1876—1946 年)，字鼎甫，兄弟中排行第三。1899 年入上海南洋公学中学班。1900 年入杭州日文学校。1901 年，湖南官费派学生梁焕彝与张孝准二人，往日本学习采矿，梁焕彝入东京成城中学，与蔡锷成为同学。1902 年梁焕彝在日本与同学蔡锷、杨笃生等同乡一起创立了湖南编译社，编发了《游学译编》刊物。1904 年，梁焕彝自日本留学毕业后回国，与兄梁焕奎及友人龙绂瑞、谭延闿等捐资发起成立"湖南图书馆兼教育博物馆"，馆设长沙城东定王台蓼园。不久，仍由湖南矿务局派赴美国留学，就读于布恩司学校。1906 年，考入伦敦英国皇家矿业学院，专攻矿业采炼工程，并为调查研究纯锑冶炼法，游历法、荷、德、比各国考察矿山、炼厂。1907 年，梁焕彝在得知法国专家赫伦士米德在潜心研究低质锑砂成纯方法，但索要的专利费极高的情况后，立即将消息转告国内，同时赴法国洽商购买赫伦士米德发明的"蒸馏炼锑法"专利。1908 年，华昌炼锑公司成立。梁焕彝在法购得专利后，又奔走英、法之间采办创设长沙炼厂的一应设备，并邀请著名专家王宠佑博士和法国机械师同回长沙组装机器，经过反复试验，使该专利的应用获得成功。遂在长沙南门外碧湘街一带建设炼锑厂。1909 年初，华昌公司正式开工生产，梁焕奎任董事长，梁焕彝成为公司技术方面的领导者。1910 年，云南护院沈方伯久闻梁焕彝大名，来电聘其远赴云南，创办宝华纯锑炼厂。1911 年，云贵总督李经羲一再要求梁焕彝开发云南全省矿务，并要其兼工矿学校校长、化验所所长。1913 年，由云南请假回湘，出任湖南水口山矿务局局长。1914 年，华昌公司属下的裕阜公司在资兴县瑶岗仙开采铅、砒、烧炼磺灰(三氧化硫)的过程中，发现砒内杂有一种矿砂，质重色黑，影响炼砒，工人称之为“黝子”。主办人罗泽春收集了一些“黝子”样品，送华昌公司鉴定。梁焕彝用“化学干试法”鉴定“黝子”样品为“钨”，在中国第一个发现钨矿，于是组织开发，当年向外出口钨矿。后梁焕彝随五岭山脉往东寻矿，至江西大庾发现了更丰富的钨矿。1915 年，太平洋万国博览会在美国旧金山举行。中国农商部为推动中美两国商业的互利发展，郑重推选全国工商界著名实业家组团赴美，梁焕彝也在被邀请之列，同年 4 月赴美参观考察，7 月底回国。8 月，华昌公司为适应市场需要，进行机构改革，梁焕彝辞去水口山矿务局长之职，专心办理华昌扩展西法采炼事宜。为了便于板溪锑矿石外运，梁焕彝主持修筑板桃铁路。1920 年，北京大学教授杨昌济病逝于北京，梁焕彝同兄梁焕奎及旅京湘人章士钊、蔡元培、杨度等联名发出募捐启事，恤其遗族。1923 年，在湘潭谭家山煤矿开办浚发公司。1925 年，任湖南省建设厅工业化研所所长及工业劝业场场长。1930 年，举家迁上海。1935 年，任江西省建设厅技士，开办“泰和钨矿”。旋又改任资源委员会钨矿管理处技士兼第十二事务所所长，主持开办虔南钨矿。1937 年，辞去第十二事务所所长，任湖南钨业分处检锡机厂工程师，至

1939年解职，不久，率家人居零陵乡下。1941年，主持监理宜章及瑶岗仙矿事。1942年，全家迁居宜章，1946年，回到长沙。此后不久，梁焕彝在长沙病逝。

梁焕均（1881—1938年），字和甫，兄弟中排行第四。1898年考入湖南财务学堂。1903年，长兄梁焕奎出任湖南留日学生监督，梁焕均随兄赴日本留学，学成归国后，留在长兄梁焕奎身边协助处理日常事务。1908年，华昌公司成立，梁焕均参与其事。1910年，长兄梁焕奎以赈灾方式替其捐得三品衔直隶候补的官位，出任湖南电报局总理，让梁焕均学习应酬官府及处理日常事务能力。1912年，梁焕均收集梁焕奎诗稿，刻成《青郊诗存》六卷。1915年，因欧战锑价扶摇直上，华昌公司事务日益繁忙，同时为摆脱外商包销种种束缚，华昌公司先与英商廓克逊公司解除合约，随后公司机构进行改组，梁焕均乃辞去湖南电报局总理职务，出任华昌公司总经理。由于欧战原因，作为战备用品的锑及其产品国际市场价格飙涨，华昌公司进入极盛时期。1916年，湖南《大公报》发表1915年营业账目，华昌公司营业收入达300余万两（长平银），获纯利120万两。1917年，华昌公司再次改组，梁氏家族占1/3，汪颂年出任总理。1918年，梁焕均在庐山小天池购地一万平方米，成立天一公司，在小天池建房修路。修通了至莲谷、姑塘、大寨、牯岭的道路和宝塔、寺院、疗养院以及十几幢别墅。华昌公司破产后，梁焕均依靠他人资助及私人积蓄，在上海、庐山等地过寓公生活。1938年逝世于庐山。著有《西法炼锡述要》、《炼铜法》、《调查日美铜矿游记》等书。①

---

① 主要资料来源：梁氏家族史编辑委员会编《梁氏家族史资料选编》（未刊稿），2005年；《梁焕奎年谱》（未刊稿），2007年。

禹之谟

禹之谟(1866—1907 年)，字稽亭，双峰人。曾随湘军参加甲午战争，战后至上海，专心研究实业，在长沙结交谭嗣同、唐才常等，戊戌政变后参与自立军活动，事败后逃亡日本，学习化学和纺织工艺，1903 年在湘潭创立湘立黔织布厂，是为湖南近代机织业的开端。1905 年加入同盟会，任湖南分会会长。1906 年被清政府逮捕，旋被绞杀，葬于靖州，1912 年迁葬于长沙岳麓山。

禹之谟出身于破落小商人家庭，祖辈务农，12 岁时丧母，由四婶抚养，颇受四婶家娴文习武的影响，勤奋好学，爱听游侠故事，好读《史记 · 游侠列传》，仰慕侠客“提三尺剑，挟一卷书”①游历四方的举动，15 岁赴宝庆(今邵阳)当学徒，目睹商场上的尔虞我诈，无意学商，仍回家攻书习字，最喜王船山著作，对科考举业不屑一顾，曾言：“曾(国藩)、左(宗棠)、彭(玉麟)，胡(林翼)好大喜功，误入歧途，皆由不善读书之过。”故时人目为“狂徒”。②

1886 年，20 岁的禹之谟随其在两江总督署中做幕僚的叔父去南京，在军营任文书、军需等职，其间遍游江、浙诸省，广泛接

① 禹靖寰、禹坚白：《追记我们的祖父》，《禹之谟史料》，湖南人民出版社 1981 年版，第 99 页。

② 姚渔湘：《禹之谟传》，《禹之谟史料》，湖南人民出版社 1981 年版，第 5 页。

触社会名流，研读西方社会政治学说，开阔了眼界，增长了见识，爱国忧民之心日趋强烈。1894 年，中日甲午战争爆发，禹之谟弃笔从戎，投身湘军，立志报国，在刘坤一军中负责运输粮饷军械。

战后，禹之谟去上海研习矿学，希望“实业救国”，并拟在长江沿岸开矿，然未成。1897 年，禹之谟返回湖南，在长沙结识了谭嗣同、唐才常等维新志士。1898 年“戊戌变法”失败后，禹之谟意识到倚赖清廷改行新法，实行资产阶级的改良主义是无法成功的，遂盟发民主革命思想，投入反清斗争，并先后协助唐才常在上海筹建正气会、在汉口组建自立军，计划于长江中下游举旗反清，事败后东渡日本。

到日本后，禹之谟先后在东京千代田和大阪工业区研习纺织工艺和应用化学，追求“实业救国”。1902 年春，禹之谟由日本购买铁木混合织机回国，在安庆设立阜湘织布厂，将实业救国的主张付诸实施。1903 年，织布厂由于“阴为革命机关”而事泄，无法继续维持①，于是回湖南湘潭创办湘利黔织布厂（又称织布局），主要生产毛巾。产品质优价廉，畅销各地。

禹之谟经常往返长沙，与黄兴接触甚密，“常作畅谈，间作密语”，又因湘潭不便于开展革命活动，遂于 1904 年将织布厂迁至长沙。

该厂初设于长沙小吴门，后移至北正街，巡抚赵尔巽曾拨借官银 1 000 两，以示倡导。其后规模逐渐扩大，并附设了一个工艺传习所，培养出一批实业人才，产品有用铁木混合机织出的麻包线布、东洋布（即蓝格子布）、提花被面，以及手扯机织毛巾。

---

① 禹靖寰：《关于“湘利黔”设立地点及经营始末》，《禹之谟史料》，湖南人民出版社 1981 年版，第 149 页。

在当时这些产品都属新式产品，质优价廉，销路甚畅。该厂在1907年禹之谟牺牲后，由其堂弟禹泽渟经营，并改名“湘利乾”，迁址至忠信园。1920年，转让于某陈氏经营，更名为“湘利元”。1924年停办。

在封建社会，妇女受“三纲五常”的束缚，在家庭中是男人的附属品，在社会中没有政治地位，也没有经济地位。禹之谟这位“狂生”，反叛封建意识，在他的织布厂里，“首倡雇佣女工，移风易俗”。这一叛逆之举，无亚于一颗重磅炸弹，向束缚妇女的封建戒律发出了挑战的信号。

禹之谟创办织布厂成功，他人纷纷仿效，湖南近代织布工厂“一时创设不少”，“湘省工业之发达，盖自此始”。① 光绪末年，省内豫丰昌、永和祥等四家纺织机坊，年产织染布2万多匹，而且这些厂全部集中在湘潭，此地遂成为晚清纺织布中心。

除了创办织布厂，禹之谟又投身教育实业。先后创办了湘乡驻省中学（湘乡一中前身）和邵阳驻省中学。他办教育事业的宗旨是“保种存国”，主要着力于教养和教育两个方面。教养方面，他主张“人各自主”、“脱离奴籍”。就是要人们振奋精神，从被奴役的奴隶思想状态中自己解放出来，成为有觉悟、有作为的人。教育方面，他积极倡导和组织青年入校学习，除了创立驻省湘乡中学堂，还创办了惟一学堂（后改为广益中学，即今湖南师大附中前身）。甚至在后来身陷靖州狱中时，他还对靖州商人的子弟讲授科学，并向长沙函购教科书以为教材。

1904年2月，黄兴、刘揆一、陈天华等在长沙成立华兴会，

---

① 《禹之谟历史及被逮原因》，《禹之谟史料》，湖南人民出版社1981年版，第14页。

禹之谟当即加入，并将该会会址设在自己的湘利黔织布厂内，并参与决定了“雄踞与各省纷起”的起事方针，后因叛徒告密，黄兴败走上海，后往日本，禹之谟则留在湖南。1905 年，同盟会在日本东京成立，禹之谟受黄兴密函委托，和陈家鼎等人在长沙成立同盟会湖南分会，他被推举为第一任会长。自此，禹之谟利用织布厂作掩护，积极发展组织，推销《民报》及开展其他革命活动。

1905—1906 年间，湘籍留日学生陈天华、姚洪业先后为抗议日本当局取缔中国留日学生而自杀，在湖南引起很大震动。在禹之谟的策动下，长沙学生自治会决议公葬陈、姚于岳麓山，以激扬民心，反抗封建统治，并派苏鹏（凤初）为代表往上海迎接灵柩。葬仪举行时，“之谟短衣大冠，负长刀，部勒指挥，执绋者以万计，皆步伐无差，观者倾城塞路”。并亲自撰写挽联云：“杀同胞是湖南，救同胞又是湖南，倘中原起事，就首湖南，志士竟捐躯，双棺得赎湖南罪；兼夷狄成汉族，奴夷狄不成汉族，痛满酋入关，乃亡汉族，国民不畏死，一举伸张汉族威”，清廷军警呆立两旁，不敢干涉。

当时，长（沙）、善（化）学务处总监俞诰庆计划破坏、阻挠公葬未能得逞，于是趁当天傍晚学生返城时，指挥军警拘捕学生 10 余人，引起各界愤怒。禹之谟知俞诰庆生活腐化，遂设伏于娼馆附近，当场拿获，迫使俞诰庆释放被捕学生。关于此事，毛泽东在《湘江评论》的《本会总记》中称为“惊天动地可纪的一桩事”，进而指出“这次毕竟将陈、姚葬好，官府也忍气吞声莫可谁何，湖南的士气在这个时候几如中狂发癫，激昂到了极点。”

1905 年 5 月，中国人民反美爱国运动进入高潮。这场运动始于上海，以抵制美货为主要内容，湖南立即响应。禹之谟所领导的湖南工业学堂的教职员与学生立即投入到运动中，他还策划中路师范、府中学堂的学生集会演说，禹之谟在青年学生中激昂地说："抵制美货，为国民之天职，吾湘断不可后人。"禹之谟领导的学生爱国运动，推动了民族资产阶级抵制美货。当时长沙成立"湖南办理抵制美货事务公所"，刊布《奉劝中国的众同胞勿买美国的货物》等宣传册，并在召开"湖南全省绅商抵制美货禁约会"，禹之谟带领学生参加了这次会议。后来，他也被湖南教育会、学生自治会、商会并推之为会长。"绅商学各界之驻湘者，皆推重之。"

1906年，禹之谟在长沙被巡抚衙门逮捕，"消息传出，湖南商学各界为禹之谟营救申辩者日数十起"，巡抚知其在长沙各界威望极高，不敢于长沙进行处置，乃判10年监禁，送往靖州监狱关押。在狱中身受酷刑，几次昏死过去，却决不供出湖南革命党人的活动，有人劝其自杀，免得再受酷刑，他却说："我不能这样死，大丈夫要死得光明磊落，我要到刑场上去死，让百姓看我的刑伤，唤起他们奋起斗争。我情愿像牛马一样被杀，也不当奴隶而生！"始终坚贞不屈，并继续为反清革命呼号。他在《上诸伯母书》中写道："侄十年以来，不甘为满洲之奴隶，且大声疾呼，唤世人无为奴隶。近年所唤醒而有国民之者，可万数计。宗旨甚正，程度渐高，思想甚大。牺牲其身，无所惜也。……祈大人转忧为喜，喜吾家有甘为国民死，不为奴隶生者。"又在《致全中国国民书》中说："身虽禁于囹圄，而志自若，躯壳死耳！我志长存。"

靖州知府金蓉镜见拷问无用，气急败坏，决定将禹之谟处死。临刑前，禹之谟怒斥金蓉镜："我为爱国，愿意流血，何以将我绞杀？"金蓉镜气急败坏地说："你辈素讲流血，今日偏不把你流血何如？"禹之谟大义凛然地回答："好，好，免得污坏我的赤血。"并高呼："禹之谟为救中国而死，救四万万人而死！"遂于1907年2月6日从容就义，时年41岁。

禹之谟殉难之后，同盟会机关报《民报》发表评论："湘乡禹之谟以护陈天华、姚洪业丧事，为湖南官吏所嫉，旋因学堂滋事，罗织之成狱，宣监禁十年，幽于靖州，海内外皆为不平。末几，萍浏醴革命军起，清政府指禹之谟为祸诈遂杀之。"①

1912年，中华民国临时政府根据黄兴提议，追赠禹之谟为"陆军左将军"，湖南军政府举行盛大追悼会，将禹之谟安葬于岳麓山的陈天华、姚宏业两烈士墓旁。三烈士生相知，死亦相伴。

① 《禹之谟史料》，湖南人民出版社1981年版，第63页。

赵芹芳

赵芹芳(1862—1946 年)，字学泮，棠下桥爱山堂人。少时与贺金声、粟道生、赵学圭等同学。及长，虑仕途黑暗，弃儒经商。贩火厂坪一带所产铁钉于岳阳、汉口销售，获利颇丰。遂于汉口设“天成庄”，专营铁钉批发。并在麻阳祖、三胜庙、火厂坪等地设栈收购，发运汉口。光绪二十六年(1900 年)，邵阳大旱，翌年普遍出现饥馑。赵闻贺金声筹措赈济，毅然挺身参与。光绪二十八年(1902 年)，贺金声发起反洋拒洋教义举，赵欣然毁家纾难，集东毫 10 担(约银洋两万元)，资贺军需。解款至长沙，闻贺事败，兼程回邵营救，化装伙夫入狱探贺。在贺金声、赵学圭等押解长沙途中，赵草履随后，欲谋营救之策。贺遇害后，赵将贺尸收殓归葬。宣统二年(1910 年)，赵受武汉兴办洋务影响，倾“天成庄”资本，从上海购锅炉及抽水设备，回乡于棠下桥开办端冲煤窑，开宝庆境内使用近代机械之先河。开采 4 年，因煤藏不足，转至湾泥梁家渡开矿采煤，当地族首以破坏风水为由，聚众捣毁煤窑和设备，打伤雇员，且阻止水路运煤，以致赵资金耗尽而破产。1920 年，赵携二子于洪江开办“大成庄”，经营桐油、生漆、皮毛，并在靖县设分店，生意兴隆。1925 年，省长赵恒惕派人向赵推销“预交票”(以五成或六成现金预交 1 ~ 2 年税款，可在市场流通)，赵被迫抽资认购。不久，“预交票”成为废纸，“大成庄”倒闭。1928 至 1936 年，赵先后率二子在零陵、桂林开办永州玻璃股份有限公司和盛鑫机械厂，生产灯具、器皿、轧花机、压面机等，兼营汽车修理。1937 年，抗日战争开始，赵派次子在救国捐募大会上捐款 2 万元。广西省主席黄旭初亲书“卜世高风”大金字匾为赠。1944 年，日本侵略军大举犯境，赵之工商产业损失殆尽。日寇投降后，赵回乡变卖田产，在棠下桥砂子坡开办锅厂，兼营地产。1946 年冬逝世。

杨栋臣

杨栋臣(1870—1937年)，字廷梁，永顺人。幼年家贫，仅入读私塾2年，16岁到王村“杨胜泰”商号帮工。1892年，到永顺县城“姚裕泰”南货号当店员。

1899年，杨栋臣在县城东门口租铺设店，经营油、盐、米和杂货生意，商店牌号“杨宏顺”。他善于经营，连年盈利，资金逐渐扩大。1902年，在县城东正街购得较大的店铺房一栋，并开始雇用店员，招收学徒，收购桐油、土碱等当地土特产品。开始，他所收购的货物只运往王村、沅陵等地销售。后经王村“吉祥永”商号老板的介绍，他与常德“吉大祥”商号有了商务往来，开始从事长途贩运，开拓了永顺至常德间的购销活动。

1917年，杨栋臣与王村的杨廷槐合资经营“同顺昌”商号，雇租货船10余艘，常年从事货物转运业务，并派员在沅陵、常德、汉口等地坐庄管理。至此，杨栋臣拥有店员、学徒30余人，资本达3万余银元。

杨栋臣致富后，便往来于官府，结交豪绅。1920年，当他得知湘西十县联防指挥陈渠珍军饷奇缺，便主动捐献军费万余银元，深得陈的赏识。1923年春节，他又带上洋参、燕窝、腌鸡、火腿及大宗银元，亲往凤凰拜谒陈渠珍，被委以咨议官。陈还让其子拜杨为义父，结为干亲家。陈渠珍开办的“湘西农村建设银行”发行钞票，他推荐儿子杨海秋、女婿胡端书先后担任该行永顺支行主任（经理），以自己在永顺商界的威信为陈大量发行钞票。同时，杨栋臣还借此机会大量发行私人“市票”，以充作资本，使自己的资金周转愈加灵活。在得到靠山后，杨栋臣经常列席地方行政会议，地方政府和驻军无人敢勒派捐款。他与据扰酉水河一带的向焕然亦有联系，凡他的上下货船，沿途畅通无阻。

1925 年，杨栋臣再次到王村与杨廷荣合资经营“顺盛公”商号，并与英商设在常德的“亚细亚洋行”订立商约，取得赊购煤油的优先权。他利用销售煤油所得的现款作资本，大量收购桐油运往外地出售，两头赢利。他的商号内还开设有酿酒、染布、刨烟丝等加工作坊。至 20 世纪 20 年代后期，杨栋臣拥有资本 4 万银元，成为永顺布匹、煤油、南杂货行的总批发庄和桐油、土碱的总购销行。他囤积居奇，低进高出，操纵永顺市场。

1927 年，他趁向子云“清党”之机，收买良田 8 000 多亩，设置庄屋 3 处。1929 年，他在县城东正街修建三层洋房一座。从此，成为永顺县内头号地主兼巨商，拥有店员、学徒、仆役等 40 余人。

1934 年 11 月 6 日，红二、六军团攻占永顺，杨栋臣于先一日携带贵重财物和全部资金逃往常德。次年秋，红军离开永顺，他从常德采购大批绸布运回王村，开设“春记”商号，以图东山再起。不料，是年冬天的一夜，店内被盗，绸布、黄金损失殆尽，紧接着又因抗日战争爆发，桐油市价猛跌。几经挫折，资财耗尽，生意大不如前。1937 年秋忧郁成疾，死于沅陵旅途。

张思泉

张思泉(1871—1931 年)，澧县人。年幼时当学徒，后在澧县城北门开设经营“乾泰昌”花纱行。为人精敏，善于经营，获利颇丰，至清宣统年间，已成为澧州城有名的殷实巨商。

民国初年，为摆脱当地官绅的敲诈勒索，张思泉举家迁津市经商。到津市后，以其雄厚的资本跻身金融业，开设“裕记钱庄”，并印发面额为铜币一串文的纸币，总额共计 20 万银元，流通于九澧一带，获取巨额利润。

其时，外商在津市倾销煤油，经营者获利相当丰厚。1922 年，张思泉趁津市正大煤油公司歇业之机，立即与美孚煤油汉口分公司签订经销合约，以先货后款、按期结账的方式在津市新码头正街开设“镇大煤油公司”，经销美孚公司的煤油及其副产品。

张思泉经商素来重视信誉，美孚汉口分公司对其非常信赖，先期拨给煤油 20 万公斤，价值达 4 万多银元。此后，他又充分利用津市地处九澧门户，作为湘西北物资集散地的优越地理条件，拓展经营项目，开设了“申昌油行”，收购桐油、棉花、苎麻等土特产品运往长沙、汉口等地销售。为增强市场操控和竞争能力，镇大煤油公司和申昌油行在津澧各县的市埠设立经销代办网点 67 处，同时还在汉口、长沙、大庸、慈利等地设有庄号，专门办理收购、调运、囤积等业务，以便把握市场动向、控制垄断市场。通过上往下来，商品购销两旺，市场经营非常活跃。仅“镇大”煤油一宗，公司即可年销 40 万公斤左右，获利令众商翘首。不几年，张思泉便成为津市首富，雄峙津澧商界。

张思泉为人厚道，急公好义，广结人缘。贺龙任澧州镇守使时，与他过从甚密，并结为忘年之交。张思泉商居津市，凡过往军队索捐，为息事宁人，总是慨然认捐以事调停。因地方学堂经费短缺，津市当局开征煤油特捐。为襄地方教育事业，他慷慨解囊，按期积极纳捐，为时人所称道。

左学谦

左学谦(1876—1951 年)，字益斋，长沙县人。清光绪二年(1876)出生于长沙县大贤都常家冲棠子湾。家里除破屋几间，菜土数块以外，别无他产，一家生活全靠其父左兴政教私塾蒙童和帮别人计核账目的微薄收入维持，境况十分清贫。左学谦的童年，就是在参与家里种菜劳动和从父读书习算中度过的。左姓为长沙东乡望族，过去读书做官的人不少。清朝末年，一位由山西告老还乡、居于族长地位的老前辈，发现左学谦勤奋好学，甚为赏识，特许其到家塾附读。左学谦得此机遇，通过数年苦读，学业大进，随后就在左家坝上屋自己设馆授徒。

清光绪二十二年(1896 年)，左学谦中秀才，以邑庠生补廪，每月能领得一点津贴，家庭生活状况有所改善，社会地位也有了提高，但仍不宽裕。

清光绪二十八年(1902 年)，左学谦考取湖南公立法政学堂。经过戊戌政变，湖南风气大开。青年左学谦思想活跃，逐渐成为湖南立宪派的重要成员。清宣统元年(1909 年)，清政府宣布所谓“预备立宪”，筹设资政院，令各省设咨议局。左学谦被选为湖南咨议局议员，开始其政治生涯。辛亥革命前后，是左学谦热心从政的时期。此时的他热心参加了湖南抵制美货运动和保路运动，并与商务总会总办李达璋等人发起组织湘路协赞会，任干事，推广集股，收回路权。在 1909 年商务总会总办李达璋、陈文玮发起组织湖南电灯公司时，左学谦参与集股成为股东之一，后来还被推举担任过电灯公司董事长。

1910 年 4 月，长沙发生抢米风潮，湖南藩台庄赓良召集省会官绅集议，左学谦侃侃而谈，更加引人注目。1911 年夏，湖南咨议局推左学谦与周广询为代表，上北京请愿，遭到碰壁。左深以四川请愿代表蒲殿俊“吾人欲救中国，舍革命无他法”的临别赠言为然。回湘之后，他广事宣传、积极联络同志，暗中进行活动。1911 年 7 月 9 日，辛亥俱乐部湖南支部成立，左学谦当选为候补常议员。与密友黄锳、黄用辑、曹耀材、黄翼球、常治等人，组织长沙自治公所，设在上学宫街节义祠内。左学谦与同盟会的焦达峰、陈作新、谭人凤、阎鸿飞等人结识，过从甚密，参与商定长沙起义的具体行动计划。武昌起义三天后，湖北军政府派兰综、庞光志来湘联系，首先找到了阎鸿飞，由阎介绍会见了咨议局的左学谦和常治。左学谦在家里宴请了兰、庞二人，并请了咨议局的同事作陪，席间谈了很多武昌起义的情况，对咨议局的部分议员转向反清，起了一定作用。1911 年 10 月 22 日，长沙光复。是日晚，各界代表齐集咨议局开会，推举焦达峰为湖南都督，陈作新任副都督。立宪派人建议设参议院，拥谭延闿为院长，左学谦、黄锳、常治等 20 人均被推为参议员。10 月 25 日，左学谦任民政司次长。此后，左学谦与谭延闿关系密切。

1914 年，湖南实业银行成立，为湖南商办银行之发端，左学谦投资其中，担任董事。

1916 年 6 月，左学谦只身出走汉口，投进谭延闿领导的湖南护国军，参与驱汤运动，任筹饷委员。7 月，驱汤成功，左学谦回到长沙，在谭幕任高等顾问。1918 年 3 月，张敬尧督湘，谭延闿退驻衡、郴一带，左学谦与谭幕中的肖仲祁等人，四处奔走，进行拥谭驱张运动。

1920 年 6 月，张敬尧被湘人驱走后，长沙总商会会长张先赞去职，左学谦被推选任商会会长，从此脱离政界，参与实业。其实早在辛亥革命后不久，左学谦就在走马楼口投资开设华楚衣庄，这是他投身工商业的开始。左学谦能选为商会会长的原因主要是工商界人士认为左与谭延闿关系密切，由他出任会长，最为适宜。于是先由衣皮业（后改估衣业）同业公会推选左为会董，然后由各行业会董公选左为商会会长，以后的近三十年中，他始终居于省、市工商界的领导地位。

左学谦当上长沙总商会会长后做的第一件事，就是处理谭延闿所部湘军发行的纸币问题。先前，谭在永州发行了一种湖南银行双凤纸币（通称“永新币”），流通市面，无现可兑，商民深有苦衷，又不敢拒用。左学谦集中商会会董们的意见，向谭延闿建议，以每包食盐收取附加捐一元，向湖南造币厂兑换所铸的铜元，总商会则成立一个永新币兑换处，集中收受各行业商户送来的永新币，截角缴销，出具收据，凭以兑换铜元，使湘军、政府、造币厂和商界几方面的利益，均能兼顾。

1921 年 3 月，曹伯闻等创立湖南公医院，左学谦一度被推为董事长。同年，左学谦还被华洋义赈救灾会湖南分会推选为理事。1924 年，红十字会主办的湖南仁术医院在东茅巷奠基扩建，以及后来几度扩充，期间左学谦都极力募款赞助，并且一直担任该医院的董事长。长沙民办慈善救火会，筹措常年消防事业经费，左学谦与其主持的市商会极力支持，并为消防经费保管会主要负责人之一。曹孟其主办的湖南孤儿院，于 1928 年成立院董会，左学谦受聘为院董，给予了该院不少的支持。湖南省区救济院于 1929 年 9 月成立时，聘请左学谦为董事。1939 年，以绅商举办的慈善公所为基础组织的湖南私立惟善救济院成立，左学谦任该院董事长和院长多年，从筹建到扩充，一直主持工作。此外，左学谦还被聘为长沙基督教青年会董事，《市民日报》、《晚晚报》董事长，他对工商界和私人创办的《商报》、《商民日报》、《工商导报》、《商情导报》等新闻事业，无不尽力扶植。

1923年8月，谭延闿奉孙中山委派为湖南省长兼湘军总司令，拥旧部进驻衡阳，省内谭系人物密谋反赵。8月7日，赵恒惕下令通缉接受谭延闿任命的左学谦及易培基、陈光晋三人，左被迫流亡在外。1925年，湖南局势起了新的变化，左以母丧重返长沙。这时，长沙总商会由王尹衡任会长。

1926年，国民革命军经湖南直下武汉，长沙的工运、农运风起云涌，商民协会也在积极筹备。左学谦参加了筹备工作。12月召开商民代表大会，左当选为长沙商民协会三个常务委员之一，分工负责会务。1927年春，市商民协会取代了长沙总商会之后，在中共党员苏可范、徐亮采的主持下，打击奸商破坏，仲裁劳资纠纷，做了不少工作。马日事变后，市商民协会骨干多遭迫害，左学谦住宅亦被反革命部队两次搜查，左本人避往他处，未敢露面，市商民协会无形解体。当年10月，国民党湖南省党部改组委员会下令恢复长沙总商会，指定左学谦同王尹衡、萧莱生为常委。1929年，国民党政府颁布《商会组织法》及《工商同业公会法》。长沙总商会依法改组，重新成立长沙市商会，改行执行委员制，左学谦、王尹衡、萧莱生三人当选为常委，左学谦为主席。其时，左学谦除仍任长沙市衣皮业同业公会主席外，还被推选任长沙市人力车行同业公会主席。

1932年，胡德初等创办民众轮船公司，同日商戴生昌轮船局展开激烈竞争，左学谦是民众轮船公司的发起人和有力支持者。

1935年，湖南省政府主席何键兼任四路军总指挥期间，国民党内甲乙两派斗争激烈，双方均欲控制商会。何键曾借口筹措军饷，发行所谓“救国公债”400万元，强迫长沙工商界担负1/3。市商会推左学谦为代表去向市长何元文申述困难，请求核减。正在交涉之中，乙派怂恿何键派兵持枪坐催缴款，中、小行业联合抗拒。国民党乙派中人，欲乘机推倒左学谦，主张将左拘捕。何键曾于民初当过民政司属员，碍于旧情，未便遽尔出此，同时为了避免甲派攻击，遂决定将拒不缴款的中、小行业负责人袁友胜、崔伯鸿等七人押送萍乡拘留，宣称不缴款不放人。这样一来，大行业被迫认购公债，中、小行业也只得跟着认购。袁等被拘40多天，方获释放。乙派想借此打击左学谦、控制商会的计谋未能全部实现，自然不肯就此罢休。

1936年，在乙派的操纵下，唐敢以湘潭县商会代表被指定负责筹备召开全省商界代表大会，成立湖南省商会联合会。长沙市商会原拟选左学谦为代表，后考虑左是乙派攻击的主要目标，乃改推萧莱生为首席代表出席。不料在预备会上推选主席团成员时，萧竟被排斥于外，长沙市工商界大哗。左学谦便从中策划，引用国民政府的《商会法施行细则》的规定，向省商联大会筹备处提出意见，认为全省百多个市、县、镇中，尚有大半未成立商会，此次会议出席人数不合法定要求，表示要撤回长沙市商会代表，以示抗议，同时动员以工商界为后台的《市民日报》发动各报，大造舆论。各市、县、镇代表见此情形，也纷纷退出。这样一来，又给甲派等以可乘之机，他们以省党部的名义通知省商联筹备处延期开会，实际就是宣告流产。

1938年长沙“文夕大火”，长沙市商会一度停顿。1939年春，国民党省、市党部指令留在市内的原商会委员黄佩石为主任，曹商隐、陈宗陶为副主任，成立临时市商会于顺星桥曾家祠堂(先设在坡子街福禄宫)。1940年，长沙市场逐渐恢复，市商会正式召开会员代表大会，选出崔伯鸿为理事长。不到数月，改推徐天锡任理事长。但是左学谦对于商界大事仍起重要影响。1944年6月，长沙沦陷，商会无形解散，徐天锡远走湘西，左学谦避居河西乡下。

左学谦主持下的市商会，在对付国民党的税捐上，有过多次斗争。1936年，直接税局成立，开征所得税等税，左与老友吴石松(曾充商会常务)，经过烟榻密商，除了施展一顶二拖的手段之外，还趁国民政府主席林森过湘之机，在长沙街头贴出“欢迎林主席减缓所得税”的大幅标语；并在湖南绅商于坡子横街宴乐园酒家宴请林森时，由左带头向林大诉重税之苦，要求减缓，虽然没有取得显著效果，但左勇于为商界请命，赢得了绅商的赞誉。1943年，长沙市手工卷烟厂发展达48家之多，每月出产卷烟运销黔、川、滇，桂诸省达千箱以上，所得税、专卖税都视该业为肥肉，商会摊捐派款，通常亦要该业担负一半。不料是年春节前夕，雨雪载途，运输困难，烟运不出，烟厂一时周转不灵，连开支工资伙食都感捉襟见肘，而税局催缴税款又急如星火。当时卷烟公会代理事长黄曾甫只好央请左学谦出面，假市政府设宴，请来长沙市长、市党部书记长、警备司令和直接税局局长，由黄在会上陈诉实情，大家从中斡旋。左代表商会担保表示过了春节一定缴纳，税局迫于情势，只得答应缓期，烟厂乃得平安渡过年关，其他行业也松了一口气。

1945年秋，日本投降后，市商会一面仍由徐天锡以代理事长暂时主持会务，一面成立改组筹备会，经过将近两年的筹备，才召开代表大会，重新选举理事、监事。崔伯鸿、陈宗陶先后为理事长。左学谦、曹商隐、郑增荣任常务理事。1949 年长沙解放前夕，左学谦在商界人士拥戴下，出面主持会务，迎接解放。他支持程潜、陈明仁起义，列名起义通电名单。湖南解放后，市商会在党、人民政府的领导下，在迎解、支前、安定市场、恢复生产、评征税收、推销公债、慰劳抗美援朝志愿军、征募救灾寒衣等方面做了不少工作。

左学谦常对商界人士说："做生意的人，出钱为功果。该出钱的时候，就拿点出来，保存元气，图个安静。"左还对商会中人说过："我们做生意的，切忌沾上派系(政治)色彩。"抗战胜利后，国民党各派系和三青团都企图插手商会，亮出招牌。左坚持反对态度，总是说："何必打脸挂须!"如陈宗陶在市商会内设立三青团分团，要在商会门口挂出招牌，就是由于左学谦不同意，只好把招牌挂到西区区公所去。

湖南和平解放后，左学谦受到了党和政府的关怀和信任。1950 年 1 月，长沙市工商联筹备委员会成立，左学谦被推选为主任委员。他还担任过省人民政府财经委员会委员，省、市各界人民代表会议代表和协商委员会委员等职务。1951 年 2 月 16 日，左学谦因患脑溢血逝世于长沙市苏家巷私寓，终年 76 岁。①

① 黄曾普，黄曦龄：《左学谦的生平事略》，《湖南文史资料选辑》第 17 辑，湖南人民出版社 1983 年版。

萧莱生

萧莱生(1877—1940年)，名恩震，字莱生，以字行世。长沙县人。其父亲萧石士，以教书为生，有子女8人，萧莱生排行第三。因家计艰难，遂由族人、清末翰林肖荣爵介绍萧莱生兄弟瑞生到长沙大西门恒泰南货土果行当学徒。萧瑞生出师后，留在店帮忙做生意，并介绍弟弟萧莱生进店当学徒。不久，萧瑞生病逝。萧莱生愈感自身责任重大，日益勤奋学习业务，做事谨慎认真，兢兢业业。由于萧莱生颇能干事，逐渐博得店主喜爱，由学徒转为店员，后又升为管事。经过一番奋斗，萧莱生积累了一些钱财，参股恒泰股份，并逐渐增多，经过近20年的努力，终于独资经营恒泰商行。同时，萧莱生还参股其他同业商店，成了本行业具有影响力的人物，被选为南货业同业公会负责人。

1918年，北洋军阀张敬尧督湘。由于张敬尧对工商业压迫勒索，市面陷入恐慌。1920年，为筹措饷费10万银元，张敬尧将商会会长张先赞押为人质，并扬言如不在限期交付军饷，则不能保证市面治安，而且还召集各行业会董到督署听训，威胁恫吓。米粮业一位姓陈的会董向张敬尧陈情，请求酌减，张敬尧勃然大怒，拍案申斥，咄咄逼人，威胁军法从事，一时众人噤若寒蝉，敢怒而不敢言。萧莱生临危不惧，缓缓而起，侃侃陈词，有理有节，要求酌减数目，分批缴纳，张敬尧亦不得不为允许，商会始得转危为安。

20 世纪 20 年代，萧莱生被推为长沙市南货业同业公会主席及长沙市商会常委，与左学谦、王聘莘共同主持会务，人称三巨头。萧莱生有胆有识，善于辞令，乐于排解纠纷，常出面调解倒闭商行停账摊账、破产还账事宜，获得极好口碑。其间还为湖南实业银行收拾残局，使普通百姓少受损失，为人称道。不过，由于当时军阀混战不休，长沙市面萧条，工商业不景气，萧莱生又社会事务缠身，无暇顾及店面业务，且所托非人，以致恒泰商行亏损日甚一日，到 1927 年被迫歇业。

1927 年，萧莱生以商股代表身份被推为湖南电灯公司常务董事。1932 年，又被推为主任董事及经理，连任六年，直到长沙“文夕大火”。任职期间，萧莱生潜心钻研业务，不断改进生产经营，力求扩大生产。为此，曾派业务、工务课长等人，分赴南京电厂、戚墅堰电厂、吴兴电厂、杭州电气公司、上海闸北水电公司、汉口既济水电公司等地考察、学习。

1935 年，萧莱生与董事傅念恃亲赴上海、北平参加全国民营电气事业会议，与全国各大电厂交流经验。回到湖南后，召开董事会，进行研究，制订了一系列改进企业管理的办法。如修订厂章及办事细则，将红利 40% 分给职工，其余 60% 作股东的股息和红利，但不发给股东现金，而是转入扩股项下。由此公司股额由原来的 50 万银元增至 70 万银元，后又增至 120 万银元。资本扩充后，着手加装大机组。湖南电灯公司原仅有 160 千瓦、240 千瓦及 500 千瓦的小机组。1932 年装置瑞士出产的 2 000 千瓦三相交流汽轮发电机组，1933 年又购置捷克司科达生产的 7 500 千瓦机组，使机组容量达 10 000 千瓦以上，成为当时全国民营第一流电厂。1938 年 12 月，长沙“文夕大火”，湖南电灯公司办公楼、发电厂机组设备、器材厂、沿街线路、电灯等遭到焚毁，无力恢复，公司停办。萧莱生满腔悲愤，复染重病。

当时，萧莱生在长沙工商界具有较高声望，很多社会公益福利机构、团体，如省区救济院、仁术医院、孤儿院、聋哑学校等，均聘请他担任名誉董事，萧莱生也乐于赞助公益事业，1939 年，他被推选为湖南临时参议会候补参议员。1940 年，萧莱生因病逝世，终年 64 岁。①

① 萧长善：《先父萧莱生》，《长沙文史资料选辑》第 4 辑，1987 年版。

李向荣

李向荣(1877—1957年)，字才严，衡南县人。其祖父在衡阳城以掏粪、种菜为业。父经营淤行，兼做清茶生意，光绪三十四年(1908)，独资经营“泰昌顺”油盐店，以薄利多销招徕顾客，一跃而为衡阳首屈一指的大盐店。

李向荣18岁随父进店学徒，民国七年(1918年)父死，得遗产1万元和田产数十亩，在大河街开设“泰昌荣”油盐店，经营有方，资财成倍增长。次年，经人介绍，任长沙美孚洋行衡阳经销处经理。他利用广告宣传，扩大影响，又在耒河口租用储油罐桶，节约开支，还采取散销与赊销的经营方式，迅速将业务扩展至湘南24县，年销售量由原3 000对猛增至20多万对，深得美商信任。他经营煤油，每对收佣金两角，年收入达4万多银元。他主动与长沙美孚洋行翻译朱景行结识，互相利用，由朱预告行情，暗通信息，采取涨价多报销量，降价多报库存的手段，获得超额利润。1924年，衡阳遭水灾，他的“正大油库”淹没水中，就乘机制造假象，拍摄油库空桶滚于洪流中的照片，谎报被洪水冲走煤油万余对，骗过美商，骤得横财。1927年初，人民群众反帝情绪高涨，他巧为应付，得免损失。美商以其保油有功，每对削价两元，以示酬谢。仅此两项，获得暴利达20万银元以上。

李向荣拥有大量资财后，扩大经营范围，广泛涉及商业、金融和房地产等业务，由他独家经营的公司、行号和钱庄共有9家，每年纯利数以万计。抗日战争前，他所经营的企业，对衡阳城物价的升降、行情起落、进销趋向均有影响。

在经营方面，李向荣独辟蹊径。他的"正大钱庄"，资财宏厚，信誉日隆，常有国民党军政官员的公私款 10 余万元存庄生息，一般中小商户，也多慕其财势，乐与往来。当地权绅也与其联合，因而财源不断扩大。

在房地产经营上，李向荣以贱价和抵债方式，大批收购，北正街一连 24 栋房屋，仅用 5 000 银元就取得所有权。民国十四年（1925 年），衡阳拆毁城墙时，他探知权绅议将地皮公卖，即以低价购买城壕西北各段大量地皮。衡阳火车站修建前，他在湘江东岸至车站一带，预先购置地皮，兴建大批铺房出租。在李氏房产中，有购进成栋铺面的，有自建房屋出租的……其房屋之多，遍布市区东西两岸。在出租铺屋时，他将租期定为季租、半年租和全年租 3 种，租金一次付清，中途搬迁者，房租照付，租期内亦不增加租金，故一般用户，都乐于向他承租。

在 20 余年里，李向荣通过各种致富途径，拥资达百万，购置房屋 308 栋，田产近 2 000 亩，成为衡阳赫赫有名的首富。

李向荣知人善用，与受聘人推心置腹。除自任"正大公司"经理外，其余各店均放手使用能者为其代理人，其管账、翻译等人都是精通业务、精明能干的人才，这些人感其知遇，无不尽心竭力。他对店员和学徒，待遇一律从优，要求一律从严，定下"四不准"店规，即不准赌博，不准酗酒、不准腐化、不准滋事生非，违者绝不姑容。其妻弟就因触犯店规而被开除，虽经多人说情，终不复用。他还有"不倒翁"之称，在民国时期衡阳的 13 届商会选举中，一直当选为理事、常务理事。

李向荣致富后，对教育和社会慈善事业，也解囊相助。他捐款资助道南、成章、大同等中学，并任校董。每到农历年头，照例为城市贫民捐送寒衣 500 件，食米 500 担；如遇饥荒，则在北门设立施粥站多处，广济灾民；另在桑园街设立棺材施舍处，以赈无依靠的死者；在接龙山创办善化堂，自任堂长；对残废所、孤儿院也乐于捐助。抗日战争时期，他对来自前方的难童极为关注，曾捐建一可容纳 500 难童的收养所。

1949 年后，李向荣去吉林与儿子同住，1957 年病逝。①

① 《衡南县志》，中国社会出版社 1992 年版，第 670 - 671 页。

曹典球

曹典球(1877—1960 年)，字籽谷，号猛庵，长沙县人。出身于小手工匠家庭，父以缝工为业，4 岁丧母，被过继给远房族伯曹广为子。曹广是秀才，以塾师为业，后被授予郴州州学训导职务，曹典球随往。21 岁时，以“外课生”考入湖南时务学堂，积极发表教育救国的言论。曾在《湘报》第 165 号上发表《兵战不如商战，商战不如学战》，详细地论证了兵战、商战、学战三者孰轻孰重的问题，认为商战比兵战重要，但学战是最终取胜的法宝，得到陈宝箴、徐仁铸的赏识，以全省第一名的身份被举荐参加戊戌(1898 年)北京经济特科(进士)考试。然而政变发生，撤销这一特科，曹典球也遭到通缉，逃匿郴州。

1903 年，清廷已不得不执行“新政”，曹典球应谭嗣同、唐才常两烈士的老师欧阳中鹄之聘，就任浏阳小学堂总教习，接着又到常德西路师范学堂、衡州府中学堂等处任教。1906 年任湖南实业学堂教席，1908 年被湖南学政吴庆坻委为该校监督。这时，该校的高班学生已学完中专课业，学校也升格为高等实业学堂，在原有的矿业、道路(包括土木和铁道)专业之外，新增了机械和应用化学专科。为此，首要的是敦聘名师，曹典球找到王宠佑(北洋大学首届毕业生，1904 年获美国矿冶硕士学位，后去英、法、德国，获博士学位，1908 年在长沙华昌炼锑公司任总工程师)、蒋昌儒等早期留学的专家，以及一批美、英、德、日等国的专业教师来学堂任教，以致该校师资阵容之强大，在当时国内并不多见。学校设有制图室、化学分析室、物理实验室，从国外购置仪器设备，又借得湖南铜元局的厂房作实习工场，以及带领学生去华昌公司、萍乡煤矿、水口山铅锌矿等处实习。

曹典球正式涉足工矿实业，是在清末民初，这也与他在高等实业学堂的经历直接相关。当时，梁氏兄弟创办了湖南矿业会，又成立了湖南实业协会，曹典球也参加了这些协会，成为湖南工业总会的代表人物。与此同时，当辛亥革命成功，中华民国临时政府成立，首任教育总长蔡元培即调曹典球去南京教育部任主事，他随蔡元培游历日本，考察教育。因为曹典球在湘期间已翻译过日文教材，对日本教育并不陌生，其诗文也为日本人士仰慕。1912 年秋，范源濂出任北京政府教育总长，又调曹典球赴北京任教育部秘书。这时，革命党人刘揆一任北京政府工商总长，主持召开了首届全国工商会议，代表中国新兴的民族资产阶级，提出了发展资本主义工商业的强烈要求。会议从 1912 年 11 月 1 日开到 12 月 5 日，与会各省代表百余人，各部代表及来宾也超过百人。曹典球作为湖南代表(共 8 人)，与全国著名的企业家张謇(后继任工商总长)、张弼士(曾任清商部侍郎、全国商会会长)、聂云台(上海市商会会长)、朱志尧、荣德生等济济一堂，共商大事。他最感兴趣的议题是工业方面，如设立试验所、模范工场，减少生产费用(指提高效益)、加强质量监督，编订矿法，设地质调查所，保护纺织、制铁、采矿等基本产业，提倡国货，振兴本国制造业等问题。大家集思广益，增添了他对工商业经营管理的认识。

1913 年 8 月熊希龄任国务总理兼财政总长，组织所谓“第一流人才内阁”，曹典球任国务院秘书。不久，即深恶袁世凯所为，自请开缺。熊希龄于是荐他为汉口造纸厂厂长，这是曹典球亲自投身工业的起点。为了整顿厂务，他依靠科学技术，聘请美国工程师，造出了多种优质纸。1915 年袁世凯称帝，他愤然辞职回湘。

1915 年，曹典球应谭延闿之邀，组织湖南育群学会，与美国雅礼学会合办湘雅医院和医学专门学校，被推选为首任会长兼湘雅医学会董事部部长、干事部部长。所以，他也是湖南医学院（今中南大学湘雅医学院）的创始人之一。

1916 年，谭延闿督湘，8 月，任命曹典球为顾问兼湖南造币厂厂长，这是他从事的第二项实业。1917 年，他将其父遗田（合 125 石租）变卖，集资开办一家炼锑厂。这时正是第一次世界大战，中国的民族工业得以快速发展，他又与友人在郴州开采钨矿，还办了正厚五金号进出口公司。这几年的工矿实践，颇有盈利，虽然兴办企业比友人梁焕奎兄弟、学生李国钦晚了若干年，但他善于审时度势，果断决策，有魄力，有组织管理能力，讲求与这些企业家的合作，因而能在商战中取胜，得偿20 年前实业救国的夙愿。大战结束后，钨、锑需求大减，湖南有色金属采冶业也跌入谷底，梁氏华昌炼锑厂在无序纷争中倒闭。曹典球主动退出矿产实业，于 1923 年创办文艺书院（后改名文艺中学），又担任了长沙市市政公所总理。这是负责城市基础设备建设的部门。

1931 年 1 月曹典球担任湖南大学校长，次年 10 月辞职。任内完成了湖南大学图书馆的建设，达到当时全国高校的先进水平。1932 年任湖南省教育厅厅长，并于该年 5 月间省主席何键离湘时与 3 人代理省主席。随后辞去一切职务。

八年抗战期间，他亲理文艺中学校务，为避日军袭击，学校由长沙迁宁乡，再迁安化，三迁湘乡杨家滩（今属涟源），四迁安化桥头河。

1945 年 10 月至 1949 年夏，再回湖南大学，任文学院教授，并兼多项社会职务，以老骥伏枥的精神投入湖南的重建复兴。根据他以往经验，湖南作为"有色金属之乡"，仍应以矿业为基础，于是他又挑起了新的湖南矿业会发起人、湖南矿业工会代表、《实业杂志》社长的担子；在职业技术教育方面，他担任了楚怡高级工业学校校董会董事长。1949 年积极支持省政府主席程潜和广大师生争取和平解放湖南。

1950 年，曹典球任湖南省军政委员会顾问，1951 年任湖南省文史馆副馆长。他看到国家大规模社会主义工业化建设即将开始，必须早作人才准备，便将文艺中学全部无偿交给湖南省政府，由省工业厅主管，改为工业学校（中专），他任副校长、顾问。该校后来改名湖南有色冶金专科学校，现已合并入中南大学。他还担任过第一、二届湖南省人大代表，第一、第二届湖南省政协常委。1960 年 4 月 5 日在长沙逝世。①

① 张书志：《以育人为本与时代同行——记湖南省文史研究馆原副馆长曹典球》，《湘潮》2005 年第 4 期。丁平一：《曹典球生平事略》，《岳麓书院通讯》1985 年第 2 期。

余焕东

余焕东（1877—1967 年），字松筠（也作松云），龙阳县（今汉寿县）人。清光绪三年（1877 年）生于湖南湘潭。为龙阳县学附生。后入长沙求实书院（即岳麓书院），与李燮和同学。光绪三十年（1904 年）留学日本东京弘文学院普通科，参加留日学生爱国运动。旋入华兴会。同年 4 月，与湘籍留日学生仇鳌、盛时、罗杰、赵缭、仇亮等，在东京发起成立新华会，以响应华兴会发动长沙起义。是年秋，回到上海，闻起义失败。十月，参与杨毓麟等在上海组织的爱国协会，以图再举。嗣后因受万福华刺杀王之春案牵连，黄兴等被捕入狱，余焕东再次前往日本。不久，加入同盟会，又入日本大阪高等工业学校采矿金科。毕业回国后，经学部考试列为优等，赏工科举人。光绪三十四年（1908 年）任湖南优级师范学堂教务长兼湖南高等实业学堂矿科教员，后调奉天本溪煤铁公司，任技师长。宣统三年（1911 年）春，辞职至北京。

武昌起义后，余焕东由京至沪。是时，上海已经光复，即到吴淞会见李燮和，被留吴淞军政分府和光复军中任事，并推荐旧友陈强任光复军参谋长，他与邹天山、周来苏、张斗枢兼任参谋，黄汉湘负责募集饷蓄，共谋进攻南京。南京光复后，余焕东与李燮和商定，用湘军公所名义发布广告，以召集湘籍军士。不到一月，张勋所部遗留的湘籍士兵及江浙革命军中的部分湘籍士兵相继携枪投入者达 2 000 余人。

民国元年(1912 年)，南京临时政府成立后，余焕东被任命为实业部矿务司司长。不久，临时政府北迁北京，被委为工商部查办汉冶萍公司委员。是年 11 月上旬，黄兴回到长沙，他专门走访，并就发展实业问题同余焕东交换所见。黄兴指出：在湖南言实业，又以矿产为第一。余焕东极为赞同。国民党被袁世凯解散后，他专心于矿业，出任工商部技正兼矿业法编纂委员，旋调任第七区矿务监督署署长，管理云贵两省矿政。民国四年(1915 年)矿务监督署撤销，调湖南省财政厅为部派矿务技术员。在湘期间，他曾参与反袁驱汤运动。民国六年(1917 年)谭延闿再度督湘，任湖南矿务总局协理，负责主持开办黑铅炼厂。民国十年(1921 年)赴京，任农商部技正，民国十六年(1927 年)，出任武汉国民政府劳工部科员，并参与起草劳工法。旋应湖南省政府主席唐生智之召，任湖南水口山矿务局局长。

民国十七年(1928 年)，余焕东辞职赴南京，任农矿部专门委员，兼任修订矿业法规委员，并在“清党”中重新登记为国民党员。民国二十年(1931 年)农矿、工商两部合并为实业部，任该部技正。民国二十六年(1937 年)，余焕东年届 60，遂辞职回湘，后遥领重庆国民政府经济部专门委员薪水。民国三十年(1941 年)出任经济部采金局湖南沅桃区采金处处长，兼部、省合办湖南矿务局经理。抗日战争胜利后定居长沙。

民国三十八年(1949 年)，余焕东任湖南同盟会联谊社副主任、湖南矿务总会监事，曾领衔以同盟会名义电请蒋介石下野。当闻知有人拟将特种矿产管理处所存纯锑 1 200 余吨、钨砂 400 余吨悉数运往香港抛售时，他立即密函湖南省政府主席程潜，加以扣留，使国家矿产资源免遭损失。

中华人民共和国成立后，余焕东历任长沙市第一届各界代表会议代表兼该会临时救济委员会委员、长沙市工商联合会筹备委员会组织委员会副主任、湖南省文史馆馆员等职。1967 年病逝于长沙，终年 90 岁。著有《矿业条例释义》、《调查新化锑矿报告书》，刊印行世。

章克恭

章克恭(1879—1935 年)，字勤济，长沙人，早年就读于长沙明德中学，1905 年官费留学日本，就读于早稻田大学经济系，1911 年回国。

1912 年，章克恭与友人在长沙市南郊合资创办麓山玻璃公司，聘日本技师数人，引进了熔融石英砂的八卦坩埚炉设备以及吹制玻璃品的工艺，主要生产煤油灯座、灯罩，供应当时市场改用煤油照明之需。这是湖南省最早的玻璃制造工业企业，后来的宝山玻璃公司就是在该公司基础上发展起来的。

1913 年，袁世凯复辟帝制，反动湘督汤芗铭受其指使，疯狂镇压人民，时任湖南银行行长的章克恭以“身居地方要津，为民党筹集军饷”的罪名被捕入狱，同时入狱的有数十人，而其中财政司长杨德邻等 4 人不久便遭杀害。章克恭在多方营救下，侥幸脱险，出狱后决定不再踏入官场，而改行实业救国之路。他把主要精力投入在湖南省的矿产开发业上。

1913 年，章克恭受聘为梁焕奎创办的华昌炼锑公司业务部经理，到任后，他派人到全省各地勘察矿产资源，通过收集、整理相关的矿产报告，建议梁焕奎创办兴裕钨矿公司，以开采湘南宜章、资兴、郴县交界处的瑶岗仙钨矿。该地钨矿经取样送英美两国化验，确认为高品位黑钨。不久，兴裕公司成立，梁氏兄弟认股 10 万，章克恭认股 5 万，其余为各界人士近 100 人分认，共筹集资金 20 万，章克恭被公推为总经理。不久，江西大庾岭赣州等县发现露天钨矿，章克恭又与梁氏兄弟商量，并邀在美国的李国钦参与，于 1920 年成立裕厚公司，共投资 20 万，章克恭任该公司经理。

1916 年，章克恭与人合伙在长沙市织机街创办湘鄂印刷公司，备有凹凸版胶印机，独家承印精美印刷品。长沙历史上最早发行的《大公报》，就是由湘鄂公司承印的，五四新文化运动时期湖南学生刊物中影响最大、由毛泽东担任主编的《湘江评论》也在此印刷，为传播先进文化起到了积极作用。

1917 年，章克恭与浏阳人熊绍南合伙在长沙朝阳巷开办高廪栈，经营稻谷、杂粮的购销、仓储、碾米业务。1925 年购置了一套柴油动力机及碾米机械，这是长沙市最早用机械替代人工碾米的企业。生意也十分红火，到 1935 年拆伙盘整时，仅章克恭一人就获得约 7 万多银元纯利润。高廪栈把社会福利寓于经营之中，每到年终或天灾，便无偿散发义粜，以赈济和缓解贫民之忧；遇到盛暑时，则向码头装卸工友赠送十滴水、仁丹等防暑物品。这些善举赢得广泛的社会信誉。

1918 年，章克恭又与长沙市商会左宗澍等人合伙在沿河大道创办光华电灯公司，该公司具有 250 千瓦的发电设备和相应的蒸汽锅炉，其规模与当时的湖南电灯公司不相上下，两家公司以今中山路为界，分供南北城市用户照明用电。1927 年因政局动荡停办。

1920 年，章克恭与友人在长沙合伙创办耀华教育文具用品公司，实行产、供、销一条龙的经营方式。先在郊区朱家花园邻近购地 10 多亩，设立文具制造工厂，生产学生教学用具如三角板等产品，并购置机械设备仿造日本进口的学生用具。为了便利销售，还在市内南阳街购置3个铺面组成一个大营业间。一年后，因经营不善，合资伙计又矛盾层出，不得不停办。拆伙后，章克恭利用分得的南阳街铺面以及从日本购来的大量动植物标本、彩色铅笔、粉笔、橡皮擦、石板、石笔等物，另设启新商店推销积压存货。

1922年，章克恭与友人王少泉、王段生在长沙药王街合伙开办北绘素楼照相馆，聘请上海技师传授摄影与冲洗技术，备有摇头摄像机为多人集体摄影，其中一些经营与技术在湖南为首创。

1922年，著名湘籍盐碱实业家范旭东，为了打开他所创办的久大盐业公司在湖南的销售市场，恳请章克恭出手相助。自清朝以来，政府对盐的生产与销售一直实行引岸制度，即由国家垄断经营。章克恭借助自己多年来在湖南建立的业务关系，奔走政界要人，游说地方名士，终于在长沙、湘潭、岳阳、常德等市县，取得精盐销售权，打破了政府多年沿用的引岸制度，这在当时称得上是盐政的一个革新。

1921—1923年间，章克恭出任著名华侨李国钦创办的美国资本美华银行长沙分行经理，利用美国金融资本开发湖南矿业，沟通中美之间经贸往来。其时范旭东正着手创办永利制碱公司，在资金与技术上都遇到了很大的困难，章克恭及时与华昌贸易公司在美国的李国钦取得联系，并介绍李与范旭东相识。为从国外引进先进设备，尽可能做到少花钱、多办事，章克恭投身设备价款的商务谈判，先后顺利地从美国采购永利碱厂以及随后创办的南京合成氨厂所需的成套的、单件的设备以及器材、原材料，并罗致美国专家和中国留学生到公司供职。1930年，章克恭又成功策划永利碱进驻湖南，从而打破了英商卜内门在湖南的市场垄断。

1922年，章克恭从湖北官矿局承租了湖南省安化县柑子园的锑矿，并与友人一起投资4万银元创办惠安公司（后改称通和锑矿公司），同时利用自己早先在华昌从业的便利关系，从华昌引进先进的炼锑技术，建立起一套氧化锑冶炼升华、回收生产线，另设有纯（精）锑冶金炉10座，具备月产纯锑120～150吨的生产能力。章克恭担任公司总经理期间，共出产纯锑1.1万多吨，平均每年生产700多吨。1924年到1926年，每年产量过千吨，公司业务良好。惠安公司是章克恭后半生的经营中心。为了使产、供、销、出口外销一条龙，章克恭与文菊盈在汉口设立菊记公司，直接与当地洋行与远洋进口商进行交易，将湖南省的锑、钨、铅、锌、锡等矿产品，直接销往海外。

1923年，章克恭又与友人在邵阳龙山天禄公司投资4万银元成立协通公司。由于矿区位于海拔1 000多米的山顶，燃料用煤必须从蓝田运进安化县境内，路远、耗费多、成本高，于是选择在山麓杨家滩镇设立炼锑分厂，将高品位的锑矿石运到分厂炼成销售。

1923年，章克恭与友人曹典球、刘润湘合资2万银元，在长沙小西门河街开设正大五金号经营五金器材、水泥等，供应省内的工矿企业需要。正大五金号经营了五六年时间，它所派生的福华印染厂，成为当时长沙市独家承印纺织品的工厂。

1928年，章克恭与友人潘叔愚及魏乔年各出资2 000银元，在长沙西牌楼青年会旧址开设百合电影，以放映国内外名片，传播中西文化。该影院后迁至中山路百货公司的后面，即今银宫电影院所在地。

1929年章克恭接任湖南第一纺织厂会计主任，根据国民政府主计制度，会计主任与厂长平级，以示会计相对独立，不受厂长领导，以期相互制约。章克恭到任后，协同该厂厂长将厂3万枚纱锭规模扩充到5万枚纱锭，又添置500台织布机，使之由单纺纱进而既纺又织，配套成龙，以提高经济效益。工厂职工由1 000多人增至2 000多人。其时，正值世界经济危机爆发，灾难深重的旧中国也卷入其中，经济形势更加恶化，第一纺织厂的生产经营面临更为严峻的考验，为了维持厂纱布的生产，章克恭建议成立省纱布交易管理所，凡外省或外国进入湖南省的纱布，均课征一定的地方税，这使第一纺织厂抵制住了由于竞相降价出售纱布产品带来的灾难性后果，终于使第一纺织厂维持了再生产经营，渡过了难关。

1931年，纺织厂运营资金枯竭，出现负债经营，时任建设厅厅长谭常恺请章克恭再度出山任职该厂会计主任，章克恭利用他个人在银行与钱庄的信誉，前后借得300多万元，作为纺织厂周转资金，终于使第一纺织厂摆脱困境，起死回生。资金困难才得以缓解，原材料的供给又成难题，当时长江、黄河流域洪水成灾，河南、湖北等省产棉区尽成泽国，章克恭带领几个骨干亲自去上海采购棉花，以供生产所需。在他的不懈努力下，第一纺织厂得以复苏。1934年，章克恭接任第一纺织厂厂长，任上大力更新技术设备，扩大生产规模。

1933年，章克恭决定独资开办湘潭昭潭煤矿公司，以开采该县谭家山烟煤，该矿煤质很好，固定碳素及发挥物都优于湘乡洪山殿所产，而灰分及含硫量都低，适合于炼焦。根据地质勘测，矿床是倾斜——向斜层结构。每一倾斜向斜两层各有内、中、外三层煤槽，每层叠煤厚度约为3～5米。如按最佳设计方案，应在倾斜与向斜相结合中心开一竖井，以贯穿三个隔叠层地质深处，然后将倾斜与向斜各个煤层向地面返回开掘采煤坑道，利用地心重力作用，使各煤层的采集自然下落到地下竖井中心煤场，然后再用垂直转扬机通过竖井装吊输送至地面，但这一方案基建投资约需 10 万银元，章克恭的财力无法满足这样的需要。他只能首先采用耗资不多的开采工程。1937 年抗日战争爆发，此矿即移交国民政府资源委员会接办。章克恭热心资助教育事业，曾先后捐助隐储女校、湘雅医学院、明德、楚怡、修业等学校。①

① 《湖南文史资料选辑》，第 34 辑，1989 年版，第 78 页。

宾步程

宾步程(1879—1943 年)，族名孝聪，字敏介，号艺庐，东安人。少时曾步行千里，一路风餐露宿，到武昌两湖书院求学，书院创立人张之洞见此大为赞赏，为其改名“步程”。

1902 年，宾步程被选派赴德国学习陆军，但他深感“兵战不如商战”，决心改行研习德国的工业技术，于是入柏林帝国工科大学，重点研究兵学制造达 8 年。期间又赴欧美各国考察实习，足迹遍及 20 余国，1903 年当选为留德学生会会长。1905 年，孙中山到德国柏林开展革命活动，组织留学生入会。宾步程以学生会会长的身份接待孙中山，进行革命。

1910 年，已经在德国成家、娶了德国夫人的宾步程决定回国，但夫人却坚决不愿到中国生活，他只好独自一人踏上归程。

回国后，宾步程担任了粤汉铁路的机械工程师，当时中国铁路上使用的火车头都需从国外购买，运回国内以后还要高价聘请外国人重新安装。宾步程经过一段时间的学习研究，成功实现了自行装配，从而节省了一大笔开支。他还极为关心长江以北的京汉铁路与江南铁路的沟通问题，并于 1912 年 7 月提出了“建设武汉纪念铁桥”的建议，非常巧妙地将武汉长江大桥的经济意义与政治意义结合起来，而且从技术上提出了可行性论证。

战争年代越发彰显军事工业的重要性。临时大总统孙中山和陆军总长黄兴，都想到了宾步程，便在上海《申报》发寻人广告。宾步程见报驰赴南京，孙、黄共同签发委任状，任命其为金陵机器局局长。就任后，宾步程在短时间内克服了经费拮据、设备老旧等困难，率先仿制成具有国际领先水平的美国白朗宁手枪和德国马克沁重机枪。他还自行设计了“七五式山炮”，后来由上海兵工厂生产。有关这些枪炮的详细的工艺设计、各项性能的参数指标及所用零部件的规格类型的说明书，至今还保存在湖南省图书馆中，十分完整而详尽，代表了当时国内相当先进的技术水平，也反映了他注意建立工程技术档案的严谨作风。

1914 年，湖南公立工业专门学校邀宾步程出任校长。该学校由湖南高等实业学堂改制而来，原址在河东落星田，宾步程于任期内设法将其迁到岳麓书院，该校后来发展为湖南大学的一部分。因此，宾步程也可算为湖南大学最早的校长之一。当时湖南省内虽然还没有正式的大学，但该工业专门学校的办学规模和教学水平却比较成熟，主要开设有机械科、土木建筑科、采矿冶金科等专业，10 年间培养了大批工程技术人员，达到了工科大学的水平。此后，宾步程又相继主持河南焦作煤矿、湖南水口山矿务局、湖南黑铅冶炼厂等工矿企业，为发展民族工业作出了贡献。

作为当时中国工程学界的先进分子，宾步程不局限于机械学科，他在《无线电报简单机器学》中写道：“今值欧洲战争之秋，无线电报最为紧要。即吾国各重要城镇，亦次第设立。兹集收已印未印之稿，加译近年来各报所记录之新发明，编成是书。”这本书是中国最早论及无线电通信的著作之一，也表现出宾步程独特的学术眼光和见地。

在湖南工业专门学校任职时期，宾步程还兼任湖南造币厂厂长。南北战争中的湖南，货币并不统一，北洋军阀借机掠夺，地方银、铜币在本地金融流通领域具有重要作用，造币厂厂长一职对保护乡土权益十分重要。宾步程具有相当的冶炼经验，又出任过水口山白铅炼厂厂长，德国先进扎实的工科基础加上国内的工业实践，使他的"实学、实事、实业"思想得到了强化。①

1916 年，湖南成立矿学研究会，宾步程当选首任会长。该会以"灌输商民知识，增进国民福利"为宗旨，并出版《矿业杂志》，与《实业杂志》一样，都是当时全国办得最好、最早的行业性杂志之一，对于介绍工商矿业知识、促进技术创新，产生了广泛的影响。

1925 年，宾步程辞去湖南黑铅冶炼厂厂长职务，寓居长沙回龙山，潜心从事译述，介绍欧美科学，先后著有《无线电报简单机器学》和《机算集要》等书。因其无论在专业学问，还是在创办实业方面，都是当时首屈一指的权威人士，辞职休养期间，许多名流慕名来拜访他，凡有较大建设事宜，多求咨询。

除了从事工矿实业外，宾步程于新闻业也有涉足。1932 年，他在长沙创办《霹雳报》，坚持民主立场，1934 年 11 月该报发表社论，反对国民党军追击红军实施"坚壁清野"政策，因而触怒当局，被迫停刊。1938 年元月，他又出任改组后的湖南《国民日报》社长，继续从事新闻工作。

抗日战争时期，宾步程任湖南省政府委员、难民救济总署主任等职，设难民救济所于省内各城镇，并襄助中国战时儿童救济协会创办教养院。卸职后，被聘为湖南临时参议会参议、湖南省

① 许康，姜明：《继往开来的工程教育创新者——纪念宾步程校长逝世六十周年》，《湖南大学学报》（社会科学版）2003 年第 6 期。

高等顾问、军事委员会政治顾问，也担任过湖南省参议会常任参议，于教育事业多所筹划，1942 年主持筹建省立第七高级中学，还在长沙创办了明宪女子中学，在回龙山建有一座“艺庐”，培养艺术人才。1943 年 12 月，宾步程在长沙明宪女子中学病逝。

肖丽生

肖丽生(1880—1952 年)，名泽，株洲人。少年时读私塾五年，后随其父居辰州府。1904 年入凤凰邮政局，为巡察吏。一次，路过山东淄博，羡慕该地的玻璃工业，决心钻研玻璃工艺知识，在湖南创办玻璃工厂。清末，湖南虽然有玻璃作坊，但主要用旧碎玻璃以明炉熔化制造灯罩、花瓶等产品。

1912 年，肖丽生和长沙工商业人士彭次英等人集资白银 18 万两，在长沙六铺街建麓山玻璃公司。麓山玻璃公司主要生产煤油灯具、彩缸、花瓶、电灯罩等十几个产品，畅销长沙、益阳、宁乡、衡阳等地。1913 年公司扩展厂房，增设熔炉，增加职工，产量增加一倍。1915 年该厂玻璃制品在美国巴拿马赛会上获一等奖。1918 年部分产品出口东南亚等地，年出口值约六七万关平两。1921 年肖丽生筹资 5 000 余银元，在长沙南郊租地 15 000 平方米，创办了省内规模最大的宝华玻璃厂。1924 年宝华玻璃厂有职工 581 人。此时肖丽生自任总经理，潜心技术革新，增加花色品种，提高产品质量，推行计件工资，使宝华厂发展很快，随后设分厂于衡阳。麓山玻璃公司和宝华厂的设立为湖南玻璃工业培养了一批人才，带动了省内玻璃工业的发展。从 20 世纪 20 年代至 30 年代初，省内建立的玻璃厂除宝华外，还有长沙的宝湘、永隆盛，常德的华晶、德山，衡阳的宝华分厂、美华，湘潭的富兴，邵阳的宝光，永州的天宝等 10 多家，年产值在 237 万元左右，这一时期也是省内玻璃工业发展的鼎盛时期。

1931 年，肖丽生增办制瓷厂，采取湘潭、长沙的玻璃、硅砂、硅石，长沙、湘潭、醴陵等地的瓷土，攸县的长石，湘潭易家湾的水泥为原料，改良生产方法，制造瓷器。1932 年宝华玻璃厂股本增为 1 万元，改为股份有限公司，产品日益增加，最多时约有 14 类产品总数达千余种。属于玻璃部分的有：煤油灯器、各种储瓶、耐热杯瓶、电灯罩盖、理化用品、装饰用品、医药瓶缸、化妆瓶盒。属于瓷器部分的有：茶壶杯盘、电用瓷器、大小坩埚、卫生器具、高温火砖、马孚炉具。生产能力最高时，能年产出 40 万元的物品。1935 年左右，每年产销二三十万元的货品。宝华玻璃厂的产品除销售于本地和江西等省外，在汉口、上海都设有销售处，且远销到南洋一带，在湖南是一个非常有特色的模范工厂。

1934 年产品一度滞压，流动资金周转困难。肖丽生求助于交通银行、上海银行行长和省建设厅厅长，经过共同协商，同意投资法币 10 万元，以宝华厂牌名，发行辅币 50 万元，换取市场现金（银元），但没有收到希望的效果，反而招致新的债务，发行的辅币也被挤兑，只好将库存产品按八折抛售，工厂不得不倒闭。肖丽生气愤难平，离开工厂，去长沙大托铺鼎罐塘办农场。后来，宝华玻璃厂在抗战时期和抗战胜利后曾一度重新开炉，但都好景不长，或由于日寇入侵，或由于通货膨胀，经常陷入停产和半停产状态。1950 年，湖南省工业厅厅长高文华聘请肖丽生兴办湖南玻璃总厂，并委任他为筹备处总工程师。1952 年逝世。①

---

① 《株洲县志》，湖南出版社 1995 年版，第 488－489 页。

左宗澍

左宗澍(1881—1964 年)，字霖苍，长沙县人。清光绪七年(1881 年)出生于长沙县大贤都常家冲坝上屋。祖父左隽，清道光丙午进士，翰林院编修，官至山西按察使。父左辅，附贡生，历官河南省上蔡、封丘、西平、淮宁等县知县。左宗澍幼年随父宦游，在父亲任所就学，弱冠即钻研文史，尤醉心于康、梁变法之各种新书。光绪庚子、辛丑并科，改试策论，得中北闱举人，以内阁中书派赴日本，入法政大学习政治经济。回国后任清政府度支部库藏司长。1907 年因父丧返湘，1911 年长沙光复，湖南都督府成立，任民政司总务科长。1912 年 5 月，长沙自治公所同仁倡议创办自治女校，提倡女子职业教育，推左宗澍为校长。

1915 年长沙商务总会改组，各行业会董推选左宗澍出任会长。在职期间，组织湘省工农产品参加美国主办的巴拿马赛会，湖南绣品、瓷器、茶叶、夏布、鞭炮等特产，都引起轰动，获金质奖章多枚。

1916 年左宗澍创办长沙光华电灯公司，经营地域位于长沙市北部，采用先进的三相交流汽轮发电机组发电，电压稳定，电灯亮度好，深受市民欢迎。期间还协助长沙炼锑公司运砂出国，争取国际市场。

1917 年长沙商务总会改为长沙总商会，左宗澍仍任职。1918 年，北洋军阀大举南侵，张敬尧、吴佩孚率领重军，进据长、岳、衡、宝，与郴、永湘军对峙。左宗澍弃职奔赴上海，与章士钊、聂云台、袁家普、陈夙荒、胡子靖、朱剑凡、汤寿军、傅君剑等人在沪成立湖南善后协会，创办《天问》周刊，成立南北请愿团，与省内外人士互相策应，发动驱张运动。嗣后谭延闿、赵恒惕相继主湘。左宗澍不愿介入政治，退出政界，专心办理光华电灯公司及华昌炼锑公司等实业。

1927 年唐生智主湘政，将湖南第一纺纱厂收归公营，委任左宗澍为厂长。1928 年 3 月，国民革命军总司令部为保证作战顺利进行，设战地政务委员会，处理战区内民政、财政、外交、司法、交通等政务，4 月增设工商、农矿、建设各部。战地委员会直属国民革命军总司令部，受国民革命军总司令指挥。该月，左宗澍被任命为战地政务委员会委员兼农矿处长。随军进入冀鲁，陆续接管河南焦作，山东临清、枣庄，河北磁州、正丰、开滦各矿，或维持其秩序，或便利其运输，或解决其劳资纠纷，或禁制军队骚扰，使各矿皆能正当经营。1929 年，转任开滦煤矿督办。该矿本中英合资，大权操之于外国人，左遇事据理力争，维护国家主权，保障工人利益。1937 年抗日战争爆发，左宗澍回湘家居。抗日战争胜利后，以年事日高，就养迁居江苏常熟，新中国成立后，被选为江苏省政协委员，1964 年 6 月因心脏病不治，逝世于寄寓，终年 83 岁①。

---

① 左宗濂：《左宗澍小传》，《湖南文史资料选辑》第 18 辑，湖南人民出版社 1984 年版。

李烛尘

李烛尘(1882—1968 年)，永顺人。我国著名的实业家、民族化学工业的开拓者。1903 年，考入湘西北最高学府——常德西路师范学堂，该校创办者为湖南戊戌维新运动的风云人物——熊希龄，李烛尘对这位师长极为推崇，受其影响很大。而另一位知己、同学——林祖涵(林伯渠)则积极推动他参与自己发起的新知识学社，使其接受了新思想。其时列强侵略中国，清政府软弱无能，每每签下丧权辱国的条约。具有强烈爱国心的这位有志青年，看到家乡常德商家店铺充斥着洋货，他反感、愤怒，怎样救国救民？他常常陷入深深的思考。清宣统元年(1909)，李烛尘在常德西路师范理化班毕业后，离湘外出游学，先后到北京、天津、上海等地，沿途所见更增强了他对国家民族的忧患意识，他曾在《在渤海湾中》中写道："夷夏藩篱洞门户，美欧侵略亘朝昏；神州无限伤心事，总觉重洋是祸根。"①

1912 年，李烛尘在亲友的资助下留学日本，并顺利考入东京高等工业学校预科班。1914 年又考取公费理化本科，专攻电气化学。李烛尘报考这个学科，是经过深思熟虑的。当时正值第一次世界大战，国际大国之间的军备竞赛十分激烈，化学军火工业受到普遍重视。当时日本盛传德国利用水力发电在空中提取氮气以

① 李烛尘:《在渤海湾中》,《行吟集》,自印本。

制造硝酸军火炸药。联想到祖国积贫积弱、武器落后挨打的情形，李烛尘发誓要把这富国强兵的本领学到手。在日留学的日子里，李烛尘学习十分用功，时常废寝忘食，在导师加藤博士的悉心指导下，一步一步走入"空中取氮"的研究领域。学习之余，他还经常与一起留学的好友林伯渠、唐汉三等聚在一起评议时事，商讨救国救民之策，随着时间的推移，一种"实业救国"的思想在他们的头脑中日渐成熟，他们相约：和衷共济，各用所学，开办工厂，振兴民族工业，挽救国家危亡①。为了学到更多实际管用的知识，他经常与同学利用课余节假日到附近的飞岛山等地参观日本的工厂和博览会。

1917 年初夏的一天，李烛尘正在准备毕业论文，一位名叫藤原茂岛的化学老师来请他共进晚餐，他带着好奇心前往，寒暄几句，开始用餐。李烛尘夹菜入口，感到咸得难以下咽，这时，藤原老师笑道："你要多吃点，回到你们支那，哪有这么多的精盐吃呀。"李烛尘顿时感到自尊心受到了极大的伤害，凛然回敬道："先生长在岛国，知不知道中国的海岸线是世界上最长的，盐场也是最多的，只是目前生产有待发展。到时，为谢先生关照，我请先生免费吃三年，盐放得比今天的多三倍，如何？"②随即起身离去。

1918 年，李烛尘以优异的成绩从日本东京工业大学毕业。他满怀抱负，准备回国大干一场。为了考察各地的制盐工业，他先绕道台湾，经大连，抵北京，暂住湖南永靖会馆，期间他将回国途中考察盐碱工业的心得写成文章，投稿《盐政杂志》。由于所陈

---

① 《爱国实业家李烛尘》，《湘西文史资料》第二辑，1984 年 9 月版。

② 《武陵一松壮千山——记著名爱国实业家李烛尘》，《湖南党史》1994 年第 5 期。

之见解深刻独到，主编景韬白一眼就认定这是一个难得的人才，便热情地将李烛尘推荐给正在天津塘沽开办久大精盐厂，并准备筹建以盐制碱大业的范旭东。李烛尘应邀在天津与范旭东会面，两人谈得十分投机，李烛尘愉快地接受了范旭东的邀请，答应入久大精盐公司任技师。后来李烛尘回忆说："就在民国七年 8 月底，我和范先生作了一次长谈之后，非常投机，于是就决定了今后的终生职业。"①

初创时期的久大精盐厂，一切都还十分简陋。李烛尘穿上工作服，与职工一起苦干，不到半个月时间就安装好了久大的第一台发电机，使制盐生产开始使用电力，减轻了工人的劳动强度，大大提高了生产效率。李烛尘还把目光投向了关乎大局的生产与管理上。他发现久大精盐厂在管理、生产、销售等方面，存在着不少漏洞，浪费现象十分严重。当时的久大精盐厂无领用料制度，产成品也因没有仓库而到处堆放，浪费惊人。他根据工厂的实际情况，建立了领料审批制度，并着手兴建了仓库。短短几个月时间，久大精盐厂的管理逐渐走上条理化，原材料消耗也明显下降。

随着久大的经营状况的好转和外围市场需求的增大，李烛尘又不失时机地向范旭东提出"扩股增产，开拓外销"②的建议，范旭东很是赞同和支持。他们利用民间资本合资入股，扩大生产，把塘沽芦盐加工复制成雪白、洁净、干燥、质量好的精盐。

随着精盐产量的稳步上升，精盐的推销成了突出的难题。在中国，盐业历来为官家和盐商所垄断。清朝时期实行的盐引制度

① 徐盈：《当代中国实业人物志》，中华书局 1948 年版。

② 《我国民族工商业家的楷模——李烛尘》，《纯碱工业》2000 年第 2 期。

一直沿袭到民国初年。官盐是官府的重要财政来源。当时一斤食盐不过一两钱，而官税却高达盐价的几十倍。盐商、盐霸从中营私舞弊，大捞钱财。因此，精盐如果行销于市，就堵了这些不法盐商、盐霸的生财之道。精盐推销之时，一些不法盐商、盐霸一方面以种种谬论蛊惑人心，欺瞒百姓，阻挠精盐的行销；一方面又与地方恶势力相勾结，为久大精盐厂设置重重障碍。而普通老百姓对精盐根本不了解，历来北方人吃大颗粒海盐，南方人或内地人吃锅巴盐。在久大精盐厂没有成立之前，人们不吃精盐，也无精盐可吃，甚至认为雪白、晶亮的盐是不吉之物，吃了它会大祸临头。面对着盐商、盐霸的垄断，面对着广大百姓的迷信、不理解，久大精盐厂在各地广泛建立分支机构，在南方各省成立精盐公会，积极宣传推广久大精盐厂生产的精盐。南方各省的精盐公会随时报送与销售精盐相关的风潮和争斗的消息。因此，尽管当时交通及通信工具不发达，精盐厂决策层还是想尽千方百计及时掌握各方销售动态和市场行情，为正确决策提供了可靠的依据。1918 年冬，久大厂的精盐就扩大到淮南四岸，不久，又打开了湖南、湖北市场。1918 年底年产量达 15 万担以上。职工也由当初的一百多人，迅速增至近千人。久大精盐厂还于 1918 年至 1919 年间，先后接收了德国在天津塘沽的铁路支线和收买了海河口的俄国码头，为久大精盐厂生产的精盐行销中国乃至世界各地插上了腾飞的翅膀。

范旭东十分欣赏李烛尘的管理才能和一心扑在工作上的敬业精神。1919 年，38 岁的李烛尘被范旭东任命为久大精盐厂的老盐厂厂长(久大精盐厂把最早兴建的老盐厂称为西厂，又在不远处新建采用新法制精盐的东厂，东厂由杨子南等主持)。此后，范旭东长住天津，主要从事资金筹集和产品推销工作，而塘沽的生产体系，则主要由李烛尘担负责任。

长期以来，中国化工市场上的酸碱原料都靠进口，国内没有一家工厂能够生产纯碱，而酸碱产量是衡量一个国家化学工业兴盛衰败的重要参数。当时，英国的卜内门公司独霸我国碱业市场，致使纯碱价格昂贵，即使这样，纯碱仍供不应求，致使我国一些通商大埠，如上海、天津等地的许多工厂因一时买不到纯碱而纷纷倒闭。基于这种情形，范旭东与李烛尘就有了在中国建立自己的制碱厂的设想。为此，范旭东向北洋政府申请以盐制碱和工业用盐免税两项权利。此举受到了盐务署稽核总所英籍会办丁恩的阻挠，丁恩要求中国政府只有承诺英国人在四川自流井拥有制钾特权，才能批准工业用盐免税。钾对工业、农业、军工都是极为重要的原料，对一个国家的发展有着重大影响，当时世界上仅有德国掌握了这种开采技术，中国若有此矿，价值无量。盐务署李恩浩署长为此拟派专员赴四川调查钾矿蕴藏情况，又是在景韬白先生的极力推荐下，李烛尘得以前往调查。

1919 年春，李烛尘奉派入川调查钾盐资源，由北京至汉口，宜昌，从宜昌乘木船溯江而上到重庆走了 29 天，先到自流井，又到五通桥，环行川北，最后到南充，在交通闭塞、土匪如麻的旅途上历尽艰辛，他通过实地调查研究，翔实地掌握了四川盐资源、能源、交通等重要资料，摸清了川盐中含钾的情况，撰写了《四川自流井钾盐调查报告》发表在《盐政杂志》上，文中明确指出："四川自流井废卤中虽含有多量之钾，系由多量之盐中所存积，非新卤中即含有百分之十六，并不能确定四川自流井必有钾矿也……"李烛尘的这次调研对日后久大精盐公司以及永利精盐公司的搬迁和未来命运都起到了至关重要的作用。第一次世界大战结束后，国内急需用碱，范旭东创办的永利制碱公司尚在基建阶段，根本满足不了需要，为解燃眉之急，范旭东想派人去西北运天然碱。1921 年，李烛尘奉命去内蒙古调查天然碱，先到包头，再到距包头有 10 天行程的伊克昭盟，查访到有苍海碱，碱层厚达一米，坚硬如石。但当时京包铁路尚未贯通，包头以后的运输全都依靠驼队完成，运送天然碱的费用比卜内门洋碱的售价还贵。所以，这一计划只能作罢。

通过四川、内蒙古两次对盐碱资源的考察，李烛尘建议范旭东成立研究机构，扩展化工事业，以探索盐碱的研制。范旭东对他的建议极为赞赏，决定加强扩建久大、永利的化验机构，在经济十分困难的情况下拨巨款筹建研究社，1924 年初，正式成立了我国民族私营工业的第一个科研机构——黄海化学工业研究社，聘请留美哈佛大学博士孙学悟担任社长。至此，自 1917 年成立的永利制碱公司正式开始研制由盐制碱工业。从此，久大、永利、黄海三位一体，成为了我国化工界著名的“永久黄团体”。

范旭东在与李烛尘相处过程中，发现李烛尘性情温厚爽直，处事持重而公正，忠于事业，善于用人，经营管理的才能超越他的技术专长，因此，决定把“永久团体”的经营管理权和人事管理权交托给他。李烛尘除了担任久大厂长外，还兼任永利碱厂经营部部长，他成了“永久团体”的总管家。同时，范旭东还赠给他永利股权 5 000 元，争取他参加董事会。李烛尘忠人之托，统筹全局，一面谋求盐厂的发展，增加了煮盐的平板锅，扩建了厂房，并逐步在塘沽新建了 10 多个小厂；一面改进技术，拓展副产，生产漱口水、牙粉、牙膏、碳酸镁等，使久大精盐厂的产量和质量都不断得到提高。在经营上，一面试销舶来的烧碱、化肥；一面严守各口岸的精盐销售市场，同时又通过各种关系，从夹缝里打开长江沿岸的盐业防区，做到寸土必夺，分文必争。

1922年，北洋政府拟收回日本在青岛的盐田，因日方在经营该盐田时投建了大量的地面设施，其作价所要求的盐田补偿费很高，竟达700万元。同时要求中国方面免除其海关税厘，并向日本出口青盐每年100万担。北洋政府无力满足这些条件，只好决定将盐田向商界招标拍卖。范旭东、李烛尘得知这一消息后，经过反复讨论研究，一致认为，经营胶澳盐田，既有利于国家、民族收回主权，更有利于久大、永利两公司自身的发展，决定参加投标，并很快草拟了一系列的投标方案。范旭东、李烛尘均留学日本，对于日本的国情甚为了解，他们认为，日本虽是四面环海的岛国，但可利用的海滩很少，产盐极为有限，其年产10兆担左右的数量远远满足不了需要。据他们掌握的情报看，最保守的统计，当时日本的工业用盐及食用盐每年的消耗量要15兆担。这意味着日本每年有5兆担的缺口需要补充。日本从中国进口工业用盐和食用盐，路途短，需求及时，运输方便，还能节省大量时间和费用，因此中国极有可能成为日本进口盐的首选国。在综合分析了永利制碱公司的优势，充分把握日本方面的短处与不足后，范旭东、李烛尘决定向日方施加压力。范旭东亲赴青岛参加与日方的谈判，一方面把向日本输出的青盐数额，由原来的每年100万担增加到每年300万担，同时把日方向中国要求的盐田补偿费700万银元，压低到300万。再借助国内舆论的支持，事情果真谈成了。此后不久，北洋政府开始正式招标。范旭东、李烛尘以久大精盐公司的名义应招，并以足够的实力击退日商和国内各竞争对手，最后以80万元中标经营权。青岛的胶澳盐田从此转到了久大精盐公司名下。

为了积集巨资开拓青岛盐业和支持永利以盐制碱工业的进展，李烛尘和范旭东商定约束久大股东的眼前利益，暂停分红。

在范旭东、李烛尘主持下，久大与青岛盐业界人士合股组织了永裕盐业公司，作为久大精盐公司在青岛的分厂开始投产。永裕盐业公司下设永大、裕大两家工厂。至此，永大承办大小19所制盐工厂，裕大经营收回的盐田达6万余亩。青岛盐田被收回后，根据协议规定，中国每年向日本输出青盐300万担。青岛永裕盐业公司经北洋政府批准，成为外销青盐的专商，取得了我国盐业公司生产的盐输入日本的供应权。

与此同时，永利制碱公司的创办却一波三折，并不顺利。1924年8月开始，永利制碱公司研制、生产的第一批碱不是白色的纯碱，而是红黑相间的粉末，碱质不符合标准，无法与英商卜内门倾销的洋碱相比，更难投入市场与之竞争。1925年3月，制碱的主要设备干燥锅又被烧坏，幸灾乐祸的洋人几度觊觎永利，企图一举吞并。几年下来，永利研究费用已达158万元之巨，公司债台高筑，几至无法运转。讨债的电话、电报频频传到经营部长李烛尘的手上，担心自己利益受损的股东纷纷前来责难与攻讦，不理解的员工更是以谩骂来宣泄不满。李烛尘顶住一切压力，一切以大局为重，在永利资不抵债、岌岌可危之时，除以久大资金代垫数十万元外，并以久大名义担保，向银行贷款。为了挽救人心，拯救公司大业，李烛尘充分发挥了自己的管理才能，他坚持改革，在厂内调整机构，首先推行8小时工作制，兴办职工福利，不断改善职工食堂、兴建职工宿舍、设置职工医院，在厂内举办幼稚园、小学校，还开办成人补习学校、妇女补习学校、艺徒训练班等。这样既加强了职工爱厂、爱国教育，又提高了职工技术文化水平。全厂职工在李烛尘的鼓励与关怀下，充分发扬艰苦奋斗的精神，大家团结一致，同舟共济，共渡难关，厂内局势很快缓和下来，使永利制碱工业终于得以继续进行。1926年6

月，制碱终于成功，而且公司所研制生产的永利生产的“红三角”牌纯碱获得了美国费城万国博览会金奖。自此，英商卜内门公司长期霸占中国盐碱市场的局面被打破，永利夺回了销售碱产品的权利，这为落后的中国争了光，也令各国碱业同行刮目相看。

永利制碱公司闯过了技术上的难关，而往后的生产与经营却并不顺利。永利碱厂制碱需要大量石灰石作原料，而石料须到唐山开采。由于当地恶势力的敲诈，时常停产断运。能否顺利运来石灰石，对于李烛尘来说是个严峻的考验。

在公司董事会上，李烛尘建议，改过去的包运商为自办开采，并力排众议，启用有争议的王子百任采运负责人，王子百受命组成运输处不到半月，就被原来的包运商李某纠集地霸和日本人以武力“驱逐”回来。先前反对李烛尘启用王子百的人乘机发难，李烛尘顶住压力，找来王子百问明原委，研讨对策，王子百在李烛尘的授意下再赴唐山，来了个“以其人之道还治其人之身”，开山收徒，成立自卫武装，并娶了一位山主的女儿为妻，这样，才算稳住了阵脚。

开山有了保障后，运输石灰石又遭人故意拆毁铁轨设置障碍。李烛尘得知情况后，一面叫王子百到唐山沉着应对，另一方面抓紧同铁路局协商，将这一段永利自运铁路交给铁道部门管理，从而保证了石灰石畅运无阻。然而唐山地方恶势力并没有善罢甘休，他们又煽动众人起哄、围攻，甚至械斗。李烛尘万般无奈，只得亲赴唐山，邀约滦县政府官员，一起到卑家店买了一座石山并与之签订合约：永利公司出资为卑家店建一所小学，换得租山开采期34 年，山租和学捐照例缴纳给当地山主。之后，又到狼尾沟买石山数座。在李烛尘的不懈努力下，唐山石才得以源源不断地运往永利制碱厂。①

1935 年，李烛尘又协助范旭东在江苏新浦开创了久大精盐公司大浦分厂；在汉口开设了盐业运销公司，使久大精盐公司成为横跨中国的大企业。久大精盐公司所属盐田自天津塘沽沿海的渤海湾一直延伸到黄海之滨，总面积达 10 多万亩。到 1936 年，久大精盐公司的盐产量由最初的年产 1 800 吨增至 30 万吨。而随着永利制碱公司的制碱工业的研制成功，李烛尘又在南京卸甲甸建成了硫酸铔厂，大批的化肥源源运往江浙闽粤农村。至此，“永、久、黄”庞大的盐、碱、酸的工业体系终于建立起来，多年来，李烛尘为之奋斗的化工理想终于实现了。

正当李烛尘和范旭东团结同仁，抗衡英、日盐碱商人，为中华民族争光之际，1937 年“七七”事变爆发，日军大举侵华，大片国土迅速沦陷。为支援抗日战争，永利公司新建的南京硫酸铔厂迅速转产为金陵兵工厂生产军火所需的硝铵。此时，日本人想以高价收买该厂，遭断然拒绝，日军便连续派飞机施行报复性袭炸。8 月，塘沽沦陷。“永、久、黄”厂房设施均被日军包围。面对恶劣的局势，李烛尘和范旭东抱定“宁为玉碎，不为瓦全”、“宁举丧，不举奠仪”的决心，决定将“永、久、黄”全部内迁。李烛尘被推举为“永久团体”的总负责人，他召集“久、永、黄”主管人员组织拆迁班子，通知塘沽、青岛、海州、卸甲甸等地的员工准备撤离，并将各盐场存盐数千吨通过关系盐号，由京汉、陇海两路西运。在塘沽沦陷前，他亲自指挥技术员工撤除了两厂重要机器和先进遥控设备及部分管线，并将图纸搬走。后来，日军虽然抢占了该厂，却也一时无法使用。为了保护 300 多技术人员的

---

① 《武陵一松壮千山——记著名爱国实业家李烛尘》，《湖南党史》1994 年第 5 期。

安全，他首先安排他们撤退到武汉，然后陆续通知“永久团体”员工、眷属1 000多人集中到武汉，直至撤到重庆。技术人员是两厂的宝贝，他们中的一部分被安排在黄海化工研究社进行研究工作，其他大部分安排在他任厂长的久大华西分厂和其他几个分支厂的适当工作岗位上，使他们各得其所，才尽其用，为抗日战争作出了贡献，又为抗战胜利后复员建厂储备了充足的技术力量。

对于久大、永利迁川选址，李烛尘又担负起了重要的责任。久大、永利的生产原料都离不开盐。毫无疑问，厂址必须设在四川产盐区。李烛尘20年前就到四川考察过，他经过实地勘察，根据自己掌握的资料，认为自流井的张家坝和犍为的五通桥，是最合适的地方。这两个地方都是四川的老产盐区，原料丰富，水陆要道盘桓，交通便利，而且这地方盛产天然气和煤炭，能源供给充足。在此建厂当然“相当理想”。但却有一个让人头痛的问题必须解决：就是当地的盐户对久大十分抵触。原来从清朝起，这里的老盐户们手中就持有朝廷颁发的“龙票”，当地井盐的生产、销售，世代相传，岂能让外人染指。当地的老盐户们认为久大规模庞大，生产技术先进，在全国也颇有名气，一旦挤进来，岂不把本地盐厂、盐户搞垮！因此他们坚决抵制久大入川：一方面他们打出诸如“井不出租，地不出佃，坚壁清野！”的行动口号，进行舆论宣传抵制，另一方面把人情关系、利害关系、权势关系充分调动起来，如把有四川自流井股份的四川军阀邓锡侯、王缵绪请出来反对。面对这种情形，李烛尘顶住压力，仍然坚持把厂设在这里。办法总是想出来的，李烛尘了解到，川西军阀邓锡侯的儿子，见经营盐业有利可图，也在自贡开设了盐井。当地老盐户虽然碍着邓锡侯有枪有势，不敢公开与之作对，但明里暗里总挤对他，这使小邓笑在面上，恼在心头。李烛尘决计从这里打开突破口。于是立即登门拜访小邓，将久大、永利西迁的艰难处境如实相告。小邓联想到自己的遭遇，感慨万分，对久大、永利迁川深表同情，觉得久大、永利迁川后，会使自己多了份力量。于是，小邓满口答应帮久大、永利到四川省当局和地方要员那里去活动，争取支持。与此同时，李烛尘又把这场官司，打到了国民党的中央军事委员会。军事委员会同意派人下来调查此事。这样就为久大、永利入川取得了有利的条件。

俗话说："强龙难斗地头蛇"，为了取得当地老盐户的理解与支持，李烛尘亲自出马，向他们郑重承诺：第一，久大迁川，并不是要来抢大家的饭碗，实在是国难当头，不得已而为之；第二，久大、永利愿意以自己的技术帮助大家提高质量和产量；第三，一旦抗战胜利，久大、永利定会迁返原地，建在四川的厂子，可以交给当地人来办。恳切的言语，终于打动了自贡当地老盐户们。几经周折，久大、永利终于获准在自流井设厂。厂址问题总算得到了圆满解决。

久大迁川后，设备和原料一时没能解决好，原来久大盐厂以前是从事海水煮盐的"煮海"工作，搬迁到四川自贡市之后，不得不从事深井采卤煮盐的"煮卤"工作。李烛尘考虑到当时海盐来源基本断绝，大后方军需民用的食盐主要仰赖于川盐，故必须增产才能满足需要，但增产必先增加"煮盐"的热源，而当地热源不足，一时无法解决。面对这一困难现实，他主张黄海化工研究社对未引起人们注意的"枝条架晒卤法"进行科学研究。为此，李烛尘与研究人员一道作了大胆的尝试：他们从井架如林、盐涯集中的大坟堡地区输卤水进厂，卤水流经两座凌空高耸、有如瀑布垂帘的枝条架挥发浓缩，然后再进入平锅加热烘成白花盐，这种制盐法在当时自贡盐区是一大创新。黄海化工研究社又根据物化原理，设计了一种能充分发挥燃料热力和充分利用灶膛余热的"塔炉"，使煤、柴有效利用率从原来不到30%增至70%，赶上了当时最先进的真空锅的效率。"塔炉"煮卤灶的普遍使用，使食盐增产，热源节约，抗日战争时期资源紧缺，这可算是一重大贡献。久大川厂最初生产的是散装盐，包装、运输都遇到了一定困难，后来由机械工程师邬朝绩、唐士坚等反复研究，终于制造出压盐机，压盐机将盐压制成方块砖盐。砖盐洁净、定量、利储、便运、节耗，极受用户的欢迎，远销到昆明、成都，还供应给为输送援华物资飞经驼峰的外籍飞行员、中缅战场青年远征军、抗战后期川西"空中堡垒"基地的美军及地勤人员。

为了有效地利用资源，李烛尘又在自贡筹建了三一化学制品厂，将一些科研成果很快转化为生产力。如从卤水中提炼硼、钾、溴、碘和碳酸镁等多种原料，供医药、轻工、军工等需要。李烛尘主动为当地盐业提供先进技术，以协助解决实际问题，这在一定程度上减少了与地方的摩擦。从此，一些当地绅士也纷纷邀请久大为之设计建厂制盐。久大在西南站稳了脚跟。

久大在四川的名气越来越大。当年一条成渝公路，军政、外籍人员穿梭往来大都绕道几十里到井厂观光。久大模范盐厂曾先后接待过冯玉祥、李德全、卫立煌、张群、徐特立、吴玉章、郑洞国等，英国的克里浦斯夫人也曾到厂参观。久大成为中国西南一家颇具实力且声誉良好的新型企业。

1942年9月至12月，李烛尘再次踏上了去西北考察的征途，历时半年有余，足迹踏遍甘肃、宁夏、青海、内蒙古和新疆等地，详尽地考察了祖国西北的盐碱资源以及风土人情，掌握了丰富资料，并撰写了《开发西北之管见》等很有价值的文章发表在《海王》旬刊。考察结束后，在回兰州的途中，李烛尘感慨万端地说：

“开发西北，即为整个民族生存上必需之要求。”从西北所处的特殊地理位置来看，李烛尘认为开发大西北有两个方面的重大意义：

(1)开发西北可致国家于万年磐石之安。西北是我国众多少数民族的聚集区，与俄罗斯、蒙古、阿富汗等国接壤，是我国一个政治敏感场，历史上曾出现过多次外敌入侵和分裂活动。李烛尘认为“西北在中国所处之地位，与整个民族之生存攸关……历代统一中国者，必先控制西北”。另外，从区域经济发展角度来看，李烛尘认为，如果一个国家的地区经济差距过大，就会引起落后地区人民强烈不满情绪，甚至触发社会政治不稳定，他极力主张在西北大力发展国防工业和重工业，他认为“保西北即所以保中国……帷保之道，则非有国防工业不可”。因此，开发西北是实现国家长治久安的重大举措。

(2)西北是我国发展经济必取资源之宝库。我国是一个疆域广袤的发展中国家，各地由于经济发展条件和基础的重大差异，经济发展的难易和速度也有重大差异。经济发展“瓶颈”，不在东部，而是在西部。因此，李烛尘以其敏锐的洞察力看到了开发西北的巨大潜力，他认为：“过去开发西北亦用力至宏，不过以往之方式，全为汉民族用其本领，以农事为征服游牧业之工具，未能尽量开化西北之工业。故数千年以来，此一片干净土犹为未破之天荒，正留至今日，以为工业开发之宝库，诚盛事也。”

李烛尘建议开发大西北，主张从 4 个方面着手实施：

(1)走资源开发之路。李烛尘通过对西北各省的资源状况的调查，认为在西北发展重工业具备了资源条件，“重工业之资源，像铁、铜、铅、锌、锡、锑、锰、钨、铝、钼、镍等矿与非金属之石油、煤、烧碱、盐、硝石、石棉、石墨、石灰石、云母、石膏等重要之产物……西北五省均有发现，为国家一大幸事，亦实西北之佳音也”。因此，李烛尘建议开发西北应该走资源开发之路。现在对西北地区矿产资源探明的情况看，西北地区矿产资源的价值达33.7万亿元，其中煤炭、石油、天然气、铂、镍、钾盐的储量特别大。因此，李烛尘建议开发西北要走资源开发之路是有远见的。

(2)走交通开发之路。李烛尘极力主张：“建设之事，经纬万端，而交通第一”，“有了交通，则人可往，不至有土无人，有了交通，而后铁器可去，不至手无工具。交通之于国家，如人身之有脉络，通则行动自在，滞则麻木不灵”。

(3)走科教开发之路。李烛尘通过对西北五省的考察，深有感触道：“对西北事业，第一要交通，第二要人，第三要水力。三者有办法，自然事业兴。”主张开发西北要引进人才。他常说：“事业的基础是人才。有了人才，一切事情好办，没有人才一事无成。……我们要有所创造，有所发明，就必须重视人才的教育和培养。”

(4)走可持续开发之路。李烛尘通过对青海、宁夏二省羊毛厂考察，发现羊毛不能增产，关键在于其地日趋荒废，羊无饲养，加之“牛瘟传染至羊之势”导致冻死及病死者太多，皮毛大减产。他尖锐地指出：“西北毛皮事业如何伟大……第一需培植草地，第二需扩大兽医。”同时，希望在开发西北中，要从建国初期开发海南岛中吸取教训，不要乱伐森林。

李烛尘认为开发西北要注意4个问题。

(1)搞好调查论证，在西北立项建厂切忌盲目冒进。他告诫说：“吾人以后再不能蹈以往覆辙，先将工厂建好，再去找原料和燃料。”“组织一中央强有力之地质调查团体，集中全国所有之地质学人员，配以若干之采冶专家，从事探测，决不可像以往中央与省各自为谋，分散人力、物力，造成不必要的浪费。”

(2)拓展农村市场，不可忽视西北农业基础地位。李烛尘认为，由于农村是工业的原料基地和广阔的消费市场，工业产品必须生产适应农村市场的产品，才能产销对路，“譬如胶鞋，在农村，男的喜欢元宝套鞋，女的喜欢便套鞋。只有不断地开拓农村市场，企业才有发展生机”。

(3)保护生态环境，植树造林不能做官样文章。考察甘肃省时，眼睁睁地看着祁连山上融化的雪水白白浪费，李烛尘对陪同考察的当地官员说：“河西数郡，为甘省之粮库，但河渠失修，地多荒芜，殊为可惜。”他提出建议：“山林仍宜培养，似不应用刀耕火种的方式与山争地。……采集纤维植物，应该割藤，不要挖根，采树时，只能砍枝，不要砍树。”

(4)大胆招商引资，不要视外资为洪水猛兽。李烛尘对开发西北缺资金体会颇深，说：“巧妇难为无米之炊。”极力主张吸引外资开发西北①。

李烛尘由新疆回川后，一方面协助范旭东建设永利川厂，扩大黄海社进行川盐卤水制碱食盐的规模。永利、久大两基地甚广，既有平原又有丘陵丛林。在范旭东要把五通桥建成“新塘沽”的决策和擘划下，他负责具体安排实施。他在丛林中建职工宿舍，将丘陵挖成巨大的山洞，准备把重要车间设置其间，发电厂和办事机构设在平原，决心在“大后方”做一番事业。另一方面，他主动积极参加社会政治活动，1943 年，他与许涤新、沙千里等一起组织了“中国经济事业促进会”，不时邀请工业界和经济学界人士座谈，探讨中国经济事业的政策和发展前途。当时，他还担

① 《李烛尘开发西北经济思想初探》，《湘潮》2002 年第 5 期。

任迁川工厂联合会，中国工业协进会常务理事、重庆分会理事长等社会职务。周恩来曾派人与之经常联系。

1945年8月，毛泽东亲临重庆与蒋介石举行和平谈判，李烛尘欣然接受了重庆《大公报》和中共主办的《新华日报》记者的采访，代表工商界对毛泽东来重庆谈判表示热烈欢迎，并在重庆《大公报》上发表了题为《欢迎毛泽东赴重庆谈判》的文章。9月17日，毛泽东在重庆桂园举行茶话会招待实业界人士，李烛尘应邀出席，毛泽东在茶会上盛赞范旭东、李烛尘办化学工业对国家的贡献，李烛尘备受鼓舞，并在毛泽东面前袒露心声："烛尘投身'实业救国'将近30年。30年来，在范旭东先生的带领下，永利公司同仁自强不息，苦心经营，备尝艰辛。积几十年的经验，我们感到，机器设备陈旧、技术工艺落后固然是发展的障碍，但是我们面临的最大困难，还是没有一个和平安定的社会环境。"李烛尘在此期间又积极参与发起"民主建国会"，主张"不右倾，不左袒"，坚持中间立场，并当选为常务理事。在国民党军警特务到处横行的重庆，李烛尘敢于公开表明自己的政治态度，显示了大无畏的精神，这在当时的工商界引起了极大的反响。

1945年10月，李烛尘回到天津，领导永利、久大公司和黄海化工研究社的恢复重建。他担任了华北工业协会会长、天津工业协会理事长，多次代表工商界发表要求停止内战、实现和平民主的谈话。

1946年初，根据国共两党谈判签订的《双十协定》的规定，召开了政治协商会议，有国共两党及其他党派和无党派人士38名代表参加，李烛尘以"社会贤达"的身份代表产业界出席。他在会上竭力呼吁国共合作，消弭内战，和平、民主、建设新中国。在恢复国力、发展经济问题上，他认为中国应该以农立国，改善民生首先是解决农民生计问题，主张政府应首先改善农业；工业则由民族工业界去做。因此他提出“国农民工”的口号。在讨论宪法草案的过程中，他认为“节制资本”一词，不应订入宪法中。他说，我国较大的企业多是买办资本与官僚资本，纯粹的民族资本是很微弱的。因此民族资本是一个扶植的问题而不是节制的问题。他的这些论点，实际上是对当时我国所处的半殖民地经济地位，民族工业受帝国主义、官僚资本主义压迫强烈不满的反映。

由于国民党的破坏，政治协商会议上达成的协议并未实现。会议结束后，李烛尘随即飞回天津，继续负责组织久大、永利的接收和恢复工作，这时，范旭东已因病去世，李烛尘继任久大精盐公司总经理。李烛尘以为日寇军管 8 年中必有若干新设施，哪知当他们实行接收时，发现旧有设备都不能保全，哪来新设施。厂房和机器都已破坏锈烂，尤其是塘沽制盐厂西厂，仅存烟囱半截，一片颓垣残瓦。大浦盐厂除破屋之外已一无所有。天津市区久大办公处的楼房，沦陷期间被日本宪兵队占据，接收时已楼空物尽，甚至室内门锁都被拆走，硝酸厂仅剩空楼一座。因此他们立即向国民党政府提出要求去日本索回原物。国民党政府托辞由盟军总司令部统一处理，不予批准。李烛尘以参政员身份，当面向蒋介石竭力陈说：是追回被拆硝酸设备，是要去运回劫物，而不是要求赔偿，并根据可靠的调查证据指出这套硝酸设备，目前还在日本使用。在李烛尘多方交涉下，到 1948 年 3 月，那些被劫夺的设备终于拆装回国。从日本索回了被拆去的机器后，李烛尘又从四川调回了完整的技术力量，永久集团因此很快恢复了生产。这时，李烛尘不仅管理着永利化学工业公司这个全国最大的制碱企业，还管理着久大精盐公司这个全国最大的制盐企业。李烛尘实际上成了北方实业界的领袖人物。

1949年，天津解放，李烛尘积极创建天津市民主建国会和天津工商联。中共中央政治局委员、书记处书记刘少奇到天津视察工作，传达七届二中全会精神，并参观了永利碱厂。李烛尘三次应邀出席刘少奇同志召开的工商业家座谈会；9月，他以工商界代表的身份出席中国人民政治协商会议第一届全体会议。他对新中国的经济建设非常关心，在发言中提出了应首先恢复和整理农业，工业生产也应配合农村需要的主张。他当选为全国政协主席团成员、中央人民政府委员，出席中央人民政府委员会第一次会议。10月1日参加了天安门开国大典。新中国成立初期，他任全国工商联副主任委员、民建中央副主委，为恢复和发展中华人民共和国初期的经济建设作出了贡献。

1950年8月，中华人民共和国成立还不到一年，李烛尘便以久大总经理身份与永利总经理侯德榜联名，向中央人民政府财经委员会递交了久大、永利两公司公私合营的申请书。1952年，在重工业部化工局领导下，永利化学工业公司率先实现公私合营。

1951年，全国工商联筹委会成立，李烛尘被选为副主委。同日，民建总会第二次扩大会上，李烛尘又被选为民建中央副主委；12月，随同宋庆龄、郭沫若飞抵维也纳，参加世界人民和平大会。回国时，途经莫斯科，参观了前苏联在斯大林领导下的社会主义建设伟大成就。回国后，他对工商界传达了和平大会内容和参观莫斯科的感受，鼓励工商界坚定地接受社会主义改造，走社会主义道路。

1953年，中共中央根据毛泽东的建议，提出了我国过渡时期的总路线：要在一个相当长的时间内，逐步实现国家对农业、手工业和私人资本主义工商业的社会主义改造。李烛尘深入到天津市民建、工商联基层广为宣传：“我们要接受社会主义改造。首先得认识共产党的理想和作风。古人云‘一夫不获是余之辜’，如果天下还有一个人不能温饱，共产党是不会安心的，我认为这就是共产党的理想。毛泽东向我们说，‘在各种条件具备以后，在全国人民考虑成熟并在大家同意以后，就可以从容地、安静地走进社会主义新时期。’我认为这就是共产党的作风。”他坚信：“爱国主义一定会指引我们走向社会主义。”

李烛尘非常敬重毛泽东，毛泽东也很器重李烛尘。1953 年 3 月初，毛泽东要求李烛尘对中国工业的现状做一次深入的调查研究，然后提出建议。李烛尘一丝不苟地开展工作，在随后的一个多月时间里，他深入调查了天津市 40 多家大、中、小工厂。4 月 19 日写了一封长达 5 000 多字的汇报信，信中分“各种工业发展状况”、“一般私营工厂家的思想状况”、“已经发展起来的各种工业如何使他们能为国家服务”、“如何解决工商界存在的问题”等 6 个方面的情况和建议。信中特别强调“民主改革”，认为新的生产关系要适应新的生产力的发展，尽可能消除家长制作风，并尽可能给生产者以社会生活保障。信中提出改进企业管理的意见，同时提出不要搞重复建设。李烛尘在信中大胆提出在经济管理体制上应由国家成立企托公司，或由人民银行成立企托部。李烛尘在给毛泽东的汇报信中没有什么客套话，想到什么就写什么，丝毫没有隐瞒自己的观点和看法。这从第二天他又给毛泽东的信中可以看出：“边想边写，写了五个钟头，尚有零星事要写，因为头有点发胀就住笔了，字有些潦草，词句也有生硬，请谅查，并请指示。”①从这封解释汇报信的写作过程来看，李烛尘是秉笔直书坦诚相见的。4 月 21 日毛泽东复信李烛尘，同样没有客套，直称

① 《毛泽东与李烛尘的诤友情怀》，《纵横》2002 年第 12 期。

“烛尘先生”，信中写道：“4月19日及20日来信收到，阅悉，甚谢。你做了许多调查工作，你的建议对于解决现存问题是会有帮助的。我已将你的信转给许多有关同志去看了。”

1953年4月20日，李烛尘接到中央人民政府任命他为华北行政委员会副主席的通知。他感到很不安。21日晨立即提笔给毛泽东写信，诚恳地提出：“任命我为华北行政委员会副主席，我实在是思想上有些不安。”“来华北行政委员会只能说学习从政，对国家是没有多少贡献的。加上本公司的烂摊子尚未安排好，更是一心挂几头。”信中提出“是不是应该少肩负像华北行政委员会这样重要的职务为好。”

毛泽东非常重视这封信，但他不完全同意李烛尘的意见，4月26日，毛泽东回信委婉地劝导：“工作虽多，可以安排一下，一段时间内只处理一个主要问题，这样也就会不觉得太忙了。”李烛尘接到信后，反复看了几遍，认为毛泽东说得有道理，没有再推辞。

1955年10月27日、29日毛泽东邀集民建、工商联领导人李烛尘、胡子昂、胡厥文、荣毅仁等分别在中南海颐年堂、怀仁堂座谈私营工商业社会主义改造问题。毛泽东系统地阐明了中共的和平改造和赎买政策，对资本主义工商业的改造，要做充分的准备，包括思想准备、宣传教育等，要有秩序、有步骤地进行。要做到瓜熟蒂落，水到渠成。李烛尘向毛泽东表示，要积极推动民建会、工商联的会员搞高级形式的公私合营。回天津后，李烛尘立即传达了毛泽东的指示。1956年1月7日，天津市工商界参加资本主义工商界社会主义改造工作队成立，他任总队长，起到了骨干作用。

1956年，毛泽东约李烛尘谈话时说：“为适应经济建设的需要，要成立一个食品工业部，请你出任这个部的部长，还要听听你的意见。”李烛尘表示：“党和毛主席对我的信任我很感激，交我这么重大的任务，恐不能胜任。”毛泽东说：“1945 年在重庆时，范旭东先生就推荐过你。况且，民以食为天，你对人民生活很关心，这件大事请你办是合适的，不要推辞了。”李烛尘真诚地说：“我真的怕误事，要不我就试试看！”毛泽东笑着说：“你肯定能办好！”

经毛泽东力荐，1956 年 5 月 12 日，第一届全国人大常委会第 40 次会议决定成立食品工业部，任命 74 岁的李烛尘为部长。1958 年 2 月 11 日，食品工业部和轻工业部合并为轻工业部，李烛尘任部长。1965 年 2 月 21 日，轻工业部改为第一轻工业部，李烛尘任部长。

1957 年反右运动扩大化中，李烛尘对许多学有专长的爱国知识分子被划为“右派”有些不解，他向党组织提出自己的看法，还直接写信给毛泽东反映意见。这次毛泽东没有回信。但是毛泽东还是相信李烛尘的，相信他是“坚定地跟共产党走的”，所以在政治上一直对他采取保护的政策，即使是在 1966 年开始的“文革”中，李烛尘也没有受到冲击。毛泽东在天安门城楼接见“红卫兵”时，李烛尘仍作为全国政协副主席随同接见。而他本人也用实际行动说明了自己是一个真正爱国的人，用自己一生的时间证明了只有跟着共产党走，中国才有前途这样一个道理。

1968 年 10 月 7 日，卧病一年多的李烛尘在北京去世，终年 87 岁。

范旭东

范旭东(1883—1947年)，原名范源让，字明俊，湘阴人。到日本留学时，改名范锐，字旭东。祖父曾任直隶大兴县知县。父亲以教书为业。6岁时，祖、父相继去世，家境衰落。母亲谢氏靠为人浆洗衣服和针线活维持生计，还一度依靠保节堂供养。幸得姑母资助，才有读书机会。稍大一些，被母亲送入长沙北乡捞刀河吴镜蓉私塾馆学八股试帖。

19世纪末，中国的民族危机日益深重。爱国之士急切追求救国之道，维新高潮兴起，湖南省新政盛极一时。范旭东的兄长范源濂时在郴州公署做文书，他考入梁启超掌教的时务学堂，后随梁启超参加维新运动，期间带些进步书刊给范旭东阅读，使其受到很大影响。戊戌变法失败后，范源濂东渡求学，1900年潜回湖南，准备参加唐才常领导的自立军武汉起义，不料起义失败，再次逃亡。这次范旭东随兄长东渡日本留学。

1905年，范旭东入日本冈山第六高等学堂学习。1908年考入京都帝国大学理学院应用化学系，1910年毕业后留校工作。在日读书期间，范旭东每想起祖国的贫穷落后、政治腐败，就痛心不已。得知日俄签订《朴次茅斯条约》竟严重损害中国主权，他愤怒不已，立誓救国，并摄像作证，说"我愿从今以后，寡言力行，摄像做立誓之证。"照片旁注明："时方中原不靖，安危一发，有感而记此，男儿，男儿，其勿忘之。”①他认为日本的强盛与工业的发展有着密切关系，于是决定走“工业救国”之路。

辛亥革命爆发后，范旭东携妻回到离别12年的祖国，后应财政部币制局总裁的聘请，到天津制币厂任总稽核，他亲自到北洋、江南、广州等造币厂调查，发现银元含银量均不足，于是向上反映，要求回炉重铸，但没有受到重视。两个月后，他毅然辞职，决定“另辟途径，自谋出路”②。

1913年，财政部决定派员赴欧洲大陆考察盐政，范旭东随同考察。在近一年时间里，范旭东几乎跑遍欧洲大陆各国矿、盐产地和沿海盐场，西方的先进技术和产业规模使他眼界大开。后财政部来电，让他回国筹办新式盐场。1914年，范旭东来到天津塘沽。塘沽是我国盛产海盐的地方，这里的海滩边盐坨遍地。塘沽交通也很方便，京奉铁路经过这里，水面行船可直通青岛、上海、香港、营口、大连等港口。唐山煤矿相距也不远。然而，当时的塘沽满目疮痍，一片荒凉。范旭东认为这里是创办精盐工厂的理想之地。于是他租住附近渔村土屋，进行研制精盐的试验，终于将粗盐研制成了氯化钠含量达90%以上的精盐。范旭东找到当时寓居天津的梁启超，阐述了自己创办精盐制造厂的想法，梁启超慷慨拿出自己的积蓄给予支持。他还找到当时的盐政专家、盐务署顾问景学钤先生，景先生热心盐政改革，主编《盐政杂志》，两人纵谈极洽。在他们的鼓励支持下，范旭东走上了创办民族工业的艰难之路。

---

① 范旭东亲笔在照片背面题字，照片存范旭东长女范梁恒处。

② 章执中：《我所知道的爱国实业家范旭东》，《湖南文史资料选加》第17辑，湖南人民出版社1983年版，第2页。

1914 年 7 月，范旭东呈请财政部盐务署批准立案，在塘沽筹建精盐工厂，取名久大。为了筹集办厂资金，范旭东到处奔波。11 月 29 日，召开第一次筹备会议，决定募股 5 万元，由发起人分别募集，范旭东负责招募 25 000 元。至 1915 年 3 月 21 日，范旭东先后召开了 4 次筹备会议，募得股金 32 000 余元。到 1915 年 4 月 18 日召开第一次股东会议时，实收股金 41 100 元。① 股东有蔡锷、黎元洪、丁乃杨、冯玉祥等 106 人，董事长由景学铃出任，范旭东任总经理。

1915 年 6 月，久大在塘沽购地 16 亩，正式动工建厂，范旭东亲赴日本购买机器设备。4 个月后工厂竣工投产，该厂以海滩晒盐加工卤水，用钢板制平底锅升温蒸发结晶的办法生产精盐，较以往的锅灶熬盐、引海水进行日光晒盐的制盐办法有了很大进步。产品品质纯净、色泽洁白，商标为五角形的“海王星”，中国盐业史翻开了新的一页。

制盐初期，当地盐商盐霸阻止灶户供给久大原盐，处处与久大为难。继又限制只能在天津东马路设店。甚至私自处罚购食久大精盐的民众。西方列强也横加干涉。根据《善后借款合同》规定，中国政府在北京设立盐务稽核总所，隶属中华民国财政部。盐务稽核总所设总办、会办各一人，总办由中国人担任，会办由外国人担任，第一任会办、英国人丁恩“声势赫灼，驾财政总长而上之”。② 英国驻华公使更是同盐务稽核总所英籍会办封闭长芦盐坨，欲以英国海军封锁港口，阻止盐船出港外运。

范旭东回京后，找到盐务署署长、盐务稽核总所总办张弧，

① 《天津文史资料选辑》第 23 辑，天津人民出版社 1983 年版，第 36—37 页。

② 范旭东：《久大第一个三十年》，《海王》旬刊十七年第 2 期。

又联系了杨度。杨度是湖南人，曾留学日本，也是久大的股东，他将久大生产的精盐带到袁世凯的饭桌上，经其劝说，袁世凯应允久大精盐在扬子江一带5个口岸出售。① “海王星”牌精盐因此在长江流域的湘、鄂、皖、赣4省打开了销售市场，局面为之大开。

袁世凯死后，黎元洪继任大总统。梁启超再度出任北洋政府财政总长和盐务署督办，久大公司乘势将销售区域扩及淮南四岸。1918年，两湖地区闹盐荒，当地18家精盐商号在长沙、岳阳、湘潭、常德等地小量试销久大精盐，范旭东立即设法将这18家精盐商号组织为“汉口精盐公会”，实行“精盐联营”，并发动湖南、湖北各县商会向省议会请愿，要求运精盐济湘、济鄂，从而打开了两湖市场。1920年，范旭东利用汉口精盐公会的力量，在九江组织“九江精盐公会”，使久大在淮南四岸的根基更加巩固。由此业务发展极快，销路骤增。1917年精盐销量为12 375.09担，1923年增加为420 694.90担，1924年为438 424.50担。此后一般都在30万担至40多万担之间浮动。各地经销分店只做批发，不做零售，随运随销，获利可观。开业后几年中，股东除领取股息外，还分得相当于股金两成至三成的红利。范旭东因此赢得股东的信任，成为民族工商业界崭露头角的人物，也为以后创办永利碱厂奠定了基础。

与此同时，久大精盐厂由1916年的两所扩充至四所再至六所。还接收了德国在塘沽的铁道支线，收买了海河口的俄国码头。1922年，北洋政府收回日本在青岛的盐田，决定招标商办，范旭东以80万中标，旋与山东盐商组织永裕盐业公司，下设永

① 据永利老职员黄其瑞先生回忆。

大、裕大两厂。永大承办19所制盐工厂，裕大则承办收回的盐田。盐田被北洋政府收回时，双方商定中国每年向日本输出青盐300万担，由此永裕盐业公司取得我国食盐输日的供应权。①1929年，“海王星”牌精盐打进了酱油业，这一年全国精盐总会秘书长、酱油工会特别顾问钟履坚提出“打破酱业的引岸制度”，呼吁为上海酱油减轻盐税，以便通销全国。范旭东抓住契机，在南京成立了全华酱油公司。很快，全华酱油公司制造的固体酱油遍销全国。②

经过十余年的发展，久大精盐厂发展成为中国最大的精盐企业，1925年，资本由1915年第一次股东会议时的41 100银元增至250万银元。年产量由最初的1 800吨增到30 000吨。1931年，久大精盐公司在沿海已有盐田10万亩，年产量达24万吨。1936年，久大精盐事业发展达到顶峰，精盐销量达50万担。③

旧中国纷乱的社会环境，常使范旭东处于无奈之境。一次，奉系军阀驻天津司令李景林绑架范旭东，要求捐军饷20万元，并派人到久大以范旭东的性命难保相要挟，经范源濂反复斡旋，背着范旭东筹款8万元送去，他才脱险归来。此事后又反复被讹13万多元。④ 1934年，久大精盐公司改名为久大盐业公司，经营重点转向粗盐，总店由天津迁往上海。

范旭东在经营盐业之时，亦开始进军制碱工业。碱，即碳酸钠，是最基本的化学工业原料之一。人工制碱工业源于法国的路

---

① 张同义:《范旭东传》，湖南人民出版社1987年版，第23页。

② 师俊山、张鸿敏:《化学工业的先驱——范旭东传》，河北人民出版社1995年版，第78页。

③ 师俊山、张鸿敏:《化学工业的先驱——范旭东传》，第78页。

④ 据永利老职员潘履仁回忆。

布兰氏制碱法。但此法生产成本高，品质不纯，后被英国苏尔维法取代。英国为垄断专利，将苏尔维法秘不示人。洋碱进入中国前，中国人吃的是天然碱，产在张家口、古北口一带，俗称“口碱”。口碱加工十分粗劣，不仅严重影响人体健康，还不能用于工业，故英国卜内门公司的洋碱很快就垄断了中国纯碱市场。碱与国计民生息息相关，生产肥皂、纸张、玻璃、印染、食品、药品等都离不开碱作原料。第一次世界大战爆发后，远洋运输困难，外商乘机将纯碱价钱抬高，上海、天津等许多工业因此陷于停顿。

其时，苏州汽水厂厂长吴次伯见碱市缺货，想设厂制碱。他请上海大效机器厂的厂长兼总工程师王小徐及陈调甫一起合作，在东吴大学研究室里，试制出了纯碱。吴次伯带着样品碱，碾转找到范旭东。

早在欧洲考察时，范旭东就注意到制碱工业。当时的英国，不许参观者进入制碱车间，只准看锅炉房的“礼遇”曾深深刺痛他的心。吴次伯和陈调甫的建厂设想，正契合他的心意，他说：“南北同仁都愿把‘久大’当作中心，共同筹建制碱工业，中国碱业这粒种子，就在塘沽种下吧！”①

为办碱厂，范旭东按王小徐的设计，在天津太和里范旭东的家中建起了一座供给碳酸气的石灰窑，在天津三条石万友铁厂制成一套简易设备，试验进行了近 3 个月，用长芦盐制出了约 9 公斤纯碱。试制成功后，范旭东、景学铃、吴次伯等联合印制了发起书和招股章程，取厂名为“永利制碱厂”。不久，范旭东收到哥哥范源濂催促他速办碱厂的书信，原来英国汇丰银行要挟财政总

---

① 师俊山、张鸿敏：《化学工业的先驱——范旭东传》，第 101 页。

长陈锦涛，必须将用盐制碱的特权给予英商，才能给中国贷款。陈锦涛不愿接受要挟，暗地里让范源濂催促范旭东速办碱厂。范旭东见此事已不容犹豫，便决定独立办厂。1917 年，经创办人联名呈请长芦盐运使署转请财政部盐务署以第 1415 号训令特许立案。①

几乎独霸中国纯碱市场的英国卜内门公司得知中国人要办碱厂，大造“海水不能制碱”的舆论，还攻击永利申请专利和免税是“国家单独给一个公司的奖励”，企图挑起事端。操纵中国盐税减免权的英籍会办丁恩为了保护本国利益，拖着永利的申请就是不批。1917 年，梁启超以财政总长和盐务署督办的名义命令稽核所批准永利免税，丁恩拒不执行，勉强同意可免半税。

1917 年冬季，陈调甫见制碱用盐免税如此艰难，等待无期，决定去美国读书。陈调甫走后，范旭东亲自来往于银行、厂家、报馆，筹募办厂资金。1918 年 11 月，永利制碱公司在天津召开成立会，推范旭东为总经理。② 1920 年 9 月，农商部批令永利制碱公司以 475 号注册。设工厂于塘沽，资本总额为银洋 40 万元。特许工业用盐免税 30 年。并规定，塘沽周围百里以内，他人不得再设碱厂。③

永利制碱公司在塘沽购了厂房基地，初期招募的款项在基本完成地下和地面工程后所剩无几。此时，第一次世界大战结束，国外的颜料、碱、酸等又涌了进来，国内碱价大跌。许多人看到制碱无利可图，不再应招投资，范旭东陷入困境。十层楼的碳酸

① 《永利厂史资料》第一卷，转引自张同义：《范旭东传》，湖南人民出版社 1987 年版，第 30 页。

② 《永利厂史资料》第一卷，第 30 页。

③ 《永利厂史资料》第一卷，第 31 页。

室建成后，因无资金，机器购不回来，无法启用。为了增加投资，范旭东费尽心思，他挪用久大盐业公司每年的赢利积累来调剂。永利未投产，不能对外借贷，便通过久大向银行借贷。

为购买制碱设备，范旭东托人找到纽约华昌贸易公司总经理、湖南老乡李国钦，请他在美国代购制碱机器。李国钦欣然应允，只收取 2% 的最低手续费。但各国的制碱工业被几大公司垄断，重要机器设备都是各厂自制，相互间也严格保密，不出售成套设备。制碱的主要机器设备要自行设计、制造，这样，必须要有机器制造的图纸。面对这个问题，范旭东写了一封长信，寄给在美国读书的陈调甫，请他无论如何设计出机器制造图纸来。

在美国伊利诺大学研究院进修的陈调甫，在李国钦的帮助下，走访了美国碱业界人士。李国钦又介绍了几位留学生协助陈调甫设计图纸，其中一位就是后来成为国际化工史上著名科学家的侯德榜。侯德榜，字标本，1890 年生于福建闽侯县，1911 年考入清华留美预备学堂，后由清华学校保送美国麻省理工学院进修。1918 年在哥伦比亚大学获硕士学位。此时正在哥伦比亚大学化工研究院攻读博士学位，专修制革。侯德榜和另两位同学用暑假时间协助陈调甫设计制图，不久，因学校开学，设计未完成。陈调甫后设法从马叙逊碱业公司原厂长孟德处购得一份设计草图，旋携带图纸回国并郑重地向范旭东推荐了侯德榜。

1920 年，侯德榜回国拜见了范旭东，畅谈了自己对中国的化学和制碱工业的看法，范旭东十分欣赏他的见解，热情期盼他早日学成归来。1921 年 6 月，侯德榜获得博士学位。10 月，他毅然放弃异国的优越条件，接受范旭东聘请，回国担任永利碱厂技师长兼制造部长。不久，侯德榜升任永利碱厂的厂长兼总工程师。

为了协助永利、久大解决技术问题，1922 年，范旭东成立了

“黄海化学工业研究社”。聘请了留美博士孙学悟任社长。他在《创办黄海化学工业研究社缘起》一文中写道：“第近世工业，非学术无以立基，而学术非研究无以探其蕴，是研究一事，尤为最先之要务也。”他带头将自己创办久大、永利所获酬劳金捐给黄海社，受其感召，其他发起人也“因念科学研究不容稍缓，愿将永利公司章程内所规定之创办人全体所得报酬金，悉数永远捐作黄海社研究学术之用”①。经费有了保障后，黄海社迅速发展，耗资十余万元，建立了定量分析室、定性分析室、化学实验室、动力室等，所设图书馆藏有各国化工方面书籍 5 000 余种，专门杂志 10 余种。集聚了被人们称为“中圣”的科学家傅芝冰、被称为“西圣”的化学家孙学悟等一批著名学者，成为永利、久大两个公司的科学智囊、技术参谋部。在以后的几年里，还在化学肥料、有色金属冶炼、制盐化学与医药等方面取得许多开创性成果。

永利碱厂的筹建历经 6 年，十分艰难。根据陈调甫带回的设计图纸把所有制造仪器、碳化塔、蒸铵塔等设备铸造完毕。铸造质量要求高，有时因铁水温度不够，铸造的大圈砂眼多，又回炉重铸，直至合乎质量要求。在美国购买的锅炉、汽机、发电机、压缩机、真空唧筒等机器设备先后运回国内。机件运到塘沽码头，离工厂还有十几里，没有铁路，全靠圆木作轨，肩扛手拽，一寸寸地挪到位。管道安装方面专业性强，程序复杂，永利公司聘请了在美国碱厂工作多年，经验丰富，尤在石灰窑方面很有建树的美国专家 G. T. 李负责设计和安装。

眼看永利碱厂即将开工，英国卜内门公司游说盐务稽核所英籍会办丁恩，弄出了《工业用盐征税条例》，规定“工业用盐每担

---

① 《天津文史资料选辑》第 23 辑，天津人民出版社 1983 年版，第 116 页。

纳税两角”，这将使每吨碱的成本凭空提高 8 元。范旭东据理力争，拿出设厂时已获准“用盐免税”的农商部文书，起诉盐务稽核所违反政府农商部颁布的准予工业用盐免税 30 年的法令。几经周折，盐务稽核所勉强同意永利碱厂“免税用盐一年”。

1924 年 8 月 13 日，永利碱厂迎来了开工出碱的这一天。永利股东和各界人士集聚在碱厂的下碱台前，期待下碱台流出白花花的碱。制碱工艺是一个复杂的系统工程，它分为化盐、烧灰、吸氨、碳化、蒸氨、动力共 6 个部分，机器设备节节相连，一处发生障碍，整个生产环节就失去平衡。可是，出来的不是白碱，是红、黑相间的像锅锈一样的粉状物，人群里有了骚动和叹息的声音。此时，永利已耗资 300 余万银元，除股本外，欠银行及久大精盐公司 100 余万银元①。

范旭东心中充满碱的苦涩，但他没有气馁。侯德榜和美国专家 G. I. 李等技术骨干细心查找原因，结果发现碱红是因为机器受到氨气和碳酸气的侵蚀形成铁锈所致。他们将近 10 万元的钢制管道拆除，改换成铸铁管道，并加入少量的硫化钠，使之与铁器接触，在铁器表面形成一层保护膜，这样既防止铁器生锈，又防止纯碱被污染，红碱问题得到解决。为了吸取教训，范旭东将拆下的钢管，请工人做成一张桌子，放在自己办公室里，警惕此类问题再发生②。可是，几个月后制碱的主要设备皿口干燥锅又全部烧坏，生产无法再继续，全厂被迫停工。

碱厂停工，引发了一场对永利的非难。范旭东在公司董事会

---

① 师俊山、张鸿敏：《化学工业的先驱——范旭东传》，第 142 页。

② 章执中：《我所知道的爱国实业家范旭东》，《湖南文史资料选辑》第 17 辑，第 2 页。

上认真分析了苏尔维制碱法在技术上的先进性和实现过程中的困难程度，迅速提出了解决永利问题的三项紧急措施：一是派技术人员到美国进一步考察制碱技术。二是继续借用久大精盐公司的资金，并向银行扩大透支，解决经济困难。三是裁减职员和工人半数左右，节省开支，以渡难关。不久，受范旭东之托，侯德榜率领一部分技术人员到美国进一步研究学习制碱技术。

英国卜内门公司在中国的总经理李德立见永利制碱失败，被迫停工，立即报告英国卜内门公司伦敦总行，总行首脑尼可逊亲自来到中国，企图借机吞并永利。尼可逊到中国后提出，愿以他们的资金技术与永利合作。范旭东回答，永利公司注册章程内规定股东只限于享有中国国籍者，无可变通。尼可逊还派人向范旭东暗示，愿以高于范旭东投入碱厂资金一倍的代价，收购永利碱厂，范旭东断然回答："我搞不成碱，宁可自杀，也不会出卖自己的灵魂。"①尼可逊无可奈何，黯然而归。

1925 年 6 月，上海发生"五卅运动"，范旭东伏案疾书写了题为《请看英人摧残国货毒辣手段》一文，发表在上海《大陆报》上，披露工业用盐收税法令出台的经过。这篇文章引起了很大社会反响，丁恩等人慑于舆论，不得不将工业用盐免税再延期五年。

为了找到制碱失败的原因，范旭东组织"永利"公司技术人员对制碱的全部工艺流程进行反复检查和分析，发现从美国买回的干燥锅系生铁和熟铁合成，膨胀系数不一致，因而造成烧裂。侯德榜在美国还了解到，那种干燥锅在欧美各制碱厂早已被淘汰。当年，孟德提供的图纸就存在问题。侯德榜弄明原委后发誓要击碎列强对制碱工艺的封锁。他发电报向范旭东汇报这一情况。范

① 张同义：《范旭东传》，湖南人民出版社 1987 年版，第 47 页。

旭东当即表示不惜重金，买全新的干燥锅。

1926年6月29日永利碱厂重新开工，当纯净洁白的碱从煅炉中源源流出时，全厂一片沸腾。“红三角”牌纯碱诞生了，被临时裁员的300多工人重新回厂。

“永利“的成功使英国卜内门公司感到惊恐，他们想设法挤垮经济势力还很弱的永利公司，使出降价抛售的惯用手段，在上海、汉口、长沙等地大幅度降价，甚至赊销出售。天津市场则不降价，想让永利的产品局限在天津本地销售，而将其他市场让出。在卜内门公司降价抛售突袭之下，永利产品在武汉、长沙、上海滞销，堆满了库房、站台。范旭东分析研究了市场动态，针锋相对，卜内门降价销售时，永利便以更大的幅度甚至低于成本的价格抛售，并延长赊销兑款期限；保住天津市场，其他市场无论多么价廉，也绝不能放弃。与此同时，范旭东根据国际市场状态，决定将产品销往日本。日本三井财阀无制碱工厂，范旭东便与三井的津行商议，让其代表永利公司在日本试销纯碱，结果一谈即合，永利纯碱以低于卜内门公司的价格让三井在日本各地散销。三井分支机构布满日本，永利碱价廉物美，很快就在日本受到欢迎。这样使卜内门公司在日本的碱类产品市场受到威胁。卜内门公司无法挤垮永利，主动派人到永利公司要求就调整纯碱价格问题谈判，双方议定英商不再搞减价倾销。后又签署了范旭东提出的中国纯碱市场配销额的协议，永利纯碱销售额占中国市场销售总额的51%以上。

1926年8月，在美国费城举行的万国博览会上，中国的“红三角”牌纯碱荣获金质奖，博览会评价“红三角”牌纯碱是“中国近代工业进步的象征"①。1930年，"红三角"牌纯碱又获得比利时工商博览会金奖。

到1932年，永利碱厂的工人达700人，三班工作制，每班工作3小时。年终对先进生产者给予奖金红利，对每工作三年的技术人员，给3个月假，公费去外地旅游。工厂设医院，免费治疗；设有幼稚园和小学校，职工子弟免收学费。并且设有工读班和特别班，各分一二三年级，以扫除工人中的文盲。工人月工资8到10银元，徒工6银元，工人最高者能拿到98银元。职工中工业专科学校毕业的技术员为30银元月薪，大学毕业月薪44银元，职员最高为400银元月薪。

范旭东在发展纯碱生产的同时，又通过发行"永利债券"、向银行贷款，兴建烧碱厂，使永利产品增为纯碱、烧碱、洁碱3个品种。中国第一座制碱工厂以傲然英姿屹立于世界化学工业之林。

后来，永利、久大、黄海联合组成"永久黄团体"，创办了《海王旬刊》作为企业内刊。《海王旬刊》累计出版600多期，范旭东先后亲自为该刊撰稿逾百篇。1932年，范旭东在塘沽为"永久黄团体"设立联合办事处，负责管理本团体的福利设施，如教育、出版、公安、文教、卫生等。此时塘沽已经发展成为一个颇具自治规模的近代工业社区了。

1933年，范旭东这样写道："我们在世界秘密中寻出一条路线。受尽工业技术上折磨和世界托拉斯的压迫与引诱，差幸还没

① 《永利厂史资料》第二卷，转引自张同义：《范旭东传》，湖南人民出版社1987年版，第58页。

有屈服。现在每年进口的洋碱由一百万担减至四十八万多担了。"①

酸和碱是基本化工的两翼，是国家工业的命脉。中国制碱工业建立起来了，但国内各种酸类化学产品仍为外国公司垄断。1929 年 1 月，范旭东向南京国民政府实业部递交报告，要求发展基本化工，提出以 2 000 万银元发展纯碱、硫酸、合成氨、硝酸等工业的计划。但没有得到实业部的答复。

1930 年 12 月，孔祥熙继任南京国民政府实业部部长，制订了 10 项实业计划，其中一项是创办硫酸铵厂。1931 年，实业部在上海设立中国氮气公司筹备委员会，择要聘任金融、工业及上海各界名流为委员，范旭东收到了聘请他为中国氮气公司筹备委员会委员的通知。9 月 28 日，范旭东出席了实业部在上海召开的筹备委员会会议，会后，赴汉口和黄石港及湘潭等地做实地调查，拟为设厂做准备。

英国卜内门公司和德国蔼奇颜料工业公司对创办硫酸铵厂十分关注，致函表示，英、德两公司愿与中国政府合作组织中国氮气公司，在中国创办硫酸铵厂。英国政府几次派人对中国政府施加压力，并提出极为苛刻的办厂条件，要求 12 年内不得在湖南、湖北、江西、安徽、江苏、浙江、福建、四川等 8 省自办和让其他外国公司开设硫酸铵厂，由英、德组织联合公司包销中国氮气公司所出产品等，实业部拒绝了这种无理甚至是故意刁难的要求。

孔祥熙提出以实业部的名义投资，他出钱，范旭东出技术，合作办硫酸铵厂。范旭东办实业，素不与蒋、宋、孔、陈四大家

---

① 《化工先导范旭东》，第 111 页，转引自师俊山、张鸿敏：《化学工业的先驱——范旭东传》，河北人民出版社 1995 年版，第 170 页。

族发生经济联系，为民族工商业者所钦佩。范认为："我国任何政府参加的工矿，从来没有表现过良好的结果，美其名官商合办，实则商股根本无权，而官场中种种腐化习惯传染进去，对企业遂成为一种不治之症。"他表示："只要他们（四大家族）投资一个铜板，我就关门。"①

1933 年底，南京政府实业部最后决定将硫酸铵厂交由范旭东创建的永利制碱公司承办，并限令两年半内建成投产。范旭东接受承办硫酸铵厂任务后，于 1934 年 3 月召开了临时董事会议，决定将永利制碱公司更名为永利化学工业公司，在天津设立管理处，以统一经营管理制碱和制酸工业。随即派侯德榜、余啸秋等到上海、南京筹建硫酸铵厂。为了勘测厂址，先后考察了湘潭、株洲、马鞍山、上海等地，最后选择了南京下游 40 华里的长江北岸六合县的卸甲甸。

为了解决建厂所需巨额资金问题，范旭东决定接纳上海几家银行为公司股东，取得了上海商业储蓄银行、浙江兴业银行、金城银行、中国银行、中南银行和交通银行的资助，商约口头借款 1 200 万银元。同时全面调整永利制碱公司的资金，增添资本 350 万银元。再以发行债券的方式，筹集资金 550 万银元，支援兴建硫酸铵厂。这样，开办硫酸铵厂的资金基本得到解决。范旭东在上海电示"永久黄"同仁："硫酸铵厂事，经几许波折，渐得各方面同情，资金有着；决由自办，前途荆棘，尚待刈除，负责至重。切盼吾同人本以前创办三公司之刻苦精神，为中国再奋斗一番，虎口余生，值得努力，谅具同感。"②

---

① 据永利老职员李滋敏先生回忆。

② 张同义：《范旭东传》，湖南人民出版社 1987 年版，第 85 页。

1934 年 4 月，范旭东派侯德榜带领几位技术娴熟的工程师赴美考察、引进技术设备。为了节省投资，凡在国内、厂内能制造的机器设备，均自己生产制造。不引进成套设备，只择优引进关键单机。侯德榜在美国购买设备，手中过往的资金以千万计，并没有人查账监督，但是侯德榜的财务记录比谁都清楚。

1935 年春，设计绘图工作陆续完成。经过近两年半的筹建，在长江边的农田上，耸立起了高大密布的厂房，可停泊万吨货轮、起卸重达百吨机器的江岸码头也竣工落成。次年，从美、英、德、瑞士等国购买的机器先后运到卸甲甸。

1937 年 2 月 5 日，硫酸铵厂正式投产，日产硫酸铵 250 吨，硝酸 40 吨。范旭东在《记事》里写道：“列强争雄之合成氨高压工业在中华于焉实现矣。”①“我国先有纯碱、烧碱，这只能说有了一翼；现在又有合成氨、硫酸、硝酸，才算有了另一翼。有了两翼，我国化学工业就可以展翅腾飞了。”“这个工业不为外商掠去，而由永利接过来自办，未尝不是国家之福。”②

南京硫酸铵厂的成功创建，使范旭东的事业进入鼎盛时期。在此前后，范旭东还在南京参与创办全华化学工业社，出任常务董事；在上海创办中华造船厂，任董事；主办中国工业服务社，任社长；在上海与天原化工厂合组中华化学工业会；在天津组设河北经济协会等。

可是，就在事业鼎盛发展时，1937 年 7 月 7 日，日军侵华战争全面爆发，塘沽也遭受日军炮轰，瞬间繁华街市被硝烟吞没。

---

① 邹炳文：《永利硫酸铔厂建厂经过》，全国政协《文史资料选辑》第 19 辑，1961 年版。

② 《永利厂史资料》第二卷，第 88 页。

8 月 7 日，塘沽沦陷，日本军队将久大、永利、黄海团团围住，工厂被迫停工，艰苦创办的化学工业之城，变成了敌人运输司令部、特务机关的驻扎地。危难之机，卜内门公司来人建议永利事业改中英合办，范旭东洞悉其奸，严正声明无法考虑。面对紧张局势，范旭东决定让"全体职工，拆除设备，退出工厂，留津待命"①。

1937 年 12 月 9 日，日军下令日本兴中公司的刀根接管永利碱厂。刀根想用欺骗的手段取得永利与他个人合作的合法手续，竟写好永利同意碱厂由兴中公司接办的意见书，到永利公司逼迫李烛尘签字。李烛尘气愤地呵斥道："世界上哪有强盗抢了东西还要物主签字之理！你们做强盗太无勇气了吧！"②

淞沪会战期间，范旭东组织南京硫酸铵厂职工，利用已有的设备和材料，赶制军需炸药，制造地雷壳、军用铁锹、飞机尾翼等支援前线战场。11 月，上海失守，日军逼近南京。日本军方想保存南京硫酸铵厂这一亚洲第一流的工厂，给范旭东施加压力，逼其答应合作。范旭东表示："宁举丧，不受奠仪。"③日军气急败坏，将南京硫酸铵厂作为军需火药基地纳入重点轰炸范围。

就在日军飞机狂轰滥炸时，范旭东乘一艘小火轮急驶卸甲甸。这里已成为火海，到处是断垣残壁。范旭东在冒着烟的废墟上找到目光呆滞的侯德榜，忍不住相拥而泣。范旭东决定将重要图纸转运武汉、四川，运不出去的烧掉。能拆的仪表、机件、工具分批运走，运不走的投入长江。

---

① 《永利厂史资料》第二卷，第 92 页。
② 《永利厂史资料》第二卷，第 93 页。
③ 《永利厂史资料》第二卷，第 93 页。

南京沦陷后，蒋介石曾先后召见南开大学校长张伯苓、天津大公报社长胡霖和久大、永利两公司负责人范旭东，对他们在天津和塘沽所办事业遭到的损失表示慰问，拨经费协助在大后方重新创业。范旭东为了保存中国微弱的化学工业，代表久大、永利接受了国民党政府的拨款100万银元，作为在四川建厂的部分资金①。为此，范旭东在汉口召集公司负责人会议，他说："抗战后，我们的最大收获，我认为就是大势强逼着我们必得发挥创造能力。想苟安、想维持现状，立刻就站不住脚"，"不能起一丝一毫颓废的杂念，行为要更加纯洁、勇敢，自不待说，必当尽心竭力，从种种角度，创造新的环境，救国兼以自救。"②他号召大家："就是大家在一个桶里掏稀粥喝，也不能散。"③通过讨论，大家的认识基本统一，下决心再创立一个化工中心。

会后，范旭东派人到湖南、四川勘测建厂地址，后因湖南战事紧张，各厂均拟在四川重建。汉口会议后，"永久黄"三厂一社的负责人、工程技术人员，以及一些老技工，先后在汉口华中办事处集中，分别乘船到达重庆。范旭东也随行迁移。

初到华西，范旭东制定了华西化工建设的几条原则：一、无论能否全部实现，工程计划必须做到完整，至少要包括酸、碱、炼焦三个单位构成一体。万一无力同时并举，不妨分期施工建筑。二、各单位的规模以适应目前力量与市场为标准，但计划必须留有余地。三、原料力求自给，如凿新式盐井，自采煤炭、黄铁矿、石灰石等。四、选择厂址，必须注重为华西化工中心之地，

---

① 章执中：《我所知道的爱国实业家范旭东》，《湖南文史资料选辑》第17辑。

② 范旭东：《远征》，《海王》旬刊第13年第5－8期。

③ 据永利老职员李滋敏先生回忆。

且应顾及将来与西南、西北各省畅通无阻。

1938年，经国民党资源委员会同意，范旭东率侯德榜等人应四川盐务局长缪云台的邀请去勘查厂址，最后决定永利川厂设在犍为县岷江东岸五通桥东南十里的老龙坝。这里地下资源丰富，盐卤储量较大，煤产也丰富，还有制碱工艺必不可少的石灰石。而且水陆交通发达，是一处适合创办化学工业的地方。但是这里人烟稀少，满目苍凉。

永利川厂厂址选定后，新的一轮创业之路开始了，他们风餐露宿，开山凿洞，用双手削平山头，盖起厂房、学校、医院、宿舍。因凿石取土量太大形成地窝，积水成湖，竟达百亩，被人们冠上“百亩湖”之称。范旭东经常鼓励同仁们说：“关于复兴化工，日来进行其力，吾等在未死之前，尽一分，算一分，只要多少于抗战建国费了心力，始不愧也。”①他将老龙坝改称为“新塘沽”，还在厂外山石上镌刻“新塘沽”三个字，以示其志。接着，黄海化学研究社也迁到了五通桥镇。

久大入川后经四川盐务局批准，在自贡自流井的张家坝建起了久大自贡模范食盐厂。久大的技术人员对四川井盐生产的方法进行改造，设计了用风力浓缩卤水的设备，用杉木搭成“枝条架”，将卤水引上架顶，然后洒在枝条架上层层叠叠的细竹枝上，让其滴落到地面池里，即能结晶成盐粒，再用干锅熬盐。这种方法使产量大大增加，久大川厂较快打开了局面。

在复兴原有事业的同时，范旭东还利用简单的设备，扩大生产。与金城银行合资100万银元，创办中国化学企业公司，分别在重庆和五通桥设厂，制造食盐副产品和颜料。后又设立三一

---

① 唐汉三节录：《学习范先生工作精神》，《海王》旬刊第20年第17期。

厂，生产化学原料。在威远设恒兴堂煤矿等。

永利川厂建成后，在工艺技术方面遇到了问题。永利川厂附近的犍乐盐场的卤水含盐量只有8% ~12%，用原来的苏尔维法工艺煎熬成盐，再用于制碱，价格太昂贵，只能改用其他技术工艺。德国发明的查恩法制碱，盐的利用率可达90% ~95%，用于四川井盐制碱较为适宜，范旭东决定亲赴德国考察，拟买下查恩法专利。

1938 年 8 月，范旭东率代表团到达柏林，但德国拒绝中国人参观制碱工厂，在购买专利的谈判中，他们故意抬高价格，而且提出将来使用查恩法专利的产品，不准在东三省销售。谈判未果，代表团成员力主自行设计。范旭东采纳了大家的意见，致电国内:“因有辱国权，不再买查恩法专利。”①

侯德榜根据范旭东的筹划安排，离德赴美，考察制定实验方案，范旭东特地选派两名技术人员做侯德榜的实验助手。1939 年初，在香港设立了实验室，所有实验由侯德榜在美国遥控指挥。后试验规模扩大，实验室迁往上海法租界。同时还派人到哥伦比亚大学实验室做相关实验。1941 年，试验室西迁四川五通桥进行，进展较为顺利，进一步确定了新法制碱的工艺和操作条件。这年 3 月 15 日，范旭东提议命名这一新的制碱方法为“侯氏碱法”②。这是一个与查恩法完全不同的氨碱联合流程。至 1943 年，在侯德榜的遥控指挥下，氨碱联合流程试验取得成功，食盐利用率高达 97%。中国人终于依靠自己的努力打破了西方人的技术封锁。“侯氏碱法”为世界制碱工业开创了新纪元，也得到国

---

① 《永利厂史资料》第一卷，第 105 页。

② 张同义:《范旭东传》，第 107 页。

际上的公认。1943 年 10 月 22 日，侯德榜被英国化工学会授予名誉会员荣誉①。

为了配合“侯氏碱法”工艺，范旭东决定成立永利川厂深井工程处，亲自赴美购买打井器材和“侯氏碱法”所需技术设备。他在给朋友的信中说：“此行预定三个月，拼老命了啊。……”②1940 年 12 月 6 日，范旭东乘远洋客轮到达美国西海岸波特兰，侯德榜在码头迎接。在此后的 55 天时间里，他几乎跑遍美国各地，采购新厂设备、深井器材；订购了福特、司蒂倍克货运卡车各 100 辆；与化工机械公司签订购置化工设备产品的协议等。

1941 年 11 月，范旭东飞抵香港，恰遇珍珠港事件发生，日军进入香港，范旭东被困香港岛，忍痛烧掉一部分与公司业务和制碱技术有关的随手记录，他后来回忆说：“生平没有比这次更难过的事。”③经筹划，范旭东以难民身份申请获取离港证。1942 年 1 月 18 日，他们乘渡船过海，沿九龙、深圳离开香港。历经千难万险，3 月 2 日回到重庆。

战争使运输异常困难，从美国购买的设备器材等开始取道越南，用火车或汽车途经广西、贵州运回四川。1940 年，越南海防港口被封锁，经海防港口内运的设备约 500 吨，被日军拦劫，损失惨重。运输不得不改道滇缅线，这是最后一条国际通道。范旭东用在美国购置的载重汽车成立运输队，并亲赴缅甸视察，就地规划和指挥抢运设备器材。1942 年 5 月，范旭东随车队指挥近百辆崭新的满载设备器材的福特卡车，组成了永利公司的第一运输

① 张同义：《范旭东传》，第 107 页。

② 孙学悟：《追念范兄》，《海王》旬刊第 19 年第 4 期。

③ 范旭东：《往事如尘》，《海王》旬刊第 14 年。

车队，经滇缅国际线路近 3 000 公里的跋涉，终于抢运回来一部分设备和器材。然而战局急转直下，日军进入缅甸，抢劫了永利公司滇缅西路沿途的部分车辆器材。

由于运输困难，外购器材无法到齐，一时“侯碱法”用不上，而后方需碱急切，永利川厂改用路卜兰克制碱法，以当地所产的芸硝、石灰石、煤为原料小量制碱以资供给。同时，办煤矿、玻璃厂、汽油厂及瓷器厂，利用已有的技术力量和设备，多途径发展生产。两年前为探寻新塘沽地下盐卤情况，试凿深井工作就开始了，因深井器材短缺，凿井无法正常进行。范旭东指挥抢运的深井器材运到后，1942 年 9 月 28 日，终于使深井凿至 3500 尺，除发现天然气、石油及淡卤外，期望找到的黑盐卤也找到了。永久黄集团坚持生产抗战急需物质，对蒋介石当局的帮助是巨大的。1942 年，蒋介石再次请范旭东出任国民政府实业部部长，范旭东 1935 年曾婉言谢绝蒋介石出任实业部长的邀请，这次又以“矢志实业，无心为官”为由，再次拒绝了蒋介石的邀请。①

1943 年，世界反法西斯战争捷报频传，范旭东以实业家特有的战略思维，开始考虑战后的中国化工事业。已届花甲之年的范旭东在重庆沙坪坝南园家中，运筹了战后复兴旧厂、建设新厂的计划。第一年是扩充塘沽永利碱厂；修复南京卸甲甸铵厂；完成五通桥合成铵厂工程；建设五通桥硝酸、硝酸铵及硫酸厂。第二年、第三年要建设的新厂是湖南株洲水泥厂、青岛食盐电解厂、株洲炼焦厂、株洲玻璃厂、南京新法制铵厂。十大工厂的复兴、建设计划包含着他拯救民众、国家于危难的愿望，也体现了他实业救国、复兴民族的伟大抱负。

---

① 师俊山、张鸿敏：《化学工业的先驱——范旭东传》，第 318 页。

为实现这个伟大抱负，范旭东开始寻找资金。1944 年，范旭东与上海银行总经理陈光甫、民生实业公司经理卢作孚等人，以民族工商业者代表身份，参加在美国召开的战后工商国际开发会议。其间，范旭东向美国出进口银行申请 1 600 万美元的贷款，以引进技术设备。1945 年 6 月，美国进出口银行因钦佩范旭东的高尚人格，同意向范旭东贷款 1 600 万美元，但要求有政府担保。范旭东回国后，立即将贷款一事报告国民政府行政院。可是行政院对担保一事互相推诿，迟迟不予批复。

1945 年 9 月 17 日，毛泽东在重庆谈判期间，于重庆桂园举行茶会，招待产业界人士，高度赞扬范旭东等人为办化学工业所作出的贡献，并邀请他在国内和平实现后，到解放区去办工厂。之前，范旭东曾和在重庆的中共代表周恩来、林伯渠、董必武多次交往。中共地下组织负责人龚饮冰，经组织同意，以个人名义和范旭东达成协议，创办了私营建业银行，帮助范旭东实现"战后宏图"筹集资金。范旭东深有感触地说："中国的未来，看来只有靠中国共产党，才有希望。"①

范旭东盼望和平早日实现，耐心等待行政院的答复，他不仅有十厂计划，还有一个自营内河航运的想法，即用自己的轮船将久大的食盐和永利的纯碱、硫酸铵，由产地经长江运到鄂、湘两省，再将永利在湖南宁乡的清溪煤矿产的烟煤运回南京，供应合成铵厂。还准备在几个地方建设化工基地，为我国发展化学工业建立基础。

1945 年，国民政府行政院对范旭东要求借款担保一事给予了"不予批复"的答复，预料的最坏结果变成了现实。10 月，范旭东

① 章执中：《我所知道的爱国实业家范旭东》，《湖南文史资料选辑》第 17 辑。

病倒在重庆沙坪坝南园简朴的卧室里，两天后因黄疸病和脑血管病同时发作逝世。

周恩来代表毛泽东来到范旭东寓所的灵堂，敬献了毛泽东亲笔题写的“工业先导，功在中华”的挽幛；周恩来和王若飞合写的“奋斗垂卅年，独创永利久大，遗恨渤海留残业；和平正开始，方期协力建设，深痛中国失先生”的挽联①。朱德、彭德怀赠送的“民族工业悲痛丧失老斗士，经济战线恍佛犹闻海洋歌”的挽词。蒋介石也派人送来“力行至用”的挽幛②。

1947 年 6 月，范旭东的灵柩由四川运往北平香山安葬。

① 《永利厂史资料》第三卷。

② 《永利厂史资料》第三卷。

张铸陶

张铸陶(1886—1941 年)，宁乡县人。青年时曾设馆教书，后逢宁乡县招考缮写文牍之书记员，辍教赴考，获得录用，一年后到湘潭担任科长，任满后调往益阳，任民政科长。①

张铸陶最为重要的实业成就即是对益阳达人公司的经营。1920 年，颜郁文在益阳创办达人工业社，经营手摇织袜业务，当时针织线袜在当地尚为首创，物美耐穿，销路甚好，企业一度发展非常迅速。但 1926 年冬，北伐军兴，社会动荡，企业生产也遭到冲击，其间，作为负责人的颜郁文逃往外地，全厂停产 8 个月，流动资金流失殆尽，工厂几乎瘫痪。董事会讨论后，决定推举张铸陶为经理，负责公司日常经营。

张铸陶到任后，面对残局，约请所有债权人进行协商，一方面要求债主暂停利息，三年还本后再补利息，由其本人负责到底，债权人深知张氏为人很讲信用，均表同意；另一方面向银行、钱庄贷款，恢复生产，经过两三年的努力，还清了所有欠款并有盈余，厂房不断扩大，设备增多。在张的努力下，到 1933 年底，达人已经拥有各种机器设备 753 台(部)，产值 20 万银元，销售收入 18 万银元，销售机构遍布湘中、湘西、湘南等地，被称为

① 殷光谦整理:《益阳市达人袜厂已故经理张铸陶传略》,《益阳市文史资料》第 9 辑，1987 年版。

"全省针织业之冠"①。1938年秋，日军大举犯湘，达人先后迁往桃江大栗港、宫堡第及益阳黄泥湖等地，损失惨重，张铸陶本人亦积劳成疾，于是请假回宁乡休养。1941年去世。

新中国成立后，在政府的帮助下，达人公司进入了快速发展的时期，至今仍为湖南地区重要的针织企业。而张铸陶于危机时刻，悉心经营，令该厂起死回生，在该厂发展历史上具有重要地位，其本人的实业经营才干亦受到后人重视与表彰。去世后，时人挽联称："杏坛如可拟，子贡货殖，子夏文章"②。

---

① 实业部国际贸易局：《中国实业志·湖南省》，华丰印刷铸字所1935年版。
② 陈剑渔：《挽张铸陶》，《沩宁耆旧联选》，《宁乡文史》第8辑，1994年版。

黄雁九

黄雁九(1887—1951 年)，名中，字晏久，取《四书》“晏平仲善与人交，久而敬之”之意，后又以“雁九”同音通用。生于长沙县板仓(今开慧)乡，后居长沙市北门，幼年师侍本家进士黄兆枚，故工诗文，善辞令。后留学日本，毕业于千叶大学，又入陆军士官预备班学习军事，与后来担任侵华日军总司令的冈村宁次为同学。在日留学时，黄雁九与孙中山、黄兴、宋教仁、胡汉民等有文谊，曾是早期同盟会会员。回国后，担任长沙市政筹备处科长、四川陆军测绘学校教员、川军某部高参等职，抗日战争期间，湖南沦陷时，曾任伪湖南省政设计委员会主任委员。黄雁九曾在伪政府任职，参与了日本对湖南的经济掠夺。但是，他也曾在湘潭举办电力实业，对当地经济的发展起到了一定作用。

湘潭地区电力工业的发展颇为曲折。早在清宣统元年(1909年)，黎景高即拟在此地开设电厂，因资金缺乏而未成，后吴作霖又呈请湘潭县政府开设电厂，但也以修建部分厂房和竖立少数电杆而告终。1918 年，时任川军第六军参谋长的黄雁九，经日本东洋学生会会长秋元子爵介绍，在上海同郭又生、周汉春等人，与中日实业公司接洽开发中国实业，向该公司借款日元 30 万银元，从吴作霖处购得营业权，又从上海租界购买一台英制单相 150 千瓦交流发电机组，创立湘潭大明电灯公司。当时“五四”运动席卷全国，湘潭青年学生误认该公司为日资企业，要求取缔，后经查明系借外资所办实业，方允许营业。该公司在北洋政府农商部注册，领有第六类第342号执照，黄雁九任总经理，李兴湘为主任技术员，从1919年7月起发电，为湘潭发电之始。

湘潭大明电灯公司地处正十八总由义巷燕窝里，自建厂房二栋，系民营股份有限公司性质，有各部职员20人，工人24人。其中值得一提的是郭梓材，他是毛泽东的好友，1919年起在该公司就业，毛泽东由此在该公司内设立了一个党支部。①

1924年，湘潭大明电灯公司改名湘潭大明新记电灯公司，1927年续招股本5万元，并从汉口购回日本芝浦电机厂生产的100千瓦三相交流发电机组，配有蒸汽引擎。1930年，该公司改组成为大明电气股份有限公司，将原公司资本折为13万元股票，经中国实业公司上海分公司中方经理调停，以5万股票还清中日实业公司借款，随后续招股本10万银元，于1932年7月，以2.93万银元从扬州电厂价拨300千瓦三相交流发电机组1台，至1934年，全公司售电量达63.14万千瓦时，年收入7.55万银元，盈利1.9万银元。② 1935年，黄雁九以公司名义滥发电费找补券13万银元，流通市面，1938年2月15日，湘潭市民持券4万多银元兑换国币，公司无款兑现，群众十分气愤，次日，群众围住黄雁九住宅，进行抗议，其于是以经营不善，自行引咎，主动请求湘潭县政府给予看管处分，县政府一面令公司组织整顿委员会，指令廖镇楚负责维持过渡，一面催令地方赶速筹资接办。当时地方人士鉴于抗战时期，电气事业关系市场繁荣，对社会治安

---

① 郭梓材遗稿：《我对毛泽东同志青少年时代的回忆》，《湘潭文史资料》，1983年版，第8页。

② 湖南省地方志编纂委员会：《湖南省志》第九卷《工矿产业志电力工业》，湖南出版社1993年版，第20页。

极为重要，因此公推绅商伍蔚湘、柴晓泉等筹设湘潭电气股份有限公司，于1939年底与黄雁九签订让渡契约，议定价格为法币15万银元，公司负债为16万银元，其中应收回的电费找补券近10万银元。县政府令湘潭县商会督同公司负责清理，一面登记找补券，换发登记证，定期兑现；一面召集债权人妥商解决办法，破产偿债。① 此后，因市面和湘黔铁路大桥急需用电，县政府会同公法团体和商绅，组织电灯管理委员会维持营业，至1944年5月日军进犯，乃拆迁设备停业。

黄雁九所创办的湘潭大明电灯公司，前后因各种原因进行多次改组，经营时间比较短暂。但其毕竟为湘潭地区首个发电工厂，对于当时该地经济、社会的发展起到了部分积极作用。

① 曾绍参原稿，黄曾甫整理：《黄雁九与湘潭大明电灯公司》，《长沙文史资料》第7辑，1988年版，第122页。

李国钦

李国钦(1887—1961 年),字炳麟,长沙县人,是老一代华人中以技术为基础发展实业的杰出代表,他所创办的华昌公司(Wah Chang Co.)也是美国华人资本历史最悠久的著名企业。

李国钦少时家境贫寒,其父李月波以教书为业,国钦在兄弟五人中排行第三,后来因长兄希易自学数学成功,担任教员,才得到上学机会。后来,他考入湖南高等实业学堂(今湖南大学前身)矿科第一班,学习期间,到西南五岭山脉探测锡矿,住在海拔五六千米的一个山村小客店中,偶然发现店家生火所用炉灶的石块性质特殊,引起兴趣,遂请店主引至采石处,发现一片露头的岩层,于是认定这里有丰富的稀有金属矿藏。为了更仔细地了解当地的矿藏情况,他采取了样本,带回去研究。从湖南高等实业学堂毕业后,李国钦因为受到时任华昌炼锑公司董事长的学堂监督梁焕奎赏识,被送往英国伦敦皇家矿业学院学习,在英学习期间,他在英国选矿教科书作者楚斯克指导下,去康瓦牙郡雷德拉斯城担任磁力分离工作,在处理浓化锡时,取得了2%~3%的钨铁,回到伦敦后,就把从国内带去的那块矿石进行分析化验,认为是一块很好的钨铁标本。

钨是一种化学元素,非常坚硬、紧密,常被用于制造重金属合金,这样的合金被用在装甲、散热片和高密度应用中,如平衡重物、船和飞机的压重等。钨的熔点很高,在航天等领域有非常广泛的用途，是一种十分重要的战略物资，也是武器工业的重要原材料。第一次世界大战之前，德国已使用钨来冶炼制造高速钢和切割工具，大大增强了军火工业的生产，这引起了英美等国的重视，他们竞相采掘，大量收购，把钨列入军火原料生产的主要对象，而当时中国尚未发现钨的蕴藏，更不能进行开采冶炼。李国钦在西南地区偶然发现的钨矿蕴藏，成为他日后从事以矿产开采和经营为主要业务的实业活动的基础。

1914年，李国钦从伦敦皇家矿业学院获矿冶工程师职称回国，在华昌炼锑公司担任技术员，后为业务部副经理。他首先到当年发现矿苗之处进行开采，并在申报出口时，将开采出来的矿砂定名为“含钨的矿石”，而长沙海关则定名为“黑砂”，并裁定每吨价格100银元(合当时美金75元)，征关税5%。李国钦对裁定的价格和所征关税比例都无意见，但对这种矿石定名为“黑砂”表示反对，他坚持应称为“含钨的矿石”，并向上海海关总税务司署提出抗议，要求把“钨”字作为这种矿砂的名称，得到总税务司署认可。所以我国出口的钨砂，除了开始数批海关记载为“黑砂”外，后来一直都记载为“钨砂”了。① 李国钦也由此被有的学者认为是汉字“钨”的创始人。②经考证，“钨”字在古汉语中早已存在，是一个字形稳定、字义清楚的古老汉字，在清末西学东渐的浪潮中，被赋予了新的含义。③ 尽管李国钦并不是汉字“钨”的创始人，但中国钨金属发掘和利用的新时代却是因他而展开。

当时李国钦服务的华昌炼锑公司因早已购得法国人赫伦士米

---

① 《工商经济史丛书》第一辑，文史资料出版社1983年版，第75－76页。

② 蔡志新：《汉字“钨”的发明人李国钦》，《百年潮》2000年第4期。

③ 匡池：《汉字“钨”的发明人不是李国钦》，《百年潮》2001年第12期。

德蒸馏炼锑法专利，由杨度联络在京湘绅呈请北京政府批准专利10年，业务迅速发展，所产纯锑成色超过英国杰克逊厂，但国外销售权却被英商垄断，为打破这种局面，李国钦力主乘英商在第一次世界大战中不能按时付款之隙，取消英商包销，在纽约设立分公司并出任经理，专门经营湖南锑矿产品输美出售事宜。他利用当时锑价因世界大战而暴涨、美国急需这种战略物资的有利条件，勤奋工作，奔波于纽约与旧金山之间，广交美国企业界人士，谙熟美国行情，并与一位华侨巨商的女儿结婚，加入美国国籍，使纽约分公司获得美国纽约市政当局承认，为其日后的发展奠定了基础。当时，国内纯锑全部集中于华昌，而华昌又全部以寄售方式出口美国，李国钦于是也很快成了左右美国锑产品的人物，开创了中国有色冶金产品由出口初级产品变为出口成品的新局面，他也因此获利丰厚，成为百万富翁。

不久，李国钦得知梁焕奎、章克恭在瑶岗仙矿设立的兴裕钨矿公司获利不少，主动要求合作，梁焕奎等为了利用他在美国推销钨砂，同意让其入股20万银元，加上梁氏60万银元、章氏20万银元，共100万银元，合伙经营了一个专门经营钨矿出口的裕厚钨矿公司，由章任经理，李在美负责经销，后因钨价暴跌，开支过大而停业。同时，华昌炼锑公司也因一战结束后锑价暴跌等原因倒闭，李国钦即在美国借款增资，将华昌炼锑公司驻纽约分公司改组为华昌贸易公司，自任董事长兼总经理，并在纽约伍尔沃思大厦第51层设办公处。他广交国内外豪商与企业界人士，20世纪20年代即在纽约长岛寓所接待了北洋政府外交总长黄郛、内阁总理梁士诒、教育总长范源濂等人，同时在国内的天津、上海、长沙、青岛等地设立分支机构。该公司从中国收购钨、锑、锡等矿产品，桐油、猪鬃、麻黄草等农副产品销往美国，又将美国的机械、化工、采矿、纺织、炼钢等工矿设备与钢材等工业品输入中国，沟通了中美之间的贸易渠道，华昌贸易公司也成为抗日战争以前中美之间最大的一家进出口贸易公司，在国际实业界享有较高的声誉和信用。该公司不仅把伍尔沃思大厦第 51 层整层作为办公处，还在纽约长岛地皮最贵的地方住家，李国钦也出任美国中华协会董事兼副会长，成为当时华人在美商界最著名的人物之一。战后，协约国政府都对他进行了褒奖，1920 年，中国政府也授予他四等嘉禾勋章。

由于李国钦的努力，到 20 世纪 30 年代，钨矿石出口已成为中国对外贸易的重要内容。1936 年，中德两国签订了 1 亿马克的货物互易协定，其中，钨砂是中国政府主要的交换物资。中国政府还以钨砂为抵押品，向美国政府借取了大批款项。由于美、德、日在国际市场上争购中国钨砂，以供军火工业之需，使得钨的国际市场价格一度上涨到每吨 5 万美元，中国政府靠出口钨砂赚取了大笔外汇，宋子文因此电邀李国钦回国担任中央信托局局长，但他没有接受。

1937 年，抗日战争爆发，中国对外贸易中断，华昌贸易公司的经营业务发生很大变化。由于钨和其他稀有金属成为重要的战略物资，德、日法西斯与英国争相抢购。1940 年，李建议美国复兴银行（世界开发银行前身）向南美的钨矿投资，就地建立炼厂，将矿砂炼成品再运往美国。美国政府采纳了他的建议，并由美官方投资，由他进行管理。李国钦在纽约建立了一所唯一能处理世界各地钨砂的炼钨厂，这既使南美钨砂有了销路，又保证了美国在世界反法西斯战争中的需要。战后该厂定名为华昌钨厂，迁至纽约长岛克林科维地区，使该地区一度有“世界钨都”之称，后名华昌矿冶精炼公司。同时，李国钦在墨西哥索拉诺省诺尔加斯城设立墨西哥钨矿公司，采购与提炼钨砂，还在美国的内华达州、加利福尼亚州、科罗拉多州发展和加强矿业的开采与冶炼。

李国钦的事业在第二次世界大战期间达到了顶峰，不仅将原来经营的锑、钨矿产扩展到铅、铝等金属，而且经营活动遍及北美、南美、东南亚和南亚地区，更在折射金属、炼钨等技术方面取得世界领先地位。1943 年，李国钦在美国与王宠佑以英文合作《钨》一书，该书被美国化学学会列入专著目录，为有关学者所称道。由于在矿石冶炼方面的杰出成绩，李国钦的实业活动为解决美国战略物资作出了很大贡献，这也使得他在国际和美国实业界、冶金学界名声大噪，被聘为美国政府战略物资顾问，任纽约五金同业公会主席、美国矿冶工程师学会会员，获得美国克拉克大学博士学位。巴西、意大利、泰国等国政府相继颁发“南十字座”勋章、“最高荣誉勋章”和“王冠勋章”等给他，这些荣誉也从一个侧面反映了他在实业上的成就。

在自身实业活动取得巨大成功的同时，李国钦也非常关心国内的实业发展。20 世纪二三十年代，他曾代为中国 44 家工厂聘请美国工程技术人员，也协助中国企业在美购买和安装机器设备，引进技术和资金，为玉门石油的助探、四川沪州化工厂的建立，做了大量工作。其中最值得一提是对近代爱国实业家范旭东的帮助。从聘请专家、采运、安装机器设备，一直到与美国厂商接洽谈判、引进技术等方面，李都给予了优惠服务，为旧中国第一批化学工业基础的建立，作出了重要贡献。范旭东最初的制碱图纸，就是委托李国钦从美国购买的。1938 年，后来担任新中国化工部副部长的侯德榜赴德国考察“联碱法”未成而转往美国，李国钦帮助其在纽约设立办事处，为其采购设备，成立化验室，试验用川盐和“联碱法”制碱的技术，为以后侯氏“联碱法”的成功，打下了基础。抗日战争期间，李国钦多次帮助国民政府采购军工设备和军火，并多次充当中国向美国借款的中间人，使中国从美国得到大批贷款。他曾于 1939 年 10 月捐款 10 万美元慰劳湘北前线抗日将士，受到国民政府的嘉奖。

1961 年，李国钦因心脏病突发，病逝于华昌公司董事长办公室内，美国政府为表彰他的功绩，将他的名字镌刻在纽约港口的自由女神像基石的铜牌上，还将他的肖像悬挂在美国国会图书馆，永志纪念。

李承干

李承干(1888—1959 年)字直卿，长沙县人，出生于一个旧知识分子家庭，12 岁时入私塾学习，15 岁时进入明德学堂接受新学教育，17 岁考入湖南省立高等实业学堂。当时，长沙革命浪潮风起云涌，实业学堂内聚集了一批新派老师，李承干眼界大开，逐渐认识到中国“非推翻清朝专制政体不足以致治，非振新实业不足以图强”。

1905 年，竭力推行洋务运动的湖广总督张之洞，再次选派大批学生赴日留学，李承干以成绩优异名列其中。留学日本期间，他与同盟会成员接触频繁，受革命思潮影响很大。1911 年 10 月 10 日，辛亥革命爆发的消息传到日本后，李承干异常兴奋，决心立即回国参加革命，一些同学劝他冷静对待，认为中途辍学于己不利。而李承干却认为政治制度的腐败是使国家积贫积弱的根本原因，如今革命爆发，国家兴废在此一举，而个人学业则应退居其次，于是毅然回国，投奔革命党人黄兴所率领的革命军，在汉阳前线与清军作战 20 余日。

1912 年初，中华民国临时政府成立，李承干返回日本冈山第六高等学校继续完成学业。1913 年，李承干以优异成绩考入日本著名高等学府——东京帝国大学电器机械科学习，1916 年 7 月从学校毕业后在工场实习，1917 年学成回国。

1918 年初，李承干在湖南省长公署任实业科长兼技正，他不喜欢当官，辞职改任职位与薪金均较低的技正，此举遭到亲友反对，一般人也难以理解。到了秋天，他干脆离开湖南省政府衙门，到湖南省电灯公司当工程师。李承干施行严格管理，散漫惯了的职工很不适应，于是群起抵制之，他们以为这样可以吓退这位新上任的工程师，没想到李承干态度强硬，毫不迁就，凡不服指挥者，任其离去，最后只剩下一名锅炉工。倔强的李承干独自一人管理机器，查看磁盘，甚至亲自爬电杆装外线。他以身作则、吃苦耐劳的精神深深感染了每一个人，已经离开的职工陆续回到公司，表示愿意听其调度。

1919 年夏，李承干受聘到湖北汉阳兵工厂任电机课长兼汉阳兵工学校教官，他十分重视兵工学校的教学工作，所用教材全由自己编写，教学深受学生欢迎。在两年的时间里，李承干深感边工作边教学，事务繁杂，不能集中精力从事技术研究，于是在1921 年夏又往福州，在福州电气公司任工场部长。为了发展电力生产，李承干除了主管发电所以外，还兼主持制造机器、小火轮、制冰、炼油、冷藏、锯木、灌溉诸事，这一职位比起在汉阳兵工厂时工资减少许多，但是他却在这些创造性的工作中得到了许多快乐。

1927 年春夏之交，随着国民革命军北伐的节节胜利，李承干受聘到南京金陵制造局，潜心研究枪械、弹药制造，担任工务科长。北伐军占领南京后，由于军事行动继续进行，需要加强兵器生产，金陵制造局遂于1928 年改为上海兵工厂金陵分厂，一年后南京国民政府建立了军政部，又将金陵分厂独立建制，直属军政部，称金陵兵工厂。金陵兵工厂的成立给李承干提供了一个施展抱负的舞台，从此他开始扎根于中国兵工事业。

金陵兵工厂建立之初，是一个奄奄一息的破烂摊子，它的前身是清朝洋务派大臣李鸿章所创办的金陵制造局。由于清王朝的腐败，缺少必要的经费与有效的管理，金陵制造局日益衰落竟至降格成为一军械修理所，处于停产状态，辛亥革命后被北洋军阀控制，由于经费短缺，管理混乱，设备落后，生产时断时续，其所仿制的德国马克沁重机枪及美国白朗宁手枪，不是按照设计图纸制造，而是由工人依照枪械部件实体来制作，使得每一支枪的零部件均不能调换，更不能在同一类枪支间互换，而且枪管等零部件材料，全都依赖国外进口，生产效率十分低下。

李承干担任工务科长后，首先在技术上进行指导改进。对于德国马克沁机关枪的生产，他要求职工按件制图，作到生产规范化，他亲自主持详细订定了每个部件的尺寸，以达到生产出来的同一部件，能够互换。经过一段时间的努力，技术上的难题终于有了突破。李承干深刻地认识到阻碍兵工厂发展的最大障碍是官僚化的经营管理。1928 年，李承干升任工务处长后，便把兴利除弊、铲除腐败作为头等大事来抓。他首先改建枪弹厂的厂房，亲自为厂房设计制图，进行建筑费用估价，其方案经上级审定后便招工发包兴建，施工过程中并指派技术人员监工。工程竣工后，又进行严格检测。新厂房光线、通风情况良好，经济实用。时任兵工厂厂长的黄公柱是一个对兵器生产一窍不通而只知中饱私囊的腐败分子，嗜赌成性，担任厂长期间，公然指使亲信提着装满钞票的保险箱进入赌场，4 年多时间里其贪污款项竟达 400 万银元之多。李承干早就看不惯此人的作风。一天上午，上班迟到的黄公柱厂长又是大摇大摆地进厂，李承干当着全厂职工的面上前严加指责：全厂职工均按时一早上工，而你们少数厂里领导人，总是九、十点钟才进厂；职工都穿一身工作服劳动，你们却穿着笔挺的西服，这哪里像个劳动的样子！工务处的技术人员每天都和工人一起在车间干活，而总务处的人员却不是这样，而且业务水平低下。这种情形难道不应该改变么！面对义正词严的诘问，黄公柱厂长无地自容，颜面丢尽，从此对李承干怀恨在心。李承干却无惧无畏，他多次揭发黄公柱的腐败行径。黄公柱生产上是个外行，贪污腐败却很有经验。兵工厂造子弹所需的紫铜片，裁剪过正料后，所余碎铜片还可以回炉制成整料使用，黄公柱于是将厂里回炉后的铜片充作从市场上新购回的铜片做账，请工务处长加以认证，以便中饱私囊，李承干严词拒绝了黄公柱的可耻行径。黄公柱再一次对李承干心怀嫉恨。

黄公柱一直在寻找机会报复李承干。1928 年，政府给厂里多拨了些经费，在大家讨论如何使用这笔结余费用时，李承干力排众议，主张将这笔款项用于扩大再生产。黄公柱等人则认为这个主张有悖于他们的私利，便以“李承干反对给工人发双薪”和“破坏机器”为由，在工人中挑动对李承干的不满情绪，甚至煽动工人罢工。在兵工厂召开纪念五一劳动节的大会上，黄公柱唆使少数不明真相的工人，喊出了“打倒李承干”的口号，使其无法在厂里立足。李承干十分无奈，被迫前往上海。军政部兵工署获悉此事后，立即到厂调查。众多职工异口同声称赞李承干尽职尽责，公正无私，表现甚为良好。至于所谓的“破坏机器”，实际上是李承干准备将一些破旧机器加以淘汰，或改装使用。调查结果，李承干反而获得上级嘉奖。兵工署一面责令黄公柱平息事态，一面立即派人到上海把李承干请回来。当李承干回厂时，工人们鸣放鞭炮热烈欢迎。1928 年 7 月，他被擢升为金陵兵工厂厂长。①

---

① 《国宝·功臣　抗日英雄——抗战时期战斗在兵工战线上的李承干》，《红岩春秋》2005 年第 5 期。

李承干接任厂长职务后，责任心更强了，他提出《治厂纲要》：“厘定法规以明职责，革除陋习以防中饱，慎选材料以合规格，改善工作方法提高产品质量，砥砺员工研究，扩大工余教育，以培养其品格知识，改善员工生活，以勉其精诚合作。”为此，他对厂务进行了大刀阔斧的改革，相继采取了一系列切实可行的举措。针对当时迫击炮弹全靠外国进口、费用甚高的问题，李承干向财政部长宋子文提出请求制造迫击炮弹，并承诺未来成本为法国制品的50%，几经努力，终获批准。

为此，李承干领导职工采用新式引线，所造炮弹性能比从法国进口的更为精良，开始时，每发炮弹成本尚需8.5银元，到1935年下降到每发炮弹仅需5银元，比李承干当年承诺的价格还低1元。金陵兵工厂不仅扭转了长期存在的生产不正常状态，而且还结余经费二三百万元。李承干即时呈请上级，请求批准利用这笔经费更新设备、扩大厂房、改善职工生活。从1932年至1937年，李承干为金陵兵工厂先后征地200余亩，修建了5万平方米的新厂房，添置了大量机器设备，扩大了生产规模，另外还盖起了15幢职工和家属宿舍，并修建了职工医院和职工子弟小学的校舍，改造了厂区道路，这一系列举措深受职工好评。当大批职工和家属住进新房时，他们由衷地感谢李承干厂长，自发地用李承干的字“直卿”为新建宿舍区命名，挂上了“直卿村”的牌子。当时，全厂职工增至2 834人，产品达16种。一个濒临倒闭的老兵工企业，几年间起死回生，并呈现蒸蒸日上的势头，从此，金陵兵工厂跻身为当时中国最重要的兵工生产基地之一。李承干的名字在中国兵工界已广为人知。

1937年7月7日，抗日战争全面爆发。8月13日，淞沪抗战打响，李承干早就预料到这一天的到来，为了提高全厂职工的抗战意识和军事素质，他曾将全厂数千职工组成军训总队，并自任总队长，实行军事训练，职工各发步枪一支，军服全套，定时进行军事操练和实弹射击。8 月 16 日这一天，金陵兵工厂首次遭到日机轰炸，李承干坐镇厂部总办公大楼一面指挥训练有素的职工立即进入战备状态，厂里的高射炮和高射机枪连立即进入岗位，对前来轰炸的敌机进行猛烈射击，以保卫工厂；一面组织其他员工及家属紧急疏散，避离厂区，以避免无谓的牺牲。在此后的十来天内，兵工厂多次遭到日机日夜轰炸和扫射，一些厂房和设备被毁，职工和士兵 5 人被炸死，另有 7 人受伤。李承干鼓舞全厂职工、同仇敌忾，昼夜赶制武器，支援前方将士。

随着抗日战争的陷入胶着，11 月 16 日，国民政府下达兵工厂西迁命令。李承干迅即在厂里成立了专门负责西迁工作的机构，并亲自指挥。西迁命令下达的当日，李承干派遣成本计算科长黄兆飞往重庆，在兵工署重庆办事处的协助下，很快购得重庆江北已经停办的裕蜀丝厂作为金陵兵工厂新厂址，并立即修缮厂房，准备接应迁运到渝的机器设备。李承干做事一贯精明、细致、周到，在他的具体指挥下，全厂各部门的机器设备的拆卸、零部件和半成品的装箱都按工序编号，且有秩序地送往车船运输，这样，当这些机器设备和半成品运抵重庆后，就能够按编号有条不紊地安装好，这为迁到新厂址后迅速复工赢得了宝贵的时间。为了保证该厂员工、机器安全迅速地疏散转移，同时也保证该厂生产队伍的稳定，李承干决定：在全厂机器设备拆卸、装运完后，除必须留在南京办理运输的人员外，其余人员每人发资 10 银元，全部赴汉口集中后再转赴重庆；同时派出部分精干人员分赴长江沿岸及铁路、公路沿线各重要城镇，专门负责中途物资的转运及西迁人员的接待、安置等工作。当时淞沪战事吃紧，日军已抵达南京外围的宜兴、溧阳和广德等地，南京形势非常危急。国民政府于11月20日正式通告移驻重庆，各政府机关、企事业单位、工商团体和大专院校均在紧急搬迁之列，市民纷纷逃难，社会上人心动荡，秩序混乱，交通工具极度缺乏，加上日机的不断骚扰轰炸，更增加了兵工厂西迁的难度。在存亡危难之际，作为一厂之长的李承干，为接洽运输工具、督促设备与物资的装运，经常通宵达旦地忙碌着，马不停蹄地奔波于中华门外厂区、下关长江码头与火车站之间。在车站和码头上，每每看到扶老携幼的职工，往往因为一家人不能同时登车上船而抱头痛哭、凄惨分离，李承干总是心如刀绞，承受着精神上的煎熬。由于日夜操劳，他已疲惫不堪，乃至“双眼陷落，声音嘶哑，以手代言”。

李承干以身作则，激励和鼓舞全厂员工和衷共济，同仇敌忾，在短短的半个月之内，将该厂所有制造机枪、迫击炮、迫击炮弹的工具以及发电机等重要设备、材料共计4 300多吨全部拆卸完毕，并分别装上4列火车、30辆卡车、1艘海轮、2艘江轮、1艘火轮、6只木船，分别运出南京。1937年12月1日这天，日军大本营陆军军部正式下达了对南京总攻的命令，南京城的攻守战役迫在眉睫，李承干还坚持到厂区作最后的巡视，他洒泪告别了苦心经营10年的金陵兵工厂，临行时喃喃地说：“南京！我们还要回来的！”然后，登上“青浦”号轮船溯江西上。

“青浦”轮将要开航时，李承干发现有一军官坐在一只木船上，他的周围摆放着好几件大的行装，准备登上“青浦”轮，按照当时的规定，迁厂车船是不允许装运私人大宗物品的。李承干从押运人员处打听到，这位军官是托某上级机关的关系来搭船去武汉的。李承干非常气愤，对那军官说：“你看看码头上，许多职工和妻儿老小都无法上船，你岂能例外带这么多私人物品上船？请你下去!"①那人只好灰溜溜地下船了。航运途中，李承干与职工同甘共苦，他不断鼓励大家克服困难，加紧赶运，以便早日复工，赶制枪械弹药，供应前方将士杀敌报国。在他的带动下，全厂职工上下一心，战胜了重重困难。1938 年 1 月，两只木船在巴东触礁沉没，押运人员和职工奋力打捞沉船和物资，他们用生命挽回了这些宝贵的资源。当船队经过三峡时，随船职工和船员一起上岸拉纤，使船队顺利通过了险峻的江段。而留守厂区的姚志良、吴堂等数名士兵，在已经听到敌人进攻的炮声时，冒着生命危险，雇用几艘民船，将全厂迁移时由于缺乏运输工具而无法运走的数十吨物资，在炮火硝烟下，绕经内河，运出南京，辗转于 1938 年 2 月底运抵重庆江北簸箕石码头，李承干被他们艰苦卓绝的英雄壮举深深感染了，他郑重地将此事呈报军事委员会，为他们每人颁请了一枚陆海空军乙等勋章。

金陵兵工厂的西迁工作到 1938 年 2 月下旬基本结束。为了尽快复工，李承干以厂为家，先与单身职工同住在靠近嘉陵江边的一栋旧仓库的楼上，不久移住总厂办公大楼一间办公室里。他白天到厂区内巡视，亲自监管简易厂房的建造和机器设备的安装，晚上仍不敢松懈，他的办公室与事务主任何振廉的办公室紧挨着，事务主任的桌上有三部电话机，夜里每当电话铃响，李承干必定从床上爬起来旁听，以便对重大问题立即作出处理意见。李承干深知集体力量的可为，为了鼓动人心，凝聚力量，他曾多次在全厂职工大会上说："本厂全体职员、工友、士兵、夫役，因其技能才学不同，服务固各有别，然都是厂里老板和伙伴。""同

① 《国宝·功臣　抗日英雄——抗战时期战斗在兵工战线上的李承干》,《红岩春秋》2005 年第 5 期。

仁应不分彼此，一堂亲爱和气。”为了争取在非常时期干出非常的业绩，他要求职工都要做到“上工等于上战场”，“要拿出将士们和敌人拼命的精神，拼命完成我们的工作”，要“实干、苦干、硬干、快干”。全厂职工在李承干的激励和鼓舞下，发扬无私奉献、顽强拼搏的精神投入到工作中。

由于李承干以身作则，带头苦干，全厂职工齐心协力，自1937年11月16日全厂从南京开始拆迁起，到1938年3月1日，仅用了3个半月的时间，在重庆江北的新厂就宣告正式复工，这一天，全厂职工满怀着喜悦心情齐聚嘉陵江畔的簸箕石沙滩参加了复工庆祝大会。

不久，金陵兵工厂改称军政部兵工署第二十一兵工厂。二十一厂成为全国搬迁最快、复工最早的兵工企业。复工一个月后，二十一厂的职工就将赶制的40挺重机枪等武器运送到前线抗日将士的手中。此事在当时被认为是李承干创造的一个不可思议的奇迹。

1938年10月抗战进入相持阶段后，日本帝国主义为了配合其“政治诱降为主，军事进攻为辅”的策略，为了摧毁中国大后方的经济基础，对重庆等各重要城市进行了长时间的野蛮轰炸。作为直接为中国抗战生产武器弹药的二十一厂便成了日机轰炸的重要目标。据有关档案材料的不完全统计，二十一厂在1940年6月至1941年8月的一年多时间里，即遭到日机10余次大轰炸，员工死亡10余人，伤数十人，所属厂房及机器设备遭受800万银元法币以上的重大损失，给该厂生产带来巨大困难。李承干对日本军国主义的战争暴行极为愤慨，他本着“义之所在，何计安危”的精神，提出了“开工第一，出货第一”的口号，他常对同僚及厂内员工说：“我不赞成等山洞开好，机器进洞再开工的办法，我们的抗战不能等我们呀！我主张事先有重建的准备，敌人给我炸了，我再盖新的，只要我的人不死完，我总会有办法来复工。”李承干在与员工一起到防空洞躲避空袭时总是念念有词地说道：“炸中我们最好！炸中我们最好！炸中我们有能力来恢复的工厂比炸中那些没有能力来恢复的工厂好。炸了我们，少炸别人！”每当轰炸结束，空袭警报尚未完全解除之际，李承干即率先冲出防空洞，奋不顾身地去救人、灭火，抢救机器设备。在他的感召下，广大职工甚至家属小孩也都争先恐后投入抢救工作。他们与厂长一道，表现出高昂的士气和坚定的斗争精神，在敌机轰炸中“坚强苦斗，屹立不动”，一面在防空洞内坚持生产，一面对所有被炸的厂房和机器设备做到随炸随修，“以求一时一刻不耽误出品，使歼敌的武器供应无缺”。为了做好长期抗战的准备，厂里除了保障必要的防空设施外，李承干还在距重庆江北总厂较远的地方，修建了大型隧道厂房。1940 年下半年，开始将轻机关枪厂、迫击炮厂和炮弹厂等部门搬迁到距重庆城区 45 公里的铜罐驿，利用为修建成渝铁路而开凿但尚未完成的长约千米隧道，修建隧道厂房，以防空袭。铜罐驿处在一个贫困的小镇，条件甚差，连动力都没有。为了发电，他们抢修了兵工署给他们的一台既破旧又缺少部件的柴油发电机，没有柴油发电，他们又研究资料，自力更生，从桐油中提炼柴油，克服了重重困难，铜罐驿的隧道厂房终于建成，枪炮和炮弹也开始源源不断地生产出来。他们还利用山洞建立厂房，有的山洞可容纳 300 多人。

日本飞机对二十一厂的狂轰滥炸并不能使李承干和全厂职工屈服，相反，二十一厂的产量却不断上升。重机枪 1937 年年产 626 挺，在大轰炸的 1939 年、1940 年和 1941 年却分别为年产 1 060挺、1 971 挺和 2 468 挺。步枪产量在这三年均保持年产

12 000支。在1939年夏季日寇对重庆实行轮番轰炸之际，职工自动加班赶制爱国号马克沁高射机枪20挺、八二迫击炮20门献给前方将士。总计自1938年初到抗战胜利，二十一兵工厂为前方抗日将士提供各种型号的机枪27 900余挺、迫击炮776门、步枪293 300余支。此外，还有其他十多种轻武器和大批弹药。其轻武器的产量占全国兵工企业武器总产量的一半。

在坚持抗战的艰苦年代里，二十一厂的职工唱起了这样一支厂歌：

战以止战，兵以弭兵，正义的剑是为保卫和平！
创造犀利的武器，争取国防的安宁。
光荣的历史，肇自金陵，勤俭求知，廉洁公正；
迎头赶上，尽我智能，工作是不断的竞争。
我们有骨肉般的友爱，我们有金石般的至诚，
我们有熔炉般的热烈，我们有钢铁般的坚韧。
量欲其富，质欲其精。
同志们！猛进！猛进！同志们！猛进！猛进！

这首厂歌的词作者即著名诗人、文学家和学者郭沫若，曲作者则是著名的音乐家贺渌汀，他们俩在亲眼目睹了二十一兵工厂的生产场景和职工们的爱国豪情后，满怀激情地创作了这首歌①。

随着抗战的不断延续，国家需要进一步扩大兵工生产基地。在日益进入困难境地的大后方，这是一个相当艰巨的任务。金陵兵工厂西迁刚刚结束，兵工署长俞大维就特意来重庆找李承干，希望他接收汉阳兵工厂的步枪厂。汉阳兵工厂是1927年北洋军

---

① 郑洪泉：《“兵工界国宝”李承干》，《湘潮》2006年第6期。

阀溃逃后由国民政府管辖的老企业，厂里机器设备陈旧，只能生产旧式步枪，上级命令该厂西迁，没人敢接手这一烂摊子。国难当头，李承干来不及考虑得失成败，毫不犹疑地应承下来。他派原南京金陵厂子弹厂主任虞绍唐筹划接收汉阳兵工厂步枪厂事宜，另外派动力厂主任周治同赴武汉负责拆迁工作，还让修理厂技术员赵国才担负起为步枪厂修复机械和研制新产品的任务。经过妥善的安排，汉阳兵工厂的设备顺利地运往重庆，并迅速得以修复安装，5 个月后，步枪厂就在重庆复工出枪了，走上正轨后的步枪厂每月生产的步枪可以装备一个步兵师。

二十一厂在几年内先后接管、合并了第二十兵工厂的轻机关枪厂、重庆武器修理所、第十一兵工厂在铜罐驿隧道内所有厂房、部分机器设备和人员。1939 年起，又先后在云南安宁建立分厂、在四川兴文县袁家洞建立岩洞厂房、接管第四十兵工厂的綦江分厂等。至此，二十一厂共分设重机枪、轻机枪、步枪、迫击炮、重迫击炮、炮弹、工具、机器、动力、药厂、修枪等 11 个分厂，拥有各种机器设备 3 000 多台，所生产的武器弹药有 20 多种，职工 14 300 多人，成为中国战时规模最大的兵工厂。

为了提高武器的性能与品质，李承干还加紧武器制造技术的研究与改进。他认为，“步兵为各兵种中之主兵，步枪为步兵之主要武器”。1940 年开始，厂里以原有制造汉阳式步枪的设备为基础，设计制造了新式中正式步枪，并批量生产。实践证明，中正式步枪在枪筒质量、瞄准和击火性能等方面，均优于老的汉阳式步枪，且其穿透性比日本制造的三八式步枪强得多。从此，中正式步枪逐渐成为国民政府军队普遍使用的武器。中正式步枪研制成功后，获得上级奖励 15 万银元，李承干批示将其全部“奖步枪厂工作努力之员工”。1943 年，李承干又开始对马克沁重机枪进行改进，这种武器自 1884 年问世以来，已有近 60 年的历史，为世界上多数国家的军队所采用，中国金陵兵工厂制造此枪也有 20 多年，但要对其进行改进却并非易事。李承干选用精干的技术人员，精心设计图纸，增加了重机枪的高射和纵扫射等装置，改良了击火器和三脚架，选用上等钢材提高了各机件的精密度，使各零件均能互换使用。改进后的马克沁重机枪其性能较原品种有明显提高。李承干对此次改进颇为得意，称其为“空前最大之改革”。1944 年，李承干又动员近百名技术人员，设计和制造 12 厘米迫击炮和炮弹。这项设计和制造工作，仅用 8 个月便完成。其最大射程为 5 000 米，兼有直射和曲射两种性能，与法国同类产品相比较，重量减轻一半，且性能更好。李承干把它称之为“攻守战之利器”。这种武器制造成功后，当年即赶制一批，送往抗日前线。此外，厂里还试制成功 ZH26 型捷克式轻机枪、反坦克破甲枪榴弹、八二迫击炮和八二炮弹等武器弹药。特别是宁造 24 式马克沁重机枪、82 迫击炮等武器由于性能精良，享誉兵工界，曾获国民政府 9 次嘉奖。这一系列武器的改进和研制，大大提高了中国军队的战斗力和中国的国防力量。

由于李承干在兵工企业界的突出贡献，他被誉为中国“八年抗战生产军火武器第一大功臣”。为了褒奖李承干在战时兵工生产方面的杰出成就，自 1939 年至 1944 年，国民政府曾先后为李承干颁发 4 枚奖章和勋章，蒋介石还亲自予以条谕嘉奖。历史悠久的中国工程师学会也在抗战胜利后，向李承干颁发了一枚金质奖章，获此殊荣的仅有詹天佑、茅以升等少数著名工程技术专家，李承干则是获此奖章的第八人。

李承干在事业上取得的辉煌成就，与他始终关心职工、依靠职工、相信职工是分不开的。李承干治厂有两条基本原则：一是

“谋厂务之改进，以达价廉物美之目的”，二是“谋各工友衣食住之改进，以期身心之安定”。在李承干看来，这两者相辅相成，缺一不可。二十一厂刚复工时，条件十分艰苦，职工及其家属的住房问题成了最为紧迫的难题。为了让职工及其家属有一个安身之所，李承干与有关负责人，想尽千方百计，在短短几年内，修建了7万平方米的职工宿舍。战时物资匮乏，物价飞涨，职工的吃穿又成了突出的难题。李承干采纳部属的建议，向主要产粮区和食油、煤炭产地派出了大批廉洁干练的人员，负责粮食、食油和煤炭的采购事宜，保证对每一位职工及其家属实行口粮、食油、燃料和布匹等的平价定量供应。这就保障了职工及其家属的基本生活需要。工厂还自力更生，开辟农场饲养牲畜、种植蔬菜、酿造酱油、制作豆制品，以解决部分副食品的供应问题。厂里还设置了医院对职工和家属实行免费医疗，浴室也是免费的，还办了消费合作社、职工食堂、理发室、图书室，从多方面为职工服务。

在特殊的战争年代，李承干对那些因公殉职的员工给予了极大的尊敬与关爱。1941 年 12 月 21 日，厂里一辆大卡车，在贵州娄溪沟装载外厂生产的掷榴弹 150 箱，刚驶出距遵义不远的大土湾，因路况极差，车身颠簸，引起突然爆炸，技术员黄成志、司机高云鹤、助手刘益斌 3 人血肉横飞，顿时身亡。李承干获知后，立即派员前往调查并处理后事，他对于这 3 位员工的因公殉职，极为悲痛，认为他们之死，与战士效命疆场无异，除请政府优恤外，特指示予以厚葬，并在南温泉设置墓地。1947 年初，黄技术员的妹妹到重庆祭奠其兄，李承干这时正忙于卸任二十一兵工厂厂长职务的交接工作和为赴美考察作准备，但仍然安排黄技术员的妹妹去南温泉墓地祭扫，且再次撰写祭文，祭文称：三位同仁之死，乃是“忠良殉国，义烈捐身”，“无惭国殇，求仁得仁”。

对于处于困境中的职工，李承干也总是不计个人得失，竭尽所能地出手相助。大约是1944年，一家姓朱的职工夫妇不幸相继去世，留下一对孤儿，大的是男孩，有十几岁了，李承干便将他安排到技工学校读书，后来便在厂里工作，小的是个女孩，才11岁，一时无法安置，而已经56岁又从来没有娶亲的李承干，竟把这个小女孩收养下来，交给四妹李素非照顾。

李承干对职工的精神生活也十分关心，为了倡导一种积极向上的企业文化，他鼓励职工在工余时间多多参加体育与文化娱乐活动。为此，厂里陆续兴建了篮球场、游泳池、旱冰场和有400米跑道的标准的足球场与田径运动场，还有乒乓球台、单双杠等等许多体育设施，职工们还组织了各种各样的运动队。在文娱活动方面，厂里有京剧社、话剧团、电影放映队和可容纳数千人的露天剧场。职工的文化娱乐和体育活动相当频繁，内容非常丰富，在敌机轰炸逐渐减少后，几乎周周都有体育比赛和戏剧歌舞等的演出，有时候还将社会上著名的杂技、魔术、武术、棋艺团体请到厂里来，为职工演出。每年9月，全厂都要举行运动会。与此同时，李承干坚决反对酗酒、严禁赌博。每当周末，他便到厂区各处巡视，如发现酗酒、赌博者，立即予以训斥和查办。

李承干尊重、热爱和依靠职工，同时也把自己融入职工群众之中。李承干为了集中精力干事业，立誓终身不娶，因为单身，他常年与厂里的单身职工住在一起，或干脆住在办公室里，与职工一起吃职工食堂。工作之余常与厂内同仁“一同去俱乐部看职工排演戏剧、打球、游泳”。他对职工的思想、生活、工作状况非常了解。李承干心中装着厂里的职工，职工也非常信赖、支持他们的厂长。1941年夏天，重庆地区敌人空袭频繁，厂里所购一船大米运到江边簸箕石码头待卸，当时搬运人力缺乏，他担心放在江边时间太久遇到空袭可能遭毁坏，又怕天气有变突然下雨使粮食受潮，于是年已56岁的李承干振臂一呼："走！大家去挑米！"职工一呼百应，纷纷赶到江边来运米，连子弟小学的学生也参加到运米的行列中。没有一会工夫，一船米就启运一空。这种全厂职工不论身份，在急需的时刻，上下一心，乐于争先恐后办事的场景是李承干最喜欢看到的。这也正是他多年来把民主的作风融入工作和生活中的必然结果。

李承干为人清正廉洁，始终保持克勤克俭的作风，从不奢靡。他不仅分外之财分文不取，即使是分内之财，也往往少取或不取，他自己每月的收入，除留一小部分自用外，其余全部分成若干小份，密封后赏给各月份工作成绩最佳之员工，时人曾以"黑包"赞誉之。他几十年如一日总是穿一身蓝色或灰色的布料中山服，他的住处常常与他的办公室相连，仅是一间斗室，室内仅有一张木板床和极为普通的桌椅，此外别无长物。

李承干秉性耿直，为人正派，用他自己的话说就是"不肯作伪、不尚虚文"，"淡于名利"。只要他认准的事，他会雷厉风行地去干；但他不愿意干的事，就是丢掉乌纱帽，他也不会违心地去做。还在金陵兵工厂时期，当他以为人正直、勤勉且治厂有方而声誉日隆时，作为国民革命军总司令的蒋介石想见一见这位能人。这对他人来说，也许是一件求之不得值得荣耀的事，但对李承干来说，情形却全然不是这样。当兵工署署长俞大维转达旨意并让他准备一下，让他买一套好一点的服装穿上晋蒋时，他不但不买服装，而且根本没有应召的意思。后来俞大维又降低条件，让他把身穿的布中山装熨烫一下，但他还是不愿晋蒋，这给其顶头上司俞大维出了一个大难题。俞大维无奈，只得编造一些理由搪塞过去，并无可奈何地对李承干说："真对你这个怪人没办法。"①

1940年，国民党中央为进一步扩大国民党组织，以巩固其统治，决定各兵工厂内一律须成立国民党基层党部，同时规定全体职员必须加入国民党，否则即予免职。作为领导万余人的大型兵工厂厂长的李承干，岂有不加入国民党之理？但李承干宁可被免去厂长职务，也不肯加入国民党组织，并为此三递辞呈，主动要求免去第二十一工厂厂长职务。当局一方面不愿因此舍弃战时兵工界的这位能人奇才，另一方面又不愿因李承干个人而更改刚刚发布的命令，在无可奈何之下，了解到国民党元老、时任国民党中央委员的张继与李承干有师生之谊，且李对张十分尊重并常以学生的身份去看望张的情况后，遂商请张继出面，劝说李承干服从命令，加入国民党组织。可是，即使是重量级人物出面也未能改变李承干不加入国民党组织的决心。1944年，时年57岁的李承干奉令撰写个人自传，在谈及其"慨自发龄即受革命教育，重沐党国革命巨子之熏陶，而今年已五十有七，其所以尚未加入国民党者"的原因时称：一是自己"不善交际亦不喜酬应，雅不宜政治生活，做官尤非所宜，故决始终贯彻初志，献身于工业建设，而不欲分心于其他，平居不欲参加任何组织"；二是看见身边的若干国民党员的言行均未遵从国父遗教，违反三民主义；三是他认为"欲救中国而臻富强康乐，当由上而下切实奉行三民主义，党员团员应重质不重量，俾可以身作则为天下倡，不贪污，不苟且，见利不先，赴义恐后，以增人之信仰，使国人相率景从，共同

① 唐润明：《兵工专家李承干的故事》，《民国春秋》1999年第1期。

为国。至入党入团与否，故不足计较也”。①

抗战胜利后，李承干提出了谋求我国机器与工具制造之新建设的设想，就是主张军事与民生事业相辅并进，而使武器制造为副，以有利民生，兼顾国本。然而蓄意发动内战以图消灭共产党的国民党当局，并不理会这一主张，且于1946年6月底点燃了内战烽火。就在这年4月，他被任命为兵工署副署长兼二十一兵工厂厂长，6月又兼任兵工署四川办事处主任。内战的爆发使李承干感到很失望，他以患有高血压症为由，请求准予辞职。1947年2月，他获准辞去二十一兵工厂厂长的兼职。辞职前，为了把自己苦心经营了20多年的二十一兵工厂交给一个可以信赖的人手上，他苦口婆心劝说时任二十一厂主任秘书的俞濯之接替他当厂长。7月，李承干以兵工署副署长名义赴美国考察，离开时他的全部家当用一只网篮和一口箱子就装下了，这就是书籍和衣物。1948年归国后，他应聘为南京永利化学工业公司协理兼硫酸铔厂厂长。同年11月，国民党当局下令将该厂迁往台湾，否则便破坏全部机器。该厂职工对此异常愤怒，坚决护厂。李承干旗帜鲜明地支持工人护厂斗争。恰在这时，正在河北省平山县西柏坡中共中央机关协助毛泽东指挥战略决战的周恩来，指示即将赴国统区进行秘密联络工作的地下交通员，要他们去国统区完成一项重要的政治任务，就是争取在工程技术界有名望的国民党兵工厂厂长李××来解放区参加新政协。并说：做这人的工作，通过李烛尘、孙友余去最合适。后来，在国统区参加新政协的人员名单中，果然有一位姓李的国民党兵工厂厂长，而且只有这样唯一的一位厂长，他就是李承干。他被分在“自由职业界”这个小组内。

① 唐润明：《兵工专家李承干的故事》，《民国春秋》1999年第1期。

李承干是1949年4月南京解放后，由军管会主要负责人刘伯承派人找到的。7月，李承干在解放后的北平出席中华第一次自然科学工作者代表大会筹委会，接着去东北解放区参观。9月，回到北平出席中国人民政治协商会议，参与新中国国家政权的筹建工作。这个期间，李承干给重庆的俞濯之寄来一封短信，嘱咐他“好自为之”。这时，国民党蒋介石集团正以重庆为依托，作其政权覆亡前的“困兽之斗”，俞濯之完全懂得李承干在这个时候来信的用意，就是要他千方百计保护好二十一兵工厂。

1949年10月1日，李承干怀着无比激动的心情登上北京天安门城楼的观礼台，参加中华人民共和国开国大典。1951年，李承干辞去硫酸铔厂厂长职务，专任永利化学工业公司经理。1954年9月，他出席中华人民共和国第一届全国人民代表大会第一次会议，后来任人大常务委员会预算委员会的副主任委员。1955年被任命为国家计量局第一任局长。他还是中国民主建国会中央常委、中华全国工商联合会中央委员会执委。他以极大的热情投入新中国的社会主义建设事业，并继续保持着一贯的刚直不阿、廉洁公正的优良作风，在社会上享有崇高的威望。

1958年12月上旬，李承干出席中共中央统战部召开的重要会议时，突发心脏病，立即被送往北京医院抢救。周恩来总理获悉后，向医务部门发出尽力抢救的指示。1959年1月15日，李承干经抢救无效，溘然长逝，享年71岁。新华社于1月16日播发了李承干逝世的消息。董必武、黄炎培、李维汉、陈叔通、习仲勋等28人组成了李承干治丧委员会并发出讣告。1月18日，在北京嘉兴寺举行了由董必武主持的隆重公祭仪式，遗体移放八宝山革命公墓。

李承干进入晚年后，郑重地写了一份遗书随身放在自己的工作证里，遗书是用钢笔书写的，并盖有印章。这份遗书上写着：

我年老血压高，当随时有晕倒之虞。为此我留几句话给我的朋友和我的弟妹如下：

我的遗体可送给协和医院或北京医学院学生做实习解剖之用，或者就火葬，用不着装殓，也不要开吊。李承干遗言(印)。

颜郁文

颜郁文(1888—1958 年)，宁乡人。曾就读于益阳圣经学校，1916 年于湖北滠口信义神学院毕业后回益阳，任信义会牧师。1920 年，其以购置的 8 台手摇织袜机创办达人工业社，开益阳地区近代棉纺织工业之先河，也被认为是该地区历史上第一个近代民族工业企业，也是其本人一生最为重要的实业成就。

颜郁文 1920 年创办的达人工业社，地处益阳县城学宫门口的胡文忠公(胡林翼)祠堂旧址内，为手工作坊式生产，时有工人 20 人，当时针织线袜在当地尚为首创，物美耐穿，销路甚好。1922 年，场址改到二龙宫堡，外为门市，内设工厂，高子纯、文碧秋等也相继入股，2 年间盈利 6 成，本利达银元 9 000 余元。

由于企业发展顺利，为扩大规模，1923 年，颜郁文邀请部分教会人士和宁乡、益阳等地的士绅和工商业者入股，并将公司更名为“达人工业社有限股份公司”，正式订立章程，并向中央实业部申请备案，从此以“达”字为注册商标，并发行股票 500 份，共募集资金 5 万银元，颜郁文被选为经理，员工增至 200 人。为更好地扩大企业生产规模，颜郁文作为企业负责人，派人往上海购置全套电机针织设备，还新购建厂地亩一块，建设四层新厂房一栋，分别安置 15 匹马力的柴油发动机一台、直流发电机一台等，另外还设立了一个手摇袜机车间，于年底分别投入生产。经过一段时间的努力，企业发展得很好，产品也从单一生产袜子，变成袜子、毛巾、卫生衣三大类。

1926年冬，北伐军兴，社会动荡，企业生产也遭到冲击，期间，作为负责人的颜郁文逃往外地，全厂停产8个月，流动资金流失殆尽，工厂几乎瘫痪。1928年，颜郁文返回厂内，因与部分股东和董事之间的矛盾，退股离厂。颜郁文出走后，所遗经理一职由同为宁乡县人的张铸陶担任，在张的努力下，“达人企业”很快恢复了生产并迅速发展，成为湖南地区工商业的知名企业。而作为工厂创办人的颜郁文虽未能持续经营，与工厂一同善始善终，但其毕竟具有首创之功，对该企业乃至整个益阳地区的棉纺针织工业的发展具有重要贡献，值得今人肯定与重视。

胡德初

胡德初[①]，安徽合肥人。1889 年出生。长期在湘从事航运业。胡德初的父亲胡昆明早年在武汉轮船上工作，后任清政府官船局“保元”轮大车（即轮机长）兼管带。6 岁时，胡德初与母亲随父到武昌定居。

1905 年，胡德初毕业于武昌西路高等学堂，后随“登义”轮任大车的三舅父学轮机。由于他勤奋好学，进步很快，不久即升为二车（即副轮机长），后又改学驾驶，三年后担任舵工。驾驶中，胡德初留心航道，绘制了长江中、下游航道的各个滩礁险道。

民国时期，内河航道大部分没有设置航标，全凭驾驶人的实际经验操作驾驶。特别是夜间航行，更非经验丰富、操作技术精湛者不能胜任。胡德初在“登义”轮工作期间，升任副驾驶长，经常在驾驶长离船期间代理驾驶长工作。

1915 年，经“登义”轮驾驶长的推荐，胡德初任江西萍乡矿务局拖轮驾驶长职。该轮专拖煤驳航行于株洲至汉口之间。1917 年进入日商戴生昌汽船局任客货轮大副。1921 年被调至戴生昌汽船局里任总大副。总大副的职责范围较广，除行政、业务、驶事不管外，凡属船舶修建设计、轮驳航线的调整以及对各轮驾驶

① 胡德初虽不是湘籍实业家，但他长期在湘从事实业活动，曾任长沙民众轮船公司董事长。

长的指挥等皆属工作范围。当时戴生昌轮船局的航线很多，有长沙至湘潭、长沙至益阳、长沙至津市、长沙至常德、长沙至汉口、常德至汉口等线路，其中最主要的是长沙至汉口、长沙至常德、常德至汉口三线。这三线名系分开，实则统一。长汉和常汉客货均在途中定点对拨或换拖，这样不仅节约了燃油的消耗，更重要的是提高了运输工具的利用率，加快了轮驳的周转。实施这一规划的要点是严格要求班轮准确到发时间以及沿途船岸工作人员的紧密配合。因此，胡德初掌管着的各个航次调度关系重大，责任也重。洪水季节的班次衔接容易，冬令水枯时就煞费苦心。所以每当枯水季节，胡德初就乘汽船穿梭于沅、资两水交接之间，在芦林潭一带指挥，甚至春节都在各点度过。1923 年至 1928 年间，胡德初数次被派往上海接收购买的新旧轮汽船，并领航从长江或江苏内河出江阴驶返长沙。

1931 年春，胡德初从戴生昌辞职后，得到航商友人资助，自建“德孚”客轮一艘入长潭线营业。自建客轮营业不仅需要租到长潭两埠的良好码头和停靠趸船，还要争取旅客往返较多的班次。胡德初当时选择了从湘潭早班六时开长沙，午班十时驶返湘潭，恰比当时“新鸿运”轮开行时间早半小时，因此与该轮产生激烈竞争。“新鸿运”轮素以速度快著称，船长十丈左右，船身三层均可载客，为长潭线上的佼佼者。过去曾有其他轮船与该轮竞争，大多失败。当时个别同行友好力劝胡德初郑重其事，但他不为所动，坚定不开则已，要开就非选定此线不可。胡德初认为，“德孚”轮速度不亚于“新鸿运”，船型也不小于它，且舱位装饰新颖舒适，还注意改善服务态度，提高客餐质量。拼争之初，双方都保持票价不降，不久就增加票棚佣金，以鼓励票棚多拉旅客。继之发展到相互悬牌降低票价。经过两个多月的拼夺，双方都遭到了程度不同的经济损失，此时同业友好出面调解。议定在“德孚”轮停开长潭线的期间，由“新鸿运”方每月津贴120元，以补偿“德孚”退出此线的损失。调解期间，胡德初与长沙市商会理事长左学谦、新闻界罗心冰等拟筹划组织长沙民众轮船公司，“九一八”事变后，胡德初加速了组织民众轮船公司的步伐。在长沙、常德两地的商会和新闻界大力支持下，筹措了开业资金，租妥了长沙、常德的码头和办公房屋，运输工具也得到了一部分航商的支持。

民众轮船公司正式开业时，以胡德初的“德孚”轮为基础，又加租航船和客货驳各两艘，力争隔日有航班开出。开业之初，客货尚多，特别在长沙、常德两地商会动员下，各商号货物，大都交民众公司运输。一时戴生昌的货运显著减少。但是戴生昌公司则一面采取降价措施争取市场，一面利用个别航商另设机构，增开长常航线，双管齐下进行竞争。在此情况下，民众公司业务逐步下降，每月收入除勉强支付职工工资和燃油料费外，对租进的轮驳租金则无力偿付。为了保持班期照开，对外债款陆续偿还，胡德初终日忙于借贷周转，心力交瘁。

1933年“德孚”轮租与沙市航商傅锦斋营业，不幸在一次航行途中，装载棉花发生大火，除锅炉和两部机器幸存外，船身全部焚毁，所幸船员无一伤亡。“新鸿运”船随即停付补贴。这次损失对胡德初挫伤极大。但是胡德初并不灰心，1935年他利用“德孚”轮两部机器，先后建造中型客轮两艘，再次与“新鸿运”轮展开竞争。终于夺回了原“德孚”轮所行驶的航班权。

1932年“一·二八”事变突告发生后，由于社会各界抵制日轮，民众公司的业务逐渐发展起来。到1937年已成为拥有客货轮6艘、客货驳5艘、货驳4艘的大公司。班次也由隔日一班改为每日一班，还增开了定期快速直达货班，声誉大振。

1938 年秋，日军侵占武汉，国内人员、货物南迁和西迁很多，运力非常紧张。为此，胡德初与长沙巨商傅南轩集资组织复和轮船公司，专行驶长沙至宜昌一线。营业数月，获得巨利。当时，复和公司是湖南私营公司中条件最优、设备最全的企业，既有独用的良好码头，又有宽敞的内外仓库。办公楼高三层，为当时各内河公司之冠。遗憾的是"文夕大火"将长沙全城付之一炬，复和公司仓库、办公楼和全部设备也无一幸免。

1939 年至 1944 年上半年，盘踞新墙河的日军每年发动一至二次南侵，湘江下游流域航运艰难。各公私船舶纷纷集中长沙，为维持船员生活都自行开展各线营业。长常一线，有本省建设厅船航管理处的船只，有招商局的船只，有苏、浙、皖帮的船只，民众公司的业务受到很大的威胁，经济上又出现支绌。因此在保证全体职工正常生活，轮船得到维修的前提下，胡德初将全部运输工具先后租与招商局和第二运输处营业，全体职工也随企业被该局、处录用，所得租金专供各轮驳维修和添置设备之用。在实施此项措施的 5 年中，企业无一职工失业，轮驳保持定期维修。在当时的战争时期和复杂环境中，采取此举是较明智而成功的。

1944 年 6 月长沙沦陷，胡德初带着停泊在长沙的轮驳，沿湘江而上疏散，船只在途中有的被飞机炸毁，有的为避免日军利用自动凿沉，顺利到达冷水滩的所剩无几。不久日寇继续向西南进犯，为避免资敌，胡德初忍痛将船只全部凿沉。本省船员解散回乡，少数外省船员经贵阳到重庆避难。

长沙沦陷后，民众公司幸存在湘西地区的尚有轮、驳各一艘，其他私营公司也大致如此。为了维持该地员工生活，就不免相互在常德、津市一带的有限水域内竞争业务，各方不无损失。

1945 年春，胡德初不畏交通阻塞，绕道赴常德、津市等地，邀请鸿安公司方丹一、富利公司王应材、津澧公司邵直卿等 7 家公司负责人会商组织机构，合作营业，拟出组织方案和利润分配等协议，成立了湘西航运局。航运局实行船舶统一调配，既加强了原有航线，又增辟了未被日军侵犯的湖区城镇航班。当时共有轮汽船 10 余艘，营业收入大增，为光复后打捞和修复轮驳的资金来源创造了条件。

1945 年秋，日本无条件投降后，短短时间内湘西局就首开常德至长沙、津市至长沙两线航班。10 月胡德初和王毓麟先后回到长沙，湘西局组织进一步扩大，增辟 10 条主要航线。由胡德初担任董事长，王毓麟、罗心冰先后任总经理。1948 年春各公司成员的轮驳全部打捞修复，甚至有的公司和个人还增建了新船，逐渐各自营业，湘西局终告解散。从此各公司基本上各行驶原属航线。民众公司以经营长常线为主，长汉线为辅。1949 年 8 月长沙和平解放，各公司轮船忙于支前运输，运费收入突增。不久，胡德初将自有的轮驳，分别入股复华、长潭两公司。1954 年 4 月民众公司被批准为长沙市第一批参加公私合营的湘江轮船公司，胡德初被委任副经理职。1956 年湘江公司并入省航运局，胡德初随企业进入该局任机务科副科长。1965 年正式退休。①

① 胡德初遗稿，胡则民整理：《经营航运六十年》，《长沙文史资料》第 4 辑，1987 年。

段楚贤

段楚贤(1889—1953 年)，名震寰，号蚩盦，新化人。出身于一个手工业主家庭，一生主要是在锡矿山飞水岩经营锑矿业。

段楚贤祖上从新化化溪迁到橡木山，以种田为生。父亲段仲昭从小丧父，除旧板房二间外，家无恒产，靠卖豆腐、织布养活寡母。后来，段仲昭到新化县城一位堂姑母开的“致中和”商店协助做生意，由于他精于心算，只凭五只手指，略加考虑，便能把一些数目算得丝毫不差，加上管账跑外，办事负责，深得其堂姑母信任。段仲昭在“致中和”逐渐积蓄了一些钱后，便想辞职自己经营商行。临行前，堂姑母感于段仲昭勤勤恳恳的工作，便慷慨以冷水江漩塘湾某庄屋的五六间木板房相赠。从此，段家便离开祖居橡木山，搬到了漩塘湾经营煤炭及铸锅厂，并将该处取名“大兴庄”。

漩塘湾大兴庄，在资水之滨，水路上可通邵阳、武冈，下经益阳入洞庭湖直达武汉，是冷水江地区一个重要的物资集散地。该地煤很多，尤其是小型的露天煤矿随处可见。如田再湾、仁德冲、岩里、黄家山、郑家岭、段家湾、株木山等地都盛产煤，价钱极其低廉，每担只需铜钱数百文。段仲昭抓住煤多等有利条件，冶炼生铁，开铸铁厂，生产铁钉、铁锅、秤砣、饭鼎和蒸烧酒的天锅、地锅等产品。生意越做越旺后，段仲昭便在田再湾、仁德冲等地买下煤矿，雇人开采，既作为炼铁铸锅的燃料，又开煤庄作

“毛板生意”。所谓“毛板生意”，就是指每年阴历三、四月，涨“毛板水”(头河水)的时候，运煤到汉口去卖。由于船是一种用未经刨光的、粗糙的木板钉成，所以叫“毛板”船。船大的，每艘可装煤2 000多担。因汉口缺乏煤和木材，运去的煤卖完后，可将船拆开，好的木板做料，差的当柴卖。段仲昭生意做大时，“毛板船”多达四五十艘，一路浩浩荡荡，获得的利润也非常丰厚，于是买田购地，扩建房屋。

段楚贤为段仲昭第三子，10多岁时去长沙明德中学求学，毕业后跟堂兄段汉卿一起到汉口学做“毛板生意”。家业大了，段仲昭唯恐儿子不肖，不能守业，每逢夜不成寐时，必将段楚贤唤至床前，谆谆教导勤俭自强、创业守成之道。父亲去世后，段楚贤开始经营锑矿。

段楚贤经营的矿区在飞水岩，这是一块盆地，北面有一条大瀑布，从10多米高的悬崖上倾泻而下，宛如巨练临空，颇为壮观，故称飞水岩。段楚贤的父亲生前，以十六吊铜钱买了飞水岩的一些山地，当时附近的罗家边、羊牯岭一带也发现了矿脉，这些地方，分别属于段楚贤的族叔祥柳公及族祖延沛公的产业，他们均无意开矿，段楚贤便卖去一些祖田，以银元4 000元买了罗家边，8 000元买了羊牯岭。

1920年，段楚贤开始组织人力开采锑矿。飞水岩一带地质结构属上泥盆纪，岩层倾斜，丰富的矿床成脉状以及袋状等形态，蕴藏深达50～80米。所以在最初开采时，虽然开了很深，耗费了大量资金，仍不见矿砂。段楚贤心里很清楚，如果关键时刻顶不住，就会导致一败涂地，甚至破产。于是在请教专家后，坚定信心，继续开采下去，终于见到了矿砂，而矿砂品位十分高，前景顿时一片光明。1924年左右，段楚贤在省有关部门备案后，成立了开源锑矿股份有限公司和源和冶炼厂，正式大量开采、冶炼锑矿。

开源公司自己直接开采的矿洞是“源远”1 号至 5 号，其中源远 1 号和 2 号专产青砂(很纯的矿砂)，矿砂产量很高。抗战前，这 5 个矿洞共有工人 1 800 多人，每天的产值在 8 000 至 10 000 银元。抗战胜利后，公司又增加了两个老矿洞，因此，矿洞名字改为天、地、玄、黄、宇、宙、洪，即天字号、地字号等 7 个矿洞。矿洞里最初抽水设备采用的是灌溉农田用的水车，效率低下，后来开源公司首创使用锅炉水泵抽水，效率大为提高。

开源公司除自己开采一部分矿外，其他矿地，找人承包。承包的包头首先要找一个有相当资产或者有一定地位的人作担保，然后和公司互订合同，规定开采地点、年限，并交纳一定比例的地价。手续办妥后，就由包头进行开采，开采期间，受公司保护，盈利和亏损，则由包头自己负责。如果碰上矿砂成色不高，或地下水多、资金消耗太大等情况，包头亏本而无力继续开采，可以提出自动放弃，或者由公司在一定时期内减免价款。合同期满时，双方再进行协议，或继续开采或结束承包关系。包头定点开采，出矿砂后，公司与包头分成。刚开采时，由于包头付出成本甚大，故所获利润，包头占 70%，公司占 30%；经一个时期后，矿砂产量日高，包头获利甚多时，公司所占的比例也逐渐提高，直到四六开，即公司占六成，包头占四成。抗战前出矿砂最多时，各包头每天的收入可达银 20 000 多元，按照比例，公司便可在包头承包部分分得 10 000 多元。开源公司和源和冶炼厂，经济上各自独立核算，但在隶属关系上，源和冶炼厂属开源公司管理。

段楚贤本着“用人不疑”的原则处理人事关系。开源公司及源和冶炼厂都设有经理，全权处理日常事务。段楚贤自己大部分时间驻守省会长沙，在长沙南门外建了两幢房子，一幢是天鹅塘48号，一幢是旭鸣里1号的萱圃。天鹅塘48号的主要建筑，是一座纯西式的、钢筋混凝土的三层楼房，里面有小花园及一些旧式楼房，并有一个十分牢固的地下室。整个面积约2千多平方米。萱圃是中西合璧的二层建筑，面积3千多平方米，四周筑有高大的围墙。住房左侧是一个很大的花园，里面有池塘、假山，名花异草也很多。抗日战争爆发后，段楚贤将池塘改建为钢筋混凝土的避弹室，每逢听到空袭警报时，敞开大门，让附近的人进来躲避。段楚贤在碧湘街设立"新化锡矿山开源锑矿公司驻长沙办事处"，该处聘任专人主持工作。矿山兴旺时，来开源公司及源和冶炼厂求职的人非常多。但是，段楚贤用人从不"滥竽充数"，宁肯天天招待饭食，而不轻易录用。雇用和提升工作人员，须经过业务考核，并按能力付给报酬，所以，职工都是熟悉和精通业务的，工作负责，效率高，并能独当一面。如当时源和冶炼厂有一估砂员杨某，经他估过的矿砂及其品种、成色、吨位均极准确，因此，这位估砂员的月薪达银元36元，在当时职工中是最高的。

公司和冶炼厂管理工作人员有总管账、内账、外账、出纳、总务、进手、总监工等，待遇都较高。公司矿工分石工、小工、地面零工、学徒工等。石工：在矿洞内打石、爆破，每月工资折合当月谷价四石左右发给银洋。小工：负责背矿石、车水。由于矿山的地质结构造成矿床成脉状或袋状，而土法开采，哪里有富矿就在哪里开，因此造成矿洞内高低不平。工人运锑出来，只能将矿石装在竹篾箕里，手提油灯，背出地面。如遇低矮狭窄处，或是斜坡，就得在地面匍匐而行。如果矿洞被地下水所浸，影响开采时，小工便要用旧式木水车车水。每月所得银洋，约可购得两石谷左右。地面零工：负责地面的一切零活，工资约可购谷一石半。学徒：每月工资八斗谷。

源和冶炼厂的工人有炉师、担石工、杂工等。炉师：负责配料、烧炉等技术工作，一般都是有技术的老工人，每月工资折合银洋可购谷三石至四石。担石工：负责运石进炉，每月工资约可购谷两石左右。杂工：负责为炼炉送风及其他一些零星活，每月工资约可购谷一石半。此外每年分红三次，即端午节、中秋节和过年。后改为两次，即半年一次，年底分红一般比上半年要多一些。

自从正式成立开源公司及源和冶炼厂后，段楚贤便实行了两项措施，一是全部工作人员及矿工的伙食，免费供应，二是看病吃药的费用由公司负担。公司和炼厂的伙食标准是每餐三荤三素，餐餐供应水酒，职员和工人待遇相等。矿工在各厂自设的饭堂吃饭，每餐二菜一汤，饭管饱。矿工每月“打牙祭”四次，两次小牙祭，两次大牙祭，基本上是每星期一次。小牙祭吃牛肉、豆腐干之类；大牙祭则吃粉蒸肉和大鱼等。开源公司聘有中医3人，专为矿工及工作人员看病。有病的矿工，由包头或监工写条子去看病，捡药则指定专门的中药店记账。后来锑业管理处办了一所矿山职工医院，为职工服务。此外，锑业管理处办了两所完全小学。全称是锑业管理处锡矿山商工子弟完全小学，第一完小在陶塘，第二完小在飞水岩。飞水岩办校的房子，是段楚贤借出来的。两校设备完善，师资水平较高。学生主要是矿、商子弟，也有少数附近的农民子女，全部费用免收。

1936年1月前，锑砂炼成纯锑后，多由私商收购出口。当时，开源公司的锑矿，都是卖给长沙华昌公司的李国钦。后来，国民政府成立锑业管理处，统一收购管理。1938 年下半年起由四大家族所控制的资源委员会收购。资源委员会为了坐获暴利，突然降低纯锑收购价格。据 1938 年 7 月 16 日及 22 日的《矿山日报》所载，锑由每吨 571 银元降至 412 银元，每吨下跌 159 银元。价格的大幅下降，引起了工商界的骚动和恐慌。经锑业公会的执监委员会商议，公推段楚贤及谢干青、晏华伯、杨执端、钟笃余 5 人为代表，向锑业管理处交涉，要求维持原价，工人也派出代表向驻山的锑业管理处驻矿山办事处请愿。

在抗战前的全盛时期，锡矿山方圆十多里的地方，矿工、挑夫、商业人员及其他居民多达 4 万多人，热闹非凡。资水、涟水流域，特别是蓝田、湘乡等地受益很大。抗日战争爆发后，锑业一落千丈，抗战八年中，矿山境况，一日不如一日。到抗战后期，属开源公司自己开采的矿洞，每天产砂只 10 多吨，提炼后的纯锑，不过 2 吨左右。1945 年夏，日军窜入新化，矿山被迫停工，人员疏散，开源公司和炼厂各只留 40 人看守厂房。抗战胜利后，虽然逐渐恢复生产，但已不能再现过去的黄金时代了。

从年轻时候起，段楚贤就热衷于社会福利事业。1921 年 5 月至 7 月，家乡大旱，滴雨未下，田地龟裂，禾稻焦枯，饿殍遍地。见此情景，段楚贤用船在益阳、汉口运了几万担蚕豆救灾。又在大兴庄的门口，用两只大铁锅煮粥赈济灾民。以后每逢天干水涝、乡下饥民多时，便要开仓济民。

抗日战争时，段楚贤积极支援抗日，对于缴纳救济难民捐、抗日战士的寒衣捐等毫不吝啬，动辄以万计。如在捐献飞机活动中，就捐了好几万银元。新化县原有 128 村，段楚贤曾每村捐谷 100 石，作为济困周转之用，群众称之为“段捐积谷”。因管理完善，直到解放时还有不少村子保存着积谷。段楚贤还热心教育，为乡里培育人才，并奖励有志青年升学深造。1941 年段楚贤特拨出银洋 12 万银元设“楚贤奖学金”，奖励新化籍大学、中学生。1943 年，湖南省著名教育家邬干于夫妇率他们所办的“实验中学”学生 100 余人，从蓝田辗转来到冷水江。邬系美国留学生，新化人。当时，段楚贤慷慨地将漩塘湾大兴庄的一些老房子借给他们作为宿舍和教室，并在各方面给予支援。段楚贤又曾捐银洋 1 000 银元，给新化县城的私立上梅中学作为经费。

段楚贤有藏书的爱好。抗战时，全家回到家乡新化，在冷水江漩塘湾大兴庄的旧居旁，又建了几幢楼房，其中环碧楼专作藏书之用，藏有《万有书库》、抗战前在上海商务印书局定购的《四库珍本》等各种书籍，这些书都分装在红、黑两种颜色的樟木箱内，大概有 100 多箱。他还珍藏了许多名人碑帖、名人书画真迹。藏书之多，类别之广，为新化县之首。

除矿山外，段楚贤还有一些其他的经营。如抗战时期在中涟溪建了一个果园，占地约数十亩，其主要栽种美国和英国的无核蜜橘，其次是樱桃、板栗、木瓜等，又在果树中间种花生、黄花等。收成时，蜜橘果大如碗，甘甜如蜜。新中国成立后，橘园作了矿山的矿工疗养院。1945 年在中涟溪段庄，利用原有的老式平房，开设了一个小织布工厂，有旧式手摇木机 20 多部。工厂生产大众化的罗巾、蓝布、青布以及其他色布和各种格子布。

1948 年，国民党政权如日薄西山，解放军势如破竹，挥戈南下。当时段楚贤正住省会长沙的南门外天鹅塘 48 号，此处成为了湖南民主人士迎接解放的秘密聚会点，当时参加起义的原国民党绥署副主任唐星秘密住在段家。后来和谈代表团也在此举行过第一次会议。8 月，段楚贤时在矿山，新化地区党的地下工作人员缺乏经费，段楚贤支援了黄金 32 两，银元 3 000 元。另外拿了银元 500 元，由地下党派潘世盛、刘培增等同志护送转交解放军 147 师。年底，有人说段楚贤将大量金银运去香港，因此引起了国民党湖南警备司令部的注意，并被带到警备司令部拘留了两晚。后来，查明无此事，并在写了 10 吨纯锑的条子作为警备司令部的饷银后，才允离开。后来段楚贤回到矿山住了一段时间后，于 1949 年 6 月乘火车经广州去了香港。在港知道原国民党高级将领唐生智、老朋友李觉等准备起义迎接解放而缺乏经费时，便从香港汇寄了 10 000 银元。新中国成立后，国家发行第一期建设公债时，段楚贤在香港仍写信授意留矿人员，购买公债达 2 亿多元(旧币)。段楚贤在港曾和人合股开过灯泡厂，创办过电影公司。1953 年 9 月 1 日逝世于香港。①

① 段吉璋:《我的父亲段楚贤与锡矿山锑矿业》,《湖南文史资料》第 29 辑，湖南人民出版社 1988 年版。

丁鹏翥

丁鹏翥(1891—1958 年)，号博生，原籍湖南衡阳，清光绪十七年(1892)出生于长沙观音巷，中国羽绒工业创始人，湖南近现代著名实业家。

丁鹏翥自幼聪明、勤奋好学，中学毕业后以优异成绩考入湖南法政专门学校。1912 年毕业后，当时正值辛亥革命推翻清王朝建立民国之际，中国处于战乱纷争、内忧外患的年代，面对帝国主义的殖民入侵和国内政治的黑暗，丁鹏翥决心致力于创办实业，走实业救国之路。

1918 年，由于殖民帝国主义的经济入侵和国内军阀混战，中国民族工业受到严重摧残。在他的家乡湖南，因当局滥发纸币，致使通货膨胀，洋货充斥市场，工厂纷纷倒闭，大量工人失业，湖南经济陷入极度困难的境地。目睹当时的现状，丁鹏翥忧心如焚，如何开发利用湖南本地资源发明制造一种产品抵制洋货、造福家乡人民，成为他初创实业的一种信念。在一无资本，二无经验的艰难条件下，为了探索出利用湖南当地资源实现创业梦想的道路，他成天在图书馆查阅书籍与报纸杂志，希望从大量有关实业的资料中受到启发。通过对当时湖南工业生产和贸易情况的仔细分析，丁鹏翥发现：在通货膨胀的情况下，一般民众对货币交易存有戒心，如果经营出口贸易不仅大有可为，而且还可以避免因通货膨胀给省内和国内贸易带来冲击。但是，当时湖南的出口贸易，如牛皮、山货、猪鬃、桐油、矿砂等，多属专营，素来为巨商大贾所操纵垄断，依他当时的条件，根本无法插足。在这种情况下，丁鹏翥只有另辟蹊径、寻求他途，企望发掘"人弃我取的未尽之利"。① 他朝思冥想，苦寻可以利用的资源，通过深入调查研究，终于发现废弃的鸡、鸭、鹅毛很有利用价值。他认为鸡、鸭、鹅毛原料充足，价格便宜，收购容易，若将其加工出口，便可变废为宝。

1918年初，丁鹏翥开始搜集被人遗弃的鸡、鸭、鹅毛，并与妻子一同试验制成样品。起初，他采用手工操作，在堂屋中摆上两张大方桌，将一堆堆鸡、鸭、鹅毛放在桌子上面，用手搓口吹的办法去掉杂质，提选出纯毛，然后用水洗净晒干，按粗细分等包装寄往汉口试探销路。他的产品得到了外商的认可，但同时来信要求选净粗翅、剔净灰渣等杂物，绒毛才能符合外贸出口的要求。根据外商所提出的要求，丁鹏翥认为：如果单纯依靠手工操作，不仅生产效率低下，而且难以达到国际标准；同时在手工搓揉的过程中，羽毛中散发的灰尘和腥臭味不仅非常刺鼻难闻，而且使人顿觉呼吸紧促，极易导致疾病。但正是在这种极其艰苦的手工操作过程中，丁鹏翥发现以手搓毛、毛中有绒，而且因人的呼吸所吹动，绒毛轻而容易飞散。当时丁鹏翥便试以自己的肺活量，他用力吹动搓散的绒毛，绒毛因轻重不同而飘落的远近也不一样。这一发现，使丁鹏翥产生了将粗毛和绒毛分开，以绒作原料的念头。他觉得绒为羽中佳品，利用价值应该更高，如果能用机器代替手工操作将粗羽和细绒分开，则不仅能够提高生产效

① 王和政：《鸭绒被创始人丁鹏翥》，《湖南文史资料选辑》第22辑，湖南人民出版社1986年版，第156页。

率，而且还可以获得更好的经济效益。基于这种设想，丁鹏翥决定研制一种可以代替手工操作的提绒机械。随后，他毅然携家眷回到原籍衡阳，一方面继续坚持手工提绒，同时开始研发试制提绒机械。当时，国内还没有这类机器设备，就是在工业发达的欧美也极为罕见。他怀着一腔实业救国的热情，克服既没有先例可循，又没有技术资料和资金支持等多种困难，通过反复设计，反复试验，反复改进，反复对比，图纸画了一张又一张，机器装了又拆，拆了再装，历经数月，终于在 1918 年 4 月成功试制出第一部铁木结构的提绒车。接着，他又成功试制出展羽车及煮洗、消毒和烘绒等设备，并于当年 7 月全部完成。这年冬，丁鹏翥按照当时北洋军阀政府颁布的《暂行工艺品奖章条例》之规定，将自制的机器图样、模型和说明书一并寄往北京农商部，请求审查是否属于发明。次年 3 月，他收到农商部的复函，并邀请他到北京当面洽谈。丁鹏翥到京后，就地将原机器稍加改进，然后回湖南等待复审。1919 年 4 月 28 日，丁鹏翥接到农商部第四九六号批复函，"查所制羽绒机器，经本部审查，尚属实用，应准按照《暂行工艺品奖章条例》给予专利五年，以示鼓励，填发奖励执照一纸，仰即具领……"①同年 9 月 27 日，湖南省政府公报正式公布了这一消息。丁鹏翥成为湖南历史上发明制绒机器并获得专利权和奖励的第一人。当时欧美各国还没有发明类似的提取羽绒机器，他发明的机器也是世界上第一部提取羽绒的机器。

获得羽绒机器发明专利权后，为了扩大羽绒制品的生产和销售，丁鹏翥于 1920 年初携家眷返回长沙，并随即着手筹办工厂。

---

① 王和政：《鸭绒被创始人丁鹏翥》，《湖南文史资料选辑》第 22 辑，湖南人民出版社 1986 年版，第 158 页。

为了筹集资金，从不愿求人的他不得不求助于亲友，经多方努力，终于租得长沙贫民工厂做厂址，在长沙市堂皇里创办起我国第一家羽绒企业——长沙华新羽绒公司。他聘请部分原贫民工厂的工人，安排两名管理人员，自己也每天亲临工厂指导生产。机器的研制和工厂的创办，几乎用尽了他的全部家资。办厂初期，他们全家的生活开支已经到了只能靠典卖来维持的地步，但生活的窘困和创业的艰辛并没有动摇丁鹏翥实业报国的强烈信念和执著的创业决心。他拒绝亲朋好友要他向政界求援的劝告，坚持艰苦奋斗、勤俭创业，通过苦心经营，终于使工厂得到良性发展，并取得显著的经济效益。当时，丁鹏翥用典卖书籍和衣物的数十元钱购进面料，制作了第一批印有"丁"字商标的羽绒制品，并以华新羽绒公司的名义在报纸上刊登出售广告，获得畅销。随后，丁鹏翥又在羽绒提取方法和羽绒被制作工艺等方面进行创新，他发明横行衣胆和筛绒方法，并采用算绒法制作羽绒被，使生产效率和产品质量大为提高。

1921 年，为了扩大产品销售业务和公司发展需要，华新羽绒公司扩资组成华新羽绒股份公司，丁鹏翥任董事长兼总技师。次年，为了吸收更多的资金用于扩大生产，公司决定正式招股融资，并于同年 8 月 23 日成立华新股份有限公司，公司股本 2 万银元，丁鹏翥当选为董事长，个人认购股份 0.48 万银元。华新股份有限公司成立后，生产规模不断扩大，产品销路日益拓展，获得了丰厚的利润回报。与此同时，公司还在宝庆、常德等地设立原料收购点，大量收购原毛；在汉口设立分庄销售羽绒制品，扩大产品销路，公司效益大幅提高。

为了公司的长远发展和羽绒工业的需要，丁鹏翥没有将羽绒机器发明人和发明专利作为入股资本，而是自动取消自己应得的报酬，将有限的资金用于技术改进和人才培养。1923年，丁鹏翥对“丁制鸭绒被”进行改进，设计制成三层式鸭绒被。这种鸭绒被选料严格，制工精良，而且具有轻软柔和、御寒力强、能浮水、体积小、易折叠和便于携带等特点，因而远销世界各地，深受广大消费者的欢迎。1924年，丁鹏翥又对羽绒机器进行改良，并于同年6月16日再度获得农商部授予专利5年。1924年，华新股份有限公司因股东纠纷而解散，丁鹏翥重新独资经营华新公司，继续从事羽绒工业。1927年，他再次对羽绒机器进行技术改进，获得专利5年。同时，他还对三层式羽绒被和横行衣胆的制作方法进行改良，也获得专利5年。由于坚持技术改进和不断创新，华新公司生产的丁制羽绒产品具有质量优、出绒快、效率高、品种多、产量高等特点，受到国内外消费者的青睐，先后获得工商部、农商部、上海总商会的奖励。公司的羽绒制品主要有被褥、枕垫、车垫、衣、裤、背心等众多种类。1932年，在湖南国货馆开业时，丁记羽绒制品陈列的展台格外醒目，一只羽绒枕头漂浮在一盆清水中，上面载着一个瓷娃娃，闪烁斑斓的霓虹灯映出“可以浮水”四个大字。丁制羽绒品以质量上乘著称于世，在参加各种国际博览会上，先后获奖多达30余次，特别是在参加巴拿马万国博览会上，其产品比欧美同行更胜一筹，获得了“中国特产奖”，为中国人民赢得了荣誉。从此，华新公司生产的丁记羽绒制品驰名中外，畅销海内外，在国际市场上享有极高的声誉。抗日战争爆发前，丁记羽绒制品经上海大世界分庄远销香港、日本、美国等地。

丁鹏翥从事经营羽绒工业达30多年，他为人诚实守信，勤劳正直，乐于助人，对官场的腐败深恶痛绝，曾多次拒绝国民党政府所授的官职，以自己的毕生精力为开创中国羽绒工业做出了贡献。早在1925年，他就将羽绒工业生产和营销经验加以总结，著有《整理中国羽绒贸易商榷书》，发表在当时的《湖南实业杂志》第45册上，文章希望在全国通过推广羽绒业生产，以挖掘经济资源未尽之利，使中国工商业繁荣起来。20世纪30年代末，丁鹏翥在华新羽绒公司内设医药专柜，进行施药济贫，年均支付药费达上千元。同时，丁鹏翥还积极倡导合作事业，他创办长沙群益合作社，开办合作实施人员训练班，主编《湖南合作》刊物，发起成立湖南合作联社和合作协会，出版《合作事业》、《合作概要》、《合作生产》等20余种著述。他认为："合作乃为解除一般人民所受经济上困苦之运动。"试图通过合作运动使"各种经济行为，咸趋于合理之革新"，"各项民生需要，得到均等之满足"。他的合作理论与实业报国思想如出一辙，体现了强烈的富国利民愿望。此外，丁鹏翥还十分热心教育事业，曾捐资并担任长沙修业学校、衡清小学董事等职。长沙和平解放前，因政局动荡，物价飞涨、货币贬值。为专门办理员工粮食配发，当时的湖南省政府成立员工消费合作社，由丁鹏翥担任总经理。

中华人民共和国成立后，丁鹏翥主动放弃股息，将其在长沙市中山路的生产厂房及所有相关设备折资1.8万余银元，全部投入华新羽绒公司，并交归人民政府作为新中国国有企业进行试点。为了新的发展需要，他受命草拟全国羽绒工业发展计划，对新中国羽绒事业的发展蓝图提出了初步的设想和规划。他曾担任长沙市轻工业公司董事长兼湖南鸭绒厂厂长，晚年以抱病之躯将毕生发明羽绒机器与创立中国羽绒工业的经验加以总结，写成《羽绒工业》一书。1958年，丁鹏翥因病在长沙逝世，享年67岁。另著有《衡望堂从书初稿》传世。

陶伏生

陶伏生(1890—1972 年),清光绪十六年(1890)出生于长沙县沙坪乡,自幼聪明能干、机灵敏锐。童年时期,便只身来到长沙城里谋生,在西长街“人和福”油盐花纱店当学徒,后成为该店店员。经过多年实际工作的磨砺,陶伏生积累了丰富的油业经营经验。1927 年,他自任经理,在长沙市小南门独资开设“美记油行”。美记油行以经营桐油、茶油、菜油、棉油等植物油为主业,其中尤以出口桐油为大宗商品,由于讲求诚信、管理有方,经过十多年的经营发展,油行积累了雄厚的资本,成为当时湖南省经营销售植物油行业中的巨头。

抗日战争爆发后,美记油行的经营业务受到很大影响。1938 年长沙“文夕大火”,油行损失惨重,加至日寇的入侵,油行被迫关闭停业。抗战胜利后,1945 年 10 月,美记油行在长沙市茨山街重新开业。油行复业后,根据当时的行情,陶伏生果断以行业名义投资 2 万银元加入官营湖南省植物油厂,并被受任为董事。由于抢得先机和经营策略有方,美记油行业务繁忙、销量大增,逐渐成为同行业的龙头老大。美记油行的桐油出口远销欧美各国,年销售量近 6 万担,约占当时湖南全省年总销量的 9%,获利丰厚。从 1945 年 10 月开业到 1949 年上半年,短短 4 年间,油行积累资金达近 100 万银元。

美记油行总行设在长沙,并附设有储油仓库、炼油厂和成套的检测设备。为了拓展业务、扩大对外出口贸易，油行在上海、广州、香港以及省内常德、津市、大庸（今张家界市永定区）等地设立分支机构。分支机构的设立，使美记油行的销售市场更为广阔，经济信息更加灵通，业务经营更是得心应手。与此同时，为获取巨额的汇率利润，总行又另辟蹊径，倾以全力在长沙、上海、香港和广州等地开展汇兑业务，每天汇兑成交的头寸（资金）不亚于当时一家中等银行的资金流通量。同时，为了取得更加可靠的金融支持，油行还与当时的中国和交通两家银行建立密切业务关系。中国银行与美记油行订立特约仓库合同，允许油行出仓单可作抵押70%的现款；[①]而交通银行则给予更加优惠的条件，允许油行资金往来可以透支。当时长沙城里的聚兴诚、亚西、和诚等多家银行以及大小钱庄，都希望与油行有业务往来，无不以能与美记搭上关系为荣，致使油行生意兴隆，获利丰厚。

陶伏生为人精明强干、管理有方、富有远见，凭借丰厚的油业经营经验，使美记油行成为当时湖南省植物油行业的巨头。极盛之时，油行员工达60多人，大多为业务能人，而且文化程度较高，其中有大学文化程度的3人，他们通晓外语、精于外贸。油行管理分工细致、职责分明，既各司其职，又协同一致，充分发挥各自所长，调动员工的积极性。陶伏生管理长沙总店，总揽油行全局，在经营管理上有其独到之处：

一、讲求诚信，注重质量。他常言“人无信不立，信誉是活资金”。在长达20多年的油行经营中，他总是以诚信待人，凡业务往来不分大小得失，一言为定，从不反悔；对出口商品，严格按照海关标准，力求炼油纯净、精益求精，做到不返工，不退货；对

---

① 陶景宏：《美记油行与陶伏生》，《长沙文史资料》第4辑，1987年版，第143页。

内销市场，十分注重各种油脂质量，做到不掺杂，不短斤少两，因而深得客商的信赖和社会的赞赏。长沙“文夕大火”，油行资产损失惨重，但陶伏生注重信用，及时将在途商品和各分店财产进行变卖，作为了清债务和职工遣散费用，而自己却退居农村，过着十分艰苦的生活。1945 年油行复业时，仅只有一间棚屋、五名员工和少量生产工具，当时长沙对外交通阻塞，而各地所产桐油又蜂拥运往长沙，造成桐油大量积压，求售无主。陶伏生见此情形，立即派其长子陶镜清至上海与昔日曾经有往来关系的各商联系，随即得到上海客商恒和、大来等 4 家油行的大力支持，并汇来大量资金、收购桐油运抵上海出口。从此，美记油行又东山再起，生意蒸蒸日上。

二、善把商机，重视信息。陶伏生对于经济信息特别重视。光复后，币值极不稳定，一日数变，企业成败端赖金融信息灵通。油行吞吐量较大，一笔交易动辄万金，产销必须衔接，结汇必须恰当，汇兑必须及时，才能操其胜算。陶伏生每天日间处理繁忙的交易，晚间辄深夜不眠，处理各分庄往来函电，稍有疑难即以电话联系，作出记录，稳稳当当，以定决策。为争取出口结汇的时间，有时港穗之间派人乘飞机，一日往返 4 次之多。

三、尊重人才，用人有度。陶伏生视人才若珍宝，爱护备至，对于关键人物，优礼有加，促使全体员工同心协力，以发展企业为目标。1948 年，招收一批学徒，品貌要求端正，学历要求高中，进店后给予时间学习业务，以提高工作能力。年终对职工论功行赏，奖金优厚。

四、管理有方，服务第一。油行视顾客为企业兴衰成败的关键，订出为顾客服务和若干优惠措施，热情待客，对产油区的自销客人，作价、寄存均予方便。滞销时不压级、不压价，还允许卖给同行商店。经济上帮助出仓库抵借款项等。这样使油源不竭，近悦远来。长沙解放前夕，陶伏生全家迁居香港，长沙店务委托陶景宏负责，独立核算。1954 年申请公私合营，合并于建湘瓷厂。1972 年，陶伏生在香港逝世，终年 82 岁。

唐伯球

唐伯球(1891—1960 年)，原名启虞，后名伯球，字以行，常德人。幼年随父读《三字经》、《幼学琼林》等启蒙读物，养成了爱读书的习惯。清末，其父在常德与聂岸湖兴办高等普通学校，并任国文教员。1902 年，唐伯球随父入校就读，与林伯渠同学。

1909 年，唐伯球至长沙入明德中学学习，1912 年考入湖南甲种工业专门学校。这所学校民主和科学的气氛很浓，很快使他萌发了工业救国的志向，勤奋地学习采矿、冶炼等专业知识。1916 年，唐伯球在任衡阳第三甲种工业学校矿科教员时，利用课余和寒暑假，走遍湘南、湘西 10 余县，发现了多处锑、钨等稀有金属矿藏，他还深入久享“锑都”美誉的锡矿山，走遍了 10 里矿区的 600 多条坑道，同工人一道打钻、运石，这些都成为后来他与人合作编写《采矿学》和《冶锑学》的基础。1917 年，程潜任湘军总司令，率部护法，孙中山派林伯渠、覃振至衡阳劳军，二人于是劝唐伯球弃职从军，唐乃随军参加国民革命。1918 年，林伯渠任湖南省财政厅厅长，委任唐伯球为矿务科技士。随后，唐伯球又得到父亲的好友林支宇的推荐，先后任民政厅矿务科技正、财政厅矿务科科长、实业司第三科科长等职。1920 年由覃振、周震鳞介绍，加入了孙中山创建的中华革命党。

1924 年，唐伯球随林支宇、覃振参加熊克武领导的湘军第一军，任警卫团长，率部参加北伐。孙中山病逝后，蒋介石诬陷熊克武与陈炯明有勾结，召之入穗，将熊克武羁押，熊部被包围缴械。唐伯球与林支宇、覃振逃到上海，过了一段流亡生活。在沪期间，唐伯球重新确定了学生时代工业救国的信念，并从此走上了工业救国的道路。他认为，中国要富强，工业化是必由之路，要发展工业，必先发展采矿业。当时第一次世界大战爆发，军用物资紧俏，矿砂价格猛涨，而湘赣及西南诸省矿藏丰富，亟待开发，唐伯球由此想致力于采矿事业。1928 年，唐伯球出任湖北枝江县长，次年由鄂返湘，经覃振介绍认识了何键，被任命为湘西公路接收委员会主任委员。1932 年，唐伯球任水口山铅锌矿矿务局局长。上任后，他深入矿区调查，发现各矿区存在的普遍性问题：一是缺资金；二是缺设备；三是缺技术。为此，他多次跑省城长沙筹集资金，找省内外大型矿区购买淘汰的旧设备加以改造，请工程师培训工人，提高工人技术。①

1938 年，唐伯球任湖南省第一纺织厂厂长。此时，正是抗战局势日趋紧张、严峻时，环境艰苦，任务繁重，而当时湖南省的工业主要集中在长沙及粤汉铁路沿线。唐伯球认为，这些工业用于抗战，能提供大量的军需民用物资，如果落入敌人手中，就会大大加强日本军国主义的经济力量。为此，唐伯球向当时的国民党湖南省政府主席张治中建议，将长沙及粤汉铁路沿线工厂搬迁到湘西南，得到后者同意，并立即开始实施。长沙“文夕大火”后，第一纺织厂奉令迁往安江。限于条件，大型机件物资只能用木帆船装运，先由长沙迁移沅陵柳林汉，然后改迁黔阳县安江建厂，如此辗转搬迁，溯沅水而上至黔阳，实属不易。一路上，冒

---

① 张书志：《殚精竭虑谋报国——记爱国民主人士唐伯球》，《湘潮》2005 年第 11 期。

着日军的炮火，历尽艰辛，可以想见。搬迁中，作为厂长的唐伯球经常亲临一线指挥，与船员、职工一道同甘共苦，任劳任怨，坚持不懈，终于克服了诸多困难，于1940年完成搬迁、安装工作，在安江开工生产。其时，上海、青岛等地纱厂相继陷落，后方棉布奇缺，安江纱厂此时的开工生产，在一定程度上满足了抗战军民之需。①

不久，新任湖南省政府主席薛岳派其同乡兼亲信雷泽榴到第一纺织厂任副厂长。雷恃薛为后台，刚愎自用，独揽厂权，唐伯球难以与其共事，坚决辞卸厂长职务，请准在安江大土畲坪地方将长沙“文夕大火”后运到安江的残余机件，清理擦洗，陆续拼凑约4 000锭，筹设第二纱厂，开工生产。1945年抗战胜利后，一、二两厂合并，雷随薛去职，唐伯球才被重新任命为厂长，他筹集资金购地，添置纺机，扩充设备，并兴建纺织房、储棉房、机修房、动力房和职工宿舍，使纺织厂获得了新的发展，当时湖南的军需民用纺织品均由该厂供应，唐伯球也被称为后方的“纺织大王”。

抗日战争期间，唐伯球先后与省内一些官商合股，艰苦创业，惨淡经营，在桃源、沅陵、辰溪、长沙等地开办双利钨矿公司，既开采钨矿，又经营进出口矿砂，同时还开办利生纺织厂、利华橡胶厂、精一化工厂等企业，遂其实业救国之志，又从物质上为支援抗战做出贡献。在衡阳、安江，他经营地皮、粮食，获利甚巨，从而逐步成为湖南实业界有影响的人物。

抗日战争胜利以后，唐伯球积极主张和平建国，并于1946年

---

① 唐鸿钧，章劲柏：《唐伯球在实业界和军政界的经历》，《湖南文史资料》第29辑，湖南人民出版社1988年版。

当选为湖南省参议员。1948 年 10 月，蒋介石密令将湖南中央银行库存黄金、白银运往上海，转运台湾。唐伯球获悉内情后，召开省参议会，商讨对策，并报告省政府秘书长邓介松，由省政府出面干涉，封存所有的黄金白银作为金圆券的保证金，不准外运。1948 年 12 月 21 日，在程潜支持下，唐伯球当选为省参议会议长。1949 年 1 月，唐伯球组织参议会讨论和平问题，并以省参议会名义分别向蒋介石和毛泽东发出电报，呼吁和平。他在致毛泽东的电文中表示："本会等竭尽智慧，为先生和平决策之后盾。"在致蒋介石电文中，则强烈要求取消一切戡乱措施，停止征兵征粮，释放在押政治犯。唐伯球还通电李宗仁，请其接受中共和平条件；反对白崇禧以临时粮券向湖南人民预征粮食；公开反对南京国民政府以金圆券收兑民间黄金白银运出湖南；反对以现金或实物高价收购湖南的钨、锑，并多方阻止其运出湖南；通过由湖南省银行发行辅币券，并自铸银元，用以抵制日益贬值的金圆券在湖南流通。唐伯球的努力，对程潜在湖南实现局部和平、反对南京国民政府对湖南进行经济掠夺等，都起到了一定的作用。①

新中国成立后，唐伯球先后任湖南人民临时军政委员会委员，湖南省首届、二届各界人民代表会议代表，中南财经委员会委员，中南行政委员会参事，民革湖南省委常委、民革中央团结委员、第四届民革中央候补委员等职。进入花甲之年的唐伯球，认真学习时事政治，学习党的方针政策，拥护中共中央关于抗美援朝保家卫国的重大决策，参加和平签名运动，履行抗美援朝的

---

① 张书志：《殚精竭虑谋报国——记爱国民主人士唐伯球》，《湘潮》2005 年第 11 期。

各项义务。在对工商业的改造中，唐伯球主动将其拥有的价值一亿元(旧币)的企业股票交出，支援国家经济建设。他还先后担任了第一届、第二届湖南省人大代表，湖南省人民委员会委员，湖南省参事室副主任、主任，第一届、二届湖南省政协副主席，为湖南全省的长远发展建言献策，为社会主义事业贡献力量。特别是在经济建设方面，他提出了不少有价值的建议，受到政府的重视和采纳。

饶湜

饶湜(1892—1974年)，字彧安，湖南长沙人，我国西法炼锌工业开拓者，近现代著名冶金专家、实业家。

清光绪十八年(1892年)农历三月二十九日，饶湜出生在长沙县东乡尊阳都四家塅(今长沙市雨花区金井镇附近)一个农民家庭。他的先祖都是世代种田为业，父亲饶棣棠除种田劳作外，还要靠帮人打短工和跑买卖来养家糊口。为了能供儿子入村私塾读书，饶棣棠发奋学医，并成为当地一位小有名气的乡村郎中。1906年举家从乡下迁到长沙城内居住后，饶湜先后进入官立十七号初小和明德高小读书，毕业后转入旧制经正中学(明德中学前身)，直到1911年修业期满。当时正值辛亥革命前夕，在学校的熏陶和社会的影响下，饶湜决定走实业报国之路，确立以振兴祖国工业为己任的远大理想。他打算中学毕业后升入高等学府继续深造，但此时，他父亲的医业不振，加之家庭添丁加口、人口日蕃，行医诊费所得难以维持家用。劳碌一生的父亲想让他辍学就业以减轻家庭负担，但饶湜决心已定、矢志不移，决定继续升学以实现实业报国和振兴民族工业的愿望。他的父亲见其意志坚定，便不再强求，只好听任他的自我抉择。当时，他的家境已无力再供他继续升学读书，为了筹集继续上学的费用，1912年初，饶湜离开长沙到醴陵县北乡文昌阁小学做了一名小学教师。教了半年书后，他积攒了30多银元工资。这年秋天，饶湜以这30多银元工资作学费，进入湖南高等工业专门学堂(今湖南大学前身)采冶系深造。

在湖南高等工业专门学堂读书的3年时间里，饶湜利用假期和课余时间去兼职代课或做家教，以微薄的收入来支付学费和日常膳食之用，他孜孜不倦、刻苦攻读，以顽强的毅力修完全部课程，并以优异成绩按时毕业。

1915年湖南高等工业专门学堂毕业后，饶湜被湖南矿务总局派往水口山矿务局实习3个月。实习期满后，他担任该局的测绘员。1916年，饶湜被调到长沙湖南黑铅炼厂任职，他先后担任监炼员、烘砂炉分班主任、鼓风炉主任、副总工程师、总工程师等职。

湖南常宁水口山铅锌矿历史悠久，自1906年水口山矿务局采用西方先进开采技术后，铅锌矿砂的产量逐年增加，到第一次世界大战期间，铅、锌矿砂的年平均产量分别达到9 000吨和25 000吨以上。当时的铅矿砂主要运往长沙，由设在长沙的黑铅炼厂采用西法冶炼，技术比较先进；而锌矿砂则主要由常宁县松柏镇官办的白铅炼厂采用土法冶炼。常宁土法炼锌源于隋唐之际，世代相袭，至今已有上千年的历史，但土法炼锌设备简陋、技术落后、质量低劣，而且能耗高、效率低，冶炼回收率仅为45%，每吨耗煤高达17吨，是西法炼锌能耗的3倍，因此成本很高，当时的湖南省建设厅对此甚为不满。为了降低成本、提高质量，湖南省建设厅于1931年底派饶湜前往常宁担任松柏白铅炼厂工程师，并负责对土法炼锌进行技术改进。饶湜赴任后，他亲临炼锌现场进行调查研究，对土法炼锌过程中的恶劣劳动条件和触目惊心的资源浪费有了更加深刻的认识。为了改进炼锌技术、提高炼锌质量，通过调查研究，他发现土法炼锌能耗高、质量低劣的主要症结就在于焙砂质量的好坏，要改变这种状况，就必须首先从改善焙砂质量着手，因此，他决定对落后的焙砂设备和焙砂工艺进行改造。他自行设计建造了一座新式反射炉，用来焙烧锌精矿砂。经过完全焙烧后的燃砂含硫量大大降低，从而大幅提高了土法炼锌的回收率。正当饶湜准备下一步着手改进蒸馏设备和蒸馏工艺以提高炼锌的产量和质量时，想不到竟遭到一些墨守成规的守旧人士的反对，部分不明真相的工人也误以为如果改革成功，他们就将失业，因而对改革产生了抵触情绪，甚至对新建的西式焙砂炉也弃而不用，以致土法炼锌的改革工作中途受阻，无法再继续下去，于是湖南省建设厅又有转向西法炼锌的意向和动议①。饶湜在常宁松柏对土法炼锌进行的改革虽然受挫，但并没有动摇他探索炼锌工艺、创办西法炼锌工业和投身祖国炼锌事业的决心。

近代湖南官方寻求西法炼锌技术由来已久。早在1918年8月，当时的湖南督军军阀张敬尧就曾与美国财团——太平洋实业公司签订了合资经营西法炼锌的草约，并由该公司提供10万美元作为试制炼锌蒸馏罐的经费，由炼铅厂的德国籍工程师韦加克负责此项试验。当时，在韦加克的主持下，在位于长沙市灵官渡的矿务局的一个堆栈里进行了长达半年的试验。但由于试制的炼锌蒸馏罐在试烧时，炉温还没有达到1 200℃，罐体就已经溶蚀烧坏，根本达不到炼锌时需要保持1 300℃高温的技术要求，因而在技术上宣告失败。与此同时，由于签订的草约中有许多丧权辱国的条款，因而遭到全省人民的强烈抗议和反对。迫于舆论压力，湖南当局被迫宣布废止与美方签订的草约，至此，湖南首次寻求

---

① 饶敦朴：《父亲饶湜》，《长沙文史资料》第4辑，1987年版，第148页。

西法炼锌计划以失败而告终。

1930年初，因缺乏先进冶炼技术和大规模冶炼能力，导致湖南省内锌矿砂严重积压，受到产能限制，只得将大量锌矿砂销往欧美和日本等国。当时的洋行洋商也趁机百般刁难、压价收购，一吨锌矿砂的售价竟低至4.8～5.8银元，比煤炭还低，甚至不及一担大米的价格。而另一方面，锌作为军需民用的重要原材料，我国国内需求又非常迫切，由于土法炼锌产能有限、质量低劣，国内市场几乎全被洋锌所垄断，形成既利权外溢，又受制于人的尴尬局面，以致有志之士无不引以为耻①。迫于形势和社会舆论压力，湖南省建设厅不得不再次提出筹建西法炼锌厂，以改变这一两难局面。正是在这种情形下，饶湜受命主持研制西法炼锌的试验工作。

西法炼锌又叫"横罐炼锌"，是当时欧美西方工业发达国家炼锌的主要方法。横罐炼锌成功的首要条件是必须研制出能耐1 300℃高温的炼罐。自从德籍工程师韦加克在长沙试制炼罐失败后，省内工程技术和冶炼界莫不引以为前车之鉴，视横罐炼锌为畏途，甚至流行"湖南有可炼的锌砂，但无可用之炼罐"②的奇谈怪论。当时的种种置疑，饶湜一概不予理睬，他痛心祖国虽有丰富的锌矿资源，却由于冶炼技术落后而横遭外国列强的疯狂掠夺。在强烈的爱国心和事业心驱使下，他毅然地接受了横罐炼锌的试验任务。消息一出，便引来许多怀疑和非议，不少人都将此事引为谈笑之资，认为饶湜只不过是一个工专毕业生，竟敢闯洋人都已经遭到挫败的禁区，未免太自不量力了。矿冶界中的一些

① 饶敦朴:《父亲饶湜》,《长沙文史资料》第4辑，1987年版，第148页。
② 饶敦朴:《父亲饶湜》,《长沙文史资料》第4辑，1987年版，第149页。

好友和同学则苦口婆心地劝他赶快打消这种费力不讨好而又成功无望的念头，尽早推辞不干，以免到日后下不了台。但饶湜没有听从亲朋好友们的劝告，他决心已定，为实现自己工业救国、振兴中华的夙愿，面对舆论和困难毫无退缩。他认为：天下兴亡，匹夫有责，匡时济世，义不容辞。既不因洋人之挫败而裹足不前，也不因国人之讥讽而犹豫不决。他排除一切怀疑和干扰，全身心地投入横罐炼锌的研制试验工作。

横罐炼锌法虽然在西方欧美等发达国家已经普遍应用，但在当时的中国还纯属开创性的起步之举，没有可以借鉴的成功先例。饶湜未曾出洋留过学或进行过考察，对当时的国外炼锌工艺及技术设备等实际情况更是无法亲眼目睹，惟一可供参考的是西方英、美等国出版的“炼锌学”相关书籍，而这类书籍上所能提供的技术资料相当有限，仅只有关于横罐炼锌法的基本原理介绍和横罐蒸馏炉的简单示意图，单凭书上的粗浅概述和简略示图是很难设计出横罐炼锌工艺和设备的。面对这些困难，饶湜没有退缩和气馁。他以这些书籍作为参考基础，凭着自己多年从事冶炼技术工作的丰富经验，并结合前些年曾在常宁松柏白铅炼厂负责土法炼锌技术改革工作所积累的实践经验，埋头钻研，细心揣摩，边设计、边施工，边摸索、边修正，通过将近两年的艰辛探索和反复试验，终于取得实质性的技术突破。

横罐炼锌的关键技术就在于能否设计研制出能耐 1 300℃高温的炼罐。饶湜以研制炼罐作为突破口，首先从拟订炼罐试制方案着手，他分析韦加克试制炼罐失败的主要原因，就在于他根本不了解也不可能了解中国的国情，更不可能懂得在中国广大劳动人民中蕴藏着无穷无尽的聪明才智。通过大量翔实的调查研究，饶湜了解到湖南东安、湘阴等地有丰富的优质耐火黏土砂床可以用来作炼罐的原料，而铜官、醴陵等地的陶瓷工业已有数百年的历史，在配料、成形、烧窑等方面，陶瓷业的成熟经验与精湛技术是完全可以参考和利用的。具备了这些基本条件，再加以精心运筹，因势利导，取得成功是完全可能的。于是他从外地请了几位熟练的瓦匠和窑工，在长沙市南郊金盆岭附近租赁了一座破旧的房子改作工棚，设计并修建起小型烘砂炉与蒸馏炉供试验之用。与此同时，他采用了东安与湘阴所产的耐火黏土作为生料，掺入少量的开滦矿务局所产的耐火砖碴作为熟料，混匀、揉熟、捣紧成形，制出了第一批炼罐。

8 个月后，各种试验炉座均已先后建成，炼罐也已充分干燥。便将这批炼罐送到附近宝华玻璃厂窑内试烧，经测得炼罐的耐火度为 1 300℃，已达到炼锌的要求。随即将这批炼罐安装在小型蒸馏炉内，装入炉料进行试炼。试验炉开工冶炼了 10 天，出锌 70 余担(一担为 100 斤)。结果表明，试验炉的炉体结构是合理的，完全可以作为工业炉设计的依据。炼罐的耐火度、高温下的机械强度与抗蚀力以及炉体施工的技术质量，也都能满足正常生产的要求，横罐炼锌的半工业性试验任务至此已胜利完成。

炼锌试验在短期内取得如此重大的突破，省建设厅深表满意，遂于 1932 年自筹资金 10 万银元，又向军政部贷款 10 万银元作为建厂资金，并任饶湜为总工程师兼厂长，负责新建炼锌厂。这年 11 月，便在长沙市湘江下游之三汊矶镇以北、古北津城以东的沿江高阜处选定了厂址，奠基建厂。经过一年多的紧张施工，到 1934 年 8 月，厂房、炉座及机械等设备全部建成，安装完毕，9 月开始投产，一举出锌成功。于是我国第一座近代化炼锌厂——湖南省炼锌厂正式宣告诞生，隋唐以来历 1 000 多年相沿不改的土法炼锌的历史终于结束，我国有色冶金工业的一个重要领域——锌冶炼的历史从此揭开了新的一页。

在筹建锌厂的过程中，饶湜肩负重任，极为辛劳。在此之前，他只埋头技术工作，不懂官场应酬之事。接受建厂任务后，才不得不和省建设厅等行政衙门打交道，从而窥知了不少官场内幕。但为了早日建成锌厂，他只有极力克制内心的厌恶和愤懑，忍辱负重，委曲求全，和他们尽力周旋。当时建厂急需资金，而建设厅有关部门总是拖延或扣住不给，经饶湜再三要求，拨下的款子却是三个月以上的期票，如要兑现，必须贴息，每领 1 000 元，扣除贴息实得不过 900 多元，这必然影响到建厂施工进度。他如实将情况向上反映，却遭到主管人的斥责。

锌厂投产伊始，困难亦纷至沓来。首先是技术培养问题。横罐炼锌当时在国内毕竟是首创，所有从业人员均必须从头学习，逐步熟练。特别是工厂开工时新招募来的生产工人大多来自农村，缺少科学文化知识，需要有一个教育与培训的过程；其次是生产管理问题。近代冶金企业之生产技术与经营管理错综复杂，当时又无章可循，全凭亲自实践与探索。饶湜身兼总工程师和厂长，一方面要统筹全局，精心规划；一方面则要深入现场，具体指导工人操作，身心交瘁，几无暇晷。经过好几个月的艰辛努力，突破了重重困难，解决了一系列难题，生产终于开始走上正轨。

不久，产品滞销问题又来了。锌厂投产初期所产锌锭的质量，与从国外进口的二级锌相比并无逊色，但当时锌锭的大主顾是沪、汉一带的制造厂家。他们一向仰赖外商供应的洋锌。湖南省炼锌厂的产品尚默默无闻，货到市场后竟无人问津，以致厂内锌锭积压达 400 余吨，资金周转不灵，业务陷于停顿，职工发不出薪饷，局面岌岌可危，而省政府和建设厅却不闻不问。饶湜多方求告无效，只得一面说服动员全厂中、上级职员自动减薪救厂，饶湜自己则带头不支薪水，只领伙食费，希望借此以争取省政府、建设厅的垂顾与舆论界的同情；一方面四处奔走，吁请湖南省矿产营业处大力协助推销。想不到省政府和建设厅对锌厂的困境仍无动于衷，有人甚至扬言“货既无人要，不如干脆关门”，企图将新生的工厂扼杀在摇篮之中。饶湜为挽救炼锌厂，不得不忍痛做出牺牲，果断提出将产品按洋锌价格每吨降低40元出售，并不辞劳苦亲自赴沪、汉一带推销，首批成交200吨，始解燃眉之急。

首批锌锭售出后，经各地厂家试用，证明其质量与进口洋锌不相上下，而价格低廉，货源充足，交货迅速及时。从此各地厂家纷纷前来订货，打破了国内市场洋锌一统天下的局面。

产品销路既畅，工厂信誉益增，业务蒸蒸日上，1935年及1936年两年，平均年产锌均在700吨以上，每年的盈利超过2万银元，全部上交政府；直到此时，省政府见有利可图，始对工厂稍加重视，省建设厅也将锌厂列为我省四大工矿企业之一。在事实面前，省政府不得不承认饶湜的“劳绩卓著”，于1937年初，发给奖金4 000银元供赴西欧各国考察炼锌工业之用。后因全面抗战爆发，饶湜深以工厂安全为虑，决定暂缓出国，准备应付时局的进一步变化。

当时，省建设厅曾有向交通银行贷款以扩建锌厂的计划。饶湜预见到国防及民用工业部门对锌锭及锌制品的需求将会逐年地增加，故曾亲自赴上海购回一套轧机，打算建一碾片车间生产锌片，以满足国内市场的需要。还曾组织厂内工程技术人员进行过锌锭电解提纯的研究试验，争取增加产品规格，提高产品质量，生产特级锌锭，开创炼锌事业的新局面！然而，在半封建半殖民地的旧中国，饶湜的宏大理想是不可能实现的。加之战事急转直下，计划很快归于破灭。1938 年秋，日寇已侵入国内，湘北吃紧，长沙受到威胁，省建设厅下令锌厂停产疏散。饶湜因其多年苦心孤诣、惨淡经营的事业刚有生机，又面临兵燹战祸，忧心如焚，坐卧不安。然此时整个中华民族正处于生死存亡的关头，一地一厂的安危得失所值几何？为了保全实力，以图再起，只好决定凡家在农村的职工一律疏散回原籍待命，仅留部分精干人员护送重要设备与物质迁往益阳三堂街暂避。在人员与物质均已安全撤离后，饶湜始率领少数老工人趁夜深人静之时，将无法运走的笨重设备深埋地下，然后忍痛含泪离开工厂，登船顺江而下。次夕抵益阳与先遣人员会合之时，忽见东南方向红光冲天，终夜未熄。天亮后得到消息，长沙千古名城，已被付之一炬。饶湜以半生劳动所得在市区向家湾建起的一栋住宅及其全部家具，也都化为灰烬。大家都深感惋惜，但饶湜却为工厂的设备已妥为保存、物质财产未受丝毫损失而额手称庆。可见即使是在旧社会，饶湜也总是公而忘私，爱厂胜于爱家，为了事业，甚至身家性命也在所不顾的。

1938 年春，国民政府资源委员会电召饶湜赴云南昆明筹建炼锌厂；后因该省锌矿产量太少，不具备建厂条件，饶湜仍返湖南；途经沅陵时，省建设厅通知饶湜：锌厂撤退在益阳的职工应自谋生路，建设厅不再拨给维持费，并决定成立益(阳)汉(寿)金矿工程处，由饶湜兼任处长。饶湜从维护本厂职工的利益出发，接受了任务。回益阳后即率领锌厂职工进行勘探，不久在汉寿蔡家巷发现一处脉金矿，随即开始小规模开采。三个月后出金，月平均可产黄金 30 余两，近百名职工的生活赖以维系。

1940 年，抗日战争进入相持阶段，省内各主要厂矿多已部分恢复生产。建设厅复令饶湜将锌厂迁往常宁松柏镇复工。这年冬天迁建完毕，有焙砂炉与蒸馏炉各一座投入生产。虽生产能力仅及长沙老厂的一半，然在当时国内迫切需要锌锭而海口全被封锁，洋锌无法进口的情况下，该厂所产锌锭对支援抗战、保障民需仍起了重要作用。

松柏锌厂复工不久，因国内急需锌片供应，饶湜又积极筹划在长沙老厂旧址建一碾片车间生产锌片，其主要设备包括战前从上海购回之双辊轧机、柴油机及直流发电机，于1943年初安装完毕。经过试轧，正式投入使用，保证了国内市场对锌的需要。

长沙碾片部与松柏锌厂的生产一直延续到1944年6月，终因日寇又大举南侵而被迫停工。饶湜率部分职工将重要物资迁到祁阳大堡九洲一带保存，最后又转移到宁远金洞。在金洞避难期间，敌军步步进逼，土匪又乘机抢掠，情况十分险恶，生活极端困苦，一年之内家中衣物典尽卖光。但饶湜始终以事业为重，忠于职守，团结绝大多数职工，同甘共苦，和衷共济，坚持到抗战胜利。

此时老厂经日寇盘踞，所有厂房、设备及职工宿舍均被破坏殆尽，烧窃一空，修复任务十分繁重。而省政府又不肯多拨经费，致复工工作一拖再拖，迟至1947年夏，只有焙砂炉、蒸馏炉各一座恢复生产。

复工之后工厂每年盈利，饶湜乃向省建设厅申请，拟从中提出一部分用于修复另两座炉子及兴建职工宿舍，改善工人生活福利条件。然而建设厅置之不理，并采取“竭泽而渔”的政策，命令盈利全部上缴，以致工厂无法进行简单的扩大再生产并恢复到战前的生产规模，更不可能对职工工资与待遇有所改善。

1946年下半年，国民党反动政府悍然发动内战，以致全国经济停滞，百业凋敝，物价飞涨，民不聊生。锌厂生产也奄奄一息。延至1949年5月，终因沪、汉交通阻隔，产品无法销售而濒于绝境。对此，省建设厅下令停办，工厂改为保管处，大部分职工遣散回家。这次饶湜为了替职工多争取一些遣散费，曾邀集几名职工代表去建设厅请愿，被扣上“率众要挟长官”的罪名，几乎被扣押起来。饶湜对国民党官僚残民以逞的倒行逆施极为愤慨，但深感自己无能为力，便决定辞职。辞呈递上去三次也未获批准，暂时按留职停薪处理。

湖南解放前夕，饶湜的思想矛盾纷纭，锌厂三起三落的惨痛事实深刻教育了他：在帝国主义的侵略压迫和国民党反动派的统治下，“工业救国”的道路是走不通的。自己几十年呕心沥血艰苦创建的事业，非但没有造福于人民，最终却成了官僚资本主义剥削和压迫劳动人民的工具。旧的“理想”无情地破灭了，新的出路何在？正在饶湜彷徨犹疑，莫知所从的时候，他的几个已参加长沙地下党领导的革命组织的子女，及时给他送来了毛主席的著作《新民主主义论》、《论联合政府》和其他小册子，经常向他宣传党的政治纲领和总路线，使他对新民主主义革命的性质、任务和有关的具体政策逐步有所认识。毛主席和朱总司令向全国进军的命令以及中国人民解放军(1949年4月25日)布告发布后，他的儿子饶敦朴又根据地下党组织的指示，秘密将这些文件带回给他看，并将布告中的约法八章，逐项逐字解释给他听，建议他组织留厂，成立以工人为主体的“护厂应变委员会”，保护工厂，储备粮食，以应付可能发生的事变，防止敌军和地方上的坏人破坏工厂。对党和人民解放军的每一项号召，他总是从善如流，乐于听命的，因此在长沙解放前夕，尽管白色恐怖非常严重，但由于有所准备，锌厂所有资财、设备，均未受丝毫损失。长沙和平解放后，1949 年 8 月 26 日，军代表范希明前来接管，湖南省炼锌厂终于完整无缺地回到了人民的手中。

范希明同志来厂后，到饶湜家看望了他，并转达了省轻工业厅希望他回厂照常工作的意见。开始时他尚疑信参半，经工业厅领导亲自找他谈话，并郑重表示：“共产党历来用人不疑，疑人不用”，辞意热情恳切，态度平易近人。饶湜深受感动，随即于 9 月 19 日回厂工作。当时工厂已停工很久，百废待兴，而资金告罄，原料短缺，困难重重。饶湜一面向工业厅申请从银行贷款 6 000 万元(旧币)作复工经费，一面依靠工人群策群力修复炉座及设备。在全厂职工共同努力下，各项工作均提前完成，1949 年 12 月 16 日正式恢复生产。

工厂复工后，在党的正确领导下，通过民主改革运动和生产竞赛，工人群众的政治觉悟迅速提高，生产热情日益高涨。在不到两年的时间里，取得了巨大成就：锌的回收率提高了 10%，锌锭产量增加 50% 以上；并新增加了制造耐火材料的机械设备，扩建了厂房、职工宿舍和生活福利设施，工厂面貌焕然一新。饶湜从这些事实中受到了深刻的教育，深感在这两年中学到了很多知识，真像过了几十年一样。他在一篇题为《我看到了新中国工业建设的美好远景》一文中谈到了自己的思想转变过程，批判了过去自己的单纯技术观点。文中写道：“过去在反动政府统治下，我把种子播在石头上，徒然耗费了几十年的心血。现在在共产党和人民政府的领导下，我把种子播种在肥沃的土壤里，付出一点劳动就能见到成果，真是兴奋得不可名状，使我对工作越干越有劲。……百余年来斫丧我国工业建设的帝国主义已经给我们赶出去了，束缚我国工业发展的封建主义、官僚资本主义也给打倒了，现在有党和人民政府的贤明领导，有全国工人阶级的大力推动，有全国技术人员的竭尽才智，这个万丈光芒的祖国伟大的工业建设远景，已经呈现在我们的眼前了。”他回忆过去，面对现实，不禁感慨万千，迸出了满眶热泪。他向党和人民表达了庄严的誓愿：“把自己的一切贡献给人民，鞠躬尽瘁，死而后已！”

他言必信，行必果。他以六十岁高龄，身兼锌厂厂长和总工程师重任，除率领职工完成国家生产任务外，仍孜孜不倦，虚心学习新技术，精益求精。1954年4月，通过技术革新，终于使横罐蒸馏炼锌质量达到99.99%的纯度，创造了当时火法炼锌新纪录，甚至前苏联专家亦誉之为奇迹。饶湜因此被评为湖南省第一届工业劳动模范，并当选为省人民代表，后又当选为省政协委员。1954年9月，饶湜以水口山矿务局第一副总工程师身份，奉派赴东北四〇一厂（现为葫芦岛锌厂）协助及指导工作，对该厂存在的技术关键问题多有建议，受到该厂领导及技术人员的高度重视。

1958年5月，饶湜已年逾65岁，体力日衰，血压上升，经水口山矿务局领导批准，同意退休。可是饶湜退而不休，经常来一厂了解生产情况，并参与技术革新活动。1963年还进行过脱锡试验，蒸馏锌含锡可降至0.015%以下，达到压制锌片的技术标准要求。

十年浩劫期间，饶湜被强加上“反动学术权威”、“三开人物”等帽子，受到批斗、抄家和人身侮辱。自1969年2月起，每月只发给生活费20元，除付出房租10元5角外，所余无几，不能保证最低的生活水平。1972年又被勒令去水口山交待问题。当时饶湜已年逾八十，妻子又身患重病卧床，无人照顾。他被隔离审查了整整100天，受尽精神上的折磨，以致加剧了原有心血管病的发作。每逢风雨飘摇之夜，饶湜独处斗室，一灯荧然，念及自己一生从事冶炼技术工作40多年，煞费苦心，实指望对祖国对人民能有所贡献，以遂“工业救国”的平生心愿，不意竟得到如此结果，心情十分悲愤。1973年得到妻子病故的电报，始得返回长沙，但他自己经此折腾，身心均受摧残，从此一病不起，虽经多方医治，终于1974年12月28日负冤含恨以殁，享年83岁。

饶湜病危期间，仍时时以工厂为念，常想等病情稍好，仍能回一厂亲眼看看自己亲手创建的厂房和炉子，和老工人共话往事；在弥留之际，还恍惚幻觉一厂来了人，想挣扎着起床和他们商量工作、探听消息，其拳拳之心，眷眷之情，正可谓铭心彻骨，生死不渝了。

饶湜一生艰苦创业，辛勤奋斗，勇于探索，敢于拼搏。他经历了从旧社会的单纯“工业救国”论者转变到新社会自觉为建设社会主义祖国而献身的“劳动模范”这样一个漫长过程，道路是坎坷的，斗争是艰巨的，但他爱国家、爱民族的崇高思想始终不改。“虽九死犹未悔兮，吾将上下而求索。”饶湜的确不愧为老一辈爱国知识分子的典型，他留下的精神遗产永远值得我们后辈珍惜和发扬。

余籍传

余籍传(1894—1959年),字剑秋,长沙县人。早年就读上海中国公学,1917年往美国伊利诺伊大学,以勤工俭学半工半读的方式攻读土木工程专业,1921年获理学士学位回国,也开启了其一生从事建设实业的序幕。

回国后,余籍传首先受聘为当时国际救济组织利用庚子赔款、以工代赈修筑的(湘)潭宝(庆)公路华籍总工程师,其间实地勘测指导,风雨无阻,完工后受到各方一致好评。1924年受聘为上海复旦大学、南洋路矿学校土木系教授,任教三年间,培养出众多人才。1927年,湖南修筑耒(阳)宜(章)公路,主事者特往上海聘其回湘担任总工程师。该公路作为湘南地区第一条公路,位于崇山峻岭之中,野兽出没,工程复杂,余籍传带领工程人员跋山涉水,勘测最佳线路,监督施工,历尽艰辛,终于于两年内完工。筑路期间,除要求工程质量和工期速度外,还特别注意绿化和养路工作,特别要求于公路两边栽种油桐和常青树木,既保护路基,又增加副业收入。

1929年后,余籍传先后在长沙、武汉、南京等地方政府中任职,所到之处莫不兴办建设实业。如在长沙市政筹备处长任内,勘测中山马路,勘定百货陈列馆馆址;调往武汉担任湖北省建设厅科长期间,大力改善公路建设,并为武昌至汉口之间的水路运输首辟轮渡;在南京工务局长任内,创设自来水工程,当时南京市民第一次喝到不用肩挑手提的清洁用水，莫不额手相庆。

1933 年，余籍传回湘担任湖南省建设厅长，历何健、张治中、薛岳、吴奇伟四届省府主席，政绩卓著，得连任建设厅长达 11 年之久。任满 10 年时，曾主编《湘建十年》一书，记录其所领导的实业建设工作。自言到任之初，默察原有建设情形及湘省建设之需要，拟订未来建设方针四项：完成公路建设；发行建设公债；开发工矿资源；发展农林水利合作。1933—1936 年，其中各项方针均拟订计划呈请省政府按序执行，1937 年抗日战争爆发后，则按照国民政府和湖南省府之战时建设计划，一一付诸实施。

余籍传任建设厅长期间，领导湖南省完成了实业事业多项，其要者如下：①交通建设方面，1937 年修建湘桂铁路，1938 年完工；完成了与各省连接的交通运输线及省内公路网。②整顿省营矿业，扶持民营矿业，10 年间增设省营矿业单位 19 个，民营各种矿业总类总数由 42 种增至 97 种。③利用本省资源从事新工业建设，如就安化出产茶叶建设砖茶厂，湘西出产竹木迁建机器造纸厂等。④发展农林水利合作，设立湖南农业改进所等。

1945 年抗战胜利后，余籍传担任救济署湖南分署署长，以工代赈，修复桥梁、堤坝等，使战后湖南恢复生机。1948 年迁居澳门，创办华南大学。1952 年到台湾，曾任“国大代表”。①

① 余景伊，余泽芳，余曼英：《尽瘁桑梓的建设者——余籍传先生传略》，《长沙县文史资料》第 6 辑，1984 年版。

张铭西

张铭西(1894—1980年),长沙县人。父张帆,清朝举人,家境小康。张铭西幼承庭训,就读于长沙隐储学校,1908年考入湖南高等实业学堂学习机械科(后改公立工业专门学校,即湖南大学前身),受教于宾步程校长,学有所长。

1914年毕业后,先后在汉口谌家矶纸厂、扬子机械厂、湖南造币厂、长沙黑铅炼厂等处任职,曾任工程师、总工程师及科长等职。1920年受同学李国钦的邀请去上海,任李所创办的华昌贸易公司远东分公司机械部工程师,负责机械进口业务。在5年多的业务经营中,张铭西不仅学到了许多国际商业贸易知识,而且掌握了国内机械需求信息,为以后自己创办中央贸易公司、经营进出口业务奠定了坚实的基础。

1925年7月,张铭西回长沙创办铝记公司,经营小规模进出口业务。1928年,铝记公司改组为私营中央贸易公司,张铭西任总经理,扩大对外贸易,并代营英国太阳、美国好望两家水火保险公司的湖南保险业务,以保险佣金收入,维持公司日常开支。他把主要精力集中在国内外矿业、五金机械上。湖南矿产资源丰富,加之国际市场对矿石需求紧俏,张铭西抓住机遇,先后与邓泽英、黄震离、凌霞新、罗泽春等合伙兴办矿业,在桂东和瑶岗仙等地开矿、采矿,实行矿贸联合,直接出口,主要品种有锑、钨、锡、铅、锌等。当时国内民族工商业发展良好,对于技术装备的需求比较旺盛，特别是急缺大量公路交通器材。张铭西又不失时机地进口机械、五金、矿山设备、钢材、汽车材料、化工颜料等，因此获利颇丰。

在进行进出口贸易的业务时，张铭西总是能因地制宜，因势利导，常能看准时期，抓住机遇，采取以货易货、以出换进的贸易方针，经营大有声色，因而中央贸易公司业务繁忙，财源广进，鼎盛时期公司拥有资产约计 100 多万银元。但由于时局动荡，加之专业技术力量薄弱，矿山开发逐渐艰难，时断时续，所属矿山除瑶岗仙矿外，大多都处于停产状态，中央贸易公司为此背上了沉重的财政负担。

抗日战争爆发后，沿海口岸被日军封锁，中央贸易公司进出口业务遭受重挫，被迫紧缩经营。抗战中，中日两军会战湘鄂赣一带，阻断了食盐的运送，湖南地区食盐极为匮乏，一石谷难易一斤盐。张铭西为满足人民需要，在湖南湘潭开采盐矿，部分地解决了当时军民淡食的问题。抗日战争后期，张铭西携带余资，历尽艰险，辗转贵州、桂林、湘西等地筹划发展矿业，开发地方资源。无奈国难当头，战火纷飞，几经艰辛，终无所成。

1946 年，张铭西返回家乡长沙，重新集资恢复中央贸易公司，再度担任经理，并吸收职工入股，以扩大公司资本，增强公司的凝聚力。公司除继承旧业、经营矿产品与机械五金进出口业务外，还扩大城乡交流，设厂制造纯肠衣出口，并在香港设立办事处，以便与外商洽谈贸易。

解放战争后期，在新的革命形势推动下，张铭西深感发展民族工业是工商业者的重大历史使命。他邀集当时矿业巨子唐伯球、谭敏学与工程师饶湜于长沙河西银盆岭开设精一锌品厂，提炼锌白粉作为化工原料以抵制舶来品。1948 年，精一锌品厂在南郊茶亭子建立新厂，张铭西继续担任经理、厂长，以中央贸易公司大部分财力予以支持，经营情况良好。

张铭西精于理财，交易不嫌大小，以小促大，以大带小，为了在竞争中取胜，常常高价购买信息，涉外经营、不卑不亢，商业交往，讲求信用，重视商誉，一切按商品经济规律办事。他为人直爽，乐于助人，处事果断，行事谨慎，用人不疑，疑人不用，人称"新式商人"。

张铭西对中国共产党的革命事业一直给予理解与支持。早在抗日战争时期，张铭西就与曹伯闻、赵君迈等革命者多有交往，在他们的熏陶下，思想有了很大的转变。目睹时弊，内心常常产生变革社会的要求。解放战争期间，在党的地下组织——省、市工委负责同志引导帮助下，他对中国共产党的领导，走社会主义道路，有了进一步的认识，决心以实际行动支持共产党的革命事业。张铭西千方百计掩护党的地下工作，曾邀集党员同志担任家庭教师，从事地下活动。为了提高其子女的政治觉悟，他竭力支持他的3个儿子参加革命，后来都成为党的优秀儿女。

长沙和平解放前后，张铭西充分调动中央贸易公司内外沟通的桥梁作用，疏通一大批积存的锑品与桐油，支持人民政府的军需民用。新中国成立初期，他积极支持党的方针、政策，将商业资金投入公私合营的湖南企业公司，结束了中央贸易公司的各项业务，一心一意扑在精一锌品厂的生产经营上。1951年4月又申请与长沙市财经委员会地方企业管理处公私合营，以实际行动支持对资本主义工商业的社会主义改造。

在担任公私合营精一锌品厂厂长期间，张铭西借助国外资料，不断改进生产技术，提高产品质量，使锌白粉的应用范围，由低级的油漆用料提高为高级化工产品与橡胶配料，此举深受国内外用户欢迎。张铭西工作认真负责，不辞劳苦，经常不分白天黑夜深入车间检查指导生产工作，获得全厂同志信任。他曾设计用"湿法"代替"火法"制造锌白粉，虽以成本过高未能投产，但在生产方法上具有重要的启示作用。为了公司的扩大再生产，他还将自己的生活备用金2万多元存入企业作为周转资金。1958年，随着形势的发展，又全部转作企业的股份。至此他拥有公私合营企业的定股资金已多达10万多元人民币，为了表明自己坚定的社会主义信念，他宣布自1958年起放弃全部定息，财产一律归公。

1956年3月以后，张铭西先后担任湖南省重工业局、湖南省轻工化工设计院工程师。在此期间，连续帮助雄黄矿与农药厂消除三废对环境的污染。1978年又提出制铝新设想，以降低能源消耗，受到冶金部与有关部门的重视。

1952年11月，张铭西加入中国民主建国会。他追求进步，平日认真学习马列主义、毛泽东思想和党的路线、方针、政策，边学边记，长期坚持，从不间断，而且理论联系实际，做到身体力行。在支前借款，认购胜利、折实公债与建设公债中，尽力而为，在长沙市工商界起了带头作用，又为推动民建与工商联的会务，做了不少工作。"文化大革命"期间，犹能坚定信心，经受考验。党的十一届三中全会以后，他感受万千，满怀激情，迎接统一战线春天的到来。

张铭西不愧是一位民族工商业者中有开拓精神的企业家。他长期担任省、市人民代表，省政协常委，省工商联常委，市工商联副主任等职务，做出了不少贡献。1980年2月17日因病逝世，终年86岁。省委领导与各界代表在省政协礼堂举行追悼会，给予隆重吊唁①。

---

① 《长沙文史资料》第4辑，1987年版，第133页。

任理卿

任理卿(1895—1992 年)，又名尚武，号抱空，湘阴人，纺织专家和纺织教育家。他在兄弟三人中排行第二，6 岁从堂兄任振声(任弼时之父)读私塾。1906 年转入长沙时中小学，1909 年毕业时，因家境贫困无法升学，考取恒丰纱厂当艺徒，在该厂董事长聂云台在长沙的公馆内学习金工。1910 年进入上海恒丰纱厂半工半读，三年后，由于工作勤奋、学业优良，被选拔资送到南通学习纺织。

1918 年任理卿从南通纺织专门学校毕业，回到上海恒丰纱厂工作。他认为中国之贫困由于大量白银外流，而白银外流的重要原因就是每年钢铁和棉纱的大量进口，所以振兴中国的关键在于振兴纺织业，于是决心学习西方先进的纺织技术。1919 年，他考取清华大学赴美国公款留学，进入美国马萨诸塞州罗威尔纺织学院插班就读。毕业后考入北卡罗莱纳大学研究生院，一年后获得纺织硕士学位，接着又在美国的几个纺织机器制造厂和纺织印染工厂实习一年。在美国留学期间，利用暑假偕同傅道伸一起参观考察了美国南部的纺织印染工厂，写了《美国棉工厂考察记》，刊登于上海的《华商纱厂联合会季刊》，为我国介绍国外纺织现代技术的早期著作，引起同业人士重视，对推动国内纺织技术发展起到积极作用。1923 年秋学成回国，从此以后走上了“实业救国”的道路。

1924年，任理卿受聘为上海裕兴洋行工程师，次年又受聘上海统益纱厂任总工程师，该厂装备有精梳机，能纺高支纱，为中国生产供缝纫机用线团的第一家纺线厂。当时政府向纱厂抽税很重，中国商人资本家不得不挂外国人的牌子，如1928年初，统益纱厂和印度人合作，挂印度牌子，任理卿于是离开该厂回到湖南。

1930年，任理卿和纺织界的朱仙舫、黄炳奎、黄云骙等怀着“实业救国”、“技术救国”的愿望，自发地组织起中国纺织学会，以交流技术、出版刊物、传递信息、组织年会、联络感情等方式培养纺织技术人才，提高技术水平，发展民族纺织工业，与外来的势力抗争。在学会的第一届年会上，任理卿当选为执行委员，除第二届、第三届学会因“九一八”和“一·二八”事变发生，路途阻隔他未能参加外，自1933年第四届学会起一直连任学会的执行委员。1935年第五届年会上他宣读了《创办人造丝厂计划书》的论文。抗日战争期间，战火蔓延，交通梗阻，中国纺织学会活动受到影响。此时任理卿在西北工学院任教，他仍不时参加纺织学会与中国工程师学会联合组织的活动。抗战胜利后，他出席了纺织学会第十二、十三、十四届年会，并都当选为常务理事。在此期间，他参加了中国纺织学会会所的筹建，还担任了第十三届年会会刊的主编，参与由学会召开的抗议美国扶植日本纺织业的座谈活动。

任理卿怀着振兴中国纺织工业的强烈愿望，认为中国发展纺织工业就必须先从培养人才入手。为此，任理卿的一生中更多的是从事纺织教育事业。

1930年东北大学创办纺织系，任理卿离开湖南家乡，应聘担任纺织系教授。但是1931年“九一八”事变发生，这所刚创办一年的高等学府遭到战火的破坏，他又回到湖南第一纱厂任工程师兼工务课长，为这一时期湖南第一纱厂进行扩建贡献甚多。

南通学院1930年经教育部立案后，于1933年函邀任理卿去南通为母校服务。出于对纺织教育事业的热爱，当年4月他即应聘去该校任教授兼教务主任，这一期间他除了担任教学任务外，还精心组织充实了纺织实习工场，成立了纺织物试验室，使学校的实习条件更臻完善。教学上理论和实践并重，1934年暑假他带领应届毕业生赴日本参观，丰富了学生们对国外纺织技术发展的了解。

任理卿从美国学成回国后，经过几年的实际工作，深刻体会到要摆脱我国纺织技术落后的面貌，还必须大力推进纺织科研事业。1934年他受聘中央研究院兼任研究员，直接参加了我国第一所棉纺织染实验馆的筹建工作。该实验馆建于上海，1935年底建成，分纺织试验部、纺纱实验工场、织布实验工场三部分。纺织试验部装备74种仪器，可进行对纤维纱线和织物的测试，该馆还安装各种新式纺织机器，拥有一批纺织图书，为科学研究创造了良好条件。但是好景不长，“八一三事变”爆发，仪器设备和图书均为战火所毁。

1937年抗日战争爆发，战火蔓延到华北，北平大学工学院内迁到陕南，成立西北工学院。任理卿于1938—1945年间被聘任西北联大及西北工学院教授。1941年湖北建设厅将湖北迁陕的部分纺锭在宝鸡筹办民康纱厂，刘益远任董事长，聘请任理卿兼任经理，到1944年才辞去兼职，几年中在抗战大后方生产了一批纱布供应军民需要，为抗日战争作出了贡献。

抗日战争胜利后，1946年初，恒丰纱厂董事长聂云台赞赏任理卿的学识和才干，又聘请他出任恒丰纱厂厂长兼工程师，将上海沦陷时被日商大丰纱厂强占的恒丰纱厂全部财产收回，经过苦心修配开工生产，增加了中国民族纺织工业的力量。其时南通学院纺织科在南通开始重建工作，但一部分班级仍在上海临时校舍上课，任理卿又兼任南通学院纺织科教授。

1949 年 5 月上海解放，他即赴北京参加革命工作，中央人民政府中央财经委员会任命任理卿为轻工业计划处处长，1951 年参加土改，1952 年调到纺织工业部任工程师。

中华人民共和国建立后，国家十分重视革新纺织技术，决定建设纺织研究机构。1953 年 8 月，由任理卿起草提出了建设纺织实验馆的计划轮廓书，指出建立实验馆的主要目的是使理论与实际相结合，以便掌握全国纺织染业技术工程的改进和改造工作，同时轮训在职高级技术人员，使其不断提高并提供创造发明及研究技术的各种条件，实验馆的最终目的要发展成为我国研究纺织印染科学技术的最高机构。计划书中对实验馆的范围、设备、建设进度、投资以及试验仪器都作了详细论述。1954 年 1 月纺织工业部批准成立纺织试验馆筹建委员会(后正名为纺织科学研究院)，任命任理卿为主任，范澄川、蔡惠为副主任。在任理卿的主持下，纺织试验馆的建设工作全面展开，从征地、委托设计、施工、订购仪器设备直至商调科技骨干等。1954 年 10 月主楼破土动工，1955 年 11 月竣工。主楼内的仪器设备都是由他一手选型，试验的设施和要求也都经他精心设计筹划，当时建成的试验室既拥有国外进口的先进仪器又具有完善的实验条件，成为国内一流的纺织科研实验室，为以后科研工作的开展创造了良好条件。1956 年 3 月张方佐由上海来到北京，并出任纺织科学研究院院长，任理卿为副院长，他又协助张方佐一起抓紧研究院的创建工作。1956 年 8 月干部学校大楼(即一部楼和二部楼)建成，此后机械加工工场、棉毛实验工场也陆续建成投入使用，全院设立棉、毛、麻、丝、纤维材料、染化等研究室，部属纺织机械设计公司撤销，大部分技术人员也合并到院成立了机电研究室。全院专业齐全，设施完善，全面开展科研工作，1958 年研究课题达到 130 余项，并成立了第一届学术委员会，任理卿任副主任委员。任理卿为纺织科研基地建设所付出的不懈努力和贡献将记入我国纺织工业科技发展的史册。

1954 年，中国纺织学会在北京召开第十五届年会，也是更名为中国纺织工程学会的第一次代表大会，任理卿参与会议筹备并致大会开幕词，在这届年会上陈维稷当选理事长，他和雷炳林当选副理事长。此后学会的组织日益壮大，活动内容更为广泛，学会成为党和政府联系广大纺织科技人员的“桥梁”和“纽带”，并围绕经济建设和生产发展中的重大问题，组织广大科技人员开展学术研究，相互交流，传播和推广先进技术，以及出版刊物，对推进纺织工业建设发展起到了积极作用。1979 年任学会顾问。

1958 年任理卿因病退休，1979 年改为离休。为表彰他对发展我国科学研究事业的突出贡献，1990 年获得国务院政府特殊津贴的待遇。主要论著有：《与纺织同业讨论实行工厂法》(1933)，《棉纺织实验馆之趣旨及其内容》(1934)，《纺织图书分类法》(1935)，《纱厂国有论》(1935)等。

1992 年 3 月 17 日，任理卿逝世于北京①。

---

① 主要资料来源：《中国科学技术家传略·工程技术编·纺织工业卷 1》，中国纺织工业出版社 1996 年版。

彭虞阶

彭虞阶，1895 年出生，长沙西乡（今望城县雷锋镇）人，是湖南省最早的民营机制卷烟厂华昌烟草公司、最早的民营机制纸厂天伦纸厂、最早的民营胶版印刷厂天伦印刷厂的创办人。

彭虞阶出生在一个贫苦农民的家中，一家老少共 20 余人。由于长兄早夭，五哥彭尧阶成了全家唯一的劳动力，彭虞阶从小跟着五哥做小生意。清宣统年间，彭虞阶兄弟在长沙太平街租了一间铺面经营麻线、带子、手巾等零星杂货，招牌是“彭恒升”。从此，彭虞阶由农村小贩成了城市小商。辛亥革命后，“彭恒升”逐渐发展成为一家有一定经营能力的商号，彭氏兄弟于是赴汉口、上海等地购进颜料和棉纱等货物，既做批发，又做零售。1926 年母亲去世后，彭氏兄弟分家，彭虞阶共分得银元 8 000 多元，于是独资在长沙西长街开设与棉纱颜料直接有关的“福民丝光线漂染厂”，规模颇大，前店后厂，自产自销，颇有盈余。

1927 年，彭虞阶看到许多人由吸水烟改为吸纸烟，纸烟供不应求，他注意到湖南还没有机制纸烟厂，而办这种工厂成本不多，获利又大，遂在长沙碧湘街独资开设了湖南省第一家民营机制卷烟厂，厂名“中国华昌烟草公司”，投资银元二万余元，设有卷烟机一台，配备了磨刀机、烘丝机、切丝机、压筋机等设备，由于某些工序如打包等还用人工，实际是半机械化生产。全厂职工二百余人，烟叶购自河南许昌，最初的商标为“曼丽牌”，以后又增加了“岳麓牌”和“革命牌”，日产纸烟518箱，每箱五万支。投入市场后，城镇居民看到这是国产新牌纸烟，于是踊跃贩购，销路很好，这引起了英美烟草公司和南洋兄弟烟草公司的注意。他们把旗下的“哈德门”、“海盗牌”、“黄金龙”、“白金龙”、“小泡台”、“大前门”等香烟向湖南省大量降价倾销，甚至奉送，企图挤垮华昌烟草公司。彭虞阶的烟草公司因系民营，在资金、设备、技术、包装和成本等方面，无法与英美大公司抗衡，再加上当时国民党政府对卷烟课税很重，无形中增加了生产的成本，大大降低了企业的竞争能力。1930年，在苦苦支撑三年后，华昌烟草公司被迫宣告歇业，彭虞阶只好把卷烟设备运往乡下搁置起来。20多年的辛勤积累，毁于一旦，但他并不甘心失败，并认为并非自己经营上的过失，而是外力侵凌所致，自信总有东山再起之日。因此他继续开办“福民米厂”、“裕民木线厂”，从而保存了一点经济力量。

1940年，日军侵入华中、华南地区，上海、青岛等地香烟来源断绝，武汉、广州相继沦陷，市场上纸烟甚缺，彭虞阶认为机不可失，决定重开烟厂。由于当时长沙常遭敌机轰炸，很不安全，他便把搁置十年之久的卷烟设备运到邵阳双江口开工，因资金有限，开始只能生产烟丝，下半年才生产卷烟。当时邵阳没有发电厂，烟厂的动力全靠人力，要用16个人用脚踩带动卷烟机，卷烟机上的电烫斗则改为木炭烫斗。虽然生产条件差，产量低，但产品销路却很好，因而仍有相当的盈利，工厂也进入兴旺期。1941年冬，彭虞阶将工厂迁回长沙西乡（现望城坡砖石湾），添置了小型卷烟机二台，同时雇用女工作手工卷烟，每二至三天便可生产相当于一辆汽车装载量(30大箱)的卷烟，产品远销桂林、贵阳、昆明、重庆等西南大后方各城镇，商标为“美曼丽牌”和“金狮牌”。后来扩大生产规模，将厂名改为“联兴烟厂”，商标改为“金丝”。职工包括临时工共有400多人，多系彭家子侄、亲朋好友、邻里故旧，大家同心协力，生产和业务发展比较顺利。1944年6月，长沙沦陷，烟厂先迁宁乡黄材，继迁桃源陬溪，继续开工生产，但因原材料来源困难，运输又不方便，加上工厂辗转迁移，不无损失，生产规模逐渐缩小。当时，烟厂用的卷烟纸是以高价从沦陷区买来的，纸有两种类型：一种叫盘纸，装上卷烟机就可使用，本国不产，要靠进口；一种叫令纸，只适合手工卷烟用，工序比较麻烦。印刷烟盒商标也有困难，因那时湖南省没有机制纸厂，无法生产招贴纸，只得用浏阳生产的手工磨光纸做烟盒，质量较差。1945年8月，抗战胜利，烟厂迁回长沙，改名“兴中烟厂”，原料来源较战时广为增加，加之产品畅销，获利颇丰，又陆续从上海增购了卷烟机。到1946年时，已拥有大型卷烟机6台。1947年，兴中烟厂又改名为“联兴烟厂”，全厂职工最多时达600余人，其中固定工占一半，是当时长沙市8家机制卷烟厂中规模较大的一家。

抗战期间，由于在经营烟厂中遇到纸张与印刷困难，彭虞阶产生了在湖南兴建机制纸厂和胶版印刷厂的想法。他认为，从原材料来源、市场需要、个人资金能力等各方面的条件来说，在长沙开设机制纸厂是可能的，必要的，也是有利可图的。加上他了解造纸情况，对建立纸厂的信心更足。1945年初，彭虞阶鼓励两个亲戚的儿子马振春和刘建敏赴重庆造纸学校学习，为办纸厂储备了技术力量。抗战胜利后，彭虞阶办的卷烟厂规模不断扩大，卷烟纸的需要量愈来愈大，促使他下决心自己造纸。1947年初，彭虞阶自筹资金，创建了天伦造纸厂，厂址设在长沙市牛头洲，设备大多订购自重庆，计有杨吉氏造纸机1台、荷兰氏打浆机3

台、蒸煮球1台等。马振春从重庆造纸学校毕业后，即回天伦造纸厂任厂长。1948年8月正式投产，开工时，长沙虽有电力，但过江电缆毁于抗战时期，只好用木炭、煤炭发生炉的煤气驱动旧汽车引擎作动力，蒸汽也是用修补的小型锅炉提供的。原料用的是竹麻丝，产自江西万载和本省浏阳张坊一带。生产的纸有白版纸、包装纸、道林纸和胶版印刷纸，销路很好，所获利润也多，于是进一步扩充生产设备。1949年湖南和平解放时，全厂有职工200多人，日产纸一至二吨，成为当时湖南省规模较大的民营工厂之一。

彭虞阶在创建天伦纸厂的同时，又决定创建一家胶版印刷厂。该厂于1947年筹建，设在联兴烟厂内，作为纸厂的附属工厂，购买上海石昇计印刷机制造厂生产的两台对开胶版印刷机，并配备磨版机。制版沿用石印的绘石工艺，裁切则用手工。油墨等主要原料从广州、上海购进。主要承印联兴烟厂和其他烟厂的烟盒。印刷质量较好，业务颇为兴旺。1949年后进行工商登记时，便独立申请为天伦印刷厂，又陆续添置了系列印刷设备。除承印包装商标外，还承印书籍封面与宣传画等，业务逐渐扩大到本省各地和湖北、广西等省。

彭虞阶创建的联兴烟厂在1956年实现公私合营，工厂迁至郴州，成为现在的郴州烟厂。天伦造纸厂于1951年签订公私合营协议，1952年归入国营，由湖南省工业厅接管。天伦印刷厂也于1956年完成公私合营。1963年彭虞阶年满68岁时退休，得到党和政府的照顾。

范澄川

范澄川，1896年出生于长沙。在湖南专门工业学校毕业后赴法勤工俭学未成，考入上海宝成第二纺织厂任职。1926年任武汉国民政府军委会宣传科科长。1928年任北平电车公司车务科长。1933年春南下湖南，主持湖南公矿矿产营业处的工作。

湖南省有色金属的蕴藏量十分丰富，到处都有开采。民国建立后，私营矿业归实业厅管辖；公营厂矿则设矿务总局统一管理。后来总局取消，各厂矿改由建设厅领导，这种改变也产生了一些问题。首先，各厂矿各自为政，富裕的月计有余，不免随意开支，造成浪费；较清贫的则经常负债，无力调整与扩充，终年向省厅要求补贴。其次，每一单位，都在省城设立办事处，人员配备少则二三人，多至十余人，增加了不必要的开支。为了切实掌握各单位的生产实况，省政府决定在建设厅下设置公矿矿产营业处，规定各厂矿的所有产品，统由该处负责经销，各单位按月造具预算，由该处审核发放经费，这样统筹全局，既能节省经费，又能互相调剂。范澄川接管该处事务后，主要做了以下几件事情。

一是严禁偷运水口山所产铅锌矿砂。湖南原有炼铅厂，1934年又增设了炼锌厂，这两个厂的设备能力不能消化水口山的全部矿砂，每当累积了相当数量时，就须运销国外。可是铅锌矿砂属于战备物资，不许运销日本。而一些奸商为了牟取厚利，向日本偷运，屡禁不止。范澄川主持湖南公矿矿产营业处后，大力打击走私。如1934年有2 000余吨矿砂需要公矿矿产营业处经手标卖。范澄川在招标时严格规定：所有投标的中外商人，一律向中国银行缴纳规定的保证金，如经查验运往日本，即没收保证金作为罚款。矿砂运到欧美或美洲某一商埠后，除取得当地海关公文外，还要向该埠中国领事取具签证。这次投标，中国有3个进出口公司（张铭西主持的中央贸易公司，贺郸候主持的升华公司、罗筱玉主持的同昌公司）和英商安利洋行参加。安利洋行声称投标，却不按规定向中国银行缴纳保证金。有一天该行经理送来两封私函，是当时的中国驻德大使刘某写的，信中证明安利洋行投标购运这批矿砂，经他调查，确保运销欧洲，希望范澄川加以关照。范澄川深知铅锌外销非同一般，特地嘱该行的长沙经理黄伯鼎不要走后门，要遵守规定。在安利洋行最终没有交纳保证金的情况下，范澄川果断地取消了它的投标资格。可是安利洋行一计不成，又生一计，另以陆可记名义，按照规定缴纳了保证金，取得了投标权。开标后，它的标价特高，经调查是运往日本的。范澄川取消了它的中标资格，而由履行规定的本国3家公司共同协商出一个合理价格，标购了这批矿砂。安利洋行怀恨在心，便在汉口英文《楚报》上刊登一条消息，诬蔑范澄川和公矿矿产营业处另一负责人李介候受了三家公司的贿赂云云。

范澄川对此极为愤怒，恰好湖南公路总局拟招标购进载客卡车40辆，由建设厅设立采购委员会主持其事。范澄川是该会的成员，料知安利洋行定来投标。因此将该行侮辱省建设厅公矿矿产营业处的经过告诉了大家。大家听后，群情激愤，商定该行如来登记，一定让他先来见范澄川，把问题说清后，才让他投标。果真有一天，该行长沙经理黄伯鼎求见，范澄川指定他们的汉口经理(此人兼任某国驻汉领事)在指定的时间来长沙省建设厅公矿矿产营业处亲自当众向范澄川和李介候道歉。到了那天，安利汉口经理由黄伯鼎陪同，来见范澄川。此经理善于见风使舵，一见面，便声称前次冒犯确属错误，希望原谅。

范澄川质问："那次投标，你们向银行缴纳保证金没有?"

他说："没有。"

又问："不纳保证金，能投标吗?"

他说："不能。"

再问："陆可记和你们是一家吗?"

他说："不是。"

"那么，为什么你们在英文《楚报》上替他说话呢?"

他语塞，一口赔不是。

范澄川告诫说："我们并不稀罕你们的高价，也不看重你们的保证金，而是不准把我们的矿砂卖给我们的敌人，所以取消了它的中标资格，你们没有达到目的，就在英文《楚报》上对我们进行人身侮辱，你们以为我们不能奈何你们，那就较量较量吧，湖南今后的进出口贸易，安利就休想问津了!"

他再三赔不是。这时处内同仁听到有外国人来赔罪，认为是破天荒的大事，顿时拥来旁听，范澄川看事已至此，可以适可而止，才打电话通知采购委员会，接受该行的投标。

1935 年 5 月，湖南第一纺织厂厂长章勤济病危。省府会议通过决议，由范澄川接任。这个厂开始时的规模是 4 万枚纱锭，20 世纪 20 年代又增加了 1 万枚纱锭和 250 台纺布机，是一所官办工厂。范澄川接任 3 个月后，会计给范澄川送来一张 2 万元的支票，说是厂长的分内收入。范澄川问款从何来，他说是棉花磅余款，每季约 2 万元，全年共约 8 万元，例由厂长收纳。范澄川寻思棉花进仓和入厂，分量并无变更，只因经过看磅人一压一抬，便创造了一份财富，结果是亏了工厂，肥了厂长。范澄川当即通知会计主任周永年把这笔款记入公账，并备文到建设厅，取消了这一惯例，健全了原材料的管理制度。

湖南第一纺织厂生产的棉纱，绝大部分是 16 支，每天不过 80 余件，根据纱锭的生产能力，日产还应大大提高。产量不高的原因，除技术管理方面还需要改进外，其最大症结，还在于设备方面的缺陷。通常纱机配备，每 1 万枚纱锭，须配梳棉机 40 台。湖南第一纺织厂 5 万枚纱锭，应有梳棉机 200 台，当时只有 160 台，整整少了 40 台，因而形成了瓶颈，大大影响了产量。找出了问题，范澄川就请建设厅向省府提案，在车间面积许可的限度下，向国外增购梳棉机 35 台。不久补充了梳棉机，产量就提高到了每日 150 件，出现了盈利局面。1936 年湖南第一纺织厂盈利 147 万元后，范澄川向省府建设厅建议，向中国银行借款，凑足 300 万元另办新厂以形成规模经营，得以批准。1937 年范澄川与中国银行湘行经理吕越祥一同去上海与中行总管理处接洽。范澄川据该行总稽核霍宝树告知，该行正拟在湘设厂，如省府有意，双方可以合作，无须用借贷方式。范澄川立即电告省府征得同意后，当即与中行议定，在湘办 4 个厂，以“衡中”为名，“衡”代表湖南，“中”代表中行。先在常德德山小港开设第一厂，股本 350 万元，中行占股 70%，省府 20%，商股 10%，由范澄川负责筹备建厂事宜。随后范澄川到达常德选购土地，准备材料和兴建工作，所购英国纱机，也已运抵香港。不久抗战爆发，广州沦陷，机器无法内运，遂于 1938 年停止建厂，退还股息。

湖南工厂的职工分得红利是从第一纺织厂开始的。1936 年范澄川在列席一次省府会议时提出，纺织厂年度总结算如有盈利，应提出15%作为职工红利。当时在座各省府委员均认为湖南第一纺织厂多年亏损，不信会有盈利，所以很轻易地通过了。不料1935年至1936年度，第一纺织厂居然获利，可提出22万余元作职工红利。范澄川将分红报告报给省府批准时，某些省府委员面有难色说湖南无此先例。范澄川以省府会议通过为据，力争发放，终于成功，因此每人分得了6个月工资。后来省府议决给范澄川1万元作为经营湖南第一纺织厂的奖励金，范澄川则将这笔奖金交给了建设厅请酌情分配给科技人员。

1938年范澄川在筹建的常德衡中纱厂不得不停办的情况下，与堂弟范仲连合伙在零陵开办了一个“新新”面粉厂。抗战时期海岸港口被封锁，汽油无法进口，范澄川于是在1939年邀几位朋友合伙在桂林开设“群力厂”，制造法国高安氏无烟煤气炉，装在汽车上，可代汽油作汽车行驶的动力。这种产品用无烟煤，发动快，节省劳力，好处虽多，却不大受司机的欢迎。因为汽车装上煤气炉后，就截断了一些司机偷窃、走私汽油的门路，于是总是有人破坏改装好的煤气炉，车主只好退货，其他车主见情况如此则不愿改装。大半年时间所制成的100套产品，销售出去不到1/10。为此范澄川多次要求交通部以及资源委员会工矿调整处派员检验收购，却一直没有回信。但不久，英国慑于日军的声势封锁了滇缅公路，这一突发事变使交通部慌了手脚，不得不致电范澄川，要收买所有存货，并准备长期预订。范澄川等人因此得以摆脱了困境，股东收回了本息，还获得了红利。后来，这个厂移交给沈宣甲工程师经营。

1940年范澄川出任设在四川龙潭的川湘盐运处负责人。当时这一带土匪很多，运输条件亦十分复杂，水路方面，必经的涪河（乌江）和酉水，有270里水路，还要翻越三座大山；涪河从龚滩至涪陵这200多里中，有323个险滩。公路方面则是坡度大，弯路多。他没有被困难吓倒，而是组织人力，克服重重困难，在龙潭设了处机关，下设几个分处和十几个站，招募运夫2万余人，组成陆运总队，分大、中、小队。由工程人员逐段修理运道；拨来船只千余条，招募纤夫；另募了公私汽车约300辆，就这样这条运道总算打通了。

当时，川东、鄂西、湘西属第六战区管辖范围。陈诚任第六战区司令长官兼湖北省政府主席，驻扎在恩施。第六战区在龙潭设有军粮运输处。一方是军粮由湘运川，一方是食盐由川运湘。为了使车辆不至回空，唯有盐粮对运，双方既能增加运量，又可降低运费，也就降低了粮价和盐价。范澄川有鉴于此，便与粮运处商量实施。1941年夏，第六战区召集一次大型交通会议，由陈诚主持，交通部、招商局、川湘陕联运处的代表和范澄川参加了这次会议。会上对川湘路上盐粮对运的做法，进行了肯定。1941年川湘运道完全打通，范澄川完成使命后辞去职务，依然经营熟悉的工厂行当去了。

1942年，范澄川以为经营裂变植物油为汽油，比制造无烟煤气炉要少担风险。于是选定黔江县郁山镇这个川湘鄂三省交通孔道和盛产桐油之地，开设了天华炼油厂，雇用100余人，每日产汽油1万加仑，柴油80余吨。谁知国民党政府规定，汽油必须服从几个月才调整一次的官价，不能随农村植物油价不断上涨而进行调整。开办伊始，天华炼油厂还有微利可图，此后就是亏损，而且愈亏愈多，三年之中，一亏到底。炼汽油不成功，范澄川又尝试去蒸馏酒精以作汽车燃料。在朋友们热情而大力的支援下，1944年范澄川在湖南桃源陬市开办天风酒精厂，原料供应不成问题，技术也过了关，职工人数不多，而产量高于炼油厂，营业方面与王耀武所统率的第四方面军签订了合同，不愁销路，所以业务顺利开展，直至日军投降才告结束。

抗战胜利后，范澄川应中国纺织建设总公司电召，于1945年冬赴重庆组织人力去青岛接收日本人经营的9个纺织厂，从此离开了湖南实业界。

范澄川接受任务后任中国纺织公司青岛分公司经理，而另一名副经理是他的同乡、受重庆曾家岩十八集团军办事处董必武直接领导的地下党员王新元。他们两位同乡在青岛共事的四年，配合很好。1948年夏天，有一封匿名信从青岛寄给上海中纺总公司经理束云章，报告青岛分公司内有异党分子活动，束云章将这封信转发给范澄川。范澄川是一个很开明的人，将此信给王新元后未予追究。1948年9月24日济南获得解放，青岛的权贵们坐卧不安。范澄川分管的公司拥有13家工厂，在青岛是举足轻重的大企业，部分南方籍职员唯恐大难临头不安心工作，一部分青岛本地人害怕1938年沈鸿烈退走时爆破日本纱厂的故事重演。如何能使人们处变不惊，是范澄川面临的大问题。11月初东北全面解放，范澄川和王新元利用合法身份，组织各厂成立护厂团，各厂成立护厂队，以警卫人员为骨干，再吸收一些职员和工人参加，并研究了一些具体措施。就在这时，地下党员、青岛文德女中教员赵仲玉得到党的指示，动员范澄川遵守“约法八章”，负责组织护厂，反对南迁。

在动员各厂反对南迁的大会上，范澄川拍着胸脯说：“动乱期间，决不离开青岛，包括我84岁老母在内，哪里也不去，你们回去后，向职工表决心，搞好护厂。”接着他用10天的时间，向13个厂做动员报告。范澄川还在机关刊物《青纺旬刊》上发表了《我们对于护厂运动应有的认识和态度》一文。

1949年5月22日范澄川转移到中纺一厂机电车间楼上办公，通过电话与各厂护厂团取得联系，指挥护厂工作。中纺一厂在敌人眼皮下转移了4万多匹棉布，厂房、机械设备毫无损失，工程技术人员全部保留了下来。6月2日青岛获得解放，中纺各厂三天之后便恢复了生产，受到党中央颁电嘉奖。

1951年范澄川任华东纺管局青岛分局局长。1953年调纺织部技术司顾问。1954—1957年负责筹建纺织科研院，后任副院长。1992年4月21日，北京纺织工业部科学研究院大礼堂内，一位94岁童颜鹤发的老人，在党旗面前郑重宣誓要求加入中国共产党，他成为我党历史上年龄最高的党员。老人百感交集，既兴奋、又激动，他就是新中国成立前青岛纺织公司经理、青岛工业协会理事长范澄川①。

---

① 范澄川：《湖南工矿业之回顾》，《湖南文史资料》第29辑，湖南人民出版社1988年版。范澄川：《我在湖南、青岛从事纺织事业的回忆》，《工商经济史料丛刊》第1辑，文史资料出版社1983年版。

潘岱青

潘岱青(1896—1970年)，湘乡人。菲菲伞创始人。早年考入清华大学化工系学习。1918年，因患严重的咯血病，停学回湘治病。病愈后想谋点生计，但一直找不到好职业。正在一筹莫展的时候，一个偶然的机会，事情出现了转机。原来潘岱青的弟弟去美国留学，随身带了一把日用的纸伞，外国人见了非常欣赏，称赞中国人能够把竹子和纸做出这样价廉物美而又携带方便的东西来，真是了不起的聪明。潘岱青得知后受到启发，于是决心改革纸伞，做纸伞生意。

起初，潘岱青将祖传的30亩田卖掉10亩，获得银洋700余元，作为资本，去杭州买回几把纸伞作为样品，参考长沙纸伞的做法，另行设计，改革创新。他还找同乡画师王彪炳协助，在中国纸伞创新上反复实践，精益求精。功夫不负有心人，不多久，他制作的新式纸伞成功了，而且质量胜过了杭州伞，于是定名为"菲菲伞"。这就是菲菲伞厂创业的开端。

1925年菲菲伞厂扩充为长沙菲菲制伞商社，工场设在长沙市长康路。菲菲伞一经问市，销路便很好，特别是青年妇女，争相购买，门庭若市。为了适应市场的需要，潘岱青先后在长沙南阳街、司门口、中山路国货陈列馆等地设立门市部。由最初只有几个人的小工场，很快发展成为一个略具规模的工厂，职工有七八十人。全盛时期，每天生产菲菲伞400多把，日营业额达银元

400余元。由于需要扩展门市部和增加工人，开支越来越大，现金周转不及，潘岱青乃于1926年将祖传的另一部分田共20亩全部卖掉，得价款1 400余元，对伞厂作了进一步的投资。在此基础上，发展了业务，增加了花色品种，仅女式花伞就有大号、小号和特订的伞号共200多种。伞上花型中西结合，得美术教师李昌鄂协助设计，绘有人物、山水、花卉、飞禽、走兽等国画图案，还印制《潇湘八景》、《黛玉葬花》、《天女散花》、《嫦娥奔月》等新花样，栩栩如生。此外，在装饰上也别具一格，如伞柄加上油漆，并系以红绿等各种颜色的丝条，古香古色，既美观又大方，深得顾客喜爱。菲菲伞的包装亦独具匠心，除有特别印制的牛皮纸袋子外，并精制彩印纸盒以供作馈赠礼品之用和作出口商品的装饰。因此业务日益发展，产品畅销全国各省、市，曾在各省地区参加过展览会，得到不少的金银奖牌。1936年还参加了巴拿马万国博览会，得到该会的金质盾牌，悬挂在南阳街门市部，1938年毁于“文夕”大火。

1928年，潘的弟弟在美国芝加哥城租了一个小门面，专门经销菲菲伞，一度轰动全城。1937年，潘携带菲菲伞参加了当时在广州召开的四省国货交流会，港澳侨商大为欣赏，纷纷订货，从而更扩大了国际市场，远销美国、日本及南洋诸岛。在广州交流会上，有一外国公主曾以80元银洋的高价定制一把特制的菲菲伞，要求伞顶用镶金金属制成，伞柄用黄杨木雕以松鼠吃葡萄的空花形，伞面请名师绘以“百鸟朝凤”的精彩国画，潘岱青一一照要求完成。

菲菲伞精巧玲珑，晴雨咸宜，美观耐用。旅居青岛、上海等地的外国友人，在海滨浴场、公园、名胜等地游览时，常手撑菲菲伞遮阳，留影时，尤其喜欢手执一柄菲菲伞以为衬托。20世纪

30 年代初期，该厂又增加新品种，做出了新式男纸伞和儿童伞，还另行设计柔软不粘连的防雨油布、雨衣和提包等产品，广为销售，进入全盛。

1938 年抗日战争中，长沙惨遭"文夕大火"，菲菲伞厂 4 个门面及厂房全部葬身于火海，仅抢救出部分原材料。潘氏一家逃难到湘乡东山花桥，搭一间临时厂房，继续生产菲菲伞。工人只有 20 余人。虽然地处农村，交通不便，但各地闻讯找上门来购买的仍不绝于途。抗日战争胜利后，潘氏又回到长沙，在南阳街、先锋厅两处复业。制伞的半成品由湘乡运来，在长加工制作，业务也好，还修建了一座三层楼房，拟扩大生产。不料房屋尚未迁入，就被国民党军队占用，现金变成了固定资产，没有厂房，无法扩大生产。加以国民党政治腐败，通货恶性膨胀，金圆券破产，人心惶惶，市场混乱，因此业务下降，元气大伤。

新中国成立后，潘岱青仍想重整旗鼓，扩大生产，但因为过去损失惨重，无力增资，于 1953 年歇业。湖南解放初期，潘岱青曾担任长沙市工商联所属纸伞业同业公会筹备委员会主任和第一届市人民代表会议代表。他深恐一度闻名中外的菲菲伞失传，在垂暮之年，曾抱病坚持写作，以《纸伞一角》为书名，介绍了菲菲伞的生产要求和经验。然自存的底稿在"文革"中被人抄走，连同所存菲菲伞样品、图案、画册、奖状等，均荡然无存。1970 年潘岱青病逝于湘乡原籍，终年 74 岁①。

① 欧阳佩华：《一度闻名中外的菲菲伞》，《湖南文史资料选辑》第 17 辑，湖南人民出版社 1983 年版。

傅道伸

傅道伸(1897—1988 年)，别名瀚飞，醴陵人。纺织工程专家和教育家，陕西纺织工业的奠基人。

傅道伸幼时家贫，4 岁丧父，由母扶养。6 岁由其祖父在家授读，继进本乡半日制学校。9 岁随其伯父至长沙，就读私立中小学。该校专为家境贫寒的儿童而设，免缴学费且供膳宿。14 岁小学毕业后，因无力升学，于 1910 年离开湖南，托人介绍考入上海恒丰纺织厂当学徒，因能刻苦努力，勤奋好学，钻研技术，三年后升为技术助理员。1913 年被选送入江苏南通纺织专门学校(后改名为南通学院纺织科)学习，先入预科，两年后升入本科，成为该校纺织科第二届修业生。1917 年毕业后仍回上海恒丰纺织厂工作。初为技术员，继升为副技师。因受该厂董事长、著名纺织实业家聂云台赏识，1918 年秋获得厂方资助旅费赴法国勤工俭学，于巴黎近郊的美兰学校学习法文及金工，后因学费不继，转到法国东郊某地机器制造厂作车工。1919 年冬自荐获准在英国纺织工业中心曼彻斯特城两个纺织机械厂实习，夜间就学于英国皇家工艺学院，对于纺织机械制造深有造诣。1920 年聂云台当选为上海总商会会长，到欧美考察实业，傅道伸在英随聂云台至美国南卡罗莱纳州纺织机械展览会参观。在聂云台帮助下，傅道伸得以考入美国北卡罗莱纳州农工大学纺织化学专业，插入三年级。由于其历次考试成绩优良，获得清华大学留学奖学金，于

1922 年暑期毕业获学士学位。

傅道伸在张謇"父教育，母实业"的思想和主张熏陶下，抱着"工业救国"的志愿，留美大学毕业后，曾应聘至纽约坎百公司当染料试验员。不久，接到聂云台催促回国的电报，回到国内，任上海恒丰纺织厂技师。1923—1929 年在该厂连续工作 7 年，使该厂业务日有起色，为同行业所称道。傅道伸在上海恒丰纺织厂工作时期，还在该厂附设的纺织专门学校兼任教员 7 年之久。

1930 年应湖南省邀请回湘任省建设厅技正兼湖南第一纺织厂工务主任。该厂新建织布厂的全部设计及机器设备安装等事均由其主持完成。1930 年，他还在长沙的湖南第一高级工科学校兼任纺织科教员。1933 年南京国民政府经济委员会棉业统制委员会宣告成立，聘请曹典球为专门委员，兼华东地区纱厂调查团团长。他率团走遍江、浙两省的纺织工厂，调查了解情况。1935 年中央研究院院长蔡元培筹办棉纺织染实验馆，他参与筹备工作，受聘为专任研究员。

1936 年中国银行在上海的总管理处拟大力投资纺织事业，聘他为技术专员，委他代向国外订购发电机、纺织机器与纱锭等。抗日战争时期草创成立的昆明裕滇纱厂、重庆豫丰纱厂及陕西雍兴实业公司各纱厂所用新机，都是他经手订购的。为了抗战支援西北后方工业建设，1941 年傅道伸由香港辗转迁徙内地，冒着战时旅途风险只身来到陕西关中，先后应聘为雍兴实业公司总工程师，创办了蔡家坡雍兴高级职业学校（咸阳纺织工业学校的前身）。他还是咸阳纺织厂厂长。

1946 年国立西北工学院由陕南迁往咸阳时，傅道伸受聘为该院纺织系教授，主讲机织学及纱厂设计各课。授业解惑，诲人不倦，深得学生爱戴。他以工厂为课堂，以纺纱机器的关键机构为教具，用启发式的教育方法，加深学生认识和理解纺织工艺原理。为了使所学理论与实际相结合，他下令工厂门卫人员，凡学生进厂实习一律放行。经常教导学生说，技术人员如果只有书本知识，不会动手实干，就很难和工人群众打成一片，作领导也困难。他认为工厂要出好产品，必须有好人才。凡新分配到工厂的毕业生，不论大学、中专学生，一律要和工人一样，经过一年的实际操作和基层锻炼，然后才能正式上岗承担任务。在发展纺织科技的指导思想上，傅道伸主张励精图治，实事求是，自力更生，自造新设备，改造老设备，发展生产力。1946 年后作为雍兴实业公司总工程师，在他亲自主持和指导下，筹划、组织、选型、设计，在所属蔡家坡纺织机械厂试制成功从清花机到细纱机 2 000 锭的成套新设备。这是国民政府后期国内纺织机械厂的创举。

1948 年冬，傅道伸任雍兴公司协理兼西安办事处主任，仍任总工程师。时值解放前夕，他置个人安危于不顾，在人员星散的混乱局面中，仍坚守岗位，保护国家财产，直至 1949 年 5 月西安解放。

中华人民共和国成立后，傅道伸受到党和政府的信赖和重用。1950 年任西北人民纺织建设公司经理兼总工程师、西北军政委员会工业部副部长兼西北工学院教授和纺织系主任、西北财政经济委员会委员。1954—1966 年任西北纺织管理局局长、陕西省纺织工业局局长、陕西棉纺织公司顾问。国务院科技干部局授予他高级工程师职称。1955—1966 年还担任国家科学技术委员会纺织组组员。1977—1988 年曾被选为陕西省人民代表大会代表、陕西省人民政府委员会委员、中国人民政治协商会议全国委员会委员、政协陕西省委员会副主席。还担任中国纺织工程学会副理事长，陕西省纺织工程学会理事长、名誉理事长，陕西省科协副主席，陕西华泰国际经济合作公司副董事长等职。

傅道伸于1950年加入中国民主建国会，曾任陕西省工作委员会常务委员、中央委员会委员、民建陕西省委员会副主任委员、民建中央咨议委员会常务委员、陕西省工商业联合会顾问。

傅道伸在青壮年时期经常利用工余之暇，埋头著述多种。历年发表出版的主要论述有：《浆纱之实践与理论》、《纱厂管理法》、《英美纺纱机器之比较》、《英日织机之比较》、《织物分析术》、《论纺织机械之适当速度》、《关中棉纺织工业建设问题》、《大牵伸粗纱机与大牵伸细纱机配合使用之利益》、《近代纱厂设计之特点》、《关于棉纺织工程中的新技术和新工艺》等论著20多种（篇）。其所著《实用机织学》于1934年出版后，深受纺织界欢迎和赞许，曾多次再版重印。1947年再版和1951年修订版，成为20世纪四五十年代国内纺织中、高等院校的主要教材。1988年12月病逝于陕西西安。①

---

① 《醴陵县志》，湖南出版社1995年版，第985－986页。

雷韵伯

雷韵伯，1898 年出生于长沙东乡。雷同茂瓦货店经营者。雷同茂瓦货店创办于清道光十七年(1837 年)，创办者是雷文榜，世居长沙东乡鹿芝岭白垄雷家湾，以租田耕种为业。后因家庭人口增多，入不敷出，有亲戚黄某在长沙城内学院街开瓦货店，经其引路于 1837 年弃农经商，来到长沙南门口西首设瓦货摊。当时这一带是青草坪，系巡防营牧马之地，名为牛马墙。雷文榜资本微薄，无力在大街上租赁门面，就在这里搭个棚子，用瓦缸作围墙，取店名叫雷同茂，以小本经营 14 年，后由儿子雷文灿接手经营 16 年，稍有余蓄。雷文灿又传给儿子雷正松，经营 20 余年，业务有所发展，便将棚屋建成正式铺屋。雷正松去世后，由其妻李淑贞主持店务达 16 年之久。李淑贞略识文字，精明能干，管理店务，井井有条。当时，年幼的雷韵伯每于读书放学回家，便在祖母李淑贞责令下，学习瓦货业务，且常随祖母同去铜官采办瓦货。雷韵伯的父亲雷子琎系独子，曾入塾读书。清光绪二十八年(1902 年)出外谋事，经人介绍在清朝邮传部当小官，后又结识长沙同乡徐崇立，在吉林官报局任过编辑，后叙官为县丞。辛亥革命后，重返故里，接手经营瓦货店 5 年，仿做耐火砖。1916 年至常德组织麓山玻璃分公司，所制玻璃运销湘西各县和贵州等地，起初生意很好。后来亏蚀甚巨，歇业回长后，又出外从政，郁郁而死。

16 岁时，雷韵伯随祖母主持店务，后由胞弟雷荣仲辅助。最初本小利微，资金不裕，为偿还祖母经手扩建仓库场地所借债款光洋 3 000 余元，又补偿铺屋地皮价款前后两契共光洋 3 700 元，纯属借贷而来，每月须付利息 80 余元。因为铺屋地皮原系公产，开始不纳地租，至清光绪末年，才由清丈局填发租照，每年分上下两期交纳地租。1920 年前后，长沙市政公所开始拆除南门口一带的城墙，拍卖基地，为保住码头，雷家曾购地皮 30 余方丈，支付光洋 2 400 余元；随后市政公所将余下之地皮降价为每方丈光洋 40 元，雷韵伯又筹款将附近地皮 30 方丈买下，花费光洋1 200 余元，由此才建立较为永久的店铺基地。

1931 年，雷韵伯胞弟雷荣仲往衡阳开设酒酱店，企业开始由雷韵伯独自主持。雷韵伯接手后，日夜思考如何发展营业。他先从改良陶器入手，业务蒸蒸日上，只几年工夫就偿还了所借的 5 000元光洋。随后因环城马路修成，地势比铺屋高三四尺，一遇天雨，积水向屋内倾泻，雷韵伯乃于 1933 年将旧木架屋全部拆除，兴建三层楼的砖墙房子，屋顶全盖青釉筒瓦，共支付光洋两万元。不幸在 1938 年长沙“文夕大火”时房屋、货物被烧毁，损失光洋 46 000 余元，加上倒账、赔保、搭股亏本等，又损失光洋 1 万元左右。1945 年日本投降后再次重建铺屋，共付光洋 5 000 元左右。原来还买了南门口铺屋一栋，用去光洋 5 000 余元，“文夕大火”被烧，后又重建，支付光洋 5 000 元。并在半湘街收账买进铺屋一栋，同样被火烧掉和重建，用去光洋 6 000 元左右。再在西湖路河边、大雨厂坪、西湖路中段购进地皮 3 处，连同建筑费共支付光洋 26 000 余元。抗日战争时期，先后在河东和河西购进田产和房屋付出光洋 26 000 余元。中华人民共和国建立后公私合营定股时折合人民币 19 000 余元。还有投资外店（九如新副食品店和恒康酱园）股金人民币5 000元。估计历年前后获利光洋100 000元左右。1956年公私合营后，雷韵伯被安排任雷同茂总店经理。1964年元月退休。

雷韵伯经营雷同茂瓦货店，遵循祖辈流传下来的“五不”、“一创新”的经营方针，再经过钻研，在改良品种，提高质量，适应社会需要和掌握市场变化方面各有发展。所谓“五不”，包括五方面的经营原则：一是不进劣次商品。进货一定要选准名牌，保证以优质产品供应市场。二是不卖出劣次破损商品。制造陶器的泥胚内不免含砂，多数产品都有渗漏，门市销售时要先加工修补。炊壶、瓦罐、炉锅之类，凡属绊系（瓦器手提处）有破损的和拆了底的则不予修补，一律报废，以免顾客购去使用时发生烫伤事故。三是不开虚价，薄利多销。认真做到货真价实，童叟无欺。四是不失信用。大宗整批业务，如筒瓦（又名琉璃瓦）、沟瓦、涵管以及酱园酒作行业用的胚缸、酒瓮、大小瓦坛等，多是成批订货。凡订有合约的商品，一定按议定价格和交货限期交货，保证质量，不搭次品。即使有时因货币贬值而有些亏损也要慨然承受。这种办法能起到较大的宣传作用，促进了产品销售。五是讲究服务态度。和气待人，不与顾客争吵。商品任凭选择，做到百问不烦，百拿不厌，遇到成批笨重商品，主动送货上门，方便顾客。

在创新和改革方面，其父雷子琎曾仿造耐火砖，名曰“茂记火砖”，做砖胚时即压有印记。当时省内的造币厂、黑铅炼厂、玻璃厂等砌炉用的耐火砖全是从外国进口，价格昂贵，其父雷子琎找造币厂一位亲戚弄到样品，在铜官椅子湾福烘窑、保兴窑、寿兴窑试制成功，经过检验，质量虽比进口砖稍逊，但价格便宜80%，深受用户的欢迎。雷韵伯继续改革创新，做了以下工作：

一是仿制日本花钵。铜官出产的栽花瓦盆，原先只有绿釉、黑釉两种，从口到底，上下一样大，式样古老，钵形矮浅，还有一线内边，不受消费者欢迎。一次，雷韵伯见到日本人从他们国内带来的花钵样品，形高、口敞、底小，钵内不出边。其优点是：钵深可多放泥土，花枝长高大后，经得起风吹雨打不易折损；口大底小，口上无内边，花凋谢后泥土容易倒出，钵内不上釉，便于松散泥土并浸透水分。雷韵伯参照设计了图样，在湘潭河东钵子窑试做一批，产品一出，供不应求。接着又在铜官椅子湾福兴窑、保兴窑、寿兴窑等处试制成功。随后又发动那里十多条窑仿制，还在衡山、渌口等地大量定做。每年销售约十万个。

二是仿造日本火缸。过去长沙人冬天烤火是在木架子上面架个生铁火盆。雷韵伯姨父李锦林从上海采办百货回来，发现上海人烤火改用日本进口火缸，式样鼓形，古铜色釉，精致美观，省炭，无灰尘，又安全。雷韵伯听闻后，托他从沪购回大小数个，随即持样品赴铜官向各窑户大量定制，做出胚子后，在缸内加盖"雷同茂出品"印记，陆续运店储存。进入冬令，在湖南各家报纸大登广告，由此轰动一时，长沙和省内各市、县均来选购，后来还成批运销广西、桂林等地，每年约销六万个。

三是改良涵管。民国建立后，湖南先成立公路局，后又成立长沙市政公所，最后改为市政府。公路局先后修筑长潭、潭宝、宝武、长桃等公路，市政府拆毁城墙修筑马路，均需要大量涵管。当时铜官、湘阴所产涵管，每筒两头都是平口，形状较短。公路局和市政府主管工程的工程师王正己、欧阳涵找雷韵伯洽谈，要求改良式样，在涵管的一头加做一个套榫，使每筒管子都能衔接起来，管子的口径以30公分，长度以50公分为适宜。签订合同后，定做一批，试销合格。除铜官椅子湾福兴窑、保兴窑、寿兴窑、狭口子、袁家湖几条瓦管大窑大批生产外，还有几十条窑承做。从此销路宽广，销数巨大，旧式涵管绝迹，改良管子一直沿用。

四是创制装骸骨的瓦坛。1917 年，长沙市政公所所拟新市区规划经省府批准，第一步就是拆除古城墙，兴修环城马路。当时旧城基外面，从南门经东门至北门，古坟墓如鳞，都要挖迁。慈善公所则主张每一家骸骨要用一个瓦坛来装，迁往郊外荒山埋葬。市府迁葬委员会找到雷韵伯店定做一批骸骨坛，规定要一坛一盏，口径要能装进一个成人的头骨，坛高二市尺，能容一个成人的脚胫骨。雷韵伯先赴铜官产区与窑工研究设计，试做一小批，经鉴定合格，随即签约，第一批定做十万个。这项工程历时十余载，从拆除城墙基扩展到近郊修路一直需求甚多。与此同时，省政府、省公路局亦在近郊迁坟，准备基建。年销瓦骨坛不下十万个，直至 1937 年抗日战争爆发时，才全部停止。

五是设计改良各种坛、缸、钵子。如改良蒸酒用的大胚缸，它比老式胚缸要高一尺以上，优点是出酒率高，深受各酒厂和作坊的欢迎。又如酒酱业长年需要各种大小缸坛为数甚巨，历史上是由铜官、湘阴两地所生产，坛子式样笨重，又多渗漏，要加工刷铁锈，才能使用。1930 年，雷韵伯得知醴陵道姑岭新开陶器窑，生产一些民用坛、钵、小缸等，质量近于瓷窑，陶土细致，且釉色光亮，不渗漏。于是专程到产地考察，果然不错，遂设计定制大小酱油坛、汾酒坛、腐乳坛等各种式样的坛缸一批，深受酒酱业欢迎，年销数字很大，无法统计。另外，过去长沙和其他一些城市的居民多喜用大蒸钵煮饭，但铜官窑户因此种土钵利润不大，不愿生产，以致供不应求。雷韵伯根据顾客需要，在铜官产区大量定制，并将规格加大，定名为甲甲钵，年销十万个左右。

又如一些小品种三、五、十斤的酱油坛，老式的都是光皮坛，购回去要再请篾匠加工织个篾笼才能用。雷韵伯设计在每个坛肩上加做四个绊系，只需穿一根绳子就可以提携，既美观又节约篾笼，深得广大用户的好评。

六是经常深入调查研究，摸清市场情况。如酒席行业需要各种蒸钵、扣钵等，为数很大，品种又多。经过调查，雷韵伯把它分成三类：一类如曲园、玉楼东、徐长兴，以及后来潇湘、怡园等大酒馆；二类如德园、宴琼园等中等酒馆；三类是小酒馆半仙乐、石三胜等，各类酒馆所用扣钵大小深浅不同。在充分掌握了三种规格的钵子的销路情况，每年及早向窑户定制，品种规格齐全，只等主顾派人或打电话前来要货，立刻送货上门。

七是冷门货也要常备。如祠堂庙宇屋顶上用的瓦葫芦顶、鳌鱼、龙凤爪、花脊和筒瓦等（分黄、绿、黑三色），都常备不缺。又如和尚、尼姑圆寂时需用上面有盖、内有坐墩的绿釉僧缸，因系较冷门商品，别家一般不注意备货，但雷同茂店也常有供应。

八是扩大筒瓦（琉璃瓦）生产，适应建筑需要。铜官窑户，过去只生产少量筒瓦。自民国初年至抗日战争爆发的20多年中，各地的建筑工程颇为兴旺。当时修建大厦时兴盖筒瓦。较大工程如长沙兴建国货陈列馆、盐务局、何键公馆、湖南大学、清华中学、大麓中学、湘雅医院、天心公园、民众俱乐部、模范监狱、开福寺等，南岳修建藏经殿、祝圣寺和一些别墅，宁乡修建沩山寺，庐山修建诺那佛舍等，多是盖黄、绿釉筒瓦，不论自办材料，或由营造厂商包料，都向雷同茂店定制，年销筒瓦在200多万皮以上。铁路工程局修建粤汉铁路沿线车站和道棚，一律盖青筒瓦，需要量很大，也由雷同茂店承办。此外还远销湘西、湘南和武汉等地。凡外地订货，均由雷同茂店直接运至交货地点，既免去中转费用，又降低了损耗，受到顾客赞扬，并获得厚利。生产筒瓦，对于铜官窑户，也有优厚的利润，雷同茂店照例先付几成定款，待筒瓦出窑全部运走时，付清全部货款。因此窑户情愿压缩日用陶器的生产，多做筒瓦，全交雷同茂店包销。

九是创制蓝釉筒瓦。麻园岭一卫生机构的屋瓦，就是在雷同茂店定制的，虽经“一火四战”仍然保持原状。在生产过程中曾得到桂阳省立第八职业学校陶瓷科教师彭俊明的帮助。他把进口颜料钴，按比例调入釉内，烧出来即成蓝色。

十是加强竞争能力。辛亥长沙光复后，市区逐渐扩大，瓦货店逐年增加，到抗日战争爆发时共有 80 户左右。1938 年“文夕大火”一烧，约有 20% 的瓦货店没有复业。铜官一带因连年灾荒战祸，窑工失业者多，有部分失业工人和老弱家属在大火之后（长沙未沦陷之前）陆续来长，在沿河摆设棚摊，贩卖瓦货度日，上起西湖桥，下至草潮门，新增摊贩达七八十户，新旧共有 140 多户，直到解放前夕变化不大。雷同茂店的资本比他们雄厚，人力也较多，在铜官、湘阴设有常年分庄，其余产区也经常有两人前往收货，订购大宗陶器，照例先付定款几成，出窑验收一次付清。而中小户每年只能去窑厂一、二次，须几家联合才能买一船货，货到又只能支付水脚运费，实际上等于赊销窑厂的货，有的拖欠货款难以还清，因此窑厂多采取搭配办法，把一些次劣商品卖给他们，造成滞销积压。加之他们售价不一，品种不齐，所以生意总做不活。雷同茂店平日商品齐全，保证质量，并能包揽大宗生意，因而成为全行业的垄断者。由于雷同茂店在行业中居于有利地位，凭借多年经营中积累的资金、树立的店誉，以及情报信息的灵通、金融后盾的强劲、业务渠道的宽阔，战胜了大小竞争对手，加上在进销价格上、职工待遇上用过不少心思和手法，达到趋利避害。经过这样经营，雷同茂终于成为一业之首，拥资巨万。

雷韵伯在几十年经营的瓦货业务中，悟出一条道理，就是经营此项生意，如不真正明了从生产过程到销售市场的每一个环节，想要业务发达，在竞争中取得胜利，是不可能的。因此，雷韵伯曾苦下工夫，深入产地窑户，和他们同吃同住同劳动，学习钻研原料配方、生产工艺和修补技巧，并研究本省产地变化情况，以及鉴别商品的技术，掌握了不少生产知识，在品种、花色上有所创新，有利于资本的加速积累。①

① 雷韵伯：《我所经营的雷同茂瓦货店》，《湖南文史资料选辑》第 17 辑，湖南人民出版社 1983 年版。

刘瑞骧

刘瑞骧(1898—1959 年), 字鸿叔, 浏阳县人。1918 年考入天津北洋大学二年制预科 6 班,[①] 1920 年进入冶金工程系 13 班学习,[②]从此走上进行冶金矿产实业的道路。

1930 年起, 刘瑞骧担任湖南炼铅厂工程师。该厂是湖南地区较早成立的矿产企业, 前身为清末湖南巡抚岑春萱于光绪三十四年(1908 年)设立的湖南黑铅提炼厂, 后几易其名, 至 20 世纪 30 年代已成为"三湘有数之生产事业, 全国著称之冶炼工程"。[③] 当时我国冶炼技术落后, 铅砂多贱价出口, 刘瑞骧到该厂后, 停止铅砂外销, 自己冶炼精铅, 纯度在 99.9% 以上, "与舶来品相差无几"[④], 并析出黄金。冶炼技术的改善, 加之同一时期上海销路的打开, 该厂销售额大增。

1938 年, 刘瑞骧调往广西筹建炼锡与炼锑厂, 不久应云南锡公司聘, 任工程师及昆明、个旧炼厂厂长。当时进口柴油来源断绝, 以烧柴油为燃料的英国反射炉停炼, 时任厂长的刘瑞骧虽然

---

① 北洋大学—天津大学校史编辑室:《北洋大学—天津大学校史》第 1 卷, 天津大学出版社 1990 年版, 第 507 页。

② 北洋大学—天津大学校史编辑室:《北洋大学—天津大学校史》第 1 卷, 第 481 - 482 页。

③ 李洪谟:《湖南炼铅厂视察记》,《清华周刊》1934 年第 2 期。

④ 张人价编:《湖南之矿业》, 商务印书馆发行, 1934 年版, 第 165 页。

改用新增的煤气发生炉供煤气作燃料，但不能正常供煤气，于是在老阴山下落水洞附近的炼厂另建韦氏鼓风炉，用含锡60%～65%的锡精矿炼出粗锡。为了解决杂质过多的问题，在刘瑞骧的领导下，化验室主任吕冕南进行了粗锡提纯的研究，用多次放液锅结晶法分离锡铅，获得99.5%的精锡，再用加硫除铜，加铝除锑等去除杂质的办法，使成色达到99.75%，出口香港，在国际市场上获得免检信誉。①

1944年，刘瑞骧到重庆，就职于国民政府经济部资源委员会第二区特种矿产管理处(简称第二特矿处)，任副处长。该处系由原钨业管理处湖南分处、锑业管理处、锡业管理处湖南分处合并而成，主要管理湖南钨、锑、锡矿产品的产销运，因为这些矿产品属于重要的战略物资，因而被称为“特种矿产”。刘瑞骧到任后，因资金缺乏，决定走官商合办的路子，于是于1946年11月，与杨鹏私人经营的宝大兴、保和德两公司正式签订合约，成立合股经营的“资宝锑矿有限股份公司”。② 1947年1月，资源委员会第二区特种矿产管理处决定成立锡矿山工程处，3月正式建处，刘瑞骧任第一任主任。同年7月，因病辞职，改由赵天从接任。解放前夕，因负责人之一李毓九离开，该管理处成立临时专门委员会，任专职委员。

1950年，原特矿处改为中南有色金属局湖南分局，刘瑞骧任总工程师，后又兼水口山矿业局总工程师，其间致力于恢复生产，注意培训工程技术人员，成功将铅的二次焙烧工艺改进为一

① 李尚贤：《解放前个旧锡矿开发概况》，《个旧市文史资料选辑》第7辑，第10－11页。

② 锡矿山锑矿志编纂委员会编：《锡矿山锑矿志：1897—1981》，1983年10月内部发行，第480－481页。

次焙烧，又成功进行了锌砂焙烧技术革新，使其纯度达到99.99%。

刘瑞骧毕生从事矿产实业，曾担任湖南省第一、二届人民代表大会代表，1956年患肺癌后，在病中还著有《土法炼铜》一书，1959年5月在长沙逝世。

黄云奎

黄云奎（1898—1973 年），又名绍度。衡山人，祖籍湘乡。1912 年随父移居衡山岳北新桥。14 岁独立开设新泰福丝烟店，制作烟丝。不久创办新桥邮政代办所，兼为英商亚细亚美孚煤油公司经销煤油。1921 年被美孚行选定为衡山县正大煤油公司经理。由于善于经营，生意越做越大，业务遍及茶陵、酃县、安仁等县，深得英商器重，连任经理 17 年，至 1937 年抗战爆发才卸任。

1938 年武汉失守，商品匮乏，物价暴涨，盐尤其缺乏。黄在衡山县城开设裕丰、泰广两个商店经营油盐、粮食、土产。不久两店合并为“源丰号”，专营油盐，雇请强壮劳力肩挑步行，穿越日军封锁线，运回食盐，高价售出，获利甚丰。抗战胜利后，他经营杉木生意，从汝城、资兴、桂东等地购取木材，沿水路运往湘潭、武汉、南京等地销售，盈利甚多。

黄云奎善经商，且深明大义。抗日战争期间，他从源丰店储粮库两次拨出稻谷 2 000 石，给国民党第十军方先觉部和其他地方军队作粮饷，鼓励将士英勇抗击日寇。衡山沦陷后，岳云中学被迫停课，校长何炳麟率部分教职工避难贯塘天圫，少数教工家属为了凑路费回老家不得不出售衣物。见此情形，黄主动与地方耆绅串联，商请何校长将岳云中学迁往安化蓝田（今涟源），借国立师范学院附中房屋为校舍继续办学，并拨谷 600 石，促其续办。

抗战胜利后，岳云中学迁回南岳，黄云奎应聘为该校名誉校董，又捐500立方米木材建造校舍。

中华人民共和国成立前夕，黄云奎已成为衡山工商界首户，旗下经营源丰商行，且在长沙、广州、武汉亦有铺面或参股企业，在香港还有约10万银元的资产。1949年7月，他曾打算抽资关店，迁往香港。时任中共衡山县地下组织负责人刘东安派胡遐之等人找他谈话，宣传中共的工商业政策，规劝他勿为谣言所动。他于是下定决心不走，并以钱粮资助中共地下组织的活动及与中共有联系的王强毅起义部队。

中华人民共和国成立后，黄云奎结束了商业经营活动，创办衡山新华织染厂，长沙利农米厂，安置原来从商人员就业。他担任县工商业联合会主任后，帮助工商界人士，接受人民政府对工商业的社会主义改造。1955年当选为衡山县人民委员会委员。次年当选为县人民委员会副县长，同年又被选为县政协副主席。1957年被错划为“右派”，“文革”中遭受迫害，1973年逝世。中共十一届三中全会后，其错案得到纠正。①

① 《衡山县志》，岳麓书社1994年版，第681－682页。

李维城

李维城(1898—1976年),别名维诚,学名干,长沙县人。1912年入长沙高等小学,1918年入湖南高等工业学校,后因家庭经济困难辍学,曾在河北任滦县县署文书,后又至浙江,到烟酒印花税局工作,1920—1922年间任曹娥、嘉善稽征所主任。1922年,李维城到察哈尔任兴业银行文牍,从此开始长期从事银行业。

1925年,冯玉祥任西北边防督办,随后成立西北银行,兼并兴业银行,总行设在张家口,李维城转任西北银行文书科长,同时也负责对新招收的学生行员进行培训。西北银行是西北军的随军银行,经营范围分为普通业务、特种业务及随附业务三种,管辖豫、陕、甘三省银行,在郑州、新乡、开封、上海、西安、兰州等地有分支机构36家。1927年,冯玉祥占领郑州,于7月26日成立西北银行郑州分行,又于8月11日成立西北银行总管理处,李维城出任副处长。1930年,冯玉祥在蒋冯大战中失败,西北银行宣告结束。①

随后,杨虎城统率十七路军入陕,而此时蒋介石在侥幸战胜之后,正忙于布置在江西围攻红军的中央根据地,喘息未安,无

---

① 李维城,潘玉书:《同西北军同命运的西北银行》,《文史资料存稿选编》第21辑《经济》上册,中国文史出版社2002年版,第625－635页。

暇西顾，乃宣布杨虎城任西安绥靖公署主任兼陕西省主席，借资笼络。杨虎城本是陕西蒲城人，部队多系本省籍，此次回省，除积极整军经武之外，尤注意经济问题。省政府组织成立后，杨虎城首先派财政厅厅长韩光琼，清理西北银行及富秦钱局。为了解决货币筹码缺乏问题，杨与十七路军高级官佐商决，提出迅速筹设陕西省银行，派韩光琼兼任总经理，李梅卿为协理，并于1930年12月正式宣布成立。

1932年冬，李维城以南京政府实业部专门委员名义，到陕西调查实业。杨虎城因其办过西北银行，对陕西地方金融又较为熟悉，有意请其协助办理陕西省银行，于是先任命为陕西省政府地方财政委员会委员，随后任命为陕西省银行协理。财委会是一个审核机构，可以了解陕省各县的收支情况，主要职务全在省行。李到行任事之日，韩光琼召集全体职员欢迎，当场把他的图章印鉴交给李维城代行，并当面交代李梅卿协理专作协理工作，以免事权分散。① 1933年，李维城开始担任陕西银行总经理。1936年"西安事变"期间，李维城积极支持张学良、杨虎城的行动，曾陪同周恩来接见外国人士。因此在1938年冬，被蒋介石下令逮捕入狱，后押解往重庆，1940年2月由程潜保释出狱。

出狱后，李维城继续从事银行业的工作。1940年8月，李维城出任四川聚兴诚银行协理，不久后又担任该行总经理。该银行系重庆杨氏家族财团于1915年3月创办，是川帮银行的首脑，不仅在四川、西南金融工商业中占有重要地位，而且在全国商业银

---

① 李维城：《1930—1938年的陕西省银行》，《陕西文史资料》16辑，陕西人民出版社1984年版。

行中也占有重要地位。①

李维城还曾担任过建业银行董事。该银行是由爱国工业家范旭东发起，由中共地下党员龚饮冰（化名龚再僧）受党组织委托，以党的部分公款投资共同创建的，于 1943 年 12 月 28 日成立。首任董事有 9 人，李维城是其中之一，并于 1945 年 2 月举行的董监联席会议上被改推为董事长，在同年 6 月 2 日举行的临时股东大会上，又被推为 9 位新董事之一。据当时人后来回忆，“李维城常董是老银行家，思想进步，每遇风波，辄出面匡济，龚氏对其甚为靠紧”。②

1948 年 7 月，程潜担任国民党湖南绥靖公署主任兼湖南省政府主席。李维城随同回到长沙，任湖南省银行最后一任行长，于财政上多所擘划，至 1949 年 8 月 4 日湖南宣布和平解放为止。在任期间，与共产党人周竹安有所联系，曾掩护共产党的地下工作。中华人民共和国成立后，先后出任建设银行公段董事、董事长，中国人民银行金融管理处专门委员，公私合营银行检查处、秘书处处长，1956 年任北京市政协委员，又任中国人民银行参事室参事等职。1976 年 4 月病逝于北京。

① 张守广：《川帮银行的首脑——聚兴诚银行简论》，《民国档案》2005 年第 1 期。

② 黄肇兴：《一个特殊性质的金融企业——龚饮冰创办建业银行的真实情况》，《工商史苑》1987 年第 4 期。

凌霞新

凌霞新(1898—1980 年)，湖南省平江县人，1898 年 11 月 14 日生于平江县清水乡一个富裕家庭。6 岁发蒙读私塾，1909 年入长沙明德中学学习。1910 年，年仅 12 岁的凌霞新奉父亲之命东渡日本留学，先后入东京同文书院、东京第一高等学校、名古屋第八高等学校学习。他学习勤奋、成绩优秀，自 1916 年起，获得官费资助就读。此后，他考入东京帝国大学采矿专业学习。1924 年，凌霞新以优异成绩从东京帝国大学毕业，并获得工学学士学位。当时的中国正处在列强入侵、积贫积弱、军阀割据的混乱年代，面对日本多家公司的高薪聘请，他满怀实业报国的赤诚之心，毅然回到祖国。学成回国后，在日本帝国大学同窗好友李待琛的引荐下，凌霞新得以结识时任湘南善后督办的唐生智，并得到唐的赏识，遂于 1924 年 12 月被委任为临武香花岭锡矿分局局长。1926 年调任平江金矿局局长。1927 年，时任湖南省建设厅厅长的曹伯闻派人对凌霞新的工作能力和为人进行考察，认为他既懂采矿专业技术理论又有较丰富的矿业开采实践经验，遂将其调任省建设厅矿科科长，负责全省矿产资源勘查和开采管理工作。中国地大物博、矿产资源丰富，但由于地质条件结构复杂，加之缺乏勘探和采矿专业技术人才，宝贵的矿产资源只能埋藏地下而无法开采利用。为了实现科学救国、实业强国的人生理想，凌霞新决定进一步拓宽视野，以便提高自己的专业知识水平和掌握更先进的科学技术，更好地为振兴国家矿产工业服务。1928 年夏，他再次赴日本留学，以优异成绩考入东京帝国大学学士院，研究浮游选矿学。1929 年 10 月凌霞新学成回国，出任湖南省建设厅专门委员，并被派往湘西勘察矿产资源。1931 年，湖南省建设厅专门委员会因故被撤销，他因不满官场腐败，于 1931 年愤然辞去公职。此后，他先后以独资和合资方式开采桃源县冷家溪金矿、宜章县羊牯抱锡矿，并自任经理、工程师等职。1932 年，凌霞新在南京参加约法会议期间加入国民党。1933 年，在其妻弟、时任湖南省民政厅厅长曹伯闻的相助下，凌霞新前往宜章县瑶岗仙开发钨矿，并与人合资开办泽民钨矿公司、鼎记泽民公司，任驻山经理。由于当时国际市场对钨的需要量激增，致使钨价大幅上涨，面对这一有利的大好时机，他与公司董事商议，决定抓住机遇，尽力扩大开采规模，将月产矿砂由 2 吨提高到 80 吨，从而一举成为当时瑶岗仙矿区最大的矿业公司。此外，凌霞新在经营瑶岗仙钨矿的同时，他还在资兴开采裕新锡矿，在郴县经营许家洞裕华煤矿和马脑山钨矿，并在郴县三合煤矿、江西萍乡青山煤矿以及长沙精一品厂分别持股投资。后来，由于通货膨胀以及官僚资本的无理压价，再加上抗日战争的爆发导致战时运输困难，矿业公司的钨矿生产状况日益恶化，经营效益每况愈下。到 1944 年衡阳沦陷前夕，公司的钨矿开采产量降到每月 30 吨以下。抗日战争胜利后，凌霞新本想重整旗鼓大干一番，但矿山及矿业公司却又遭到国民党军队的破坏，因而无法继续维持下去。1946 年，他只得将公司所产钨矿作价出卖，鼎记和泽民公司就此倒闭。

凌霞新毕生致力于矿业开采，是一位信奉科学救国、实业救国并为之切实奋斗的科技专家和实业家。他热爱祖国，追求光明，虽身为国民党员，但在20世纪30年代就与共产党员建立过友好关系，并曾掩护中共地下党员。

中华人民共和国成立后，凌霞新积极带头走社会主义道路。1950年，他率先将其矿山和矿业公司实行公私合营，1951年，又主动将自己独资经营的裕新锡矿公司捐献给人民政府，1956年又主动放弃定息，对促进资本主义工商业的社会主义改造和全行业公私合营的进程起了很好的作用。曾任湖南省人民政府参事、全国人民代表大会代表、湖南省人大常委会副主任、湖南省政协副主席、民建中央委员、民建湖南省委主任委员、全国工商联常委、湖南省工商联主任委员等职。1980年7月22日在长沙病逝，终年82岁。

李之馨

李之馨（1899—1978 年），名仕湘，号炳初，湖南祁阳人，湘南巨富。清光绪二十五年(1899 年)出生在湖南省祁阳县观音滩区东井头(今东泉乡东木村)的一个贫苦家庭。他的家境原本很穷，祖父李绍宣、父亲李维雨都曾到广东当脚夫挑南盐，给别人家打零工；生母唐爱妹早逝，生有二子；继母胡益妹，生有三子。五个兄弟中，李之馨居长。1909 年，李之馨的父亲开始帮舅外公仁庆堂老板柏兴斋架放木排，由于是内亲，舅外公每次都允许他父亲搭点股份，带些小货，因而赚了点钱，家境渐渐富裕。就这样，李之馨才得以入校读书接受教育，从小学到中学，直至进入湖北政法专门学校政治经济科学习。毕业后，李之馨曾担任国民革命军总政治部财务股员、三十六军军部一等军需等职，还当过祁阳县参议员。但李之馨的人生轨迹还是以做生意和办实业为主，他聪明机灵、善于经营，加之又受过良好的教育，因而成就了他的“湘南巨富”之路。

李之馨之所以成为湘南巨富主要有以下门路：

经营杉山。他父亲是以木业起家的，子承父业，而比他父亲更会经营。民国时期，他经营的杉山遍及今永州市，约 500 多处，每年轮流砍伐，运往长沙、汉口、天门、龙坪、沔阳、南京等木材市场出售。砍伐一次约 7 500 多两码子(计 11 250 立方米)，每两码子以 30 块银元计算，共约 22.5 万银元。然后拿这笔钱买棉花、细纱、黄豆、食盐、煤油等运回祁阳批发，凭借雄厚经济实力，获得厚利。

开阜华煤矿。该矿系半机械化企业，有职工200人，年产煤36 000吨，价值432万银元。为了周转方便，他以煤矿名义发行一种面额小的流通券，公开在石坝、观音滩等市面流通。

开设钱庄。他的钱庄，上河设江华、道县、双牌、零陵、祁阳；下河设“阜华煤庄”于长沙，设“李福润号”于汉口、南京，办理客商汇兑。利用这笔钱作流动资金，从中获得好处。

投资股票市场。1916年、1929年，他用大批资金在汉口低价大量收购台票。不久，台票复值，卖出一万赚一万，赚了一大笔钱。

此外，他在长沙经营过米厂，在祁阳开办过银行，家里每年还有5 000多亩租谷(750吨)出售。

李之馨也能疏财。凡架桥、修路、办学、济贫、赈饥等公益事业，当捐则捐，当赠则赠，毫不吝惜。他还利用钱财来巩固自己的权势，1947年同时资助《熊湘日报》、《大中日报》各50万元作为办报经费，两方面的关系都搞好了。

湖南和平解放前夕，李之馨令心腹将大批金钱和4卡车贵重物资运往香港，然后只身进入香港。1978年在香港病故。

刘廷芳

刘廷芳，1900 年出生，衡阳人。早年留学美国哥伦比亚大学，后梁焕奎在湖南经营华昌锑业公司，因锑砂运销美国，需要翻译人员，经面试录取刘廷芳。1926 年回国，一度在熊希龄主办的平民大学任英语教师，后在长沙私立大麓中学任商科主任。

1929 年，何键在湖南省主席任上，与建设厅长余籍传成立建设委员会，延揽人才。刘廷芳经湖南大学名教授任凯南推荐，得任建设委员，最初主管的是湖南模范劝工场。

“九一八”事变后，日货大量在中国内地倾销，因为中日国力强弱悬殊，外交陷入困境，中国无法明令排斥日货。国民政府工商部乃令各省设立国货陈列馆，希望借此提倡国货，挽回权益。何键、余籍传便将湖南省内的此项任务交给刘廷芳，由他负责筹备。刘廷芳于 1930 年 1 月成立筹备处，选择长沙市中山路旧贡院地址为建馆地点。当时建设厅长余籍传认为缺少资金，此项建筑恐怕难以按时完工，故颇感苦恼。不料刘廷芳新近留学归来，精力充沛，满腔热情，为尽快筹措资金，约蓝肇祺一同前往省主席何键公馆，与何键、财政厅长张开琏当面研究。张随即拨款 20 万元光洋，指派蓝肇祺往浏阳县城调拨税款 4 万元光洋，几经筹措，预算款项基本齐全，由曾建筑湘雅医院校舍的建筑师张连生承包建筑，历时 3 年，于 1934 年落成开业。

该馆楼高 7 层，临街排列 16 根圆柱，外形雄伟，气势堂皇。

主楼3层，遍征全国各大城市名牌国货和本省特产，分类陈列，底层辟为商场，招商承租营业，一律限售国货。此事在省内系属首创，一时间轰动全城，省内外不少人都赶来参观。刘廷芳亲自担任第一馆长，他在哥伦比亚大学期间主修国际贸易，故知识渊博，颇懂生意经，且为人正派，工作严肃认真，深得内外敬重。商场开业之初，为杜绝少数奸商与日商往来，严密查禁日货，刘廷芳曾下令通告馆内各商户，限售国货，不得有外货混入。文书在送通告给刘审定时，书为"限售国货，严禁混售日货"，刘廷芳一看便觉不妥，料日商会来寻衅，遂将"日货"改为"洋货"。事过两天，果有日人前来寻衅，刘遂言明本馆为宣传提倡国货而设，故不得混售洋货，政府允许洋货定点经营，我们不加阻涉，我国货陈列馆限售国货，又岂容外商横加干涉！三言二语，字重千钧，日人气势汹汹而来，细看通告，觉无懈可击，只得悻悻离去。①

蒋介石偕夫人宋美龄来湘视察期间，曾饶有兴致地参观国货陈列馆。宋美龄听不懂长沙话，由刘廷芳在旁用英语为之向导介绍。当时刘廷芳还创办湖南省银行。蒋介石问他为什么要同时办这两件事，刘廷芳回答："1926年自美返国后，亲眼目睹日货大量涌入，冲击国内市场，而湖南的财政金融管理又十分混乱，经济凋敝衰败，百姓怨声载道。湖南省银行建立之后，扭转金融管理上的混乱局面，市场经济得以调整。国货陈列馆旨在长中国人的志气，扬中国的国威。"馆内陈列了从全国各地征集来的物产，数量达几十万件之多，这对抵制日货无疑是起了很大作用的。另

---

① 蓝肇祺：《我在工商新闻两界的经历》，《湖南文史资料》第29辑，湖南人民出版社1988年版，第120－121页。

外，他还准备筹办一个国际贸易处。蒋听刘谈及创办意图及各项设施，非常满意，深为嘉许，接着问他还有什么打算，刘廷芳说："我非常想改变国家矿产濒于衰败的状况，我们国家的矿物资源非常丰富，有色金属在世界上占有重要地位。湖南的锑的储藏量占全世界的85%，江西等省的钨砂占全世界的60%，云南的锡占全世界一半。可是这些资源都未得到充分利用，矿业管理一盘散沙，任洋商操纵，以致矿山停采、炼厂停炉、工人失业、经济破产。我主张矿业国有，但是土豪劣绅、贪官污吏旧势力太大，无法达到目的。在此之前，孔祥熙、宋子文等先生都曾力图挽救这种局面，但均未成功。"刘廷芳的话引起蒋介石的极大注意，蒋听得连连点头，蒋对刘说："你去做，我做你的后盾。"①约两星期后，刘廷芳接到蒋介石从汉口打来的电报，电文大意是：立即来汉口，面谈一切。刘遵嘱来到汉口，蒋下令将全国的锑、钨、锡管理起来。从此，开始了对中国矿业的统一管理。接着，资源委员会设矿业处，制订特种矿产品管制方案，于1936年1月在长沙沙河街成立锑业管理处，又设锡业管理处于桂林，钨业管理处于江西大庾，汞业管理处于湖南晃县，并在其他矿品产地筹设分处，进行全面管理。刘廷芳担任第一任锑业管理处处长。

第二次世界大战期间，交战各国争购军需原料，我国所产钨、锑、锡等，均成为国际市场的热门货，由产地空运出国，换取军火物资，平衡外汇赤字，大见成效。刘廷芳亦为政府所倚重，被任为资源委员会专门委员。1942年，在重庆出任经济部燃料管理处长，掌握全国煤炭燃料。其后盟国建议设立战时生产局，燃

① 刘廷芳：《我说服蒋介石先生化解一场内战危机》，《湖南文史资料》第29辑，湖南人民出版社1988年版，第200－201页。

料管理处更名为煤焦管理处，隶属战时生产局，刘廷芳仍继续担任处长职务。

抗战胜利后，刘廷芳改任汉口工商管理处长和桂林有色金属管理处长。1949 年因病赴美就医，加入美国国籍。1980 年以来，刘以 80 多岁高龄，先后多次回国。其子刘国荣、刘国正亦回国 7 次，为大陆引进外资、加强经济联系效力。刘氏父子所为，得到中央及湖南省有关部门高度赞赏。①

---

① 蓝肇祺，朱曙永：《我们所知道的刘廷芳先生》，《湖南文史资料》第 29 辑，湖南人民出版社 1988 年版，第 195 – 197 页。

李瑞林

李瑞林(1900—1968 年),原名茂笔,又名瑞麟,龙山人。祖籍桃源县漆家河,因地势低洼,常遭水灾,其祖父不忍其苦,于清末携家小循沅江酉水西溯而上至龙山南部打虎溪定居,民国初年迁至酉水河畔的里耶镇谋生。

自迁里耶镇后,其父李鸿绪从挑着面食沿街出卖起步,到家境好转,资本增多,便去掉面担,经营杂货。李瑞林排行第二,幼时读过 6 年书,13 岁辍学随父兄经商。里耶地处湘川边境,层峦叠嶂,山大物丰,尤以桐油、生漆、五倍子等土特产为最。在当时交通极为闭塞的情况下,里耶得酉水之便,成为湘川边境有名的土特产集散地。这里的土特产价格低廉、质地优良,特别是桐油在外地销路广、售价高,因此经营桐油,获利较为容易。李瑞林兄弟有见于此,便由单一经营杂货生意逐渐兼营土特产(包括桐油)生意,在里耶开设"李同发"商号,雇请店员 6 至 7 人,改变经营方式,扩大经营范围。

由于李家兄弟善于经营,资金日渐雄厚,后来又在龙潭设立庄号(大商号的分支机构),并派其兄侄驻常德,湘、鄂、川、黔边境地区均为其购销范围。1937 年,抗日战争爆发,桐油销售受阻,价格低廉,而花纱布等工业产品却因货源枯竭,价格不断上升。当时,里耶的大多数商人,有工业品舍不得销售,有桐油不敢花钱收购。而李瑞林兄弟却与众不同,他们认为"逢贱莫舍,逢贵莫赶，桐油终有出路”。将所存工业品尽数抛出，换回桐油约4 000桶，共计80多万斤。1945年日寇投降，海运畅通，桐油价格成倍攀升，而工业品价格猛跌，李瑞林兄弟将所购桐油全部售出，获得巨额利润，并购置稻田35亩，一跃而成为闻名湘川边境的大资本家。此时，李瑞林的哥哥年事已高，李同发商号的经营大权掌握在李瑞林之手。李同发商号的资金越来越雄厚，李瑞林的经商本领也越发精明。此前，李同发商号的桐油多销售给洪江、常德等地的商家，而这些地方的商家将收购的桐油再加工成洪油，销售长沙、汉口等地，从中获取高利。李瑞林了解到这一情况，并得知洪油的加工技术并不复杂，就自己开办洪油加工厂，从秀山请来师傅加工洪油，然后直接销往长沙、汉口等地，获利更加丰厚。

李瑞林经商，信守下列原则：一是走正道。中华人民共和国成立前，龙山的富商巨户大都以贩卖鸦片而获厚利，而李瑞林却从不做这种违法的生意。二是公平交易，收购货物不加秤、不压价、不欠款，出售货物不短尺少秤。一次，一个店员因收购桐油格外加秤，他知道后，将其辞退。又一次，一个农民挑来一担桐油，因杂入硫磺而变质，店员问他收不收，他说：“收，我损失担把桐油没关系，人家损失不起呀!”这担坏油收下后，被当作肥料倒在果树下。因此，在里耶的许多商号中数李同发的信誉最高。李瑞林致力经商，不愿从政，因获得巨额资产而成为湘川边境的著名富商。

中华人民共和国成立后，李瑞林较为开明。1950年减租减息时，主动退出租谷7 000斤；1951年，又主动交出光洋4 000块；在剿匪过程中，积极为解放军筹备军粮；抗美援朝战争爆发以后，捐献人民币4 000万元（折合现币4 000元）。在此期间，他还带头投资，积极筹办里耶电厂和裕民织布厂，使里耶在龙山最先有了发电厂和织布厂。他之所为，受到党和人民政府的重视。龙山县人民政府根据保护民族工商业者的政策，于1951年初任命他为里耶电厂副主任，在当年冬的龙山县第二届各界人民代表会议第二次会议上被选为龙山县人代会常务委员，并成为驻会代表；1955年春，被选为县人民委员会委员；1957年春，任龙山县油脂公司副经理；同年夏，被任命为龙山县粮食局副局长；还曾当选为湘西土家族苗族自治州人代会代表、州政协委员、州政协常委。

谭晓洲

谭晓洲(1900—1973 年),湘潭人。幼时家境贫寒,读了 2 年小学便辍学了。10 岁时父亲去世,与母亲、兄长相依为命,12 岁时投奔在长沙老照壁开伞店的叔父,后进入长沙大西门河街正和花粮行当学徒。

学徒期间,谭晓洲勤奋耐劳,常常在工余练习珠算、核对账本,于是短时间内,业务水平和文化知识都得到了提高,师傅罗四爹于是逐渐将全行重任都委托给他,后来又把女儿许配于他。出师后,谭晓洲除经营业务,还兼理会计,此时,岳父罗四爹又借给他银元 400 元入股,谭晓洲便成了正和行的小股东之一。谭晓洲入股后,因年岁失调,地区丰歉不一,粮食转运成了最红火的生意,精明能干的他瞅准机会,正和行因此大获其利,谭晓洲也展现了其较高的业务能力,不久便成为该行经理。

谭晓洲做生意,非常讲究信誉,注重商业道德。他常说:"作为一个商人,应具有经营道德,不能单纯唯利是图,应该从国计民生出发。"对于自己所从事的花粮行,他认为:"当务之急,莫若从衣食二字入手,替社会做点事情,经营花粮,我们是内行,振兴实业,是国家民族的出路,可以大胆去做。"为了扩大经营规模,他相继兴办了长沙和兴米厂、衡阳丰记米厂、丰和花粮行。每一处都自建厂房设备,规模较大,员工人数 10 到 100 不等。为了调剂有无,方便运输,以后又在湘、汉、粤、桂设立分庄,业务越做越大。可惜好景不长，抗战期间，长沙遭受“文夕大火”，谭晓洲在长沙的厂房设备全数化为灰烬，仅剩下衡阳的少数产业。

抗日战争胜利后，为了恢复市场，活跃经济，解决失业工人工作问题，谭晓洲邀集旧日同事，集资约 10 万银元，扩大厂房、添置设备，招募职工 100 多人，重整处在废墟中的长沙新河街旧面粉厂。重新开业后，日产面粉 1 000 多包，解决了当时长沙要靠沪、汉一带所谓“洋灰粉”接济的困难。谭晓洲也因此获得了可观的回报，后来，他又不断扩大经营范围，吸引投资者增资扩股，工厂最盛时有股东 60 人，股金达数十万银元，谭晓洲公推为董事长。

后来，谭晓洲又将经营触角伸向纺织业、银行业，先后在长沙福星街创办福如织布厂，任吴裕麒为厂长，有职工 100 多人，并附设裕康钱庄，以陈晓春为经理。由于经营有方，业务不断发展。

长沙和平解放后，谭晓洲遵照人民政府“发展生产，繁荣经济、公私兼顾、劳资两利”的政策，积极经营。“五反”运动中，谭晓洲认真接受教育，提高了认识，深得职工的谅解，大家一致认为：“谭晓洲虽是大资本家，但他所经营的工厂企业，都有利于国计民生，为人民做了好事。积累资金也是从事扩大再生产，自奉俭约，工人劳保福利比同行一般企业要好。我们应按政策办事，团结他积极搞好生产。”1953 年，面粉厂由政府接管，付给资方人民币旧币 6 亿元。福如织布厂以及所辖粮食、仓储单位均逐步公私合营。谭晓洲以面粉厂股份所得，与彭虞阶在新坡子街共同创办五一线带厂。由于产品符合市场需要，获利颇丰，1956 年公私合营后，长沙市轻工业局任命他为该厂厂长。

谭晓洲为人和蔼可亲，做事精细果断，深谋远虑，很有魄力，不畏艰难。他所经营的企业，有一套完整的经营管理制度。第一，赏罚分明。为了充分调动职工的工作积极性，解放前，他每年多发职工薪金6个月，还设立超产奖，又实施退休制度办法。第二，厉行节约，讲求效益。谭晓洲自己认真钻研技术，严把产品质量关，产品通过各道工序，直到成品出厂，都能计算出实际的成本。第三，重视扩大再生产。谭晓洲在经营股份企业全盛时期，整个流动资金和固定资产合银元约100多万元，都用于发展生产。

中华人民共和国成立后，谭晓洲加入民建组织，对会务非常热心，还长时期担任市工商联委员，并被选为第三、四、五届市人大代表。谭晓洲是一位民族工商业者，他一生所经营的事业，都与国计民生有密切联系。他在旧社会里不结交官僚，不依附权势。1962年退休后，得到党的多方照顾，1973年7月，因高血压、心脏病逝世，终年73岁。①

① 《长沙文史资料》第4辑，1987年版。

向 德

向德(1901—1985年),祖籍江苏,1901年生于湖南衡山。1925年从湖南大学的前身——湖南公立工业专门学校机械科第七班毕业,曾在学校任助教,并在机械厂工作。早在学生时代,向德就抱定了"实业救国"、振兴中华的宏愿。

大革命时期,向德参加了北伐战争,到武汉后任汉阳兵工厂工程师。1928年任湖南省建设厅技士。1931年奉湖南省建设厅之令,负责审核湖南纺织厂和公路局的预、决算。是时,何键任省政府主席,谭常恺任建设厅长,柳敏任该厅第四科科长。向德在奉命审核湖南公路局的预、决算时,发现公路局的收入虽大,而利润却很小,主要原因是汽油价格太贵,所得利润被外国油行掠夺去了。他怀着自强自立的爱国之心,提出进行用木炭生产煤气代替汽油实验,并立下军令状,如果6个月不成功,甘愿受撤职处分。1931年各省建设厅批准了这一请求,并批给他一部福特AA型新汽车、4 000银元试验费和民生工厂的一间厂房作试验基地。

向德找来三个人帮忙,一个是湖大实习工厂的领班程祥华,他有具体工作经验,负责试验技术。另两个是向德的同学吴瀚和江友松,他们一个负责绘图,一个负责找资料。由于他们4个人没有一个会开车,于是又从公路局选调能修车的司机张泽寰参加,并把煤气炉包给王植记机器厂承做。过了一段时间,实验有了一些眉目，向德决定秘密试验一下。有天吃完晚饭后，向德对实验组的同仁说："今晚民生工厂的工人下班走完以后，我们来试试看。"

这天晚上用来试车的煤气发生炉，是照书本上固定式煤气炉设计的，又大又重。向德他们不敢把它装上汽车，就装在地上，把煤气用管子接到汽车发动机上。试验时气一接通，引擎就开动了，没有用一滴汽油，完全是煤气。试验初步成功，大家非常高兴。

当晚，向德怀着兴奋的心情向省建设厅第四科科长柳敏报喜，说："初步试验结果，证明用木炭发生煤气可以代替汽油。"柳敏第二天亲眼看到不用一滴汽油就能将汽车发动机开动时，当即指示要求向德他们把炉子搬上汽车试试，看能否将汽车开动。

考虑到车子在民生工厂，开出开进很不方便，向德于是要求到六堆子省建设厅坪里去试。同时决定不到公路上行驶，只往返于六堆子经中山路至小吴门一线。这时，司机张泽寰提出意见说："现在的成功，只证明了木炭发生的煤气可以代替汽油开动机器，如果要上马路搞运输，问题还多哩。中山路到六堆子要转很多个弯，现在我们试装的煤气车快也'熄火'，慢也'熄火'，要快快不了，要慢慢不了，车子转弯不灵活，怎能上马路行驶？"

经过反复观察，向德研究出"熄火"原因是输入到汽车发动机内的煤气—空气混合气缺少一个可以自由调节的活门。经过冥思苦想，试验人员又在发动机上加了个混合器和一个调节活门，以便随着发动机转速变化的要求，调节煤气—空气混合的比例。听到发动机的音响不对，就拉动活门及时调节。活门装好后，向德对张泽寰说："你明天开车，我来调节混合气的活门。你要慢，给我一个信号，我就调慢；要快，又给我一个信号，我就调快。"煤气车第一次开上马路行驶，向德亲自在汽车的前轮御泥板上负责调混合器的活门，硬是把煤气车从六堆子开上了中山路，证明把炉子搬上汽车也是成功的。

接着，湖南建设厅的科长、技正们又提出要把炉子装上客车，试验能否爬坡。新的困难出现了，因为装上客车，既要缩小炉子体积，又要能装一定重量的木炭，很是矛盾。好在向德进行试验的这部汽车没蓬子，只有底盘。于是，向德提议改装帆布蓬，以减轻汽车的负荷；并把炉子重新设计，缩小体积，减轻重量，装在车身的后面，不占汽车有效利用的空间和面积。

装好后报请再试验，这次选择的是从长沙南门外的西湖桥，开上城内坡度最大的天心马路。向德吩咐张泽寰，不要像开汽油车那样图省油，到上坡时就先“换挡”，把马力开足，结果车子顺利地爬上了天心马路。但是上马路试车中又发现一个新问题：煤气的成分不仅同空气比例有关，还同炉内加水量有关。研究组又采取措施，把调节加水量的问题解决好，司机没有意见了，大家也增强了信心。

试车成功的消息传到建设厅厅长谭常恺和省政府何键处，他们认为这件事足可反映自己在湘的一大“政绩”，就大做文章。为制造轰动效应，决定在湖南召开一次现场会，并报至国民政府军政部、实业部，还邀请了部里和各省建设厅、各地银行派来的代表以及一部分技术专家前来参观。

1932 年 8 月 2 日下午，谭常恺在万利春餐馆招待长沙市报界，与会记者 40 余人，由柳敏、向德报告研究煤气汽车经过。这种煤气汽车，可乘客 22 人，速度 30 公里/小时，仅需木炭 30 余磅，约合 15 公斤，价格仅为汽油价格的 1/15。然后组织记者参观，并分两次试车，首批 12 人由中山路经兴汉门直抵河边，再折回中山路，仅花10分钟；第二次乘坐记者21人，由中山路经要塞路、长高路，直抵东屯渡西站，再折回要塞路绕行半周，返回中山路在电话局门口下车，路程约25公里，费时50分钟。全国性的现场会召开前，向德的实验组还在长(沙)潭(湘潭)公路上作行车表演，计程43.5公里，耗时77分钟，随后又把煤气车从湘潭开回长沙。

1932年10月10日现场大会正式在长沙又一村省政府礼堂开幕，上午由向德向到会的来自实业部和14省市及外国专家作技术介绍，并附以实物、模型、图片展览。在中山堂楼上展室里，有：①215型发生炉；②215型预热空气管；③长管冷却器；④清洁器；⑤方箱形清洁器；⑥铸铁方箱清洁器；⑦鼓风机；⑧过供器；⑨216型发生炉；⑩各种煤炭、木炭样品；⑪汽油消耗、木炭产量及各种机械图表。这表明向德等人做了几种型号机具的配套研究和试制，而且注意了实验数据的记录整理。下午2时举行短途试车，从中山堂至天心阁、东岸要塞、孤儿院三处，并游览。

10月12日晨7时大家到中山西路口集合，何键等人偕同前往，在渡口乘轮船渡湘江，在溁湾市上岸，从长益公路溁湾市站分乘6辆木炭汽车前往益阳，经过的车站是白箬铺、宁乡县城、沧水浦三站，每站各停5分钟，加炭。11时抵益阳桃花仑信义大学，在该校午餐后，再乘原车返回。下午4时到达长沙。往返200公里，“均与汽油车无异”。

10月17日上午，在中山堂召开了中华煤气动力学社成立大会，到会代表30余人。通过了章程，选举谭常恺为社长，柳敏为事务部总干事，向德为研究部总干事。学社还奖给柳敏、向德银盾各一座。这一炮打响了，何键、谭常恺立即提升向德为技正，工资由80银元提到200银元。向德也成为当时湖南的所谓建设

"六君子"之一。

为了在省内推广煤气车这一研制成果，何键、谭常恺决定把民生工厂改为湖南机械厂，任命向德为厂长，把湖南的汽车全部改成煤气车。

向德到职后，又根据公路局的要求，解决了煤气车用于公路运输，特别是客运中的一些难题，主要有：

一是公路局的客车开车有定时，而煤气车有时摇风鼓五分钟可发生煤气，有时摇十几分钟也不发生煤气，车子不能正点开出，乘客有意见。这个问题与木炭的干湿有关，干炭容易发生煤气，湿炭就难些。有人建议装上三门考克式开关，开始启动时用汽油，启动之后逐渐改用煤气。采用这个办法，司机虽然感到方便，可是汽车站不会同意。因为这个办法使司机多用汽油行车，结果是汽油用了，木炭也用了，节省不了什么，徒然增添不少麻烦。向德通过实地多次试验，找出了一个办法，先晚把木炭装进炉子，如规定早上六点开车，五点就把炉盖打开，让木炭的水分挥发，五点三刻启动，完全可以按时开车。

二是车站提出公路沿途各站，有的相距30里，有的相距四十、五十里，应装多少木炭，必须要有精确计算，否则会在中途停车。针对这个问题，向德根据煤气炉直径、高矮、木炭比重和木炭消耗率等参数来改造煤气炉，装满木炭保证车子可走50里，问题便得到解决了。后来车站又认为架梯子上炉顶装炭，耗时过多，不符合客车要求。针对这个问题，向德又规定做一批同样容量的麻袋，把木炭事先装好，车子一到，把装好的木炭往炉里一倒，恰好装满，就不耽误行车时间了。

三是木炭气化后，即成了比重极轻、体积又极细的木炭灰，煤气极难保持高度清洁，以致客车有时发不动、开不出。如何解决这个问题，有两派意见：一派主张采用仿生学的方法，像人体呼吸时一样，让空气通过鼻涕吸收灰尘，再进肺部，吸进的空气就清洁了。煤气车只要装上一个滤油器，通过它吸收灰尘就可以了。这个办法实际上不能解决问题，因为车子行驶时间较长以后，滤油器的油质变稠，几乎成了硬粑，根本不起滤清作用了。向德主张仿照人们带块手帕捂着鼻子，保持吸入的空气的清洁一样，在煤气机上装个绒布袋，使煤气通过绒布把灰尘拦住。一试，第一天很正常，但第二天绒布也不过煤气了。经过反复观察，向德发现这是由于木炭中的烟脑壳(木柴的余烬)，燃烧时产生油分，阻塞了绒布袋的孔隙。于是规定每部车带上几个绒布袋，第一天用了，第二天换下洗净，另装一个清洁的绒布袋，果然故障得以消除。由于上述技术问题陆续得到解决，木炭车可以在公路上行驶了，因而使煤气车在湖南得以逐步推广。

1932 年冬，向德被汉口福华汽车公司的李葆和(美国留学生)请到汉口，主持中国煤气机制造厂，把这种“向德煤气炉”、“向德煤气车”推向长江流域。

1933 年夏，向德的族亲及同学向恺在上海做生意赚了不少钱，又请向德去上海发展，许诺由他出钱，向德搞技术，成立上海中华煤气车公司，实现煤气车商业化。

上海的情况同内地大不相同，车水马龙，交通拥挤。向恺住法租界，汽车出进，要经过公共租界，煤气车在租界行驶，必须取得租界工部局的牌照，才能通行。向德注意到中国当时汽车所耗的汽油，都是来自德士古、亚细亚、美孚等洋行，现在用煤气代替汽油，影响洋行的汽油销路，“洋人”怎会甘心给予牌照！但在向恺的鼓励下，硬是按法租界和公共租界工部局提出的要求办了。第一，车子要有一定的速度，到交通路口遇到红灯信号时，只准停车，不能“熄火”，一开绿灯信号，煤气车须能立即启动，并加速到一定的速度，以免妨碍交通；第二，要保持马路上的清洁，不准在马路上加水出灰；第三，不准排放一氧化碳有毒气体，污染城市空气；第四，要隔热隔火，以免发生火警。这些要求中，第一条是最根本的。向德研究出解决的办法：一是规定汽车在“空挡”运行时间稍长时，发动机的转速宜稍快点，以使煤气炉能维持正常的温度；二是加大滤净器，使兼有一定的贮气作用，保证煤气有余，容易启动。经过七试八试，符合了工部局的要求，取得了租界工部局的牌照（号码 F 52016470），这是中国人造的煤气车领到外国租界发给的第一个行车牌照，也是煤气车历史上的一件大事。不通过这一关，不可能在上海生产煤气车，实现煤气车商业化。

上海中华煤气车公司的牌子挂出之后，首先是培养技术骨干。向德从长沙招来了周云、丁镇涛等 5 个学生，要求他们专学煤气车的理论和操作，学好以后，跟着给销售给各地的煤气车当技术指导，保证车子不出毛病。其次，上海从未有人知道煤气车，如何打开销路，是公司经营成败的又一关键。向德建议向恺大力宣传，并建议公司到沪杭甬铁路局的火车北站承包托运行李的业务，使五湖四海的人都知道木炭汽车，那也是最好的宣传方式。向恺照此办理，销路很快就打开了。但是技术上还存在如何进一步提高的问题。

向德决定从两方面努力解决这些问题，一是买十部不同牌号的汽车，针对各种牌号的车子的特点进行改装，使煤气炉能通用于各种牌号的汽车。二是找交通大学自动车工程系主任黄叔培商量，利用他们的实验室做实验。通过这些措施，技术上又有新的改进，生意越做越大。不但上海人买公司的煤气车，长江以南各省都大量行销，每省都派去技术指导，保证车子不出问题。为了摸清市场，向德还亲自到各省去看煤气车的运行情况。

煤气车在国内出了名，港台和国外商人也闻风而来。首先是新加坡柔佛公司，要求购买十部。向德对来人说："德士古、亚细亚、美孚会把你们挤掉。"他说他们是经营木材的，有的是木炭，不怕挤，还是照数买了。第二个是英国人，他买了一些炉子给非洲的大农场作提水工具的动力。第三个是台湾人，他也购买一部。公司派去的技术指导周访渔回来告诉向德，台湾早有一部日本的煤气车，买去的车是同日本的作比较，现在发现向德的车速度快，耗炭少，台湾方面正在积极仿造。

1934 年，国内已有三家煤气车厂，一是汉口的中国煤气机厂（厂主李葆和），二是汤仲明的仲明煤气车厂，三是向德的中华煤气车制造公司，三家在市场上竞争十分激烈。

一次，国民政府军政部要买一百部煤气车作辎重学校教练用，要三家举行一次长途试车竞赛，凭实地试车竞赛结果决定。竞赛规定各装一部两吨的车子，满载等量货物，由军政部里派人跟车监视，从上海出发，经杭州、南京，再开回上海，全程约 1 000 公里。试车那天，向德派周云、宋早生跟车。向德估计，自己公司的车子会跑在最前面，汤仲明的次之，李葆和的将在最末。可是第一天从上海开出后不久，汤仲明厂的车跑得最快，其次是李葆和厂的，向德的反在最末。谁知到了杭州，情况起了变化，向德公司的车子最先抵达，汤仲明的次之，李葆和厂的最末。这时，向德有了把握。第二天从杭州出发之前，他明确分工负责：宋早生专门检查电器部分，注意发动机电气火花的强弱，及各部分是否漏气和发生故障。周云则针对汤仲明厂车子的优点和李葆和厂车子的缺点，不断对自己车子采取相应的有效措施。到了比赛快要结束的那一天，中华煤气车制造公司全公司的人都到车站去接车。因为这次试车对公司来说是生死攸关的问题，大家好像上战场一样，心情非常紧张。中午时分，中华煤气车制造公司的车子首先到达。天黑时汤仲明厂的车子到了，李葆和厂的车直到第二天早饭以后才回到上海。胜负既定，军政部除购买中华煤气车制造公司的车子外，还发给来一张大奖状。从此以后，“中华”的牌子越做越大，一直到1937年“八一三”上海抗日战争爆发，工厂遭到轰炸，才不得不自行解散。

在上海经营中华煤气车公司期间，向恺看到业务大有发展，雄心勃勃，要作“煤气车大王”。向德说：现在是“行百里者半九十”，必须作进一步努力，一是要提高马力，使煤气车的运输能力赶上汽油车；二是要改用煤炭作燃料，以免木炭供不应求，大涨价时发生困难。对如何加大马力，李葆和是经销汽车的，主张把五吨汽车所用的大马力发动机装在两吨的汽车上，以弥补改装成煤气车后减少马力的损失。他厂里的工程师戴桂蕊（英国留学生），主张把汽车传动系统最后一道传动齿轮的变速比（即差速器的盆形齿轮）加大，以增大驱动力。向德觉得买大马力的汽车来改装，势必增加成本，照戴桂蕊的办法，上坡能力可以得到加大，但到平路上行驶的速度就慢了。于是同向恺商量，还是从发动机上想办法，把原发动机上汽缸盖刨去一层，或换一个汽缸盖，以提高压缩比。同时用两个火花塞点火，提高爆发能力。试验结果表明，照向德设计的办法马力有显著增大。当时一般汽油汽车的压缩比最多是5∶1，向德想把煤气车搞到6∶1或7∶1是做得到的。可惜抗日战争爆发，公司解散，无法继续试验下去。

“八一三”事变后，向德带着湖南去的一班人赴广州中华煤气机分厂，把他们安置在那里，自己返回长沙。广州沦陷后，向德弟弟向恭实（在广州分厂任职）和从上海撤退的那班人，来长沙找向德，因为他们分析形势，认为广州沦陷后，汽油会越来越缺乏，便要向德到桂林去开厂，于是向德又在桂林郊区四义村开设新华煤气机制造厂，业务很快发展起来。那时，整个西南大后方，做木炭车的厂有如雨后春笋。新华煤气机厂和其他同业在支援抗日战争中发挥了重要的作用，为抗战做出了贡献。1944 年秋，桂林沦陷，新华煤气机厂不得不解散。向德本想逃难经贵阳去重庆再起炉灶，可是走到贵州三穗县，实在无力前行。

据统计，在湖南省公路局系统营运的汽车中，1936—1939 年木炭煤气汽车所占比例由 20. 3% 上升到 30%。后来由于日军封锁中国几乎全部海陆通道，汽油进口更难，1940 年，湖南煤气车与酒精车合计占 82% 以上。

1946 年春，回到长沙的向德和大家认为，长沙光复后，缺少动力，煤气炉大有发展前途，又可以解决生计问题。因而在长沙天心马路旁开设了新华工厂，专做煤气炉。但是战后美国“救济总署”的汽油源源不断地流入内地，煤气炉没有市场。于是向德另找出路，开始用煤气机作动力，制成了锯木机，旨在适应战后的建设需要。不料由于工厂设在天心阁，离湘江太远，交通又不方便，以致把木材从湘江边运过来的运费比手工锯木厂贵得多。于是又改作碾米厂，开始还有些起色，但终究不很景气。因为那时碾米业是以商养工，大的厂子全靠囤积谷子赚钱，依靠动力加工费所获收入很少，自然无法实现厂子的商业化。后来，向德还经营过新华磷肥厂，把骨头加工成磷肥。长沙解放后，向德把新华骨粉厂转给省农业厅接办，迁到郊外三汊矶，后改为岳麓化工厂，生产骨粉作肥料。

长沙解放后，向德担任长沙市第一任副市长和民主建国会中央常委等职务。1958 年在省农业机械研究所任工程师。当时全省一万多台排灌用的“12 型”柴油机燃料严重不足，向德出色地完成了把柴油机改为煤气机的科研任务。党的十一届三中全会以后，先后担任中国民主建国会中央常务委员、民建湖南省委员会主任委员、湖南省工商联主任委员、湖南省政协副主席等职。1985 年 1 月 20 日在长沙病逝。①

① 向德：《我研制煤气车和从事煤气车的回顾》，《湖南文史资料选辑》第 17 辑，湖南人民出版社 1983 年版。许康、苏衡彦：《七十年前的湖南木炭煤气汽车》，《湖南文史》2001 年第 6 期。

胡彬生

胡彬生(1901—1971 年)，江西吉安人。长期在湘从事实业活动。早年丧父，14 岁辍学从商，到长沙“元昌祥”钱庄当学徒，出师后辗转湘潭、长沙等地钱庄谋生。为人谨慎认真，深得长沙“万裕隆”钱庄老板周丽川的倚重。1925 年出任常益分号经理。2 年后，被擢任为津市“福隆”钱庄经理，举家迁居津市。在津市经营钱庄，业务兴盛，获利颇丰，于是开始投资他业。相继兼任“公成押当”和美商“德士古煤油公司”津市经销处副经理，从此在商界崭露头角。1929 年涉足商会，历任津市商会常委、执委、理事、监事，直至湖南省商会联合会理事。

1932 年起，胡彬生自开“德和钱庄”，并出任经理。1935 年他又与人合资创建津市农工银行，出任经理。他精通业务，善于管理，重视信誉。银行创立伊始发行市票流通，后来因遭火灾，他担心掀起挤兑风潮，便当即造访各大商户，请他们张贴兑换农工银行市票的告示以安定市民，因而赢得声誉，生意更加兴隆。此后不断拓展业务范围，在长沙、常德等地有关企业都有投资，成为湖南境内名噪一时的知名人士。1937 年从钱庄抽资，个人出资 8 000 万元，邀集富商数人合资组建“祥和油行”，自任经理。该行在长沙、武汉、广州、常德、大庸等地均设有经销处，几乎垄断了境内的桐油市场。同时，还暗地里在行内设置“复和庄”，经营花纱、猪鬃、五倍子、食盐、煤油等大宗物资，凭借雄厚的资金，加之信息灵通等优势，纵横捭阖，左右市场，暗中逃避税捐，由是祥和油行冠盖云集、声名鹊起，成为津澧一带商务活动的据点，某些地方事务亦取决于此。1942 年加入国民党，他借母亲60寿辰之机，广结国民党党、政、军各界头面人物，托人恳求国民政府要员题词赐匾，以耀门庭、壮声威、图发展。次年，日军侵犯至津市，祥和油行在疏散物资时遭日寇飞机轰炸，损失惨重。

1945 年抗战胜利后，祥和油行回津市复业，并增资重整旗鼓。1947 年，胡彬生当选湖南省商会代表，出席全国商会联合会。会后赴上海、杭州、汉口等地考察商务。同年涉足外贸，亲赴广州、香港考察桐油市场，开拓了外销业务。经过 2 年的外贸经营，祥和油行利润甚巨，成为津市境内绝无仅有的出口贸易企业。津市各界为借助其财力和名望，亦投其所好，纷纷给予荣誉职务，大肆巴结拉拢，而他则欣然受之，挂名之职多达数十，市境无人能出其右，时人尊称“彬爹”，举凡赠药送诊、救灾施棺、办年赈、兴学堂等地方善举，他往往都解囊相助。每到岁末年尾，他常常顶风冒雪亲赴贫民家发放年米寒衣。

1949 年津市解放前夕，境内少数富商欲挟资外徙，时为湖南进步军人民主促进社成员、商会理事长的龚道广也在其列，胡彬生闻讯后，亲自规劝其留在津市，同时亦劝导其他商界朋友留下来安心经营。津市和平解放后，胡彬生被定为“迎解有功人员”。他将 1 栋房屋捐给群芳幼儿园，受到市民的好评。1951 年 9 月，他响应人民政府号召，将祥和油行资产投入公私合营津市企业股份有限公司，被任命为副总经理。他以丰富经验驾驭企业，驰骋市场，使公司得到迅速发展。1955 年，胡彬生当选为津市首届市政协常务委员会委员。次年，公司资金投向工业，他兼任澧东油厂厂长。1957 年，他被选为市人民代表大会代表和市工商联副主任委员，并作为特邀代表列席全国政协会议和最高国务会议第十一次（扩大）会议。翌年，因年老体病，他申请辞职，未获批准。1960年春，被下放到百货综合商场工作。次年，调任津市信托公司副经理。“文化大革命”时期受到冲击，1971年7月病逝。

王恢端

王恢端，1907 年出生，衡阳人。祖辈世代务农。有兄弟姐妹共 10 人，父亲壮年去世，赖寡母抚育成人。因家贫，入私塾 3 年而辍学，为人牧牛以弥补家用。

1928 年，得蒙族人王玉衡提携，入九河源纱布店当学徒，从此弃农经商。学徒的日常工作是搬货物，作杂役，夜间学习书算。王恢端年龄稍长，见识和理解力也较强，除做好本职工作外，尚能熟悉行情，在众学徒中逐渐得到店东赏识和信任。3 年学徒期未满，即被派往长沙驻庄，独当一面。后来，九河源与他人合伙组织集生锡庄于临武县香花岭，收购点锡，运销汉、沪等地。由于矿商狡猾，不易应付，店东于 3 年之中，连派 3 人去管理，均遭失败，先垫 3 万银元，无法收回，乃于 1931 年夏乃改派王恢端负责。王到任后，主张以账养账，同时还开采几处窿口，建设几座炼锡厂，终于打开了局面，挽回颓势。

1937 年抗战全面爆发后，九河源认为沪、汉失守，点锡无出路，拟撤销集生锡庄，集中力量经营纱布。王恢端却认为锡庄尚有可为，要继续经营。因彼此意见相左，于是离开了九河源。他在九河源工作 10 年，成绩显著，但离店时却仍然囊空如洗，还向友人借款了 400 银元。离开九河源后，王恢端前往香花岭，独资经营大生昌锡庄，甘冒战火，贩运点锡至广西出售。广州陷于日军后，王又转赴汕头、金华等地，两年中获利上万元。1940 年 1

月，王恢端回到衡阳，而此时九河源独资的经营方式，压抑了职工投资的积极性，内部矛盾重重，店主于是要求王恢端出面组织协记布庄，允许职工可以入股。王放弃了香花岭的业务，出任布庄经理。经营一年，成绩尚好。不幸1942年春，日军在广东登陆，布庄在淡水、汕尾、香港三地的店铺损失布匹2 000多匹，王恢端的胞弟王颂祥也为抢救货物而丧生。但王恢端并未气馁，仍在江西吉安进货，力挽危局，年终结算，尚有盈余。为抵制国民党政府的繁重赋税，王恢端想方设法，多次改牌换记，由协记，而德记，而森记，而振华匹头号，巧妙地逃避了繁重的税负。经营之余，他还十分关心时局的发展，故而在1944年衡阳沦陷时，因早已做好疏散准备，损失较少。

抗日战争胜利后，王恢端又集资法币100万元，另集外股500万元，开设泰康纱布店，并任经理。开业后的第一年获利不多，但他坚持惨淡经营，并在上海设立泰记采办庄，终于扭亏为盈，获利巨万。1948年秋，乃自购铺屋一栋，为泰康扩大营业奠立基础，为使职工安心效力，还购宿舍一栋，博得全店员工称许。后来，王恢端回顾一生从商立业的艰辛历程，认为自己之所以能在商业中略有建树，主要原因有四：一是作风正派，无不良嗜好，能团结同仁，坦诚相见，使大家乐于同心协力，共同为事业奋斗。二是事业心强，迎难而上，再接再厉，务求立业。三是广搜信息，洞察行情，知己知彼，出奇制胜。四是自己不搭外股，也不多分红利，遇事秉公处理，对同事一视同仁。①

1949年10月，衡阳解放，王恢端被分配在市内工商支部。

---

① 王恢端：《七十年来的回顾》，《湖南文史资料》第29辑，湖南人民出版社1988年版，第151－153页。

1951 年 6 月，衡阳市政府投资 2 万元，工商联筹款 4 万元，成立衡阳企业公司，次年，王恢端任该公司经理，并经得衡峰染织厂股友同意，将该厂转入企业公司，改为企业公司染织厂。1956 年 1 月，全行业实行公私合营，为国家积累资金 100 多万元，并为推动公私合营企业走社会主义道路作出了榜样。

陈芸田

陈芸田（1908—1989年），又名初元。湘乡人。8岁入私塾，9岁母亲病故，14岁时父亲撒手人寰，无法继续上学，乃于1926年决定南下广州，报考军校，因病未能实现，后又当过小学教员。1929年到上海投考劳动大学未成，入厚昌酒店做杂工，白天打工，晚上入业余的中国社会科学讲习所读书，期间还担任过棉织工会文书。不久，又自筹资金与几位同乡在闸北开办莫愁酒店。原打算赚点钱去日本留学，没想到1932年“一·二八”事变日军进攻上海，酒店被毁。

学武不成，读书不成，开一个小店又毁于战火。1933年，陈芸田去邵阳，经兄长推荐投靠万泰福绸布店。不久，代表万泰福绸布店与当时想敲诈勒索的邵阳商会会长郭某打了一场官司，以一文弱书生据理力争，竟然赢得官司，顿时成了当地不畏强暴的名人。不久，被公推为湘乡会馆东涟小学校长、邵阳商会常务理事。

1935年以前，英美日等国都实行金本位，中国实行银本位。这些国家为了从经济上掠夺落后国家的资源，推行白银政策，使白银价格上涨。中国为此深受其害，银贵钱贱，洋货大量倾销，民族工商业纷纷倒闭。在此情况下，国民政府于1934年实行币制改革，放弃银本位，改为虚金本位，发行法币。陈芸田在任校长期间，曾潜心钻研中国经济与币制关系，写了一篇《论美国的白银政策》。论文搜集资料，论述了美英等国利用币制进行经济侵略的实质。同时，他也感到，国民党的这种币制改革将无力抗拒这种国际资本的掠夺，其结果会出现通货膨胀、物价上涨。

1935 年，陈芸田与侄子、外甥集资 200 银元合伙开设了聚丰疋头庄。聚丰疋头庄的初期经营，主要是从长沙、湘潭、衡阳等地大疋头庄购进棉布，贩往洪江(以后扩充到芷江、晃县)，在定期的贸易集市上出卖。资金周转一次需要一个月，而每匹布赚头才一角多。如果光靠他们 200 银元的本钱经营，就只能长期停留在微利的小布贩子的境况中，弄不好随时可能亏本。陈芸田认为，必须扩大信用，取得更多的银行、钱庄的贷款，以此来扩大经营规模。为了取得银行和钱庄及经营伙伴的信用，他们利用万泰福的招牌大批购进货物，一下子扩大生意 10 余倍，也就是说，200 银元的本钱做到了 2 000 多银元的生意。但这时，由于万泰福逐步亏空，已经不容易进一步扩大经营。陈芸田于是决定向钱庄借钱。但是聚丰资本少，钱庄不肯冒险。陈芸田便同他们商议采用买现汇的方式，即先向钱庄交钱买了汇票寄到长沙，五天内取款进货。经过一个时期的往来，钱庄老板看到聚丰疋头庄生意不错，信誉很好，便逐步向聚丰买对交票，将钱庄汇票寄往长沙，两地同一天交付款，这种方式比前一种方式又进了一步。银根宽松时，钱放不出，钱庄主动向各店放账，兜生意，一般店家都不敢背账背利息。聚丰却从长远着眼，常常贴息也承借一部分，再转借给同他们经常往来的小门市店，或者寄到长沙、湘潭、衡阳等地的往来户。这样一来，商户们看到聚丰的货物还没有销出，还居然有钱预先借出，认为聚丰资本雄厚，而钱庄也认为这样的金融伙伴靠得住。于是，聚丰的名声更大了，生意越做越活。聚丰疋头庄正是在陈芸田这种经营思想的支配下，一年内盈利 2 000余银元，资本增长 10 倍，在商界声誉逐渐上升。不久，陈芸田当选为邵阳绸布业公会理事长、商会常务理事。

1937 年"八·一三事变"前夕，日军调兵遣将，侵华战争迫在眉睫。陈芸田估计形势，预料到战争即将爆发，届时，长江一旦封锁，物资必然紧张。于是，他调动资金，大量进货。半月之内，进了 20 000 多银元现货，还买了 70 000 银元期货。对于聚丰这种行动，许多同业商人，一时竞相议论，认为陈老板"太冒险"。随后不久，"八·一三事件"爆发，日本侵占上海，长江水路果然封锁，交通中断，一时间内地上海货品奇缺，价格不断上涨。到这年年底，长沙、湘潭、衡阳几处来往的店号欠聚丰的期货都交不出来。而聚丰疋头庄货物准备充分，在两月之内坐获丰厚利润。这一风险决断使陈芸田数月之间成了资本雄厚的商界大户。于是，他在聚丰的基础上又开设了仁丰疋头店、信丰疋头庄，成为邵阳棉布行业中的首富。1940 年，湖南省拟成立省商会筹委会，由长沙、衡阳、湘潭、常德、邵阳、洪江、沅陵等 7 个地区各选派一名代表去当时的省府所在地耒阳来筹办。陈芸田在当时邵阳县长(衡阳人)的帮助下来到耒阳参加省商会筹委会。湖南省商会成立，陈芸田被选为第一届常务理事。1941 年，陈芸田又在衡阳投资办起了中州棉织厂(即衡光棉织厂前身)，在邵阳办了一家炼油厂，在永丰办了一家小型纺纱厂。此时，陈芸田经营的业务扩展到南货、百货、绸布、粮食、油料等行业。

抗战胜利后，湘乡人邓介松出任民政厅厅长，原省商会理事长黄佩石在沦陷时死于耒阳。省商会归民政厅管辖。陈芸田被邓指派为代理商会理事长。陈芸田就这样踌躇满志地来到了省会长沙。不过此时的聚丰虽然有巨额的通币，但是由于国民党实行了黄金券，加上通货膨胀，陈芸田的通币犹如一堆废纸，起不了什么作用，几乎贬值到了破产的边缘。为此，陈芸田改变经营策略，创办益大钱庄。他采取分散经营的策略，以合作与搭股的形式，将原来集中资金单独经营改为处处搭桥，分散经营，以便通过资金的扩散深入到南货业、油业、金融业、粮食业、百货业、绸布业。这样一来，他就与这些行业的商户有了经济上的联系。并提出反对苛捐杂税，反对湖南矿产非法管制，博得许多工商界人士的拥护，在商界影响日增。此时还著有《湖南物产概述》一书，并出席全国商联筹委会。1947 年陈芸田当选为湖南省商会理事长。另外，抗日战争胜利后长沙金融业务日益活跃，但原来在长沙开业的 30 多家钱庄此时正苦于没有营业执照（大部分是在长沙“文夕大火”中被烧毁）无法营业。问题反映到长沙市商会。陈芸田知道此事后，便向财政部、省财政厅社会处奔走游说，并利用各种关系，疏通关节，终于取得省财政厅批准的 36 个钱庄执照。陈芸田顿时成了商界新闻人物，而他的不受分文的廉洁之风更被各大商户交口称颂。陈芸田说：“有的商会老总要钱，我要名，有了名可以干更大的事，而钱应该正正当当地去赚，不能敲诈勒索，不能贪污受贿，否则就一天也混不下去！”省商会的招牌响了，陈芸田的名字也红了。一时间，省商会这个原本的清冷衙门，每天车水马龙，门庭若市。至此，陈芸田如奇峰突起，在商界获得了广泛的赞誉，在省会长沙牢牢地站稳了脚跟。

1947 年国民党政府改选立法院立法委员。其时，中南五省党政工商农各有一个名额，五省商会决定湖北选商业立委，湖南选农业立委。后来，湖北商会会长李荐臣主动放弃了商业立委候选人的竞选，这个名额就落到了湖南陈芸田的头上。陈芸田感到很矛盾，既想当上为湖南商界做点事情，又怕将来时局变化，于是，便问常同他往来的地下党联络员郑伯翔。郑伯翔支持他，并说陈芸田当上了，还可以通通气，因此同意陈芸田去争取。在南京召开的全国商联筹备会议上，陈芸田带去了大批定制的湖南毛笔，上刻“湖南省商联理事长陈芸田敬赠”字样，他还以个人名义散发了《湖南物产概述》的小册子。同时，在会上他十分活跃，多次发言，引起了人们的注意。当时长沙某报记者又专程采访了他，文章刊发在宁沪各大报刊上。这样一来，陈芸田成了金陵一带的新闻人物。会后，陈芸田又与江西、河南、湖北等省商界名流广为交游。返湘途中，他转道上海，与工商界名流刘鸿生等结识，并举行记者招待会，介绍湖南工商界情况，希望上海为开发湖南资源提供帮助。这些活动，获得了广泛的好评，为他的竞选作好了充分的铺垫。全国商联正式提名陈芸田为候选人。1948 年初，陈芸田当上了国民政府的全国立法委员。1948 年 5 月出席立法院首届院会。同年秋，因不满四大家族的豪门资本垄断国民经济，停止赴院会，后又参与全省工商界反对“八一九”限价政策和策动反对湖南金银外运，参与组织农、工、商团体公开发表联合宣言，反对国民党政权各种“征借”。1949 年 8 月 5 日，陈芸田与唐生智等人联名通电，拥护程潜、陈明仁起义，为湖南和平解放作出了积极贡献。

湖南和平解放后，他率先把自己在邵阳和长沙的企业财产，全部无条件地捐献给人民政府，成为全省工商界上层唯一无定息、无存款、纯靠工资过生活的人。新中国成立初期，百业待举。他还发挥自己的特长，积极主动地为国家创办了多家盈利的经济实体。如只花了个多月时间就办起了集资 300 万银元的湖南投资公司和湖南企业公司，入股的大都是大工商业者。就因为陈芸田出了个面，大家信得过，就把原来不敢拿出来的钱尽数入股。仅仅经营一年，盈利就超过投资总额。长沙的建湘瓷厂、建湘药厂、建湘搪瓷厂起初就是用这笔盈利办起来的。新中国成立后，陈芸田除了担任湖南省企业公司和投资公司董事长外，还先后担任或兼任多种职务，历任长沙市城乡联络处副主任，第一届至三届省政协常委，第四届政协副主席，第一届至三届省人大代表，第五届省人大常委会委员，第六、七届省人大常委会副主任，民主建国委中央委员，民主建国会省委副主任，全国工商联委员、常委，省工商联副主任委员、主任委员等职。任职期间，协助中国共产党和人民政府对资本主义工商业进行社会主义改造，落实各项统一战线政策，开拓民建和工商联工作，曾就全国和全省的经济建设，民主和法制建设等方面，提出了不少的建设性意见和建议。

“文革”期间，陈芸田被加上了一些“莫须有”的罪名，一切行动置于监督之下，受到过一些不公正的对待。

中共十一届三中全会后，陈芸田重新受到党和人民的重视和信赖。1980 年 8 月，陈芸田创办湖南国际信托投资公司，任董事长兼总经理。公司创办之初，总共才 7 人。一无资金，二无办公地点，仅在一街道办事处租了几间房子，共用一部电话。在陈芸田的带领下，经过公司全体人员的努力，先后与美国廷兴公司达成了长期加工出口服装的协议，与日本、香港的客商签订了承办湘绣、仿瓷器和水泥等出口业务。后又与宋希濂之子宋元龙、薛岳的外甥黄绍雄建立了业务联系。陈芸田在解放前曾与大商人陶伏生有过合伙生意。陶出国后，其家族分布于加拿大、纽约、新加坡、香港等地为当地商人。陈芸田通过多方努力，与陶家取得了联系，与其散布于各地的经营机构建立了业务往来，这样不仅扩大了业务，而且还为海外统战工作打下了基础。随后，陈芸田领导的湖南国际信托投资公司通过吸收信托、委托存款、代理发行有价证券、开发同业融资以及境外借款等多种渠道，广泛筹集外资和人民币资金，开发信托投资和贷款、融资性租赁和房地产业务，兴办中外合资、合作企业，引进国外先进技术设备，为湖南的对外经济贸易发展和促进海内外交流起了不可低估的作用。

后来，陈芸田回首往事，在家里和他的一位亲戚聊天，总结以往的“生意经”说：“我在风云激荡的经商角逐中之所以取得某些成功，主要靠两条：一、看准行情，二、严守信誉。先从行情说起，不仅要看准所营业务的小行情，还要纵观国内、国际的商情大动态，光看准不行，还要当机立断，拍板成交。”随后陈芸田举了1938年和1945年正反两个例子来说明看准行情、当机立断的重要性。他说：“1938年当东南沿海通路都被日军封锁的时候，我断定：与人们衣着息息相关、用量很大的进口染料必会缺销而价格大涨，就挤出所有资金火速购进一批黑淀粉，后来果然赚了大钱。到了1945年，日本在太平洋战场节节败退，就是在我国的黔桂战线，也已招架不住，先后从贵阳、独山、柳州等地退了出来。我又预感到，敌人不会维持多久了，敌人垮台后，沿海与内地交通必会迅速恢复，进口物品会接踵而来，价格必定大落，而长年运输不出的木材、桐油等传统出省物资售价会扶摇直上。于是我决定把所存颜料与外来布匹推销出去，腾出资金购进木材、桐油。决心下了，但我因家里有要事回去住了一段，没有扣紧时机。当我返回晃县时，日本已宣布投降，想抛售的匹头、颜料，不仅卖不起价，而且无人问津，真正步入到‘门可罗雀’的萧条境地。对节节上涨的木材、桐油却因无钱购进，只好望洋兴叹，坐失良机，这就是抓而不紧所留下的教训。”陈芸田接着说：“现在再谈信誉，要想把生意做活，定要讲究信誉，我始终把‘信誉’二字奉为立足商场之本。刚做生意时，我资金不多，主要靠向银行和钱庄借贷，借期到了，从不拖欠，就是再要借用，也要还清再借，所以我去借款，贷方遍开‘绿灯’。借款虽很顺利，但归期来到之前，就得把款准备好。为筹措款项也费心机，同时利息也是个沉重负担，有时一笔生意，东奔西跑，弄到一点好处，付了利息之后，自己落得两手空空。所以后来我热衷于期货交易，就是先进货，约定多少天再付钱。这样自己不出资金，不花利息，赚一个算一个，比借款经营要好得多。以后竟发展做比自有资金大几十倍的生意。年复一年，我的本钱越滚越大，生意越做越活，盈利越来越多，在商界的名望越来越高，办起事来，更加得心应手了。"

诚招天下客，信化聚宝盆。这就是陈芸田的经商诀窍，1988年10月26日，《湖南日报》以《八十高龄话经商》为题报道了陈芸田和湖南国际信托投资公司：由于公司全体同志的苦心经营，加之有陈老在国内外企业界的交往与信誉，公司的知名度与日俱增，业务迅速拓展。1984年，香港汇丰银行中国部负责人来湘考察后，当即向省政府有关负责人表示：凡属湖南省国际信托投资公司合资经营的项目，汇丰乐于贷款；凡属这家公司出面担保的贷款，汇丰同意接受。同年，西班牙《国际商业》杂志授予该公司"传统与威望"国际奖。

1980年，湖南国际信托投资公司在接待美国廷兴公司刘廷芳先生来湘时，便很自然地发生了一个"挖地三尺，感动上帝"的生动故事。刘廷芳原是国民党政府资源委员会的官员，家住长沙，1948年去了美国。1980年，刘廷芳到了北京，想回湖南看看，但有点犹豫。陈芸田得知后，连忙写信托刘的故旧、长沙市工商联副主任兰肇祺持函往北京面达，欢迎他回湘。刘廷芳抵达长沙后，交谈之中透露出他当年赴美时，曾将一些古董埋在住宅地下室底下，"事过30多年了，只怕找不到了"。陈芸田知道后，表示愿意帮助刘廷芳落实他在长沙的房产权属。刘廷芳被陈芸田的诚意感动，同湖南国际信托投资公司签订了代购丝绸加工服装出口的合同，数量40万件，近100批次。这些服装由长沙装箱交铁路运到深圳，再转香港空运至纽约，为国家创汇450多万美元。1985年冬，国家外汇管理局和中国银行总行又正式批准该公司有经营外汇业务权。

陈芸田把湖南国际信托投资公司办得闻名遐迩的时候，对贫困地区人民的生活，也非常关心。1987年初冬，他以湖南省经济开发促进会副理事长的身份，拄着拐杖，在医护人员护送下，登机去北京，到国家计委恳切陈词，经批获250万美元外汇，进口了2万吨化肥，支援贫困山区的农业生产。在此以前，双峰因资金不够，他还拨出40万银元无息贷款，为家乡办起了一座年产4.4万吨的水泥厂。既发展了乡村工业，又为剩余劳动力提供了就业机会。

到1988年，经过8年的辛苦耕耘，湖南国际信托投资公司在开拓对外贸易、引进外资、兴办合资企业上均取得了辉煌的成就，公司先后与美、英、联邦德国、瑞士、加拿大、新加坡、中国香港等国家和地区的25家银行、财团建立了业务合作关系。同时还在联邦德国萨尔州、美国、新加坡、香港开创对外经济技术合作联系的窗口、渠道。引进外资、兴办合资合作和投资联营项目达30多个。

1989年12月5日，陈芸田不幸病逝。湖南国际信托投资公司全体职工给这位长辈和领导以高度评价，挽联写道：“能担当，善决断，巧运算，长信守，投资信托终创大业；心向党，身许国，业成商，力为民，风雨反复不改精神。”工商界老友黄曾甫写道：“五十年倾盖论交，雪夜忆围炉，元龙高气君堪健；工商界巨星陨落，病床惊易箦，延陵挂剑我来迟。”①

---

① 谭安仁：《回忆湖南商界陈芸田先生》，《邵阳文史》第17辑，1992年版。毛泉奇：《商界奇人陈芸田》，《湘潮》2000年第4期。

曾诚意

曾诚意，1909年出生，号唯一，湘潭人。6岁开始从家训读书，由出身书香门第的母亲齐佩兰一手教导。1927年入湘潭中学，次年进长沙衡湘中学，1931年考入省立高级工业学校。

省立高级工业学校是当时湖南唯一的一所公立工业学校，也是当时湖南工业，乃至全国工业人才的摇篮。全校共开设四个专科：纺织工程科、机械工程科、应用化学工程科和电机工程科，并在城北上大垅设有较大规模的实习工场，且师资力量雄厚。在校学习期间，曾诚意常和同学谈论实业救国的想法，实业救国、发展工业成为他矢志追求的目标。

1933年，还是在校学生的曾诚意与谢炳文、吉孝潜、周翔云、谌鸿章等用节余的生活费组织了一个“月新印染研究社”，接洽棉织品印字印花业务，生意兴隆，在兴办实业的道路上初试身手。次年曾诚意从省立高级工业学校毕业，留在学校实习工场当工务员，兼教染色实习，同时还兼教省立第一女子职业学校染织专科课程。任教期间，与同行致力工商业务，促使他实业救国的思想越来越坚定。他四处筹措资金，在株洲正街找到一块地皮，筹办经纶染织厂，又获得机械科同学的帮助，解决了资金问题，订制了一口染锅，准备经营土织土染洗染业务。时值抗日战争爆发，曾诚意等未被战火吓退，仍坚守阵地，他一方面设法筹款，一方面找人合作，经多方活动，终于与长沙绸布批发商秦汉云合伙开业，改牌为经纶绸布庄。开业后，正值长沙疏散，株洲业务由是十分兴旺。

曾诚意吸取以前办厂的经验教训，首先从经商入手，因为这样获利较易，还可以解决以后办厂的资金问题，几位同事采纳曾的意见，随即集资做运销生意，组成集成贸易公司。1938 年底，曾诚意将经纶绸布庄的全部资金转到集成贸易公司。第二年春，曾诚意与学校同事商议筹办华中染织厂，购布机 4 台，厂址设在湘乡永丰柴冲湾，由曾诚意任经理，随后迁衡阳柘里渡。1940 年，华中染织厂扩大组织，曾诚意推成希文、周翔云等 6 人负责募股，筹措资金争取安江纱厂配纱。当时安江纱厂所产棉纱一直是控制批发给有关方面的。国民党当局打出扶助民营织布工业的口号，按厂价批准预售。但是当局滥印纸币，导致市场通货膨胀，以致购纱从预售到结算，差价甚大，通常只有原价的 50% ~ 70%，而且很难获得按厂价批准预售的棉纱。曾诚意利用师生和同学关系，从 1941 年下半年开始，经省建设厅批准获得每月按厂价批准预售棉纱 2 件。后为逃避战乱，华中厂迁到衡山大堡，曾诚意辞去学校职务，专营华中染织厂。1943 年 4 月，曾诚意又设法筹办了鼎新棉织厂，以 50 万银元在衡阳望城坳建起了厂房，股份人员大都系当时的湖南政界要人。至此，曾诚意在衡阳同时经营鼎新棉纱厂与华中染织厂。又还陆续投资了衡阳立大机器厂、中洲棉织厂、心源电化厂、邵阳爱藏购油厂、辰溪利生纱厂、安江惠和纱布号、重庆明星化工厂等 26 个企业。

1944 年，日军大举南侵，鼎新棉织厂与华中染织厂两厂全体职工及全部资产，由水路向零陵疏散，不久零陵告急，曾诚意于是先行运一部分物资至桂林、柳州，择址复工，其余物资原拟由火车运输，后因逃难人流如潮，火车拥挤，停止货运，只得改由水路向道县转移，船至中途，被败退下来的国民党兵抢劫一空，大部分职工流散在零陵与道县之间。曾诚意与其家属行至桂林利华橡胶厂，不久桂林亦告急，工厂物资只能用汽车运往贵阳，不料车至独山，因桥梁被破坏，所有车辆恐留着资敌，全部放火焚烧。而从柳州运出的部分物资行至贵阳，全数抵作了运费。至此，曾诚意的全部资产因战乱损失殆尽。鼎新棉织厂只好于1946年6月在安江召开股东大会，清理账目，宣告结束。曾诚意则由桂林乘车取道义宁，经龙胜、通道，辗转至靖县，1945年1月抵达安江。不久，流散于零陵、独山的部分员工逃到安江，得纱厂厂长唐伯球等资助，华中染织厂又开始经营纱布业，并兼办谦和纱布号、国泰贸易行，三个企业都由曾诚意任经理，此间获利不少。

1945年，抗日战争胜利前夕，为集中精力经营纱厂业务，曾诚意将原华中染织厂清理结算，一次性照票面金额退还股本。1946年秋，曾诚意将谦和纱布号、国泰贸易行退股改组，与在贵阳的大纱商杨明心主办的惠通纱布号合并，于1946年成立惠和纱布号，由杨明心和曾诚意分任正副总经理。资本总额为2亿元，曾投资8 000万元。在广州、长沙、衡阳设立客庄，各庄业务进销地区的差价货物，均向银行借款调拨，以加快资金周转。不久，“惠和”业务达到鼎盛时期，在商业界引人注目，后因股东挪移营私，致使“惠和”损失甚巨，难以复苏，延至1948年3月，宣告停业。当时国统区通货膨胀严重，社会混乱，大批工商企业纷纷倒闭，民族工业所剩无几，曾诚意在长沙筹备的利华橡胶厂也危在旦夕，于是将历年来投资的26个工商企业股本能收回的收回，集中全部资金，投入利华橡胶厂。与此同时，以谦和牌号，经营花纱颜料，并以个人名义利用钱庄贷款购进棉纱。曾诚意投资利华橡胶厂除资金外，还以早年购置的长沙南门外大雨厂坪4亩土地作价投资，他在新增资中属于大户，主持橡胶厂的筹建工作，并任利华公司副总经理兼长沙厂经理。从1948年5月到1949年5月，在南门外大雨厂坪50号，建起简易车间、仓库、办公楼等房屋6栋，安装设备17台。但因经济形势严峻，通货恶性膨胀，市面萧条，橡胶原料又为国民党资源委员会所垄断，民族工业无法生存。1949年初，利华公司无法开工，仅留7人守厂，其余员工只能遣散。

1949年5月，在地下党的引导下，曾诚意对中国共产党有了更进一步的认识，他参加了长沙民营工厂联谊会，配合中共长沙地下党在工商界做稳定市场、迎接长沙和平解放的工作。党和人民政府保全、扶助利华橡胶厂，遣散的工人被召回恢复生产。自1950年4月至1954年9月，在私营阶段期间，共向国家交纳税金近70万元，创利税12万余元。1954年，利华橡胶厂公私合营，曾诚意也完全投入了民建工商联的工作，并当选为长沙市人民委员会委员。从1956年开始，曾诚意先后担任长沙市轻工业公司第二经理，长沙市轻工业局副局长、长沙市冶金机械局副局长等职，还相继担任第一届至第四届长沙市政协委员、常委、副主席，第一、二、三届省人大代表和省政协委员、常委、副秘书长以及民建省委副主委等。①

---

① 曾诚意：《沧桑五十年》，《湖南文史资料》第29辑，湖南人民出版社1988年版，第131－142页。

聂光堉

聂光堉(1909—1999 年)，长沙人。1942 年初，为了参加抗日救亡运动，从欧美毅然返国，在重庆被国民政府经济部聘为简任技正，专门撰写些纺织救国的文章。1942 年秋，聂光堉转入重庆交通银行工作，1943 年初，任交通银行湘支行副经理，并筹办纺织厂。

聂光堉通过调查发现：湖南省棉田面积有 168.6 万市亩，皮棉产量年约 50.7 万市担。当时省内纺织工厂规模较大的，只安江的湖南省第一纺织厂及第二纺纱厂两家，纱锭为 1.5 万余枚，小型工厂亦不过二三家，仅有 1 000 余锭。但旧式手工坊甚为普遍，系农民的家庭副业，惟其产量有限，且需要大量机制棉纱作为织布原料。另外，他还得知湖南第一纺织厂在“文夕大火”前拆运 5 万锭放在湘西柳林汊，后来，除选出 1.5 万锭运往安江复厂外，尚有约 3.5 万锭弃置未用，而交通银行可以投资，且经济部工矿调整处试制的国产纺纱新机没有找到认购对象；另一方面，军用衣被、铁路与邮递员的制服及民用衣被都十分缺少。所以聂光堉向交通银行董事长钱永铭反映要求设立纺织厂。1943 年 7 月，钱在重庆特邀湖南省政府、经济部工矿调整处、中央信托局、邮政储金汇业局、湖南省银行、粤汉与湘桂铁路管理局、黔桂铁路工程局等单位发起在湘筹办一家棉纺织厂，得到与会者一致赞同。把预备在湖南设立的纺织厂定名为“三湘纺织股份公司”，并设立筹备处，推钱永铭为筹委会主任委员，余籍传、张兹闿为副主任委员，聂光堉为委员兼总干事，俞鸿钧、徐继庄、赵棣华、虞洽卿、丘国维为委员，股金定为5 000股，合法币5 000万元，纺织设备除由湖南省政府在原湖南第一纺织厂所存柳林汊的织机中选出2 600锭外，并向经济部工矿调整处订购经纬纺织机器厂监制的新机2 400锭。7月17日，第二次筹委会议召开，增聘黄仁浩、赵季言、沈熙瑞等为筹备委员，拟定厂址在祁阳军政部第三被服厂附近，并任命聂光堉负责建厂筹备事宜。会后，聂离渝返湘，经过实地勘察，认为厂址选在祁阳军政部第三被服厂附近很不恰当，因为第三被服厂剩余电力只有120匹马力，不敷应用，并且该处房屋密集，目标显露，防空困难，又距铁路车站甚远，江水至冬季亦浅涸难行，水陆运输均感不便。他提出改在衡阳县东阳渡，因为这里南距衡阳市15公里，位于湘江东岸，旧有石级码头可供起卸，地势高亢，面积宽大，粤汉铁路、衡阳至宜章公路在此经过，水陆交通均称便利，附近山丘起伏，便于防空掩护，附近的湖南省玻璃厂内有空地及多余房屋可以借用，这一建议得到筹委会的同意。1943年10月16日，筹委会决定厂名为“湖南第三纺织厂特种股份有限公司”。因法币贬值，预算费用不敷，决议将资本额增定为法币7 500万元，由各股东按原认股额比例增加。11月8日，公司宣告成立。

11月10日，第一届董事监察人联席会议召开，选举钱永铭为董事长，余籍传、张兹闿、丘国维、钟锷、徐继庄、虞洽卿为常务董事，聂光堉被聘为总经理兼总工程师。

湖南省政府所拨原湖南第一纺织厂的旧纺机2 600锭，作价法币600万元，计有给棉机1台，开棉机1台，库来登机2台，尘格匣1座，弹花机头道1台，二道1台，梳棉机12台，并条机2

台，粗纱机头道1台，二道2台(每台124锭)，三道4台(每台160锭)，精纺机纬管7台(每台400锭)，小打包机2台。经总技师傅干臣，技师孔昭潜，技佐黄汉森、陈起旭等清理选配，用木船9艘，从1943年9月开始，至1944年1月21日全部运抵东阳渡，3月5日起卸完竣。向经济部工矿调整处所订的新纺机2 400锭，计有弹花机三道1台，库来登机1台，梳棉机8台，并条机(二节四跟)3台，精纺机6台(每台400锭)，双连摇纱机10台，小打包机1台，作价法币1 500万元。

1944年4月下旬，建厂各项工作已准备就绪，纺机安装工作为提前试车计，将清、梳、并、粗、精纺等机，每种同时装齐一部分，试行成龙开花，预定6月初局部开工，先开800锭，8月起增开1 600锭，11月起开齐5 000锭。

1944年5月1日，第二次董、监联席会议在衡阳召开，大会通过了试车投产安排计划。并决定采用“雁峰牌”商标，由聂光堉兼任厂长。聂光堉除关注工厂生产外，十分重视员工的生活。他在30年代筹建棉纺织染实验馆时，曾去过日本五次，亲眼目睹日本纺织女工生活之艰苦，后到欧美工厂任工程师时，看到凡对员工生活关心的企业，其生产亦发展较好。所以在建厂之初，十分重视兴办各种福利事业。厂内办有农场、儿童乐园、员工消费合作社、员工纺业合作社等项事业。其农场占地百余亩，除耕耘及种菜外，并饲养有各种家畜，其中巴西猪、瑞士羊、安哥拉兔、意大利蜜蜂，均系从国外引进的良种。儿童乐园中则辟有一个宽广的草坪，设置各种儿童运动器具，专供员工子弟游戏。员工消费合作社售卖各种日用物品，并设有食堂，面点、便餐、酒席，供应齐全。员工纺业合作社分有缝纫，碾米，制造豆腐、豆汁等部门，皆由员工及眷属分任工作，解决了不少员工的后顾之忧，老幼均有所安，厂内员工工作兴趣亦为浓厚，东阳渡厂自成一块乐土，备受当地人士称誉。

1944 年 6 月 2 日，工厂开始试车，情形良好，6 日正式开工。是时湘北战争再度爆发，形势突然紧张，人心惶恐。聂光堉为筹策厂务安全，一面开工，一面将未装机件及重要材料先行疏散，先将员工眷属及谷米、衣被等运出，同时呈请钱董事长，必要时先迁贵州独山，再图重建，6 月 11 日，聂光堉用民船将未装机件和重要材料运往祁阳。不久长沙失守，形势愈急，聂光堉于 20 日晚赶将纺机全部拆卸，星夜装船，亲督员工守到 22 日清晨，待物资一一运出后，聂光堉仍亲自留守，直到敌军前锋抵达泉溪市，距厂址 25 华里，他才率领最后一批员工徒步撤退。

纺织厂的撤退物资共装火车 4 列，聂光堉亲自在车站月台督促抢运，民船分 3 批运员工眷属、煤、谷、棉花、棉纱及机件物资等，大小船只共 60 余艘，分别西行，航至祁阳以上，湘江水浅，大船不能行驶，改装稍小的船共 80 余艘，7 月初安全到达冷水滩。聂光堉本人率领员工将船运物资机件在冷水滩及黄阳司站分装火车 30 个车皮，由湘入桂，迳驶柳州。

运抵柳州后，军事形势日紧，铁道车皮愈感调度不灵，聂光堉乃着手自筹交通工具，11 月初，在贵阳筹款购得木炭酒精两用卡车 2 辆，开始抢运。11 月 30 日下午，待员工及其眷属撤尽后，聂光堉始徒步向筑转进，1945 年 1 月 12 日到达贵阳。

运抵贵阳的物资有原棉 5 613 市斤，纺机 1 200 锭。纺机运往云南曲靖交裕滇、云南两纺织厂，作为本公司所借 1 000 万元借款的信用抵偿，余棉则在贵阳出售，以维厂用。同时分 470 市斤棉花给职员，弹制棉絮棉衣，以度寒冬。

1945 年 2 月 28 日第二次股东会议在重庆举行，决定在长寿复厂。当在野猫沱购原建国炼油厂房地基，计面积56 387 平方英尺。聂光堉安排傅干臣工程师主持建筑厂房，装置机器，向资源委员会长寿水力发电厂联系用电，斯时存贵阳的纺纱机器全部运到，员工眷属数十人亦已由重庆移居长寿。由于员工齐心协力，1945 年8 月开始试车，情况尚好，并生产出棉纱8 件，品质均佳，深得各界称誉。不期开工未久，即逢抗战结束，物价狂跌五六成。当时大后方一般工商业本已凋敝萎缩，经此大跌价的打击，许多厂家纷纷倒闭。分厂在建设过程中，集资筹款，原已呕尽心血，手足胼胝，不期基础未固，惨被摇撼，迫不得已，暂行停工。

抗日战争胜利后，各股东以该厂系由湘省各有关机构所筹办，自应返湘增资复厂。遂于1945 年11 月1 日在重庆举行第三次股东会议，决定返湘复厂。1946 年初，聂光堉率领员工陆续由川返湘，在长沙设立办事处，筹备复厂事宜。关于厂址，以“衡厂”厂房等建筑物已在沦陷时全遭破坏，荡然无存，如欲复厂，必须重新建筑，为求原棉供应及成品运销的便利，计划在常德德山设厂，趁董事余籍传返湘之便，请他与省政府接洽，得到省政府的同意，并拨给德山恒中纱厂旧址作为复厂厂址。1947 年1 月15 日，董监会议决定设新厂于德山，并请省政府从速从廉估价，至于在衡阳的旧址，则仍予保留，备作将来设分厂之用。但聂光堉与同事到德山勘查后认为：德山建筑物缺少，山地高低不平，就山建厂，耗资亦非少数，且临港码头与基地高达十余丈，引水动力和原料运送，均感困难，德山设厂又作罢论。经反复磋商，决定要求省政府将长沙银盆岭的湖南第一纺织厂旧址作价拨让，该地面积广，原有建筑如原织布车间屋顶虽烧毁，四面的砖墙损坏较少，稍加修理，则能容纳1 万纱锭，况原厂址的四周仍有一部分围墙，原有码头经修理后仍可使用，经省主席王东原同意后，推出在湘股东代表及有关单位组成估价委员会，共同估价，估定湖南第一纺织厂厂址及地面建筑共值法币146亿多元，与省政府应缴股款相抵。

1946年3月24日，董监事联席会议决定将增资股金换得美元储券50万元，在沪购置英国PLATT旧纱机9 440锭，以美金30万元购买成功，至于动力设备，已将20万美元在沪购得英国、意大利产马达33部，总马力为450余匹，及在沪与善后救济总署申购了加拿大和美国合作制造的500千瓦新式发电机一套及配电板全套，效力极佳。

1947年2月15日召开第四次股东会议，决议再按原资本额，增资40倍，仍请各股东认缴，两次共增49倍，资本总额增为法币37.5亿元。1947年12月12日，第五次股东会议决议，再照资本额法币37.5亿元增资11倍，增为资本额法币450亿元，仍由各股东认缴。3次增资已全部缴齐，所收资金拨作复厂设备及工程费用。

一切购置齐全后，聂光堉便带人督修厂房，至1948年7月上旬，第一步工程已全部完成，共占地280万亩。计有纺纱房、动力房、办公楼、职工宿舍、食堂、仓库、警卫室、堤岸码头、水池、水塔、烟囱、围墙等。

1948年3月15日，第八次董监联席会议召开，决定更改厂名，采用“裕湘”二字，聘聂光堉为总经理兼厂长，赵夔为协理，傅锡禹为总工程师，于1949年元旦正式开工。解放前夕，有职工212 437人，1949年底全厂职工598人，纱锭5 000余枚，生产的红“寿”字纱被人们争相抢购。在职工福利方面，聂光堉仍然特别重视，设有职工福利社，除第一次由厂拨出一笔开办费外，经常在售出的纱款中提出1%充作福利基金。关于消费、娱乐、医药各项设施，均粗具规模。教育方面，有工余学校，设有会计、缝纫、常识各科，教师均由职员有偿兼任。

国民党溃逃前夕绑架了聂光堉，企图勒索银元棉纱，聂置生死于不顾，未给他们分文寸纱，被释放回来后，他坚持按中共地下党“护厂不停一分钟，不损一点物，不伤一个人，安全投向人民怀抱”的指示，组织了纠察队，请马隆安任队长，进行护厂迎解放斗争，因此长沙市迎接解放委员会聘聂光堉为顾问。1949 年 8 月 4 日，长沙和平解放，在长沙市迎解大会上，聂光堉代表全厂职工向省政府敬献光洋 3 000 元。8 月 25 日，长沙军管会派军代表何渊、易群、周洁来厂接管，宣布在该厂实行“三原”政策（原职、原薪、原机构），要聂光堉继续担任厂长。同时，成立接管委员会，清产核资。8 月 29 日，市总工会主席袁学之领导市工、妇联合工作组进驻纱厂，开始协助筹建党、团和工会组织。由于党的领导，全厂到 1949 年底共有职工 598 人，产棉纱 470 吨，产值按 1950 年不变价格计算合人民币 158 万元，总产值 192 万元，工资总额 26 万元，余为缴清税款后的利润。1950 年 2 月底，湖南省纪委主任及秘书来“裕湘”纱厂接聂光堉去省计委工作，规划和筹建全省棉、麻纺织印染成衣企业，直至退休。①

① 聂光堉：《“裕湘”的缔造与恢复》，《湖南文史资料》第 29 辑，湖南人民出版社 1988 年版，第 21－32 页。

戴桂蕊

戴桂蕊(1910—1970年)，字子骥。双峰人。1931年毕业于湖南大学电机系，1933年赴英国考察公路并入伦敦英国皇家学院学习航空机械，1936年学成回国。

在英国皇家学院深造时，戴桂蕊专攻内燃机，回国后即从事内燃机教研和汽车修配技术工作。1940年任中国煤气车营运公司主任工程师，其间成功设计普用煤气车，备受各界赞许并萌发了制造活塞环的打算。1942年10月，戴桂蕊的胞弟戴子骐离开国民党航空委员会的仪器厂，到贵阳中国煤气车公司暂时工作，兄弟二人于是商议自创公司。1943年6月，戴桂蕊与戴子骐邀集秦学晋、周鹤楼、曾子衡三人，集资1 000银元，创立正圆涨圈制造厂，戴桂蕊任董事长兼技术顾问，戴子骐任厂长，利用星期日休息时间，共同进行研究试制工作。整整花了一年的试验时间，正品率才达30%。1944年6月，他们在贵阳市大西门外香狮路租了一间40平方米的茅棚厂房，正式开业。边生产边改进，年产量约1万片。该厂设备非常简陋，只有一部旧车床和土盐浴炉热处理设备，既无仪表，也没有外来工艺技术资料，全靠自己摸索的一套经验进行工作。即便如此，在戴桂蕊兄弟的努力下，仍然生产出质量较高的产品，磨损量仅为当时认为最好的国产品循规环的1/3。经西南运输队长期使用，行驶里程寿命达10 000到12 000公里。在美国驻贵阳救护汽车上使用，亦获得好评。

后来日寇入侵独山一带，贵阳形势紧张，人心惶惶，纷纷向后方疏散。正圆厂经济基础薄弱，无力搬迁，戴桂蕊兄弟二人只身固守，后来贵阳虽未沦陷，但厂务业务亦无法开展。

1945 年 8 月抗战胜利后，戴桂蕊返回长沙，年底将正圆涨圈制造厂也搬到长沙，他向亲友筹集资金 1 000 元，把原来的股金折合为 2 000 银元，其中技术股本 1 000 银元，名义上共有资金 3 000银元，于 1946 年 8 月在长沙经武路复业，改名为正圆活塞环制造厂。由戴子骐任经理，与周鹤楼一道继续经营。增置了车床两部，以两匹马力汽油机作动力，雇用技工 3 名、学徒 1 名、杂工 1 名，开始用自己的机械进行加工，只有毛胚筒仍然托外厂铸造。该厂虽然规模较小，但注意职工福利，与大厂一样采用 8 小时工作制，职工餐饮由厂中供应，工资则折发大米。厂中采取较为严格的经济管理措施，公私分明，凭证记账，防止贪污浪费。在经营方针上，则坚持质量第一，面向用户，争取创立名牌。

1947 年下半年，为了扩大门市业务，戴桂蕊将厂搬迁市内到汽车商业集中的城南路。租用两个门面约 120 平方米的面积，扩充了设备，车床增为 4 部，继又改进工具，采用电磁夹头磨端面，并扩大产品的机型品种，在该领域基本做到了按需生产。是时正品率已达 70%，日产量为 300 片。因为戴桂蕊与湖南公路局有比较深厚的历史和人事关系，正圆活塞环制造厂的主要用户便是该局。当时湖南公路局各单位对该厂产品质量都表示赞同，邵阳方面曾反映，一部车行驶了 13 万多公里之后，还可继续使用该厂生产的活塞环。

1948 年下半年，戴桂蕊利用废旧汽车引擎，修改设计为煤气马力和空气压缩机，用压缩空气带动蒸汽泵打水，以解决家乡小煤矿抽水困难的问题。这在当时是有一定价值和发展前途的。惜因阀门弹簧材料不佳，在安装试用过程中，发生扭曲，一时间又未能找到新的弹簧材料，未能继续研造。

1948 年底，股东秦学晋与周鹤楼要求退出，戴桂蕊动员戴海鲲一人顶股，使正圆活塞环制造厂得以继续维持下来。为了缩减开支，工厂裁减职工人数。而退股后的秦、周二人不久另在天心阁开了一家吉星机械厂，同样从事活塞环制造，对原厂产生了一定的竞争力。因此，正圆活塞环制造厂开始首先谋划将制造方法进行革新。将原来的筒形铸造改为单片铸造，并通过光平面后红压，以弥补因毛胚的不平和扭曲所带来的影响。其次又在经营方法上有所改进：为了更好地适应用户的需要，缩短交货时间，采取预先制成半成品备用；利用汽车材料行代为推销，给予适当的折扣，并负责包换包用。在竞争中取得了良好的效果。

1949 年长沙解放前夕，国民经济基本崩溃，长沙市场百业萧条，正圆活塞环制造厂也告停顿。解放军继续南下时，军运频繁，该厂存货得以销出，资金周转逐渐活跃，工厂得以复苏。1950 年 3 月工商登记时，全部资产为 8 727 元。1956 年元月，戴桂蕊兄弟走上了公私合营的道路，与制造活塞环的忠友机械厂、制造刹车泵的云飞机械厂、制造轴瓦的力强机械厂 3 家组成公私合营正圆动力配件厂。① 1958 年，戴桂蕊成功研制内燃机水泵，在全国农业机械展览会上展出，荣获特等奖，刘少奇、周恩来等中央领导人亲临参观。1963 年，被调往镇江农业机械学院任教授，翌年当选为第三届全国人大代表。“文化大革命”中受严重迫害，于 1970 年 3 月逝世。

---

① 戴子骐：《正圆动力配件厂的创立和发展》，《湖南文史资料》第 17 辑，湖南人民出版社 1983 年版，第 57－63 页。

彭六安

彭六安(1912—1991年)，汨罗人。1912年1月出生在汨罗江畔的河夹塘大洲彭的一个农民家庭，这里是彭、胡两大姓和周、杨、陈等氏族的围垸，各族都是聚族而居。由于围湖筑垸，水利失修，水灾频繁。彭六安的童年和少年就是在这样的环境下度过的。

1925年，彭六安13岁时，汨罗江畔洪水成灾，遍地哀鸿。年幼的彭六安不得不辍学，到沅江南大膳投靠堂兄，在当地一家南货店当学徒。白天劳动，晚上抽空自学文化和业务知识，3年学徒期满后，老板认为他工作负责，勤奋可靠，便留其在店中当店员，每月还有12元的工资，在同事中待遇是最高的。

1926年开始，彭六安经常被派往长沙、汉口、岳阳等地采购货物。旅途中，他注意到本国人如从南大膳到长沙，须由南大膳乘帆船到白马寺，再由白马寺转轮船去长沙，或需乘轮船到营田，由营田步行到汨罗，再由汨罗乘火车到长沙，途中几经辗转，很不方便。而帝国主义的船只，则凭借不平等条约攫取的内河航运权，在湖南内河横冲直撞，心中十分不平。于是渐渐萌发了从事航运业的理想。

湖南内河航运，以长沙为枢纽，沿湘江而下岳阳、汉口者，谓之外江航线；而长沙至本身各市县者，谓之内河航线。民营轮船行驶的内河航线，主要有长沙至湘潭、长沙至常德、长沙至衡阳、长沙至湘阴、长沙至益阳、长沙至津市、长沙至南县等几十条，以长潭、长常业务最好。此外还有十多条行驶杂埠的交线。何键统治湖南时期，内河轮船日渐增多，航线日广。抗日战争以前，行驶湖南内河的160艘船属于普济、楚利、湘鄂、长益五轮、长潭、长津、民众等十几家公司；另有56艘是一船一户，资本弱小，营业不振。后者虽同样装载客货，然而其船价班期，漫无规定，也没有固定的停泊码头，这种无公司组织的轮船，俗称“野鸡班”。

1935年，彭六安凑足200银元和人合伙租了一条“保定”号小火轮，行驶在南大膳到长沙120公里的航线上，可载客约百人，兼载货物。

这条航线秋冬水涸，每年只有六七个月的航行时间，途中的濠河、樟树港、铁灌嘴、靖港、铜官、霞凝等码头，每天还有长湘、长益、长南等六家公司的船只停靠，运货载客，因此竞争激烈。为了站稳脚跟，在竞争中生存下去，彭六安想方设法努力经营，一是以优质服务取胜，改进服务方法，从业务到生活，给顾客以便利。如替沿江一带集镇的商店，把他们收集的农副产品带到长沙卖出，然后又帮其购回所需要的商品，从中只收其运费，顾客称便，从而招来不少货运业务。二是自己经常随船带货，做些小本生意。三是改善船上客餐，做到价廉物美，优于其他公司船上伙食，其价钱不但比别人船上的便宜，而且比岸上的一般饭店还要好。因此，旅客多在船上用饭，免了上岸找饭店的麻烦。这样，伙食上虽不赚钱，但却争得了较多的运输业务，从而在竞争中站住了脚。不到两年时间，盈利了银元2 000余元。

1937年抗日战争爆发，军运频繁。湖南民营航业以数十轮驳支援本省和长江中下游一带的军事运输，海员工人冒着敌机轰炸的危险日夜开航，充分表现了同仇敌忾的爱国热忱。同时，由于外轮撤退，抗战往内部深入，人民疏散内迁，水陆交通紧张，内河航运顿时繁忙。彭六安利用外轮撤走之机大力发展客货运输，1938 年集资构造了第一艘轮船，取名“华胜”，寓祝中华胜利之意，主要担任汉口至南京之间的军差运输和长沙至湘阴的客货运输。

1939 年彭六安又以船只入股，参加湘沙轮船公司，并担任该公司业务主任，航行于湘潭至沙市。投入营运的最初有“新鸿庆”、“德兴”、“泰运”等轮，每 3 至 5 天开一班次，有时定期，有时不定期。武汉陷落后，来湘客货或由湘去鄂的客货，均以武汉上游的沙市为之中转，故这一航线的运输业务比较兴旺。彭六安还以“鸿云”轮专开长沙至水渡河航线，并在“新华盛”、“普济”等轮中占有股份。此外，彭六安与长津轮船公司经理王毓麟合伙，在长沙碧湘街、太平街分别开设联济织布厂和人生米厂；个人在湘阴南大膳开了一家公福厚南货店。1941 年又以轮船入股长湘轮船公司，并兼任长湘公司经理。长湘公司最初有“普济”、“普益”、“新大有”、“新华盛”等四轮，行驶长沙至靖港、湘阴、南大膳等航线。

湘沙轮船公司与长湘轮船公司，虽同是以轮船入股，但管理方式各异。湘沙公司是入股者各自保留船只所有权，在营业上共负盈亏；而长湘公司则是各船自负盈亏，彭六安虽是经理，但对船只不能统一运营，经理的任务是负责内部联络、协调关系以及组织客货、应付军差等等。1942 年由于在入股方式、管理方法上存在弊端，公司调度失灵，运营不畅，加上时局混乱，湘沙轮船公司瓦解。

抗战时期，时局动荡不安，彭六安经营的轮船业和百货业也是历经惊涛骇浪、艰难险阻，个人在烽火中也是深受颠沛流离之苦。

国民政府在水上设有水警总队、船舶管理所及军运指挥部等机构。因此一般轮船公司，稍有不慎极易被加上“贻误戎机”的罪名。1937 年和 1941 年，彭六安曾先后两次被湖南省建设厅船舶管理所和第九战区逮捕入狱两次，后经同业多方奔走，才保释出来。

抗战期间，日寇对湖南狂轰滥炸，彭六安坐落在长沙北门的住宅被炸中，所有财产全被炸毁，家属险遭劫难。接着其“永大”号又被炸沉于洞庭湖。在日机狂轰滥炸下，湖南民营轮驳，损失惨重，如 1938 年被抽调担任军运的“新长江”等三轮被炸沉于湖北田家镇。1939 年第一次湖北会战前后，“民康”、“新大”、“公福”等十多艘轮船，先后在长沙、三汊矶、沅江等地被炸毁；彭六安所建造的“建湘号”木驳船，也在乔口被炸沉。1941 年第二次湘北会战时，“新福兴”等轮在湘水触雷炸沉，“新胜利”轮在鹅羊山附近触雷，旅客、海员 130 多人无一生还。同年冬第三次“湘北会战”发生后，“新太和”、“永大”等十多艘轮驳又遭炸毁，其中“永大”、“裕通”等五轮在沅江掩埋旅客尸体就达 100 多具。1943 年日寇窜扰滨湖各县，在常德、桃源等地又炸掉了“沅昌”、“泰昌”等十多艘轮驳。

1941 年 8 月中秋，第二次长沙会战结束，第九战区部分官兵从湘潭湘河口以上开回长沙，派人打前站，在湘潭湘河口征用了 13 条轮船作运兵之用，彭六安的“永大”号也被征用。从湘潭湘河口到长沙的航线上布满了鱼雷，“永大”号因船体轻巧，被派在前面领航，船上坐有一个营长监航，后面 12 只轮船跟在后面行驶。彭六安的心情既紧张又复杂，一方面庆幸会战胜利，欢欣鼓舞，另一方面又担心夜间行下水，既没航标，又怕触雷。为了确保平安，船上人员在船头探航，摸索前进，直到第二天凌晨三点多钟才安抵长沙。

1944年，长沙沦陷，局势更加恶化，湖南民营轮船公司的船只，绝大部分撤退到衡阳、祁阳一带，彭六安把自己所有的轮驳溯湘水而上，到达衡阳以南300里的一个小镇——归阳。随着衡阳城破，形势愈发紧张，为了避免船只落入敌手，彭六安和船员果断地将“普济”、“瑞和”、“新大有”等所有轮驳在归阳凿沉江底。船只沉没后，海员都失业了，被迫四处流浪。几十年的心血也付诸东流。

为了支援抗日，像彭六安这样凿船沉江免为敌资的实业家比比皆是，如在湘水流域的长沙、乔口、湘潭杨梅洲、湘河口、衡阳、零陵以及祁阳、白水、冷水滩、归阳等地自动凿沉的船只有89艘；在资水流域凿沉的有8艘；此外还凿沉了木驳拖船59艘；抗战时期湖南航运业全部资产约九成遭到了损失，所剩下来的，仅有沅江上游的大小轮11艘。自动凿船，免资敌用，体现了中国民族工商业者，在国难当头之际，置国家民族利益于个人利益之上，毅然毁产，共御外侮的一片爱国赤忱。

彭六安凿船之后，一无所有，率全家逃往桂林，之后绕道湘西回到沅江南大膳，设法筹资与人合伙，继续经营南大膳公福厚南货店，并在津市至南大膳之间做食盐、杂粮等单帮生意。

抗战末期，长津、民众等公司在沅江上游保存的11艘轮船，组成了民营“湘西轮船局”，由津市开常德，常德开桃源。1945年抗战胜利后他们首先恢复了长津、长常等航线，担任复员运输。原有航商先后由外省回来后成立了“湘江沉轮驳船修复委员会”，组织工人打捞战时沉没船只，先后打捞修复轮船58艘，新造轮船

28 艘。彭六安正是在这种情况下，在 1945 年秋回到长沙，立即组织人员在归阳打捞凿沉船只。首先捞起来的是“瑞和”轮，从打捞到修复约一个多月时间，并改名“新华胜”，暗示庆祝抗战胜利之意，不久开航。接着又捞起了“普济”、“新大有”等轮，行驶长沙至靖港、湘阴、南大膳、汉口等航线上。

1946—1947 年，由于外国轮船公司基本不存在，国民党的官办事业如国营招商局、省建设厅轮航管理局的船只恢复很慢。而经过八年抗战流离迁徙之后，各方面都忙于复员运输，内河航运船只又少，供不应求。因此各轮船公司业务非常活跃，在这种背景下，彭六安在 1946 年与王毓麟、高少斌等人，创办复华轮船股份有限公司，王毓麟任董事长，彭六安任总经理，高少斌任汉口分公司经理。公司迅速发展，该公司先后在 1945 年底以四艘轮船开长沙至宜昌、长汉至汉口不定期的航线。1946 年初正式营业，逐渐由不定期到定期开航，而且长沙至汉口班先只有货轮，后来发展到客班及客货兼载；长沙至宜昌也由货班发展到客货班。随着业务的发展，复华公司与重庆民生公司办理联运，开展跨省运输业务。

复华公司最初规模小，随着增资扩股，规模逐渐扩大，拥有股东 30 多人；打捞、修复、改建及新建轮船“复源”、“都匀”、“新鸿运”、“曲江”、“建华”、“复丰”、“复强”、“新楚南”、“华康”、“复华”、“联华”等 11 艘；新造驳子 8 只，依次编号为复华 1 ~8 号，新造客货驳两艘。在长沙、常德、汉口等地设有分公司，在宜昌、沙市、常德设有办事处，在岳阳、湘阴设有照料站，职工发展到 400 余人，是湖南省规模较大的一家轮船公司。

复华轮船公司发展较快，除了吸取了以往办企业的经验教训外，彭六安等人还结合复华公司的实际制订了一套适合于复华公司经营管理的规章制度，而且能够贯彻执行，持之以恒。

第一，改变入股方式。轮船业过去一般是以船只入股，船只仍归船主所有。复华公司则采取以船化股。第一步是将入股的船只作价，船归公司所有，船主只有股权，按月领取租息；第二步是取消租息，改为年终分红，股东分红所得可自愿投资，增加企业积累。船只既归公司所有，对船只的营运，职工的使用和管理则可以统筹安排，以利于企业的经营和发展。

第二，改变用人方式。彭六安认为人是办好企业的无价之宝，关系到企业的兴衰成败。因此，复华公司用人唯贤，不论亲疏，用而不疑，充分信任。复华公司雇用工人和技术人员是以业务熟练、技术过硬、工作负责为准则。因此复华公司几个大股东的子女没有一个在公司当权。如某股东之子大学毕业，而且是学经济专业的，但没有工作经验，也只能在公司任一般会计员；而另一位王某既非大学学历又与公司无任何关系，但有丰富经验，工作认真负责，公司则委以会计课长重任。

在选拔船长上，更是严格把关，不仅要求熟悉航道，有夜航经验，而且要求具备维修船只技能和应付突发事故的能力。船长选定之后，公司就充分放手使用，赋予船长以一定的自主权。如船员由船长挑选，这样既能发挥船长的积极性，又能确保船员的技术素质，而且船员来自船长选任，定能听从船长指挥，齐心协力搞好工作。

公司的业务人员也是经过精心挑选的。船长和业务骨干是公司的支柱，对他们的待遇适当从优。由于复华公司的条件优于其他公司，很能吸引有才干的人才来复华公司工作，如楚利轮船公司有两位很得力的业务员就离开楚利到了复华公司。

用人唯贤，给人以充分信任，固是用人之道，但尊重人，关心人，也是不可忽略的重要环节。在尊重人的方面，复华取消了雇用工人须先交押金的恶习。在航运业中不少公司雇用工人，实行一种被雇用者须先交押金若干元，有的多达200银元，直至解雇或退出该公司时方可退还，这一陋习不但将许多有技术但一时拿不出钱的人被拒之门外，且影响受雇人员的工作积极性。复华公司一开始就取消了这一不合理的陈规陋习，得到职工的欢迎。

第三，善待职工、关心职工生活。这也是复华办好企业的一条重要经验。职工经常航行在外，其家属的生活、就医以及子女就学等问题，公司都给予充分的关心并尽可能解决，使职工能在外安心工作。如早在1944年当船只全部凿沉于归阳时，彭六安派人守船，家属照样得到照顾。职工伙食是由公司免费供给，公司想方设法办好伙食，标准比同行较高，职工吃得好，干事的劲头也足。1948年下半年金圆券恶性膨胀，物价狂涨。为了保持职工及其家属的生活稳定，复华公司采取了将收入的客货运费，随时购进粮食和燃煤的办法。稻谷由彭六安开的人生大米厂碾成大米，同时将工人的工资折算成大米发放，职工可以领大米也可以按放发时的米价折领现金，使之不受货币贬值的影响，这样稳定了职工的生活，使之无后顾之忧。

在职工的管理方面，奖、罚严明，调动了职工的积极性。职工除工资外，实行奖金制度，如装货运费按运费额的5%～10%归船上职工所得。但必须以运输质量、无安全事故、出全勤为条件，按船分配，人人享有。船上所用机油等消耗品，凭船行时间结算，节约部分归船上职工所得；公司收入增加时，出力的职工，随时有增加工资的机会。年终分红，增加福利。派军差没有装货奖金，就采用各船只轮流派遣的方法予以解决。

第四，以快取胜，争取顾客。顾客的心理，不管是客运还是货运，都要求快，于是想尽办法以快取胜，这是复华公司争取顾客，与同行竞争立于不败之地的重要经验。特别是货运，货主要求快发货、快运输以便使资金周转快。而复华公司的船有一部分比别家公司的航速慢，如何达到快的要求，复华公司采取了两项措施。一是“呆鸟先飞”，慢中求快。复华公司为了争取时间，采取晚上航行，而当时航道无航标设施，一般不能夜航，也不敢夜航。但是复华公司各轮船长素质较好，具有夜航经验，又给职工以夜航津贴（一个夜班发两天的工资），大家都争相夜航，昼夜兼程，从汉口开长沙的货班，别人的船要 5 天，而复华公司的船只要 3 天。二是预报航程，货到即提。复华公司采取发预报的办法，争取了时间。如从汉口到长沙，只要船在汉口起锚，即派人乘火车先送水信通知长沙方面，船只将于某日到达，船过岳阳又发预报，通知长沙方面，船只将于几点钟抵达长沙码头。公司即据此告诉货主准时到码头提货，这样既为顾客加速了货运时间，也提高了船只的使用率。

第五，加速船舶周转，提高船只利用率。复华公司的船只行驶 4 条航线，又与重庆民生公司联运，跨省运输，但只有 11 条轮船，10 条驳子（另外租了一部分驳子），而且每遇大风又被阻于洞庭湖，所以加速船舶周转，就显得十分重要。除及时发预报缩短停港时间外，还采取了一系列措施。如：管理部门面向船只，一切为运输服务，船只不论什么时候到岸，日夜都有人值班，船靠岸后管理人员先为之办好手续，所需补充的燃料、油料、食物以及工资等都由管理人员备好主动送到船上。改革修船方法，做到小修不进厂。船还在航行中，船长就将修理部分所需要的材料向管理部门预报，管理部门即根据预报作好修船准备，船一靠岸即进行修理，大大缩短了修船时间。中修、大修则须事先做好计划，并在船只停航以前，预报修理项目，然后与船厂签订合同，由船厂派人跟船考察，确定修理项目和修理时间，在这个基础上作好材料、配件等所需物资的准备，有计划地安排船只停航修理，避免修理时停工待料。修船期间，不辞退员工，这是复华公司独到之处，有不少同业在修船期间，把工人全部辞退，或只发50%的工资。复华公司则不是这样。修船期间，不但工资照发，而且还要他们参与修船工作。因为职工留船参与修理工作，既可以监督船厂的修船质量，又可以让他们熟悉船上的机械情况和学到一些修船技术，在航行中遇到小毛病可以动手修理。因此，与同业修船时间相比，要短得多了。提高调度水平也是重要的内容。从宜昌至汉口、常德至汉口、长沙至汉口等几条航线都要经过岳阳城陵矶作为中转站，进行统一调度，往往将常汉线的货物，由常德运到城陵矶，再转由长汉线的船运抵汉口，既节约了能源，又提高了船舶的利用率，加速了船舶的周转。

第六，诚实经营，讲究信誉。要争取运输业务，就要讲究信誉，来不得半点虚假。复华公司采取的是开船准时，如果与货主有约定，船不满载也准时开船。经常派业务员打听货运信息，听取货主意见，对于货主的货物保证运输质量，保持稳定的运输价格，即使是货运多的季节也不加价，赢得了顾客的信任。

第七，注重信息，发展联运。复华公司在各地的分支机构都设有业务员(信息员)，这些信息员接洽业务，了解货运信息，到市镇收集运货情况。复华公司与重庆民生公司组织了跨省联运，如由华南地区运往西南地区的货物均由复华在长沙中转宜昌，再由民生公司从宜昌转运西南，西南地区运往华南的货物亦在宜昌由复华接转长沙，联运工作配合得很好。

第八，精简管理人员。复华公司在长沙设有总公司，汉口设分公司，常德、宜昌设办事处，沙市、岳阳、湘阴设照料站，而所有的管理人员只占公司职工总人数的7%，人数最多的总公司也只有15人，最小的照料站只有1人，全公司管理人员中没有一个闲人，而是人人有事干，事事有人干。

第九，安全航行、勤俭办企业。安全航行是复华公司的好风尚。各个环节都有人负责安全问题，而且管安全的人都极为认真负责。如管码头仓库的吴秋生，只要船一到码头，他必到现场，检查安全工作，安排装货、运输一丝不苟。复华公司制订了有关安全方面的制度。如出了安全事故，则取消奖金和货扣，人人注意安全，形成了风气。所以复华公司从1946年创办到1954年公私合营，将近10年未发生重大海损事件。勤俭办企业也成为全公司职工的自觉行动。如船上所烧的煤炭，均从宁乡煤炭坝和青溪用小船运来，采取对船过，既省时间也节约了装卸费用，货运转口，也采取同样的方法。发电报及挂长途电话，一般都在晚上，因晚上只要半价。收入的运费等款项当天解送银行。由于管理工作有条不紊，繁而不乱。彭六安经营的复华公司在全体职工的共同努力下，企业越办越兴旺，成为湖南民营航运公司中较有影响的企业。

解放前夕，彭六安和轮船业的一些同行一样，受到国民党的蛊惑宣传，对中国共产党的城市工商政策心存疑惧，纷纷暂避乡下，但他很快在进步人士的帮助下消除了顾虑，认为航运事业在解放后将有一个飞跃。彭六安有一好友崔寅龙，思想进步，与地下党长沙工委早有联系，在长沙西长街经营鼎中庄，借以掩护党的地下工作。崔寅龙动员了彭六安投资鼎中庄，成为鼎中庄的股东，从而关系更加密切。两人经常促膝畅谈革命道理，彭六安还通过崔寅龙阅读了许多有关党的城市政策和保护民族工商业经济政策等进步书籍。由此，彭六安对党的政策有了一个较为明确的认识，解除了疑虑，为迎接解放作了思想准备，并付诸行动。1949年4月，在长沙即将解放、同业纷纷下乡的情况下，彭六安毅然根据汉口分公司的电告以300两黄金在汉口买了一条旧船，又花了200两黄金修理，取名“复丰”号。这条船船体较大，加强了企业竞争能力，业务发展很快。武汉解放之后，白崇禧窜踞长沙。彭六安响应地下党护厂保产的号召，采取人不离船的措施，将所有船只掩蔽在湘阴乔口内烂泥湖、沅江南大膳一带。

1949年8月5日长沙和平解放，复华公司于6日便恢复了航行，担任支前运输。当时长沙的铁道和公路均遭破坏，未能即时恢复，所有长沙至衡阳、汉口至长沙、汉口至益阳等地军运，都依靠航运。在抗美援朝时，复华公司从宜昌接运由四川输送的兵员、粮食及军用物资等项，为支援抗美援朝做出了贡献，曾受到中南军政委员会的表扬。

新中国建立后，航运事业翻开了新的一页，彭六安人生也翻开了新的一页。1949年10月彭六安作为代表出席长沙市各界人民代表会议。会上通过协商，推定彭六安与向德等39人筹备长沙市工商业联合会工作。

1950年彭六安继续留在复华公司，还兼管省工商联工作，并协助湖南省交通厅整顿私营轮船业，在长津、开济、庆兴、永安四家轮船公司的基础上组成新湘轮船公司，对原亏损的长津等公司的债权债务进行登记。随后彭六安又接受了协助省航运局整顿航运业的任务，他采取“三统”政策，即统一安排航线，统一货源，统一运价，将全省几十家私营航运企业整顿合并为10家，即：复华、长湘、民众、民权、楚利、富国、长潭、飞达、湘津、联华，建立了正常的水运秩序。复华公司并向国营轮船公司输送了不少技术干部和业务骨干。

1953年，国家在过渡时期总路线公布之后，复华公司召开董事会，决定申请公私合营。以彭六安任董事长的长湘公司和任总经理的复华公司两家同民众、湘津两公司首先公私合营，正式成立湖南省公私合营湘江轮船公司。湘江轮船公司成为湖南航运业中第一家公私合营企业，彭六安被安排为该公司董事长兼副总经理。

1955年10月全国工商联召开执委会，彭六安和向德、陈芸田等代表湖南参加了会议。1956年当工商业者迎接改造高潮的到来和航运业全业合营时，彭六安所在的公私合营的湘江轮船公司已过渡到国营，交由省航运局经营管理了，彭六安被安排为省航运局副局长，工作了十余年。

新中国建立后，彭六安除继续从事航运工作外，还把相当一部分的时间和精力放在省、市工商联的工作上。1949年10月参加长沙市原商会工作，积极响应党的号召，参加支前借款和负责协助税局征税工作。1950年长沙市工商联筹备委员会成立，他又担负着推销胜利折实公债和经济建设公债等工作，并被政府聘为长沙市工商业税民主评议委员会副主任委员，负责评议税赋，一直到实现全行业公私合营。1950年1月2日长沙市工商联筹备委员会成立，当选为副主委，同年抗美援朝战争发生后，举国上下开展了抗美援朝保家卫国运动。11月4日我国各民主党派发表联合宣言，号召集资捐款，支援抗美援朝，保家卫国。长沙市工商界积极响应，在11月11日发表了《长沙市工商界开展支援抗美援朝保家卫国宣言》，在筹委会向德主委的主持下，由彭六安负责组织，具体办理，在1951年春节捐献慰劳金41 250万元（旧人民币，以下同），慰劳品折价5 000余万元。同年冬天还发动各行各业捐献优抚基金 15 亿元。1952 年 7 月全国开展捐献飞机大炮运动，长沙工商界捐献“长沙工商号”战斗机 9 架，捐献人民币 135 亿元。1951 年淮河流域四省水灾严重，11 月长沙市工商联筹委会响应政府号召成立救灾分会，推举彭六安负责组织，经全市工商界同志们的共同努力，募集寒衣 17 000 余套和寒衣代金 14 亿余元。

彭六安历任长沙市各界人民代表会议代表，长沙市第一、二届人民代表大会代表，长沙市政协常委，湖南省一、二届人民代表大会代表，湖南省工商联副秘书长、代秘书长、秘书长，全国工商联执行委员，历届省政协常委，民建长沙市委常委和省工委委员等职。党的十一届三中全会之后，民建湖南省委和省工商联恢复活动，彭六安当选为民建湖南省委副主任委员、省工商联副主任委员，全国工商联执委，省政协常委，第六届全国人民代表大会代表，参与国家大事，继续为党和人民作出贡献。1991 年逝世。①

---

① 彭六安：《湖南民营航业五十年》，《湖南文史资料选辑》修订合编本第 4 集，湖南人民出版社 1982 年。彭六安：《惨淡经营航运业的历程》，《湖南文史》第 34 辑，1989 年版。

邓宗贤

邓宗贤(1912—1986 年),原籍江西,后定居湖南桃源,自营小杂货摊谋生,11 岁到桃源县"荣茂和"绸布店当学徒。后辞工回家,助父经营百货摊。不久,又到陬市下街"仁和盛"绸布店帮工 1 年。14 岁时在其堂叔邓于卿拥有股份的常德同利人力车行管记账,在车行 9 年。

抗日战争期间,常德遭日本侵略军空袭,同利车行因生意清淡,裁人减薪。邓宗贤借到银元 200 块回陬市,在其母经营的"邓松茂百货店"增资营业。邓敏于观察,发现当时陬市乃湘西土布土纱集散地,土纺土织颇为兴旺,染坊虽多而染布颜料却相当短缺,便到处拜师学艺学会一套染料配色技巧,在陬市专卖颜料。他忠诚待客,恪守信用,生意日渐兴隆。不几年,弃颜料经营,专做绸布生意,与人合作开办"和记永大生"绸布店。1945 年,开始独资经营,创力茂源绸布号,兼营颜料,一跃成为同行业中的佼佼者。其商务联系远达云南、贵州、武汉、南京、上海、浙江等省市。邓还经营木材,广交辰(辰溪)、沅(沅陵)、靖(靖县)、保(保靖)、会(会同)、黔(贵州省)六帮木材客商,信誉极高,遐迩闻名。1949 年桃源解放前夕,已成为县内首屈一指的资本家,拥有土地 60 亩,木材 1 000 多立方米,固定资产上万银元,流动资金达 10 余万银元。

中华人民共和国成立后的土地改革运动中,他主动退押减租，并向国家献出黄金4两(每两含31.25克)多，并交出历年积蓄黄金138两、银元1 900多块、现金6 000元。当时陬市镇工商业联合会的《简报》记载："茂源绸布店在补、评纳税中，忠实补报，与税务所了解的材料无大出入，获得公开表扬。"邓因此当选为陬市镇第二届人民代表，中国人民政治协商会议桃源县第一届委员会委员。"文化大革命"期间，受到冲击，1979年6月从县百纺公司退休后，次年被选为中国人民政治协商会议桃源县第五届委员会委员。1983年他积极参加筹组陬市镇工商贸易服务公司，受到湖南省、常德地区和桃源县几级工商业联合会的表扬和奖励，并被任命为该公司经理。1986年6月，邓宗贤出席湖南省民主建国会、省工商业联合会表彰大会，受到奖励。同月，被指定为桃源县工商业联合会陬市分会筹备小组组长。

胡茂春

胡茂春，生卒年不详，长沙人。长沙利生盐号创业者之一胡自成之孙。1853 年，胡自成与陈晓吾合资白银 1 500 两，在长沙下太平街永丰仓口，设利生盐号，经营油盐杂货。由于胡自成占股份 2/3，因此由胡负责经理。胡自成病故后，由其子胡翰江继续经营。1882 年，胡翰江之子胡茂春入店为学徒，并在父亲病逝后继承父业，他独揽店务，锐意经营，扩大业务范围，除主要经营油盐外，还兼营棉花、棉纱等。

胡茂春取同业经营之长，结合本店实际制订了一套颇具特色的经营管理制度，业务日益发展，到 1931 年左右，资金增至银元 2 万两，职工和学徒达到 70 人左右，每日营业额银元 1 000 余银元，每逢旺季如农历腊月，日营业额达 2 000 余银元，平均月营业额约 3 万银元左右，年获纯利在 1 万银元以上。

利生盐号以销售食盐、茶油为主，兼营棉花、棉纱、桐油、煤油等，面向农村，以一业为主，多种经营，着重门市零售，辅以批发。胡茂春认为主营和兼营不能各自孤立，而是互相促进，相得益彰。因此，利生盐号主营盐油等百姓生活必需品，兼营的也多属季节性的生活用品。利生盐号的食盐、茶油顾客，多来自农村。长沙河西一带的油、盐零售生意几乎为其独占。另外平江、浏阳、湘阴等县也多在利生盐号购买。每到冬季，农民添置棉衣棉被，而平江、浏阳、湘阴等地春冬农闲季节，多以纺纱织布为副业，也需棉花为原料。利生盐号到津市、常德购买棉花加工弹制，以利于农民在购买油盐的同时可以捎购棉花，而有的购买棉花又顺便买去油盐，既方便了群众，也赢得了生意。利生盐号还经营桐油等，每年夏秋两季从津市、常德购进货物，供应各地船民修船之用，偶尔也做点桐油出口生意，主要是为了换取煤油进口。此两项生意，利润低，但是煤油零售，可以方便群众，热闹门市，并带来其他生意。棉纱生意，系成件买进抛出，占用资金较多，利生盐号看准行情后，每年做一两次。

利生盐号讲求信誉，遵守信约，货真价实，不短斤少两。食盐当时是以上淮白盐为主，销农村；次淮盐稍含溶沙，销湖区作腌鱼之用。精盐和鱼子川盐销城市商店、住户及饮食店。各品种分类划价，毫不含混。利生盐号对盐的质量要求极严，先派专人负责筛选，筛出泥屑杂物，用木桶陈于盐桶之傍；而包好的洁净质纯之精选食盐才供出售。农民托人进城买盐，指名要利生的盐，并说："利生的盐咸些。"反映出老百姓对利生盐号的信任。茶油采购自津市、平江、浏阳等地，只要油清质纯，即令进价稍高，亦在所不计。利生盐号有大油仓两个，每个可贮油 80 担，小油仓 4 个，每个可贮油 30 担。茶油入仓，要贮半月以上，等其澄清，再经检验，然后才准在门市出售，并将油样陈列于柜台，供顾客与所购之油对照检验。由于油质较好，不仅群众乐于购买，菜馆如李合盛、徐长兴、李万春，大商号如余太华、李文玉、文元楼、梁宝兴等均为利生盐号的基本顾客。利生盐号的茶油销售量也因此在同业中首屈一指。利生盐号油盐价格均划一不二，凡购食盐 30 斤以上者，按批发价算，童叟无欺。为了不少斤短两，利生盐号经常派专人负责校量衡器。店中置有一套砝码，正常天气三天一校，回潮和收潮天气一天一校。学徒上柜前要反复学习执秤称盐后，而店员对新上柜学徒要另加注意，如不平稳，则抢秤复称。利生盐号对往来客户遵守信约。不管市面如何变化，客户存钱入利生盐号，按存钱当日价格换算成茶油，由利生出具存油凭证，存户可以持证提油，利生从不爽约。

利生盐号极为尊重顾客。顾客进店，不管生意大小，都要热情接待。具体规定，凡在柜上成交金额在一元以上者，即由学徒送烟倒茶；凡挑担购盐者，即请到内堂招待茶烟；店员如与乡民洽谈生意，应先询问农事，以示关心，使其有亲切之感，再谈生意，易于成交。顾客中倘若是用箩筐装食盐，先为顾客将箩扫净，再以荷叶铺底，装盐之后，面上还要用荷叶盖好；如买零包盐，用黄草纸包紧，要求落地不散，雨天草纸之外加包荷叶。如用瓶装油，则要用荷叶将瓶口塞实，即使瓶倒油也不会漏出。其学徒、店员亦要经常练习打包、塞瓶等基本功。对肩挑小贩以及拖人力车的小生意，也不忽视，如炸臭豆腐的摊担，他们购买茶油一斤、八两，人力车所买照明用的煤油也只是一两、二两，像这样的小生意，即使是深夜叫门，亦开门售给，不厌其烦。利生盐号认为生意虽小，但人数较多，且他们走街串巷，接触面较为广泛，对于一个店铺的褒贬，在市民中颇有影响。对于用油大户，如余太华、李文玉等店，定期送油上门。送油时必带抹布，将油缸内底存油脚取出，再用抹布将油缸抹净，再倒新油，这样客户甚感满意。

利生盐号的管理，极为严格，无论亲疏，一视同仁。对于店中银钱货物出进和库存等，均指定专人负责。负责人要做到账物相符，心中有数，随问随答，绝不含糊。店中购入的包装用品，如草纸、荷叶、绳索、席草以及伙食方面的食品等无论巨细，都要过秤验收，专人负责保管，不准稍有差错。学徒入店，要讲卫生，十天剃头一次，白天做些勤杂事情和为顾客送烟倒茶，晚上则学习称秤、提油、包纸包、塞瓶等基本功，不准进入柜房参与营业。三年期满，依其所长，安排工作。胡茂春的两个孙辈胡奉饴、胡跨釜相继于1932年和1940年进店学习，均与其他学徒一样从头学起，毫无照顾。利生盐号职工多来自农村，学徒亦然，均住宿店中，外出须请假，并在“一刻值千金”条簿上载明事由。店员及学徒绝对禁止赌博，违者轻者批评，重则开除。店员罗惠如是店中老店员，又是胡茂春的得意徒弟，有次因端午节在外赌博，通宵未归，次日即被开除，多人讲情，均遭拒绝。

利生盐号店规既严，要求又高，但职工、学徒均乐于在利生盐号工作，也和胡茂春对店员及家属生活的关心有关。胡茂春对于职工家庭情况都有详细了解，当缺口粮户，新谷登场，粮价较低时，即允许职工多借支一些工资购买粮食，以备青黄不接之需。遇有婚娶以及病丧或重大事故，店中均有馈赠，还可以借支工资。如店员郑运鸿家住洪山庙，不幸遭了火灾，郑就在店中支钱搭了房屋。到了冬天，胡茂春见郑衣被单薄，即问明情况，要郑向店中透支，为他及其家属添置御寒衣物。职工、学徒因公致伤、致病者，由店负担医药费和治疗时的工资。学徒邹茂源用人字梯开煤气灯，不慎跌伤头部，店里随即请名骨科医生张梓庚为之诊治，一切费用都由店里负担，并给以营养品。此外，利生盐号职工待遇亦较其他店铺为优。利生盐号从不轻易辞退职工，所以职工安心工作，也把店务当自己的事情干。年终盈利按比例分红，股东占60%，经理、营业长及职工学徒占40%，由经理根据各人表现规划分配。

胡茂春经营利生盐号，用人唯贤，用而不疑。经理、营业长都是从学徒中物色而加以培养任用。像宁兆永、危棣荪、肖栋材都是由学徒一步一步升任经理的。店中职员也是经过长期锻炼和慎重考虑，认为诚实可靠方予任用。一经任用，即让其在职能范围内放手工作，不加牵制。店给职工信任，职工则对店感知己之恩，一心一意为店效力。胡茂春常说：“待人要将心比心，铺子是靠人做起来的，只要你推心置腹，诚实相待，奖罚分明，不存私心，人家会做你的贴心人。”这就是胡茂春制订经营管理制度的思想所在。

抗战中，利生盐号也遭到浩劫，抗战结束后复业扩展。湖南解放后，利生盐号逐渐走上公私合营的道路。①

① 胡跨釜，郑祖武：《利生盐号的经营管理》，《长沙文史资料》第4辑，1987年版。

林绍元

林绍元，生卒年不详。长沙人。百货业学徒出身。其实业活动主要为创立并经营大德昌百货行。

1929 年，林绍元发起创办百货批发号，与兄弟绍安、绍钧、绍奇等集银元 1.2 万元，邀同业中声望较高的陈福生、莫德怀参股，取名大德昌。林绍元任经理，林绍安管业务，林绍钧、林绍奇驻沪坐庄进货，林绍文掌柜，林竹安管货兼写号信。大小百货分店批发，在长沙臬后街设店经营大百货，朝阳巷设店经营小百货。商品分针织品、棉织品、搪瓷制品、钢精制品、玻璃制品、日用化妆品、钟表、胶鞋、五金、热水瓶、小百货等类，花色品种多达数千。现金交易、大小并重。邻县四乡，排脚商贩，降低起点，拆零供货，按批价优待。小百货价格略低，按九八折供应，以招徕省内各县、本城同业、店铺摊贩各路生意。

进货地区，以沪为主，汉、穗次之。每天将长沙走销、银根松紧、汇水涨跌、来货批号以及添单要货等情况，通报沪庄。在沪庄的林绍钧、林绍奇则将市场动态、赊销期口、新品采样、厂商变化等信息返回长沙。经各方预测后，看准行情，适时批进。大德昌百货行还与上海等厂商建立信誉，按所预要货物的品种、数量、价格、时间及时执行，从不失信。承揽名牌产品经销，如箭鼓胶鞋、冀鲁衣针、五羊电池等商品，享有包销优惠，一般货物由上海联运、水运至汉口，再经火车转运入长沙。笨重、量大、易碎、价值小的货物如搪瓷、玻璃制品等，采用帆船运输，费用减半。少数急件，以邮包交运，以争取时间而获得较高利润。

销货蓄往来，争主顾，按行情灵活定价。大德昌百货行规定各经手人员要熟记各货运杂费、厘金税等费用。按照货品不同，面议价格，一般毛利一成左右；批量大，存货多的适当降低。经手人按沪、汉放货期口，折息大小，货源余缺，市面销售情况定价，每日早餐时管事（经理）将各处信息通知“跑街”（推销人员）及店内各业人员。

大德昌百货行对经营本城外县生意的人员有明确的分工。分管外县的，应对往来店铺的股金、经理、营业、信用等详加考察，摸清底细，分别对待。业务大和信用好的，以优价赊销争为主顾；一般店铺则提供方便，以利往来；对不守信用应酬，绝不赊给。成交发货，首先开出毛单，照单清点数量及花色品种，准确无误后再登账、开票，装箱时再核对一次，随后办理纳税及托运手续或派专人分送，以上事项均当日事当日毕。如遇本店暂缺商品，尽力为客代配。老户往来，函购即办，从不推辞。

仓库保管以安全第一，货房开高窗，外铁皮，中栏杆，内玻璃，通风蔽阴；地下抽沟，铺沙沥水，楼板厚，码架高，安全牢固。商品进仓凭单验收，分类标记清楚，整齐堆放，并经常清理，发现残损则剔出另存。散装货物堆放专架，滞销货及时报告以便降价拍卖。总之进出有凭证，入库有码单，销货有专簿，送货有脚折，手续完备，管理有序。

严店规，重培养。帮伙学徒，以礼相待，遇事商量，很少训斥。帮伙月薪低的银元 8 元，高的 30 银元。三年分红一次，招学徒以 16 岁为限，重根底，讲才智，看长相并要求健康结实。要经林绍元亲试审定同意后，指定房师，头年日习打包，熟悉商品，夜操写算；二年当助手，学谈生意，摸清客路；三年出师。

到1936年，林绍元经营的大德昌百货行盈利颇丰，股金增值10多倍，购置铺屋房产多处，修建两个门面，批发增至30人，并有铺屋租给永安药号；另20余人设大丰昌百货门市店，经销高档商品，如上海时装、鞋帽，百代公司的唱机，唱片、结婚礼服等。1937年抗战爆发后，上海厂商货物大批销湘。林绍元利用老关系，现进赊批，大量进货，由沪轮运广州，转运韶关，自备汽车两辆运抵长沙。上海沦陷后，内地沪品奇缺，云、贵、川、陕客商拥来长沙采办货物，营业大增。

1938年长沙"文夕大火"，大德昌百货损失惨重，陈福生、莫德怀相继撤股。大德昌百货行由此成为林氏兄弟独自经营的百货行，重定股金10万元。1940年，大德昌百货行转至衡阳继续营业。1944年长沙沦陷后，公司全部迁往衡阳。该年秋又迁柳州，后转贵阳，年底到达重庆、成都。

1945年抗战胜利后，大德昌百货行重新迁回长沙，改名大新昌，在朝阳巷复业，并重建臬后街批发号。1947年，在长沙司门口建新式宽敞门面，改名为"大新商场"，并在汉口民权路设批发分号，重庆也留少数人进行运销。至此，林绍元七兄弟，四个店铺，一个运销店，业务达到全盛阶段。

1950年林绍元病故，林绍安接任经理。1951年，长沙的两个批发店并入湖南企业公司，人员转入省百货公司工作。该年8月，大新商场并入长沙企业公司。汉口民权路批发号则于1953年全部转入上海金门手帕厂。①

---

① 林绍文、林仲达原稿，张甫之、刘斗南整理：《大德昌百货批发号》，《长沙文史资料》第4辑，1987年。

张 烇

张烇，生卒年不详，字英特。邵阳人。曾在邵阳市创办一家铅印厂，是当地开展铅字印刷较早的一人。

小学毕业后，张烇原本随其兄张炯到长沙读中学，但他却拿学费买回大堆化学药品和玻璃瓶，在旅馆里弄起了化学实验，就这样失了学，只得返回邵阳老家，自己自学，先后学会了照相和制作肥皂的技术。照出来的相片特别清晰，当地有些相馆的老板还向他学洗相技术；所做肥皂因为去污力强，销路也很好。

1924 年，邵阳发生特大洪水，当地循章小学的校舍全部倒塌，从瓦砾堆中清出一桶五号铅印字。张烇以收买废铅的价钱买下这桶铅字，就在乾元巷自己家里开起印刷厂来，取名“大展印刷厂”。铅字需用油墨印刷，而旧式的木板印刷是用刷子刷的，为了解决这个问题，张烇自己设计了一具印刷机，印刷时，把镶好的印盘装在木框里，一人滚油墨、铺纸，另一人旋转把手，使压印版渐渐落下，严严实实地压在纸上，然后反旋转把手，提起压印版，即可取出印刷品，与机器所印差别不大。但是两人操作，一小时不过百余张，效率有限。尽管如此，张烇等人的工作热情还是很高。

工厂发展起来，对铅字需求量也大了，除了从上海添购，还在本地的长兴街制作木字。但木字和铅字因质地不同，所以吸墨程度也不一样，以致一篇印刷品上的字色深浅不一，在当时简陋的条件下，也是难以避免的。张烇的这家小印刷厂，虽然异常简陋，但在当地却也十分重要，当时，邵阳不少人民团体发布的宣传革命的传单、文件，各学校自印的国文讲义等，大都由这间小印刷厂赶印出来，散布全城，传及附近各县。

大革命失败后，张烇的哥哥张炯因参加革命也遇害了，这对张烇打击极大，印刷厂也几乎支撑不下去。这时，有些人看中了他的技术，邀其合伙经营。"大展印刷厂"于是迁到青云街，张烇亲自到上海买回脚踏铅印机，又一手装配，并亲自训练工人，亲自动手排版。他买回不少印刷技术方面的书籍，其中还有英文的，看不懂文字，就研究里面的插图。经过三年后的经营，印刷机由一部增加到三部，训练出一批有熟练技术的工人。但张烇不善理财，厂里又没有完善的财务管理制度，任其随意支取，到清理账目时，才发现张烇的投资早已完全支用空了，就这样，张烇用空资本，只能退伙，不过"大展"的招牌仍是属于他。但他曾参股经营的那间印刷工厂，虽然撤下了"大展"的招牌，却仍是全套设备，全套熟练工人，生意兴隆。

后来又有人邀请张烇重新开业，租了厂房，仍起名"大展印刷厂"，他照样亲自购买机器、装机器，训练工人。但还是因为缺乏理财能力，虽然厂子从无到有，从小到大，办得非常红火，但最终仍免不了又是用空本金，面临破产。

不久，张烇独自在邵阳觉化街转角处的土地庙里，以一部小圆盘机又开起他的"大展印刷厂"，但这一次规模很小，只是印点名片及其他小东西。土地庙狭窄，半边设火炉和床，半边摆印机、字盘，条件十分简陋。尽管如此，张烇仍希望有一天印刷厂重新复兴起来。可惜天不遂人愿，一个寒夜，突然失火，仅有的一点家产和印刷用的设备全部被大火吞灭，张烇也和妻子、刚出生的女儿冒着寒风在街上坐了一夜，不久妻子病逝，留下未满月的女儿。经此打击，张炷自己也生了重病，印刷厂的招牌再也挂不了了，他和老母住一起，只能间或从病床上挣扎起来，给人印点零碎东西。不到几年，就贫病而死。①

① 伍东白：《记张炷和大展印刷厂》，《邵阳市文史资料》第4辑，1985年版。

附录一：

曾国藩的实业活动

曾国藩(1811—1872 年)，初名子城，字伯涵，号涤生。先世为湖南衡阳人，清初迁湘乡之大界里(今属双峰)，遂为湘乡人。道光十八年(1838 年)进士，改翰林院庶吉士，散馆授检讨，先后担任国史馆协修官、翰林院侍讲、会试同考官等职，道光二十七年(1847 年)升内阁学士，兼礼部侍郎衔，相继升授礼部右侍郎、兵部右侍郎、吏部左侍郎等职。

曾国藩所从事的实业活动，和他在晚清时期所领导并参与的军事活动有着非常密切的联系。道光三十年(1850 年)，洪秀全、杨秀清等自广西桂平金田起义，随后迅速席卷大半个中国，为了对起义军进行围堵和镇压，清政府一面由中央调兵遣将，一面命各地举办团练。咸丰二年(1852 年)，丁忧在家的曾国藩奉旨“在籍举办团练”，他募农民为营勇，用儒生为将佐，朝夕训练，号称“湘勇”(也称湘军)，逐渐发展成为清朝后期一支重要的军事力量。咸同时期的清政府，除了应对国内农民起义的挑战外，还要应付国外殖民者的冲击，后者的坚船利炮，一方面让数倍于敌的清朝军队束手无策，只能被迫签订城下之盟；一方面也让一部分清朝官员开始意识到西式武器的威力，提出创办中国自己的军事工业的要求。曾国藩就是这些清朝官员中的一员。

咸丰十年(1860 年)十一月，曾国藩上奏咸丰皇帝，提出“师夷智造炮制船，尤可期永远之利”，率先提出创办军事工业的主张。按照他的规划，自行制造的第一步是购买，“购买外洋船炮，则为今救时之第一要务”。“购成之后，访募覃思之士，智巧之匠，始而演习，继而试造，不过一二年，火轮船必为中外官民通行之物，可以剿发捻，可以勤远略。”①可见，在曾国藩那里，向西方学习，创办近代军事工业，制造新式武器，其目的并不仅仅是为了镇压国内的农民起义，也有抵御外来侵略的考虑。

咸丰十一年(1861 年)八月，曾国藩率军攻克安庆后不久，便在此地创办了内军械所，一般称“安庆内军械所”，作为湘军的随军兵工厂，以生产子弹、炸弹、火药为主，并修理枪械，有技工和技师百余名。这是清朝官方兴办的第一所新式兵工厂，也是中国近代民族工业的摇篮。曾国藩作为总负责人，下属有技术人员和行政管理人员。技术人员都集中在其幕府内，由其集中指挥和派遣，负责具体的计划、设计、制图和指导施工，行政管理人员则由湘军军官担任。他为这座兵工厂的建设付出了很多心力，延揽了一大批当时中国最优秀的科技制造人才，如华蘅芳、李善兰、徐寿、张斯桂等。对于购买外国轮船、试造演练等生产过程的具体环节，曾国藩则亲自阅看监督，甚至到了事必躬亲的地步。比如同治元年(1862 年)正月二十一日，“接周弢甫信，买洋船一只，湾泊城下，欲余登船阅看定夺”②。三月初七日，“早饭后，出城至洋船一看。看毕，吩咐一番”③。四月十八日“出北门，看华蘅芳所作炸弹，放十余炮。”七月初四日，看华蘅芳、徐寿等试验蒸汽机，“其法以火蒸水汽贯入筒，火愈大则汽愈盛，机之进退

① 《复陈购买外洋船炮折》(咸丰十一年七月十八日)，《曾国藩全集·奏稿(三)》，岳麓书社 1987 年版，第 1603 页。

② 《曾国藩全集·日记(二)》(同治元年正月廿一日)，第 713 页。

③ 《曾国藩全集·日记(二)》(同治元年三月初七日)，第 727 页

如飞，轮行亦如飞，试演一小时”①。在曾国藩的大力支持下，同治二年(1863 年)十二月二十日，安庆内军械所终于制成了一艘以单缸卧式双作用旋转式低压蒸汽机驱动的小火轮，曾国藩亲自登船试航，“船长约二丈八、九尺，因坐至江中，行八、九里，约计一个时辰可行二十五六里”。虽然行驶速度有限，但他将此看作未来火轮船发展的基础，“试造此船，将以次放大，续造多只”②。

在举办军事实业的同时，曾国藩也进行文化产业的兴办。同治三年(1864 年)四月，他于安庆设立书局，并手定章程。③ 江苏、浙江两地，自宋朝以来，一直是中国的人文荟萃之所，士绅家多藏书，镂版亦甚精致，然经过太平军战火的洗礼，这一地区的文献典籍遭到了比较大的损失。曾国藩延请汪士铎、莫友芝、张文虎、刘毓松、戴望等著名学者分任校勘，以次刊刻经史多种，对江南地区文化的恢复做出了相当贡献。

同治三年九月，随着湘军攻克南京，曾国藩幕府也由安庆迁往南京，军械所、书局也随之搬迁，不久，在曾国藩的领导下，江宁机器局(后改为金陵军械制造局)、金陵书局创立。金陵军械制造局迅速着手建造比安庆规模更大的轮船，同治四年(1865 年)五月，曾国藩奉命到山东镇压捻军，但仍十分关心金陵的军事实业，并自行出资进行资助。在曾国藩的支持下，蒸汽机轮船制造成功，该船装备了中国自行研制的第一台工业高压蒸汽机，在近代工业史上具有里程碑和划时代的意义。翌年，南京举行了中外

---

① 《曾国藩全集·日记(二)》(同治元年七月初七日)，岳麓书社 1988 年版，第 766 页。

② 《曾国藩全集·日记(二)》(同治二年十二月廿日)，第 961 页。

③ 《曾国藩全集·日记(二)》(同治三年四月初三日)，第 1003 页。

记者参与的首航仪式，曾国藩的长子曾纪泽代父主持首航仪式，他对该船的性能十分满意，并将其命名为“黄鹄”号。该船的制成在当时也引起了西方世界的注目。1868 年 8 月 31 日和 9 月 5 日英文的《字林西报》，先后刊登了有关“黄鹄”号制造过程的报道。文章认为，该船的制成，是“显示中国人具有机器天才的惊人实例”①。这些成就的取得，与曾国藩的努力是分不开的。

同治四年，同时也在兴办军事实业的李鸿章和曾国藩一起，整合已有的松江洋炮局、苏州洋炮局、金陵军械制造局等军事实业，奏请设立“江南制造总局”，厂址设在上海。这是清政府所举办的规模最大的近代军事企业，包括机器厂、铸铜厂、铸铁厂、炼钢厂、轮船厂、枪炮厂、火药厂等下属企业，是今天“江南造船厂”的前身。曾国藩对“江南制造总局”的建设也投入了很大的心力，同治七年（1868 年）闰四月初十日，他行至上海，驻铁厂，查阅轮船洋炮工程。八月十三日，中国自行制造的第一艘载重 600 吨的明轮兵船驶至南京，曾国藩登船试行至采石矶，十分满意，并将其命名为“恬吉”，取“四海波恬、公务安吉”之意。其后，江南制造总局又相继制造出了三艘轮船，分别由曾国藩命名为“威靖”、“操江”和“测海”。曾国藩寄望这些轮船对于巩固江海防务、提升国防水平的心情，由此可见一斑。

同治十一年（1872 年），曾国藩在南京去世，清政府赠太傅，谥号文正，入祀京师昭忠、贤良两祠。曾国藩所举办的军事实业对中国近代的工业发展有着深刻影响，容闳后来曾这样高度评价道：“世无文正，则中国今日不知能有一西方机器厂否耳。”②

---

① 徐泓：《“黄鹄”轮与金陵机械局的创办》，《江苏地方志》2007 年第 3 期。

② 李鼎芳：《曾国藩及其幕府人物》，岳麓书社 1985 年版，第 61 页。

左宗棠的实业活动

左宗棠(1812—1885年),字季高,湘阴人。晚清重臣,著名湘军将领。道光十二年(1832年)中举。太平天国起义爆发后,先后入湖南巡抚张亮基、骆秉章幕。1861年由曾国藩疏荐任浙江巡抚,督办军务。同治元年(1862年)升闽浙总督。1866年清剿太平军余部。镇压太平天国后,倡议减兵并饷,并从事洋务实业活动。

早在1863年春,时任浙江巡抚的左宗棠,在浙东和太平军作战中与法国人有较多的接触,亲眼看到了西洋的船炮优势。当时即向清廷总理各国事务衙门建议:"将来经费有出,当图仿制轮船,庶为海疆长久之计。"①同年在阿斯本舰队事件发生后,左宗棠再次提出:"沿海各郡长久之计,仍非仿制轮舟不可。"②1864年左宗棠开始将仿制轮船付诸实践。这年秋,他雇请匠师在杭州试制了一艘蒸汽轮船,在西湖中试航,速度不快。他邀请法国洋将德克碑、税务司日意格查看。德克碑等看后认为,大致不差,但轮机须从西洋购觅,才会捷便。德克碑把法国制船图册送给左宗棠阅看,并表示愿意代为监造,将西方造船技术传授给中国。

---

① 左宗棠:《上总理各国事务衙门》,《左宗棠全集·书信一》,岳麓书社1996年版,第485页。

② 左宗棠:《致史士良》,《左宗棠全集·书信一》,第549页。

从此开启了左宗棠邀请法人仿造轮船的历程。德克碑和日意格原来都是常捷军统领。在攻克杭州中，彼此配合默契，清政府曾赏给德克碑头等功牌，并赏银一万两。常捷军裁撤后，德克碑回到法国，将协助中国造船事报告法国政府，得到法国支持。德克碑于是绘具图式和船厂图册，并将购觅轮机、招延洋匠各事，寄由日意格转送左宗棠所在的漳州行营。后来，德克碑又亲到漳州拜访了左宗棠，面述一切。左宗棠当时正忙于追击广东境内的太平军余部，还顾不上立刻兴办，嘱咐他们听候信息。

1866 年 6 月 25 日，左宗棠发出《拟购机器雇洋匠试造轮船先陈大概情形折》，正式奏请在福州建设船厂，试制轮船。在这份奏折里，左宗棠由东南形势入手，从海防建设、商业贸易、人民生活、漕粮运输等方面论述了建立船厂、制造轮船的必要性及重大作用。他说“东南之大利在水不在陆”，发展船舶工业，大有可为。“无事之时，以之筹转漕，则千里犹在户庭，以之筹懋迁，则百货萃诸厘肆，匪独鱼、盐、蒲、蛤足以业贫民，舵艄、水手足以安游众也。有事之时，以之筹调发，则百粤之旅可集三韩，以之筹转输，则七省之储可通一水，匪特巡洋缉盗有必设之防，用兵出奇有必争之道也。”最后他又用世界各国积极造船图强，来说明中国要图强御侮，必须设局造船①。这份奏折上报不到 20 天，朝廷即批示说：“该督现拟于闽省择地设厂，购买机器，募雇洋匠，试造火轮船只，实系当今应办急务。所需经费，即着在闽海关税内酌量提用……如有不敷，准由该督提取本省厘税应用。”②至

① 左宗棠：《拟购机器雇洋匠试造轮船折》，《左宗棠全集 · 奏稿三》，岳麓书社 1989 年版，第 60 – 64 页。

② 左宗棠：《附录：谕左宗棠设厂制造轮船》，《左宗棠全集 · 奏稿三》，第 70 页。

此，在福州设局造船终成定局。

建设现代化的造船厂，在当年的中国是破天荒的新事物。在国内既无先例可循，又无技术基础。此前数年，在安庆、南京、苏州、上海、天津等地虽然陆续设立了军械所、机器局、制造局等，都是因陋就简，规模很小。即便最大的江南制造总局，开初也只是用银4万两买下一家设于上海虹口的外资机器铁工厂作基础，加上请容闳赴美国购置的一批机器，总计投资仅十多万两，和福州船政局计划前5年投资300万两远不能比。左宗棠一直把建设福州船政局视为国家一项根本建设，从筹集资金、选定厂址、购买机器设备、雇用洋匠到整个建设规划，他都亲自筹划，广泛听取各方意见，经过反复斟酌，最后才拍板定案。他为建设船局费尽了心计，为后来船局建设打下了良好的基础。

筹集资金。福建每年财政收入共只170多万两。显然，要靠一省之力兴办船厂，实在独力难持。所以，他曾函商浙江巡抚马新贻和广东巡抚蒋益澧，两位巡抚均认为"必不容缓，愿凑集巨资，以观其成"。头年的开办费需60多万两，左宗棠是从结解中央的海关税款80万两中，奏报清廷批准，先拨40万两作开办费用。另从海关税收中奏请每月协济5万两作为福建船政局常年开支。在左宗棠调任陕甘总督后，他奏拨协济甘饷的5万两中以2万两为造轮船经费。不久，左宗棠又向同治皇帝奏报说：设局造船，"臣左宗棠系倡议之人，现在奉旨调督陕甘，断不敢因饷事维艰，专顾西征，而于轮船经费不统为筹及。臣等会商，拟请将闽海关展限月协五万两，概行拨充轮船经费。"①这样，经过左宗棠

① 左宗棠：《闽海关展限月协五万两请拨充轮船经费片》，《左宗棠全集·奏稿三》，第198页。

的多方设法，最棘手的经费问题总算得到落实。

选定厂址。建设造船厂，地址自应靠海，但地质必须坚固，还要顾及水陆交通方便、国防安全等因素。中国的海岸线虽长，这样的地址却不易找寻。左宗棠在浙江时就听洋人说，福建海口罗星塔一带，位置不错，适合建造船厂。清廷批准设局造船后，左宗棠又偕同法人日意格前往罗星塔勘察，“择定马尾山下地址，宽大二百三十丈，长一百一十丈，土实水清，深可十二丈，潮上倍之，堪设船槽、铁厂、船厂及安置中外工匠之所”。后来德克碑看后，担心山下土色是积淤沙形成。为了稳妥可靠，左宗棠复令掘土查验，证明“泥多沙少，色青质腻，知非淤成，德克碑乃信其可用也”。[①] 至此，厂址才最后确定下来。

精心挑选，任用贤才。人才的优劣关系事业的成败。左宗棠奏准设局造船不久，就奉命由闽浙总督调任陕甘总督，并要求即刻赴任。左宗棠认为，船厂之事，关系国家富强，势在必行，不能一去就搁置。他一方面请求稍留两三旬，以便把筹备工作安排妥当；另一方面积极物色接管人选，以期后继有人。他原想奏报清廷任命，后再三考虑，认为因丁忧在福州守制的前江西巡抚沈葆桢久负清望，中外景仰，最为合适。经与福州将军英桂等交换意见，也很赞同。可沈葆桢以礼制不能违背而再三谦辞。左宗棠为了敦请沈葆桢出山，曾四次登门恳劝，最后只得奏请清廷：“俯念事关至要，局在垂成，温谕沈葆桢勉以大义，特命总理船政，由部颁发关防，凡事涉船政，由其专奏请旨，以防牵制。其经费一切，会商将军、督抚臣随时调取，责成署藩司周开锡不得稍有

① 左宗棠：《请简派重臣接管轮船局折》，《左宗棠全集·奏稿三》，第132页。

延误。一切工料及延洋匠、雇华工、开艺局，责成胡光墉一手经理。"①清廷同意左的建议，正式任命沈葆桢为船政大臣，"所有船政事务，即着该前抚总司其事，并准其专折奏事……道员胡光墉，即着交沈葆桢差遣"②。此外，左宗棠还咨送闽浙官绅叶文澜、黄维煊、贝锦泉、徐文渊等交沈葆桢差遣，以保证建厂工作的顺利进行。

募匠购器，签订保约，预防流弊。当时制造轮船，是西方列强独有技术，中国对此一无所知。因此，要学会造船、驾驶，非雇募洋匠、购买外国机器不可。而洋匠优劣、机器好坏，无从预知。以次充优，以旧充新，鱼目混珠，最易受骗上当。为了预防流弊，左宗棠在委托德克碑、日意格前往招募购办之前，即反复与他们协商，要他们订立保约、条议、清折、合同、规约等，除由德克碑、日意格签字外，还要法国总领事官白来尼印押担保。最后左宗棠还逐一进行复核，以求稳妥。这些保约、合同具有法律意义，为保证船政工程的优质完成，奠立了良好基础。比如德克碑、日意格在所具保约中载明："其外国办来一切家伙、大小轮机，卑镇等保必头等最好之件，不准稍有低坏之物搪塞；倘有低坏，卑镇等自当赔缴。并认限自铁厂开厂之日起，扣至五年，保令外国员匠教导中国员匠，按照现成图式造船法度，一律精熟，均各自能造制轮船，并就铁厂家伙教令添造一切造船家伙；并开设学堂教习法国语言文字，俾通算法，均能按图自造；教习英国语言文字，俾通一切船主之学，能自监造、驾驶，方为教有成

① 左宗棠：《请简派重臣接管轮船局折》，《左宗棠全集·奏稿三》，第133页。

② 左宗棠：《附录：谕沈葆桢总理船政刘典帮办甘肃军务》，《左宗棠全集·奏稿三》，第137页。

效。"[1]左宗棠反对雇船买船，坚持自办船厂的主要目的，就是要通过创办船厂，使中国人掌握制造轮船技术，并且学会驾驶，不致依赖于人。德克碑等保证教会造船和驾驶，对于中国实现独立自主，无疑具有深远意义。而且左宗棠为了鼓励洋人认真教授，在他亲手制订的船政章程中，还预定奖励。与日意格等议定："五年限满，教习中国员匠能自按图监造，并能自行驾驶，加奖日意格、德克碑银各二万四千两；加奖各师匠等共银六万两。如果有成，则日意格、德克碑之忠顺尤为昭著，应重恳天恩，再加奖励，以示优异。"[2]这种以高价买西方先进技术措施，不失为左宗棠的远见卓识。

注重培育科技新秀，发展造船技术。左宗棠为了把先进造船技术学到手，并能一代代传下去，从一开始就决定创办学堂，培育后继人才。他指出："习造轮船，非为造轮船也，欲尽其制造、驾驶之术耳；非徒求一二人能制造、驾驶也，欲广其传，使中国才艺日进，制造、驾驶辗转传授，传习无穷耳。"因此在设局造船的同时，就提出开艺局(即办船政学堂)，选招少年聪慧子弟学习英法语言文字和算学等科学知识[3]。他还亲手制订了艺局章程八条，对办学规范作了具体规定。按照这个办学方针，船政局办了前后两个学堂：前学堂教学法国语言文字及轮船制造技术，后学堂教学英国语言文字及驾驶技术。这是中国最早的造船工程学堂与海军学堂。前学堂为国家培养了一批造轮船、兵舰人才；后学堂为国家培养了不少海军人才或著名学者，它们在中国军事史及

① 中国近代史资料丛刊《洋务运动(五)》，上海人民出版社 1961 年版，第 36 页。

② 左宗棠：《船政章程十条》，《左宗棠全集·奏稿三》，第 340 页。

③ 左宗棠：《密陈船政机宜并拟艺局章程折》，《左宗棠全集·奏稿三》，第 342 页。

教育史上，都具有重要地位。

1867 年左宗棠奉命为钦差大臣，督办陕甘军务，其间继续从事洋务。由于镇压回民起义的军需需要，左宗棠一到西安，就下决心筹建一个小型军火工厂，1869 年西安机器局就应运而生。为了使西安机器局能迅速投入生产，左宗棠从江南制造局和金陵制造局调募了一批受过训练的熟练工人，又花了 30 万两银子购买机器，主要生产洋枪、铜帽和开花子弹等军火。

同治十一年(1872 年)，战争重心转移到甘肃，左宗棠将西安机器局的设备全部拆迁，运到兰州，在甘肃创建兰州机器制造局。为增强兰州制造局的技术力量，左宗棠一面从浙江、广东、福建等地调来一批熟练工人，一面委派追随他多年且颇懂机器的记名提督赖长主持工厂事务。兰州机器局生产能力有限，但也能依靠自己的力量制造铜引、铜帽和大小开花弹；后又仿制普鲁士式螺丝枪及后膛七响枪，并且改造了原来的劈山炮和炮架。兰州制造局的所有经费均在兰州关内外办理军需款项内拨支。随着镇压回民起义、摧毁阿古柏分裂主义政权和收回伊犁战事的结束，兰州制造局在 1882 年停业。

光绪三年(1877 年)左宗棠筹设甘肃织呢总局，这是洋务派创办和投产最早的一家纺织企业。其时战乱甫定，民生凋敝，满目疮痍。左宗棠清楚，如果不恢复经济，安定社会生活，仅仅靠强力压制反抗，平静只能是暂时的。在荒凉的大西北，触目可见的羊群，生产的羊毛非常便宜，引起了热衷于办近代工业的左宗棠的兴趣。特别是他看过兰州制造局总办赖长用自己设计的一架水力传动织机，试织成功的“绒缎”后，大为赞赏说：“竟与洋绒相似，质薄而细，甚耐穿著，较之本地所织褐子，美观多矣。”①由此更坚定了他购买西洋织机在兰州兴办织呢局大量制造的决心，左宗棠在致总理衙门信中写道：“羊毛每斤值银一钱几分，每羊可剪两次，民间畜牧之利，以毛为上，盖取其毛之利长。……近制造局委员总兵赖长已拣好羊毛，用所制水轮机织成呢片，与洋中大呢无殊，但质地微松，又织成缎面呢里之绒缎，亦甚雅观。自制水轮机不及洋制火轮为速，欲意购制一具仿造。”②1878 年清政府准奏在兰州设织呢局，左宗棠把此项工程视为“利民实政”，寄予厚望，力争早日创办成功。为此，左宗棠先从军费中挪用白银 30 万两，请上海采运局补用道胡光墉设法从德国“购办织呢、织布火机全副，到兰州仿制，为边防开此一利”③。胡光墉按左宗棠指示在上海与德国泰来洋行洽谈购机事宜，泰来洋行经理代为在德国购置机器并同时招聘技术员。1879 年春购到所需各种机器 1200 余件。聘德国织呢制造家石德洛末和建筑师安克从德国押运来华。机器先运到上海后，由轮船招商局派船负责运到汉口，然后为便于运输又把这些笨重的机器拆散分装成 400 余箱，用小木船经湖北老河口运到河南龙驹寨，再换用牲口驮、牛马车拉和民夫肩扛运到西安，再从西安运到兰州。运输中有些机器非常重，而且难运，如锅炉是拆散一块块地运，山路有时得临时开凿然后才能把大件的机器搬过去。这样断断续续历时一年之久分三批转运，直到 1880 年 5 月，最后一批机器才运抵兰州。在购买织机的同时，左宗棠令赖长选厂址造厂房。左宗棠提出“善造房

① 中国近代史资料丛刊《洋务运动（七）》，上海人民出版社 1961 年版，第 439 页。

② 中国近代史资料丛刊《洋务运动（七）》，第 444 页。

③ 中国近代史资料丛刊《洋务运动（七）》，第 439 页。

屋，总以暂时能容机器并够匠夫住止为准”，“只取坚实，不在美观，是为至要”①。动工修缮厂房230余间，分东厂（纺线部和织呢部）、中厂（锅炉房、大车房，负责动力和运输）、西厂（羊毛加工成毛呢、漂染、压光等）。厂内附设有进行检修机器的检修局。为漂白需要，厂内掘有一水井。局中一共雇用13名德国人，其中两个翻译员。赖长任织呢局总裁，总办由石德洛末担任，总监工为李德，徒工是从陕甘的勇丁中挑选的。为了更快更好地培养有实际工作能力的技术人员，左宗棠挑选人去“仿效制造”，这样就把创办近代企业与培养技术人才结合起来了。

由于持续不断的努力，我国第一家使用近代机器进行织呢的毛纺织厂——兰州织呢局终于建成，并于1880年9月16日正式开工投产。厂中安设织机20架，最初开动10架，第二年开动6架。兰州织呢局的开工，引起了当时中外舆论界的关注。英国领事在1881年的商务报告中说：“兰州织呢局……一切困难都已克服，每日能生产二十四粗的兰呢。不久产量完全增多，成本非常便宜。”②这年的《申报》登文称赞道：“兰州设织呢局，事属创举，原难步武泰西。然苟能认真办理，精益求精，当然有蒸蒸日上之势耳。”③

然而，兰州织呢局开工后生产经营的情况并不如预期的那么理想。厂中安设织机20架，开始只开6架，若各机均开，预计年可织6 000～7 000匹呢布，每匹长5丈，宽5尺。但开工后一般

---

① 孙毓棠：《中国近代史工业史资料》第一辑下册，科学出版社1957年版，第808页。

② 孙毓棠：《中国近代史工业史资料》第一辑下册，科学出版社1957年版，第900－901页。

③ 《申报》1851年5月27日。

每天只生产 8 匹，只有计划的 1/3 还不到，并且很快减少。究其原因，总的来讲是缺乏市场，产品卖不出去。具体原因，第一是成本太高。按左宗棠原来的计算，羊毛每斤只值一钱几分，织成呢布一定很便宜。但实际上，由于原料粗而且杂，质量太差，每天要雇用40 个人挑拣羊毛，每人每天只能拣两磅，因此在织成呢布前羊毛的成本已经很贵。而且在 100 斤羊毛中，只有 10 斤能织上等呢，20 斤能织次等呢，50 斤能织粗毡子，还有 20 斤完全无用。这样，织成的呢或毡子，成本就很昂贵了，内地很少有人使用①。第二是产品质量太差。据《捷报》报道："织成的呢绒品质很坏，几乎完全不能出售。"②第三是运输条件差、运费贵。在人烟稀少的西北地区道路很恶劣，呢布等产品陆运到内地运费贵得惊人，这些昂贵的运费，加到成本很高的呢绒产品上，价格之高可以想见。当时《大清国》杂志有一则报道说："兰州织呢局的产品，不管在品质上或价格上，都比不上外国的呢布，因为把厂中产品运到各通商口岸，就比从欧美输入呢布要贵多了。"③当然，兰州织呢局还存在一般官办企业的共同致命弱点，那就是干领薪俸的冗员太多，以及缺乏良好的管理等。1880 年左宗棠奉命调离西北。1882 年底德国技师合同期满撤走，生产发展艰难，到1883 年终因锅炉爆炸，无法修复而停工。1884 年 4 月新任总督谭钟麟下令停办，该厂完全废弃。

左宗棠创办的兰州织呢局虽然仅存两年多就夭折，成效甚微。但是不管怎样，100 余年前的当时，左宗棠将沿海近代化事

① 孙毓棠:《中国近代史工业史资料》第一辑下册，第 899 页。

② 孙毓棠:《中国近代史工业史资料》第一辑下册，第 903 页。

③ 孙毓棠:《中国近代史工业史资料》第一辑下册，第 899 - 900 页。

物带到陕甘，使穷乡僻壤的西北地区人民呼吸到近代新鲜事物的空气，这不能不说是一个奇迹。不能因其失败而抹杀其首创之功，不能因其失败而抹杀其将近代科学技术输入落后的西北地区之功。

在左宗棠督办西北军政期间，还于光绪四年(1878 年)在新疆创设库车火药局和阿克苏制造局，生产枪炮及火药；于光绪五年(1879 年)夏在肃州请德人米海里为技师，在文殊山采金。后又先后在新疆开办库尔勒南金场，库木什东南铅场及几处铁矿。

1881 年初，左宗棠应诏至北京任军机大臣兼总理衙门行走，管理兵部事务。左宗棠在新疆期间，为保证军粮供给，发展地方经济，曾大力兴办屯垦业，其功绩遗泽后世。1881 年夏调任两江总督兼南洋通商大臣。1884 年 6 月奉召入京再任军机大臣，不久奉命督办福建军务。1885 年病逝于福州。

刘坤一的实业活动

刘坤一(1829—1902 年), 字岘庄, 新宁人。道光九年(1829年)出身于一个乡村知识分子家庭。父刘孔浚, 新宁县县学生(秀才), 以孝闻于乡里, 与曾国藩为友。刘坤一 8 岁启蒙读书, 后在乡试屡不中的情况下退而为师, 以图再起。太平天国运动爆发后, 社会的大动荡给了刘坤一另谋仕途的机会, "从来乱世见真才", "儒冠抛弃觅封侯", 正是刘坤一当时心情的写照。1855年, 已成为湘军悍将的族人刘长佑率楚军回援新宁, 急召刘坤一入营。刘坤一投入湘军楚勇, 开始了戎马生涯, 相继参与了湘军驰援江西、回救湖南、支援广西的战役, 以及在闽粤赣桂边界与太平军余部的交战, 成为湘军中的后起之秀, 成为湘军中能征善战的悍将。1865 年, 刘坤一被授予江西巡抚, 开始十年抚赣历程。

刘坤一抚赣十年, 正是洋务运动在中国兴起发展之时, 但是十年中, 刘坤一却未涉任何洋务, 他只是力图休养, 以稳定江西。1875 年 1 月 12 日刘坤一被命署两江总督。19 日又署南洋通商大臣。3 月 13 日他抵南京就任, 仅及半年, 9 月 1 日又实授两广总督, 并于 1876 年 1 月 17 日抵广州接任。署两江及督两广, 不仅在政治地位及权限上大大超过江西巡抚, 还要掌管着"通商"、"交涉"事务。上海不仅是中外会集、五方杂处, 而且有洋务派已开办的诸多新式企业如江南制造局, 轮船招商局等, 也有一些外国人所办的工厂，这无疑给了刘坤一认识新式企业提供了感性认识。从此，刘坤一开始了在洋务运动中学步的过程。

同光之交，洋务活动渐入高潮，清政府对办军火工业及练新式海陆军的态度和行动较以往更为积极。刘坤一署两江总督后，新环境使他自觉不自觉地立即对洋务潮流进行了观察与认识。他先乘轮船对长江防务和江南制造局进行了巡视，并在江南制造局留驻了两天，视察了该局所造出的各种枪炮及该局设备，对早期近代机器工业有了感知，并开始广泛阅读沪上报刊书籍，与洋务派官员书信往来，请教、讨论如何进行洋务活动。1876 年 4 月，已任两广总督的刘坤一在致他人的信中反复重申，“洋务为最要”①，办轮船公司“自系富强之至计”②，“专设一局造洋枪，成为当今要着”。③ 刘坤一跃跃欲试，开始了官办洋务企业的实践。

在粤督任内，刘坤一接办了广州机器局，开办了广州火药局，购买了黄埔船坞。广州机器局是 1873 年两广总督瑞麟倡办的，开始设于广州文明门外聚贤坊，次年又在增步创办军火局。1876 年，刘坤一接办了广州机器局，开始在规模上和一些重要的管理制度上谋求改进，以促进广东的近代军事工业的发展。同年 10 月在经济拮据万分之时，刘坤一毅然决定购买黄埔船坞，用以将来扩充机器局，造大船大炮。

黄埔船坞又称柯拜船坞，本为英国大东轮船公司于 1845 年派柯拜到广州租中国船坞扩建而成，是英国在广州最早的船舶修造业，到刘坤一抵粤时，已发展成为黄埔船坞公司，可修 5 000

---

① 《刘坤一遗集》(四)，中华书局 1959 年版，第 1800 页。

② 《刘坤一遗集》(四)，第 1807 页。

③ 《刘坤一遗集》(四)，第 2516 页。

吨之船，附近还有石坞一所，可修3 000吨之船。而且还附设锅炉厂、机器厂、木模厂、货仓等，是当时广州最先进的以修造船舶为主的大型近代企业。由于该公司决定全力经营香港业务，急于出卖船坞及设备，刘坤一抵任后，鉴于广州机器局设于省城之中，工匠不多，地方狭窄，不利于向制造大批枪炮及较大型船舰方向发展，于是决定购买黄埔船坞以备用。经多方讨价还价，刘坤一利用对方急欲出手的心理，于1876年10月终于以8万元买下船坞。购买黄埔船坞，就船坞已有的规模及附属设备而言，也可谓做了一笔合算的买卖。这一举动对广东的整个近代军工生产乃至近代机器工业的发展都是有利的。正由于黄埔船坞的规模和设备就当时在全国而言，均居近代机器造船修船业的前代，因此，后任者张树声、张之洞等，也正是基于此基地施展过他们扩充粤海军宏图的努力。甚至于1881年李鸿章要求购置铁甲舰，言及维修事宜时还说“至铁甲舰到华以后，修船须有坞基，上海及广东黄埔船坞吃水二十尺以内之船尚可设法修理”①。

在购买黄埔船坞后，刘坤一曾有制造大量木壳兵轮的计划，但只是造出了“海长清”号炮轮，“执中”、“镇东”、“缉西”三只缉私火轮及14只巡江用的小轮船。不过利用黄埔船坞仿造蚊船，却是刘坤一在制备船舰方面的得意之举。1877—1879年间，李鸿章向英国订购蚊船，在朝廷内外引起了轰动。1879年12月，上谕令广东等省“均须酌备蚊船”，但刘坤一不愿执行这一购蚊船的上谕，而是提出了仿造之请。即由粤省自行仿造，船身用铁骨木壳，装后膛炮，以所购黄埔船坞的机器和场地进行仿造，而且所有仿造的蚊船将来还可以随时修理，这样可不费巨款，不依靠外

① 中国近代史资料丛刊《洋务运动》(二)，上海人民出版社1961年版，第442页。

洋。1881 年，第一艘船完工耗资 3.4 万两。此时，刘坤一已调任两江总督。接任者张树声说所造之船工坚料实，“洵足以资备御”①。刘坤一这种以造代购的方法是有一定益处的。

刘坤一促进广东新式军事工业发展的另一个大举措，是他坚持必须按“新”的报销制度进行管理。

广州机器局 1874 年奏准开办后，户部和工部随之规定“将用过经费银两，逐款详细分析开报”，特别是规定所有一切军火、什物等件，“务须尊节，核实采办，专案造册，送部核销”②，即要求广州机器局从人员、设备到日常用度等，必须按照以往户、工部军器则例、工程做法来列案报销。这种核销制度是不利于近代军火工业经费报销管理的。1878 年夏刘坤一在广州机器局制造 14 艘小轮船完工后，上奏朝廷表示要改变旧的核销制度，采用新的报销制度。他上奏说这些船是仿造外洋式样，所用机器和材料全部购自外洋，“各项价值，并无例案可循”，所以“业已查照奏案，在于洋药厘金项下清款”③。刘坤一的先斩后奏，清廷只能迁就。而此次报销成功后，刘坤一进而要求更改户、工部对广州机器局的报销规定。他正式上奏称机器局的一切工料式样做法，均已与部定军器则例、工程做法不同，所以“按照例定工料，造册报销，必于实支经费数目，不克相符；若迁就例文通融开造，又非核实办理之道”，要求实行“据实开单，专案详情奏销”④的方法。刘坤一所请是洋务官办军火企业势所必行之事，朝廷自然只有准奏。从一定意义上来说，广东军事工业向近代方向发展的一个重

① 中国近代史资料丛刊《洋务运动》(二)，第 514 页。

② 《刘坤一遗集》(一)，中华书局 1959 年版，第 463 页。

③ 中国近代史资料丛刊《洋务运动》(二)，第 372 页。

④ 《刘坤一遗集》(一)，第 463－464 页。

要羁绊被解除了。

1875年，刘坤一正式开办的广州火药局也是照新报销制度实行的。广州火药局本在1874年由巡抚张兆栋创设于广州城外，刘坤一抵任后，尚在兴建中的该局却在停工待料。刘坤一对此局的设立大为推崇，令一切经费从善后总局筹支，从而加快了兴建速度。1878年夏完工后，刘坤一依奏准的"新的"报销方法，据实开单报销了7.4万余两兴办费，并以新的报销制为基础，令"将洋枪、洋炮所配火药，依照样式，陆续制造"①。从而使火药局成为广东的又一大新式军火工业。从历史进程看，作为一项与新式军事机器工业这一新的生产方式相适应的管理制度，这种新的报销制度是有利于近代军用工业和民用工业的。

刘坤一督粤期间对广东近代军事工业的促进作用是至为明显的。在他的任期内，广州机器局、黄埔船坞、广州火药局这三个军工企业已呈现出构成一个整体的趋势。1885年后，张之洞正是在此基础上，组建了广东机器局这一当时堪称大型的新式机器企业。

尽管刘坤一对近代企业的涉足是从军工企业开始的，但是他接任粤督时，整个洋务运动开始由"求强"向"求富"转化，客观的实际使刘坤一在办军工企业时，也向民用企业进军。刘坤一认为"西学馆，招商局及开办煤矿"，均为当务之急。综观他在粤督任期所为，除了开煤矿未果外，在西学馆和招商局上均有实际行动和一定效果，而且将两者还结合了起来。

刘坤一在购买黄埔船坞时，即将"开设西学馆"、培养新型人才提上日程，但由于"难筹巨款"，几近一年没有开办起来。1877

---

① 《刘坤一遗集》(一)，第465页。

年，刘坤一捐出为官多年“余资”20万两白银，以15万两筹办轮船招商局广东分局，以5万两办赈济。其中15万两投资招商局广东分局所获利息则用于开办西学馆，从而“一举两得”。遗憾的是，上述促进招商局广东分局发展和以利息捐资兴学的计划，在刘坤一督粤期间并没有实现，原因是清政府将他所捐之银借为赈灾款，调往山西、陕西救灾去了，在他督粤期间并未归还。尽管刘坤一在资金上没有真正给招商局广东分局以支持，但在业务拓展方面，是颇有帮助的。1879年8月，招商局广东分局主办唐廷庚要求准派招商局广东分局“合众轮”搭客前往檀香山，开辟广州到该地的航线，刘坤一认为此“一举数得”，既可分外洋之利，又可周知各国形势，还可少拐贩等弊，并可察看该处华民情形，因此“经许之”。10月19日，“和众”轮试航檀香山，载客400余人，客运收入约2万元，为中外所瞩目。正是粤督刘坤一的这一积极支持，招商局开辟了当时中国航运业中最长的外洋航线。1879年，刘坤一还派李炳彰到越南设立招商局分局，但由于越南担心引起法国人干预，最终没有允许。可以看出，刘坤一督粤期间对早期现代民用企业是积极支持的。

1879年12月27日刘坤一被实授为两江总督兼南洋通商大臣。1880年7月13日抵南京接任，开始了他的二督两江。刘坤一在二督两江任上，主要力量放在实施浚黄导淮工程和筹办江防上。在实业方面，主要贡献在于配合李鸿章修了津沪电线和筹资开办了金陵火药局等事项。

洋务后期转到“求富”阶段后，架电线、开矿山可说是当时最为热门的事项。1880年9月，刘坤一抵两江任所后不久，李鸿章以中俄伊犁条约的通信为例，以电报有利防务、便利通信为由，奏请敷设天津到上海的电线。架设电线不仅花费远较铁路少，也不太可能像铁路一样占地宽长，所以李鸿章设电线之请于16日上奏，到18日就批准了。这样，配合李鸿章完成这一沟通南、北洋通信的电线架设，成了两江总督刘坤一的一项主要政务。

在刘坤一看来，电报的功用很多，可防夷，也可巡防弥灾，还可商用民用，因此不但支持李鸿章，而且要求“从速兴工”①。在动工之前，为了使“江宁、上海音信易达，即南北洋大臣衙门亦复呼吸相通”②，经与李鸿章函商，议定架设镇江到江宁的电线，使这一由天津出发，循运河，越长江，经镇江而达上海的线路，扩大了通信覆盖面。

1881年，津沪之间的电线架设全线动工后，刘坤一一面积极安排镇江至南京段的施工，派金陵制造局的道员龚照瑗主持，并由南洋属下的军需局负责架设电线的成本费，从南洋海防项下支付日常费，计架线约160余里；另一方面，他在津沪线所过辖区内，分饬徐州、淮扬、常镇、苏松四道，选派专人负责；同时派兵伺应，妥办保护工程的实施；并拨出看护专款责成各巡厂认真看护已成之线。这一全长3 000余里的津沪线加上160余里的镇宁线，在南北洋合作下，于1881年4月动工，11月便全线竣工，12月投入了使用。

1881年，两江总督刘坤一还筹办了金陵火药局。他委托瑞生洋行，瑞生洋行又转托英国军火商黑鲁洋行，向英国某工厂订购了每日能选1 000磅火药的全套机器，又聘来了洋行的波列士哥德负责设计并监督制造。金陵火药局自1882年兴工至1884年建成。全厂四周有12英尺的高墙环绕着，有8个45英尺至80英尺

---

① 《刘坤一遗集》(五)，中华书局1959年版，第2492页。

② 《刘坤一遗集》(二)，中华书局1959年版，第665页。

的高烟囱，有4架10马力至25马力的机器，有锅炉6个，抽水机6部，厂中还挖有一条小河。火药局开办费用，包括建厂经费和购买机器费用共约18万余两，常年经费为4万两，到1886年增为5.2万两。虽然1881年10月28日刘坤一被罢免归里，但金陵火药局此时已筹设成功，开办只是顺理成章之事，应当说，金陵火药局也是刘坤一在二督两江任上的一件办军事工业的大事。

1890年11月22日，罢免近10年的刘坤一被清廷重新任命为两江总督，25日又兼南洋通商大臣。1891年4月在南京正式接任，开始了三督两江的历程。此阶段并无创办实业之举。1894年中日甲午战争爆发，在战火烧到中国本土的严重形势下，12月28日刘坤一被任命为钦差大臣。刘坤一在整个甲午战争期间的反侵略十分坚决，主观上也相当努力，也尽管他是早年的湘军悍将，也是此时硕果仅存的湘系元老，但客观效果却大打折扣，战争失败了。战争的失败刺激了他，震动了他。经历了血与火的甲午战争的刘坤一，切实而又迫切地感到了“不思易辙改弦”，则“终无实际”①。晚年的刘坤一反倒步入了一个他此前不曾有过的求奋进、求开拓的时期。甲午硝烟刚刚散去，回任两江总督的刘坤一便提出了洋务新方案，内容涉及经济、军事、文化教育等领域，具有适时而发的显著特征。本文就其促进近代实业方面的内容略述之。

首先，刘坤一提出了以铁路、矿务为核心，以铁路为入手之端，进而带动工业发展等的总体方案，目的在于求富强。他认为“铁路原为运兵运饷，目前则急在生财，百货流通，其利犹小，惟各省矿产甚多，为我自然之利，取之不尽，用之不竭，生财之道，

① 《刘坤一遗集》(二)，第878页。

无逾乎此；然非有铁路，则矿务不能畅行。”①而且只有中国“迅速举行，自占先著”才能“立富强久远之基”②。他支持芦汉路、沪宁路的修建。

其次，提出了新的经济管理组织形式——“商任其事”。甲午战争之前，清政府财政本就捉襟见肘，甲午战争之后2.3亿赔款，更意味着清政府的财政更加紧张，因此开办路矿等实业必然须采用新的融资方式和管理方式。因此，刘坤一认为唯一可行的方法就是利用民间资本。而这种利用民间资本不是甲午战争前的官督商办方式。刘坤一说官督商办，“官有权，商无权，势不至本集自商利散于官不止”③。当然，刘坤一倒不一定意识到封建主义的官与资本主义的商在本质上的不同一。不过，从“商情”入手，刘坤一提出的“以官发其端，以商任其事”④却是符合近代产业发展规律的。商出资商自办的“商任其事”办厂新模式既可以获取开办大型企业的资金，又可以解决官对近代资本主义企业的封建干预，是有利于近代民族资本主义发展的。

再次，“调护”民族资本，促成张謇创办大生纱厂。甲午战争后，光绪帝下诏“以筹饷练兵为急务，以恤商惠工为本源”。“恤商惠工”就是要体恤扶植商业，鼓励民间办实业，倡导民族资本主义的发展。清政府新产业政策的出台和这一新产业政策运作模式的设定，意味着各督抚主持下的地方政府必重新考虑政府与企业的关系，制定地方政府新的经济管理职能。处于新一轮经济发展前沿之地的刘坤一很明确地对以往的官督商办、官商合办等经

---

① 《刘坤一遗集》(二)，第890页。
② 《刘坤一遗集》(二)，第910页。
③ 《刘坤一遗集》(二)，第883页。
④ 《刘坤一遗集》(二)，第883页。

济管理方式不满，开始寻求新的方法。另外，新的产业政策并不要求他在经济上大力扶持民营企业，而且政府财政的窘迫与危机，也难于维系那种政府以资金投入去促进企业发展并控制企业的管理方式。刘坤一提出了一个办理江南商务、处理政府与企业的新模式——“官为调护，以图厥成”①。其基本会义，就是在近代企业初创之时，官方给予一定的扶持。最能充分展示刘坤一这一模式较完整内涵的，当推他对张謇创办大生纱厂的“调护”。

江苏通州地区素为棉花产区，但本地却无近代的纺纱业。1895 年冬，张謇在此筹办大生纱厂。1896 年初，刘坤一返任两江总督后，他就与张謇商议如何兴办的具体问题，并要求尽快将纱厂建成。大生纱厂为商办，资金来源为在通州、上海两地各招股 30 万两，总计 60 万两。但直到 1896 年 10 月，通州、上海两地的招股都几无进展。在纯粹商资商办几无可能的情况下，张謇向刘坤一求援。恰在此时，原先由张之洞为湖北纱厂订购的“官机”40 800枚纱锭，已估价 97 万余两转到南洋经费下，而这批“官机”堆放在江边已整 3 年，“锈烂者十之三四”，刘坤一正令上海商务道桂嵩庆贱价出卖。如此，双方一拍即合，11 月达成协议，把“官机”作价 50 万两作为大生纱厂的股金，另招商款 50 万两，共 100 万两开办纱厂，大生纱厂也相应地改为某种形式的官商合办。因而，张謇的筹办因获得现成的设备而使工厂的建设进程大大加速。然而，张謇对招收 50 万两商股仍无进展，在 1891 年年中再次向刘坤一求援。刘坤一令张謇抵宁，经与桂嵩庆、盛宣怀多次筹商，议定了“绅领商办”方案，即将作价 50 万两的“官机”对半平分，由张謇和盛宣怀“合领分办”，在通州和上海各设一厂，这

① 《刘坤一遗集》(二)，第 934 页。

样，大生纱厂只需筹资25万两即可办成。为了促其成，刘坤一还令洋务局拨银1万两，海州分局拨银1万两，令桂嵩庆提钱3万串，统交张謇使用。同时，根据张謇的要求，分电向两淮盐务督销局等处商借款项。此后，1898年初、年底，张謇因大生纱厂的开办问题又两次向刘坤一求援，刘坤一一面电催各处借款给张謇，一面饬通州知州同知协募，最终集款4万余元，让张謇渡过难关。1899年3月，大生纱厂正式开车。从以上可以看出，刘坤一对张謇创立大生纱厂的“调护”，基本倾向就是扶持。这种扶持除了委派张謇为该厂的创办者并为之倡外，最为重要的支持就是直接给予了一定数量的资金借贷资助。这种支持虽然并非有求必应和应如所求，但刘坤一的支持贯穿了大生纱厂创立的全过程。也正因为张謇与刘坤一的这种交谊，因在戊戌到庚子这一动荡时期，张謇不断地向刘坤一献计献策，使刘坤一渡过了一个个政治难关。1902年10月7日，刘坤一病逝于两江总督任上①。

① 崔运武：《中国早期现代化中的地方督抚》，中国社会科学出版社1998年版。

黄兴的实业活动

黄兴(1874—1916年)，原名轸，号克强，长沙县人，辛亥革命时期的重要革命领袖，中华民国开国元勋。1893年入长沙城南书院读书。1898年入武昌两湖书院学习。1902年赴日留学，入东京弘文书院速成师范科学习，并参与创办湖南《游学译编》杂志，组织“湖南编译社”。1904年建立华兴会，被选为会长。1905年8月同盟会成立，被选为庶务，成为同盟会中仅次于孙中山的重要领袖。此后，他以主要精力从事武装起义，直至中华民国建立。提倡实业，振兴实业，是辛亥革命时期资产阶级革命的既定方针，是其民生主义的重要组成部分。况且，由革命转向建设是历史的必然，素以实干闻名的革命家黄兴，在民国初建后，也以较大的精力从事实业宣传和建设。

民国初年，黄兴风尘仆仆往来于京、沪、湘、汉之间，广泛宣传阐释民生主义，一再强调“民国成立，破坏已终，当谋建设”①，表示自己要“避政界而趋实业界”②。黄兴在与同乡诸人谈及湖南的发展之时，说：“湖南产物，最有价值者为农业，果能发达农业，吾知世界之上皆当受我之供给。于是再谋发达实业，开掘矿

① 湖南省社会科学院编:《黄兴集》，中华书局1981年版，第265页。

② 湖南省社会科学院编:《黄兴集》，第275页。

产，以供世界之需要。其为世界最富之区自无疑义。"①农业谋食，实业谋富，相辅相成，地方发展的基础牢固，再发展就建立在稳固的基础之上。1912 年 10 月底黄兴回到家乡湖南，即以在野之身，在各种集会上发表演说，大力提倡实业，其内容包括交通业、矿业、木业等各业，并提出路矿先行、农工商并举。对于铁路建设。黄兴认为"欲兴实业，当谋铁路，铁路不发达，实业即不振兴"②。1912 年 11 月份，在湖南演讲时，黄兴针对湘江冬天水浅不易行船而会阻碍轮船业的发展时，指出要"募资疏浚"，兴水利，"则汽船之利益必大矣"③。黄兴投身实业还有比孙中山更具特色之处，就是除了宣传实业建设、倡导实业建设之外，还亲自参与创办许多实业团体。黄兴在湘组织创办的主要实业公司主要有以下几个：

湖南五金矿业股份有限公司④。1912 年 11 月 2 日，黄兴与郭人漳等十余人发起组织一个专门采炼湖南地方金属矿产的湖南五金矿业股份有限公司，公司本部设在湖南长沙伍家井。该公司拟集资股本 50 万银元，分作 1 万股，其中创办人认股 2 000 股，其余 8 000 股由湖南储蓄银行和湖南实业银行代为发行，向民间招股。股息六厘，年终分发息银，红利则按十成分配，其分配方法是：以六成给予各股东，以一成给予公司办事人，以三成作为公积金。

---

① 湖南省社会科学院编：《黄兴集》，第 265 页。

② 湖南省社会科学院编：《黄兴集》，第 265 页。

③ 刘泱泱、陈珠培、刘云波编：《黄兴集外集》，湖南人民出版社 2002 年版，第 220 页。

④ 刘泱泱、陈珠培、刘云波编：《黄兴集外集》，第 203 页。

洞庭制革股份有限公司①。1912 年 11 月 12 日，黄兴与谭延闿等 30 余人发起成立。设立实业公司目的之一在于“先以工业唤起世人”；至于设立制革公司，则是“其制革者，以革之用途广，不学之工从宽亦可收容，非有见于制革之必可获利而始设此公司也”。由此可以看出，黄兴发起制革公司还有一个目的在于救穷救急，为“民生计”，即为一般人民谋生活着想，这其中包含着某些国家社会主义思想。

中华汽船有限公司②。1912 年 11 月 12 日，黄兴与龙璋等 20 余人共同发起成立，公司事务所设在长沙潮宗街。黄兴等设立此公司的目的之一是“收回外溢之利权，扩张自由之营业”，力图夺回被洋人垄断的湘汉水运，不能“徒让洋商垄断，独登鼓轮满载，坐失固有无穷之利”。汽船公司招股 200 万元，其中政府认股 30 万元并担任 10 年保息，发起者认股 20 万元。中华汽船公司拟订制大小商轮 6 艘，“广辟码头，分途载运”。与洞庭制革公司招股不同的是，引进了华侨资本，当时华侨曾连庆、丘心容、谢坤林认股 100 万元。

湖南富国矿业股份有限公司③。1913 年 3 月 13 日，宋教仁、黄兴等 20 余人共同发起成立，公司总事务所设在省城长沙学宫街，其分事务所则临时因地而设。公司设立的直接目的是开采湖南矿物、振兴湖南矿业。其长远目的，则是抵制外人掠夺我国矿藏，“上以裕国，下以普利社会”、“以促进工商业之发达”。公司计划先行开采郴州兴宁大脚岭银矿、江华县上五堡锡矿等处矿

① 湖南省社会科学院编：《黄兴集》，第 298 页。

② 湖南省社会科学院编：《黄兴集》，第 299 页。

③ 刘泱泱、陈珠培、刘云波编：《黄兴集外集》，第 252 页。

山，然后再拓展至他处。富国公司开办与上述几个公司相比，有几个不同之处。一是“为保护中国利权其见，既不招附洋股，亦不准股东将股票转售外人或抵押洋债”；二是股民不限于湘籍人士，“本公司商股，不论何省人民，凡系中华民国国民，皆得入股”；三是带有官督或官办性质，其表现在公司招股广告第四条和第十二条。第四条规定总募集资金为150万元，共计3 000整股，而定湖南政府认股1 000整股，约计资金50万元，占公司所集资本总额的1/3。发起人认股10万元，仅占资产的1/15。两相比较，政府实为公司最大股东。第十二条规定将股东选出的总理呈请湖南都督认定委任。由此可见，其官办或官督性质非常明显。

除此之外，1912年11月黄兴偕同陈嘉会等人亲自踏访湘潭、醴陵、安源、萍乡等地考察矿务。多次指出“从实业入手为第一方法”，“而在湖南言，实业又以矿业为第一”①。还在10月初，黄兴就拟订了一个《开矿计划》②，为大规模开采矿藏，发展矿业做准备。到湖南后，黄兴在与工商部派往湖南查办汉冶萍公司的余焕东谈话时，托出了他对湖南发展矿业的计划和意见。对于湖南已经开采的矿山，如“水口山之黑砂，平江之金及各处之锑”，黄兴认为“应于现时谋划清楚，应图若何之资，努力进行”；对于其任督办的大同公司属下的江华锡矿，黄兴则希望“湘人合力图资”，共同发展。对于湖南的矿业计划，黄兴认为应着眼全国利益，“所以计画不可不审慎，而规模不可不宏远”③。

① 湖南省社会科学院编：《黄兴集》，第300页。

② 刘泱泱、陈珠培、刘云波编：《黄兴集外集》，第196页。

③ 湖南省社会科学院编：《黄兴集》，第300页。

1916年7月护国战争结束，黄兴仍是抱定发展实业之心，继续从事其中断了的实业。在沪期间，当他得知北京政府以中日合办湖南水口山铅矿和安徽太平山铁矿为担保，举借外债的消息时，非常震惊和愤慨。黄兴先后联络湖南、安徽各界人士，并通过上层人士，极力抵制。黄兴在致当时力主举办借款者彭允彝、孙洪伊、谷钟秀、殷汝骊等电文中，就明确表示“水口山铅矿乃湘中命脉”，直斥其“岂一经作官，即不顾民意耶?”希望“诸公打消此举”；对于湖南各界，黄兴则一再强调要“竭力阻止”，“向中央力争”①。经过黄兴和湖南各界的努力，终于使北京政府改订契约，挽回了湖南矿权。

民国初年，“实业救国”和“民主共和”并称为当时国内最有影响力的思潮和行动。作为辛亥革命杰出的领导者和实干家黄兴，和其他革命派的重要人物，在民国初年将主要精力放在“实业救国”的热潮之中，并同立宪派一些重要人物共同营造出了民初竞创新式企业的新氛围。在湖南，黄兴的这种活动尤为明显，这对于推动民初湖南的实业建设，功不可没。总之，黄兴关于民初湖南的实业思想及其活动，“且非今为一地方谋利益，实为全国家谋利益”②。1916年10月31日，黄兴病逝于上海。

---

① 刘泱泱、陈珠培、刘云波编：《黄兴集外集》，第378、381、379、382页。

② 湖南省社会科学院编：《黄兴集》，第300页。

谭延闿的实业活动

谭延闿(1880—1930 年)，字祖安、祖庵，号无畏，茶陵人。父谭钟麟曾任陕西巡抚和陕甘、闽浙、两广总督等职。谭延闿是清光绪进士，后授翰林院编修。1909 年被举为湖南省咨议局议长，成为湖南立宪派首脑人物。辛亥革命时长沙光复后，为湖南军政长和参议院议长，后三任湖南都督。1912 年加入国民党，任湖南支部长，历任湖南省长兼督军、国民党中央政治委员会主席、国民政府主席、行政院长等职。在谭延闿三次督湘时期，他始终把发展湖南的经济当作稳固自身统治的重要手段，采取一些措施来发展湖南的实业，极力想在实业建设方面干一番事业。

1912 年湖南光复，辛亥革命成功，他任湖南都督，第一次督湘。上任伊始，仍不忘怀于在辛亥革命前夕多方奔走，积极主张铁路商办的那段往事。他委任陈文玮为湘路公司总办，不久又联合湘路股东组织了湘路促进会，决心把兴筑铁路的计划纳入他实业救国的整个蓝图之中。1912 年 6 月，谭延闿致电北京政府交通部等，就袁世凯政府再度宣布铁路国有政策逐条予以驳斥，力争湘人自办铁路，后经粤汉铁路督办谭人凤多次致电劝说，谭延闿虽同意湘路干线收归国有，但拟新修支路四条：一自长沙至常德、辰溪以达川、黔；一自湘潭至金竹山以达黔、滇；一自醴陵以达赣、闽；一自衡州以达全、桂。虽然在湖南境内商办四条铁路支线的计划，因诸多条件的制约，最终成为泡影，但也明显地体现了谭延闿等人把奔走多年从帝国主义和清朝政府手中争得的权益，纳入民国初年的实业救国热潮之中的爱国精神，在一定程度上表现了其改善投资环境、开发利源的迫切希望。他还积极兴办实业，同年拨款20余万银元，先后在长沙新河创办湖南模范缫丝厂，在长沙戥子桥创办湖南金工厂。

谭延闿此次督湘，对湖南的实业建设倾注了极大的心血。上任伊始就说“希冀洞庭以内月发起无数公司，洞庭以外日发起无数公司”①。为实现这一宏伟蓝图，谭延闿采取了一系列发展措施。一是提公款支持兴办实业。由于湖南工业起步较慢，底子薄弱，加之绝大部分有钱的地主士绅怕担风险，不敢以大量资金来投资近代的实业。谭延闿为鼓励民族资本家投资近代实业，在湖南财政极为艰困的情况下，仍旧想方设法拨出许多公款来支持兴办近代工业。如胡子靖等人呈请拨给地址以建设开办章楚纸业公司，请求由公家拨款1万两的报告送达后，谭延闿即批示财政局，要其转饬湖南银行遵照办理。在当时的湖南，每一个这样的公司的创办，都或多或少地得到了谭延闿在资金上的支助，数额以1万至60万两不等。据初步统计，从1912年9月至1913年5月，不到一年的时间，湖南新办的和正在筹办的银行、工厂、企业公司就有25个以上。企业的范围包括轮船、炼铁、开矿、制革、造玻璃、畜牧以及土木工程等各个方面。其中最为著名的工矿实业公司有谭延闿亲自发起组织的洞庭制革股份有限公司，与黄兴、龙璋等人组织的汽船公司以及经华纱厂、长沙自来水厂、湘潭玻璃厂、五金业股份有限公司、富国矿业有限公司、江华厚生锡矿公司、湘潭惟一膏盐矿公司、醴陵百炼公司等。后来有人在追述

---

① 《长沙日报》1912年12月12日。

民国初年湖南工矿业发展的兴旺景象以及同谭延闿在资金上实力支助的相互关系时说："湖南的工业本极幼稚。民国元、二年间，一般人士都说振兴工业是救国的第一要着，又是我们湖南税金的第一要着。正当那谭祖安做都督的时候，提了许多的公款来振兴工业。当时的什么业公司和某项工业筹备处的招牌，到处皆是。有官办的，有商办的，也有官商合力的。"①美国著名学者周锡瑞称之为"都督主动地鼓励资产阶级工业化"②。

湖南矿藏丰富，锑、铅、锌诸矿甲于全国，是湖南财政的利源所在，也是各帝国主义列强急欲染指的对象。谭延闿第一次督湘时，就明确表示要开源以减少外债，对湖南的矿业建设倾注了极大的精力。1912 年 7 月 23 日，他分别致电北京政府国务院及工商部，先是"拟求总统、总理各部于借款内筹拨 300 万银元先开矿业银行，聘矿师购机器，设炼厂，派员督办"。并聘张通典整顿矿山，着手改进保矿技术，以免矿砂"售诸外人"，导致"利源外溢"。③ 后因为北京政府的原因宣布作罢。谭延闿想方设法从本省财政收入中尽力资助各地矿业，使得湖南矿务日益发达。1910 年湖南省产毛砂 27 240 吨，铅砂 2 553 吨，锌砂 7 789 吨，磺砂 44 吨；到 1913 年增为毛砂 43 273 吨，铅砂 3 164 吨，锌砂 10 319 吨，磺砂 182 吨。

民国三年（1914 年），谭延闿设立"军路局"。为军事需要，以省方收入之节余部分用来兴筑长沙至湘潭段公路，人称"长潭军路"，全长 90 余里，当时全线已同时动工，及至年终，谭延闿

① 湖南《大公报》1919 年 8 月 20 日。

② 周锡瑞：《改良与革命》，北京：中华书局 1982 年版，第 291 页。

③ 《民立报》1912 年 8 月 18 日。

因参与“二次革命”被袁世凯免职，继任督军汤芗铭则以开支过巨为由下令全线停工，后谭复主湘政，继续修筑，前后历时9年，耗资90万银元，于1921年建成通车。这是湖南第一条公路，也是全国最早的公路之一。湖南龙骧长途汽车公司因之出现，带来了湖南汽车运输业的发展，谭延闿的首倡之功不应忽视。

民国四年(1915年)谭延闿为解决湘军军械匮缺问题，主持兴办湖南陆军机械厂，拨款筹资数十万元，委粟戡时为总办。选址株洲河西，圈地数百亩，规模宏大，陆续建成了一批厂房，购买了一批先进机器设备，后因他卸任以及形势变化，该厂一直停停办办，1928年改名为湖南民生工厂，1938年又改名为湖南机械厂。此为我省当时规模最大的机械工厂。

民国六年(1917年)，谭延闿第二次督湘，任湖南督军兼省长。他设立长沙商埠马路工程处，以长岳关督为总办，省警察厅长为会办。首先勘定商埠界址，凡外商或洋行占地，一律按本省土地管理依法缴费，然后以这笔资金投入长沙市政建设，修筑沿河马路、堆栈、仓库以及水运码头和市内干线等，此为长沙市政建设之始。与此同时训令岳州(即岳阳，当时亦为商埠之一)亦要照此办理。

谭延闿第二次督湘，仍把兴办矿业作为其振兴实业的重要内容。他一方面委派专员切实调查湖南矿务现状，制订发展矿业的计划，训令民政厅将已核准、已注册和停办的矿厂和各矿出口情况汇总报告，并指令以后每3个月汇报情况一次，以3、6、9、12月为造报之期，以便确立矿业发展重点，有针对性地制订发展方案。另一方面力争湖南矿务局归为省有，防止中央将湖南矿权私售外人，并严格规定各矿山矿砂销售统一由湖南矿务局经手，不许任何人私自进行。再次是保护湖南矿产秩序。谭延闿应湖南矿商之请，还收回了日本兴亚公司在袁世凯政府时期从湖南攫夺的各种矿山利权。为消弭矿山抢盗之风的盛行，谭恢复了矿警制度，并指令军队加意保护矿山，使矿业公司恢复了正常的生产秩序。湖南矿业在谭延闿第二次督湘时期里，不仅原有矿山得到了恢复和发展，而且新的矿业公司和矿山先后出现，以至旅居外省之湘籍要人亦纷纷创办矿业公司组织开采新的矿山。如北洋政府农商部官员欧阳振湖鉴于湖南新产之矿石大多由于不能自行提炼，致产生"贱售外人"之弊，拟与日商合资创办一炼砂厂，呈请谭延闿批准，谭转令财政厅妥议复核后加以开办；又如曾任福建都督的孙道仁亲自回湘，专为筹办矿务具呈谭延闿，要求领用公家采矿机器开采矿山。

谭延闿深知，要搞好湖南的实业建设，培养实业人才是关键。早在1911年，谭延闿、龙璋等就感到湖南实业学堂造就人才太少，于是倡议设立中等工业与商业学堂各一所，并附设教育讲习所，以培养实业建设方面的人才。谭延闿第二次督湘虽只有1年的时间，但他对实业学校不仅在资金方面尽力予以支助之外，还在技术设备方面给予照顾。1917年春，谭延闿召集长沙各高等、中等工业学堂校长开会，强调实业学校、工业之科应用最为广泛，但设备最难齐全，"盖非备有实习工厂，其操作技能莫由造就，非图合营业现状，其职工事业难以推行"①。为了实事求是地解决这个急需解决的问题，谭延闿拟订了有关改进办法4条：(1)无论何种工校，均应完全设立工厂，其组织设备一律照普通工厂办理；(2)凡属学生能作之业，即以学生为职工，除必须在教室内讲授之学科外，尽可能就工厂内施教，实地工作以资练

① 湖南《大公报》1919年3月2日。

习；(3)金工、木工、染织、窑业、漆工、藤竹诸科所制货品，务必体察地方情形，期以适用，力求改良；(4)各工厂制成之产品，即由学校售卖，除开支原料、器具、杂费外，所有余利可照普通工厂之例以一部分作为职员、职工红利或奖励，其余部分作为学校扩充设备之用。谭的这些改革措施，体现了教学与生产实际相结合的方针，既可使学生把在课堂上学到的知识立刻在校办工厂实习运用，有利于快出人才，使这些有用人才毕业后分赴各实业单位，如矿山、工厂、公司等部门任职，以推动湖南全省实业的振兴和发展。

谭延闿三次督湘期间，不论形势多么恶劣，他都始终如一地把振兴湖南的实业作为自己为之奋斗的重要目标，这种为湖南争利权、谋发展、图长远的实业建设精神在当时确实是难能可贵的，在地方官吏中也是不多见的，因而应该给予客观的肯定。当然谭的发展实业的措施从某种程度上说含有巩固自己在湖南统治、取信于民的意图，而且没能完全兑现给每个企业以补助的承诺，导致有些新公司最终破产，但是谭发展实业的一系列举措，客观上确实推进了湖南的近代化建设，鼓起了民族资产阶级实业救国的热浪。

1930 年 9 月，谭延闿病逝于南京①。

---

① 许顺富：《谭延闿：政坛不倒翁》，广西师范大学出版社 2007 年版。

熊希龄的实业活动

熊希龄(1870－1937 年)，字秉三，别号明志阁主人，双清居士。因晚年学佛，又有佛号妙通。1870 年 7 月 23 日出生于湘西凤凰一个三代从军的人家。熊希龄的父亲熊兆祥为湘军将领，官至水师营统带。母吴氏，苗族，系蓝翎守备吴支文长女。熊兆祥自愧为一介武夫，于是着力培养熊希龄，望其读书成材，光耀门庭。熊希龄幼承严训，一心向学，5 岁时读一本《三字经》，只三四天即能背诵，当地人誉为“神童”。7 岁随父定居沅州(今芷江)，熊希龄的青少年就是在这里度过的。1884 年，年仅 14 岁的熊希龄考中秀才，这不仅对世代行伍的熊家来说十分荣耀，在当时的湘西也是凤毛麟角。1888 年底，江苏宝山人朱其懿担任沅州知府创办了沅水校经堂，熊希龄投考就学。他学业成绩优异，深受沅州知府朱其懿器重，也为湖南学政张亨嘉赏识。1891 年被调往长沙湘水校经堂继续深造。秋，参加本省乡试，以第 19 名中举人。翌年春入京会试，以第 65 名中贡士。1894 年春，熊希龄参加殿试中进士，列二甲第 63 名，并被钦点为翰林院庶吉士，入词馆，成为不折不扣的湘西凤凰。

1894 年，甲午中日战争爆发，熊希龄请求上前线未果，遂告假回家。次年，投湖北军营，被张之洞委为两湖营务处总办。1896 年回湘襄助湖南巡抚陈宝箴实行维新新政。时湖南巡抚陈宝箴颇为开明，署按察使黄遵宪、学政江标等赞助变法；湘中志士谭嗣同、唐才常等积极配合开展各种活动。熊希龄多方筹议设立时务学堂，并任总理；培养维新人才；组织南学会，创办和主持《湘报》，大力宣传维新变法思想；还积极组织设立“湖南不缠足会”、“延年会”等维新会社，以革除陋俗，移风易俗；参与筹划开办各地团练和制订保卫局章程，以维护全省治安。

维新运动时期，是熊希龄开始投身实业活动的开始。熊希龄此一时期的实业实践活动最为成功的就是推动鄂湘善后轮船局的成立。1896 年初夏，在维新思潮的推动下，熊希龄、蒋德钧在武昌进谒张之洞，正式呈递《上湖广总督请办湖南内河轮船公呈》(以下简称《公呈》)，但被张拒之门外。后经湖北著名士绅黄小鲁从中周旋，张之洞才同意接见，但对于熊、蒋呈递的《公呈》以湖南情况特殊，不可贸然从事为由，予以推透。直到 1897 年春，变法之风渐盛，张才在“详加筹度”之后，批准了熊、蒋的《公呈》，但附加了两个条件。一是轮船“必须统归湖南善后局管辖，作为善后局官轮，官督绅办，不涉商人之事”；二是对湘、鄂两省“惠平必须公溥 ，政令必须均平”，轮船往来湘鄂，“其利益应南北共之”，以求“同沾利益，以昭公允”。两省“通力合作，章程划一，利益均平”的“鄂湘善后轮船局”就这样问世了。1897 年 8 月，鄂湘善后轮船局租用官轮，在湖南内河试航成功。随后轮船局制定了章程，两省公举总董各 3 人，主持集股、用人、备料等事宜，分省成立南局、北局，各集银 5 万两，各购置大轮 1 艘、小轮 2 艘。大轮对开于湘潭至汉口，小轮各在本省境内航行。9 月南局公董蒋德钧等租用了抚院“长庆”、“湘帆”、“慈航”等官轮，试航长沙至湘潭、长沙至常德、长沙至岳州航线，取得成功。1898 年 4 月 28 日正式开航营业。“鄂湘善后轮船局”是湖南近代内河轮船业发端的标志。1898 年 6 月鄂湘善后轮船局改名为两湖轮船局，此后客货两运，盛极一时。湖南轮船业的勃兴对于支持地方生产发展，繁荣商品经济，保障本省经济利权，打击帝国主义侵略野心起到了不可磨灭的历史作用。

1898 年 8 月 19 日，熊希龄因办理新政颇有成效，受光绪皇帝诏命入京。因途中突发痢疾，只好返回衡阳养病。9 月戊戌政变发生，六君子血洒菜市口。熊希龄虽因疾病未能入京，侥幸讨得一条性命，但遭到“革职永不叙用，并交地方官严加管束”的处分。

熊希龄被革职后，先后在衡阳、沅州(今芷江)等地息影韬晦。1902 年应常德知府朱其懿之召，在常德府西路师范讲习所帮办学务。1903 年底湖南巡抚赵尔巽上奏朝廷，请求允许对熊希龄解除“严加管束”一项处分，获得批准。熊希龄任常德府西路师范学堂监督。

1904 年 9 月，熊希龄东渡日本，考察实业和工艺。在日本，他考察了日本自明治维新以来工业振兴的缘由本末，以及发展工业的各项规划和具体方法。考察回国后，他先在家乡沅州提倡实业，捐本宅设立沅州务实学堂，自任监督，主攻丝织业，培养实业人才。又以考察所得，结合湘省实际，写一呈文上达新任巡抚端方，就如何全面创兴湘省的实业，提出了一整套的计划和设想。

接着，熊希龄又因东洋瓷器美观，广销国际市场，而湖南醴陵瓷业历史虽久，制造上却低劣粗放，以致蹶而不振，日趋衰落，于是于 1905 年春末夏初，与醴陵人文俊铎到醴陵进行实地考察，以期改良瓷业，作为湘省实业振兴的试点。考察中，熊希龄发现瓷土产地沩山等处土质甚佳，只要改革窑式和釉药，掌握先进技术，就有可能生产出上好的细瓷来。于是禀请巡抚端方，提拨银项，聘请日本人为技师，兴办学堂，改革和创兴醴陵瓷业。

1906年初，由省拨银12万两作开办费，湖南瓷业学堂开学，学堂设于醴陵城北姜湾之神农殿。熊希龄被任命为学堂正监督。文俊铎任监督并兼任教员。由于熊希龄身兼数职，学校主要由文俊铎实际负责，主持工作。第一期招收学员60名。学堂分永久，速成二科。永久科学习三年，速成一年。永久科、速成科又各分为图画、制造两种专科班，学生年龄在12至16岁之间，具有高等小学毕业程度。学堂设有制陶法、图案、图画、修身、日文、算术、习字、理科等科目。学堂十分强调实习，设有临时试验和学期、学年试验等活动，试验成绩及格方授予毕业证书。学堂的器械、标本、图书、绘具、药水等项，均从日本购置，还聘请了5名日本制瓷技师，教授制陶、图画、窑务、制泥、模范等。湖南瓷业学堂为醴陵瓷业的发展培养了大批专业人才。

同年熊希龄又招商集股5万元，在瓷业学堂前姜岭下成立湖南瓷业公司，自任总经理。此后数年，公司先后在醴陵、湘潭、长沙、汉口等地创设第一、第二、第三、第四分公司。湖南醴陵瓷业学堂的产品在1908年江苏南京南洋劝业会评比中力压群芳，夺得一等金牌，在1910年的南洋劝业会和1914年的巴拿马博览会上再获优等奖牌。这些都与熊希龄经营筹划有着紧密联系。

除了创办湖南瓷业学堂和湖南瓷业公司之外，熊希龄还联合湘绅创办华昌矿物公司，用以开发湖南矿产。

醴陵瓷业学堂开办前后，熊希龄的人生发生了很大的变化，身兼多种职务，奔波于海内外。1905年7月被恢复原职。8月批准为出洋随员，并任命为二等参赞官。12月随端方出洋考察宪政。

1906年9月，熊希龄出洋考察宪政回国后应赵尔巽之召，任奉天农工商局局长，负责振兴因日俄战争而百业凋残的农工商各业。熊希龄到任以后，根据日本北海道移民垦殖的经验，建议移民垦殖，撰写了洋洋两万余言的《东三省移民开垦意见书》，提出了移民开垦满洲以求农业振兴的具体办法。又提出“振兴商务，对华商减轻厘税，用补助、保护的办法，扶其成立，轻其成本，用以抵制外货，与列国竞争”的意见。他同时上书赵尔巽，请设立环球通讯社，出版洋文杂志，用以通舆情、申公论，维系东北大局。此外，熊希龄对如何整理奉天财政、林政，开浚辽河，设立各类学堂及其东三省善后的种种问题，提出了自己的一番见解，大有弃旧图新之势。

1908 年 8 月，熊希龄接受江苏巡抚、湖南同乡陈启泰的征召，为其担任幕僚。而此时的两江总督端方，也对熊希龄的实业才能极为看重，极力征用。二人相争不下，前者委熊担任江苏农工商局总办，兼苏属咨议局筹办处会办、抚辕文案等职，后者委熊担任督署总文案，兼宁属咨议局筹办处会办，还命他管理南洋印刷官厂。此外，他还参与当地绅士曹典初等筹办的宝应长湖垦殖股份有限公司，还要兼顾湖南的醴陵瓷业。一年四季，碌碌道途，极少回家居住。这种兴利除弊、振作创兴的抱负和勇于任事、通权达变的才具，深为时人所折服。

1909 年 4 月，度支部尚书载泽因赏识熊希龄的才干，保荐他担任四品衔的东三省清理财政正监理官。7 月，熊希龄到奉天履任。他督同员司，制订清理通则，设总核处，派出各路调查员，从税务、币制、垦务、军事、旗务、蒙务、盐务等七个方面，进行切实的清理。同时编制各项表册，实行预算决算，建立审计、综核等制度。为了补救财政危困，他甚至将公署幕职的薪津量为裁减。此外，还提出裁并官缺，以裨吏治；裁并局所，以专职任；归并事务，以省公费；停减经费，以符部章；裁改闲贡，以期划一等各项建议。他的那种勇于改革的精神和魄力，在当时很为人所称道。1910 年起，熊希龄又先后担任过奉天盐运使、东三省屯垦局会办、奉天造币厂总监等要职，到 1911 年清朝灭亡的时候，已经是二品重臣。被时人誉为实业家、盐政专家、币制专家和理财能手。

1911 年 10 月辛亥革命爆发，清政府摇摇欲坠，熊希龄开始了向共和的转变。1912 年 1 月，熊希龄以湖南共和协会正会长的名义领衔致电，促请清帝退位，公开襄赞共和。袁世凯担任大总统后，唐绍仪组阁，熊希龄被任命为财政总长，7 月辞职。12 月被袁世凯任命为热河都统。1913 年 7 月 31 日被袁世凯任命为国务总理兼财政总长。熊希龄标榜"不问党不党，只问才不才"，阁员有梁启超、张謇等，故时有"第一流人才内阁"之称。1914 年 2 月辞财政总长及国务总理职。3 月被委派筹办全国煤油矿事宜，至 1915 年秋以经费告匮而停，随即回到家乡。1916 年 3 月袁世凯公开复辟帝制，委任熊希龄为湘西宣慰使。然而熊希龄不再为袁世凯所用，暗中运动湘西独立。1916 年 6 月袁死后，熊希龄绝意仕途，从此退出政界，主要从事赈灾、抚孤、收容伤兵、救济难民等慈善事业。1937 年 12 月 25 日病逝香港。①

① 周秋光主编：《熊希龄——从国务总理到爱国慈善家》，岳麓书社 1996 年版。

附录二：

蒋明试(1794—1860年)，字肇元，号丹山，临澧人。少孤，由伯父抚养成人。性情敦厚，处事精明，与堂兄弟相处甚密，善于继承和发扬祖辈经商贸易遗风，在全国一些大中城市和商埠设置钱庄典当、印刷票券，办理典当、存款、汇兑业务。在临澧鳌山设立湘西总当铺，成为“拥资百万”的“荆南巨室”。他处富贵而不吝啬，首倡修建九辩书院；捐资重修临澧学宫、考棚、奎楼等设施；为修建津梁、寺庙和增建东乡义学、育婴堂等割腴田百余亩，并岁供经费。太平军入湘时，他敦促同堂兄弟，向朝廷共捐献白银30余万两，受到清廷钦赏，加布政使衔，诰封资政大夫。此后，他自恃“富甲一郡”，在道光、咸丰年间，耗费巨资修建宫廷式府第。甲第朱门、巍屋栉比，内建占地300亩的观赏花园，置奇花异草，布置高雅美观，有广厦千间，水绕四门，堰水贯于中部，浮桥连接两端，布满亭榭楼阁，池中飘荡画舫小艇，建筑规模之大，在湖南首屈一指。

唐炯(1830—1909年)，字鄂生，晚号成山老人，常宁人。1849年中举。曾在乡办团练，历官知县、道员、布政使、巡抚。因中法战争失职被革职拿问，遇赦后戍云南，后赏还巡抚衔，命督办云南矿务，专理滇铜。唐炯在云南为官多年，洞悉铜政利弊。面对多年积累的问题，唐炯决定一面酌留招商局，责成扣收厂欠；一面创设矿务局，招集商股，组成招商矿务公司，以事采炼。光绪十三年(1887年)，唐炯委派天顺祥商号和候选同知王炽等分赴四川、湖广以及宁波、上海各埠招集商股。他的办法是股东按照出股之多寡，管厂务之轻重；股本周年六厘行息，等三年结算，再分红利，都在天顺祥凭折支取，三年后即准股东收回股本。起初招商矿务公司主要从事两种事业：一是自行采矿炼铜，一是替官放本收铜。采炼方面，唐炯在光绪十四年(1888 年)聘请了几位日籍工程师，先后到云南永善、鲁甸、巧家等地勘查，最后决定专办巧家一矿。不过由于技术上和经营管理上存在问题，矿场开办两年，花费十余万两白银，最后出铜仅 12 万斤。另外，由于云南招商矿务公司包办京铜，即政府低价收购其铜，使公司蒙受巨大亏损。后屡经唐炯奏报户部加价收购，亏损缩小。同时，唐炯因个人兼办个旧锡产官卖事宜，获利较厚，以锡补铜，使得云南招商矿务公司得偿欠款，也得免破产。光绪三十二年(1906 年)，唐炯离职，公司停办。唐炯接办云南铜矿 20 年，发出京运铜料 2 700 万斤，加上通商铜和课铜，总量在 3 550 余万斤。1909 年病逝。

田继升(1833—1909 年)，字平阶，永顺人，土家族。先辈曾以炼铁起家，后因经营不善而停业。田继升成年后，重操先人旧业，开矿炼铁。他一面在毛坝二湾采掘矿石，一面在龙家寨田厂建筑红炉，用木炭冶炼。起初雇用 20 多人掘井开矿，在较长时间内没有开出矿石，又增至 40 多人继续开采。资金拮据，他变卖田产，多方借贷，历时年余，终于开采出大量优质的铁矿石，炼出了含硫较少、坚韧适度的优质生铁。数年后，雇用工人增至 500 余人，所出产的生铁除供应龙家寨 100 余座炉生产农具外，还远销至鄂西和川东各地。从此，田继升的企业生意兴隆，获利颇丰，成为以开矿冶铁致富而闻名全县的“田财神”。田致富后，热心地方公益事业。龙家寨西侧的杉木河春夏洪水为害，他捐资修筑一座 100 余丈防洪大堤，还在杉木河通往龙家寨的灵芝山险要地段开凿数里长的栈道，为当地群众涨水受阻时开辟新路。清宣统元年(1909 年)病卒。

姚生范(？—1918 年) 字南湧，慈利人。原名淮茂，字小琴(亦作小秦)。光绪二十六年(1900 年)被捕入狱后，遂易名生范。性豪，喜究时务，多与江湖豪杰往来，与田邦睿同被称为“慈利二狂生”。参与自立会活动，担任筹款及联络会党事，往来汉口、长沙、常德、慈利间。事败，槛送长沙，判处监禁终身，发往醴陵狱。3 年后，经保释出狱。辛亥革命期间，曾参与江苏独立活动。“二次革命”失败后返湘。后专力办矿经商。与孙道仁合资，陆续经营慈利七都铅矿和雄黄矿，长沙、津市、慈利皆立公司，规模稍具。但连值兵盗，矿利无所得。至民国七年(1918 年)护法战争期间，十一区军队进驻黄场，诬姚煽惑士兵挟械逃跑，遂遭捕杀。

黄自元(1837—1918 年)，字敬舆，号澹叟，安化县人。清同治六年(1867 年)举于乡，次年殿试列第二(榜眼)，授翰林院编修。光绪年间，历任河南道、陕西道监察御史，简放甘肃宁夏知府。至中年，因丁忧回籍，不复出仕。后定居长沙，先后主讲湘水校经堂及成得书院。维新思潮起，他与王先谦等创设宝善成机器制造公司，制造机械等。1918 年病逝长沙。

金荣卿(1842—1912 年)，邵东县人。幼时家贫，8 岁时，随父至安江定居，受雇为童工。15 岁始以收荒货为业，目不识丁却机智过人，口授心算，不误毫厘。稍有资金，即在安江汤家巷开设杂货店。当时沅水河床经几度大水冲刷，码头下移，其店扼安江水路要冲。他利用这一有利条件，扩大经营，至光绪年间，已成巨富。随后，以商业资金置田产千亩余。致富之后，急公好义、兴办公益事业：捐资在安江修建太平宫(宝庆会馆)，作为邵阳籍人来安江谋生的落脚点，并供给食宿，至其找到职业；捐赠稻田400亩，创办太平宫义学(后改为宝善小学)；独资修建木古界青石板路10余里，以便利邵安之间的交通往来；在安江永济渡口购置义渡船两只，并捐赠义渡田40亩，作为船资及船只维修基金；捐资置义山1处，并为贫苦人冬施寒衣，夏施暑药，荒年施粥，雇人抚育弃婴。此外，还捐资在老家创办金氏私立小学，又每年捐谷240石，救济贫苦农民。

朱廷利(1852—1925年)，名炳文，字彦才、乘池、研斋，汝城人。早年父母双亡。18岁离乡赴闽初入朱明亮幕下，后随孙壮武充任营务。因在台湾立功被封任福建汀州府永定县武平司巡检，后卸官返乡。不久受赣州总兵何明亮聘，往江西开办煤矿，数年后回县办学。光绪二十七年(1901年)，将朝阳书院改为县立朝阳小学堂，为本县新学之始。同时，在县城开设寿康药房。后旅居长沙，仍开药房，所制戒鸦片烟丸药，驰名中外。资助明德、经正两校。继而任中医学校监督，改良医科。将实科中学改为湘省西医学校。后又兼任过农校提调。宣统元年(1909年)，任湖南省咨议局议员，后参加辛亥革命。此后又任湖南省牙帖处长，与留美博士胡美等人，组织湘雅医学会，合办湘雅医院。同时，组织红十字会湖南分会及红十字会医院。他先后任湘雅医学会、红十字会湖南分会、雅礼大学、郡治大学及孤儿总院董事，湘雅医院、红十字会医院董事长，为国为民办了不少实事，颇受中外人士称道。1916年，总统黎元洪曾颁赠他“造福地方”的横额。晚年在长沙小吴门外陈家垅创办长丰畜殖公司，置田产，建庄园，幽居乡间。1925年1月病逝于长沙。

文俊铎(1853—1916年)，字代耕，醴陵人。1891年中举后，以知县候补湖北。主管过发审局、硝磺局、来凤厘局。1895年醴陵县大旱，募捐20万银元到醴陵救灾。参加湖南维新变法失败后隐匿家乡。1904 年与熊希龄赴日本考察教育与实业。1905 年回国后与熊希龄到醴陵沩山、王仙等地考察瓷业，1906 年正月与熊希龄在醴陵县姜湾创办湖南官立瓷业学堂，同年与熊希龄创办湖南瓷业公司，聘请日籍技师，引进技术、设备，生产细瓷等瓷品。清末加入同盟会。1916 年逝世。

裴守禄(1856—1926 年)，原籍江西丰城人。清同治年间，因兵祸天灾，随叔父逃难来凤凰定居。开始以挑货郎担卖杂货谋生，经过多年的苦心经营，于光绪二十六年(1900 年)在凤凰县城东门内开设“裴三星布号”，到民国初年已发展成为当时垄断凤凰商界的四大家之一，拥有流动资金 20 000 多银元。1926 年裴守禄去世后，“裴三星布号”由其第五子裴荣初主持店务，三儿子裴九初协助。

裴荣初(？—1939 年)，祖籍江西丰城。湖南凤凰人。裴守禄之子。寡言多谋，明察善断，商务发展，胜过乃父，商店兴盛时期的流动资金多达 35 000 银元。裴荣初的经营方式：一是购进“上水货”，从武汉、常德等地购进商品溯沅江而上运抵凤凰出售；二是运销“下水货”，收购凤凰当地出产的货物顺沅江而下运往各地出售；三是发放贷款，获取金融利润；四是在商品贸易和业务往来中，重视“信誉第一”，以招徕顾客，店内既批发，又零售，通过薄利多销，加快资金周转，使生意越做越活、越做越大。裴荣初与当时汉口、常德、铜仁、沅陵、辰溪、麻阳等地的大商号均有贸易往来，常德商人熊瑶青、汉口商号“泰和裕”经常来信与他交流商业行情。根据所掌握的商业行情和市场信息，他及时派人赶赴常德等地采购花纱、大布、绸缎、呢绒、颜料，到汉口购买煤油、毛线等货物。溯沅水而上运来凤凰的货物，利润一般为 5% ~6% 。由于彼此信赖，有时通过书信进行点购，对方就会把货物寄运到凤凰。裴荣初还根据本县行情，大量收购销路广阔、获利丰厚的桐油、草烟、朱砂、水银等当地土特产品，由水路顺沅水而下运往常德、汉口等地出售。裴三星布号所收购的农副产品，一般多采取买“期货”的形式，即：在青苗期间向农民预付价款订购，如买“期桐油”、“期草烟”等，价格低于市场一至二成。当地许多小商户由于缺乏资金，经常向裴三星布号请求贷款，就近在凤凰购买货物，然后转运至常德、长沙、武汉等地出售，脱货还款，按2%到5%的利率付息，裴店即用此还款在外地进货，运回凤凰销售，一本而收双利，赚头颇大，因此亦乐于为有信誉的商户提供贷款。1937年夏，因抗日战争爆发，匪患日渐猖獗，沅江水运安全受到威胁。裴三星布号从常德购办的一批“上水货”和大批起运发往常德的“下水货”及随带金银首饰，由于奸人通风报信，两船(上水船、下水船)货物行至麻阳吕家坪时，先后均被当地土匪洗劫一空，受损价值约20 000银元。裴三星布号商务自此一落千丈。

彭东生(1857—1937年)，娄底人。自幼父母早丧，乞食乡里。稍长，为人驾船，往来湘鄂之间。数年后用积蓄买得一条旧船，为人运输货物。后受人资助贩卖食盐，由是日富。先后与人组设商号，有娄底庆裕丰、高车德生祥、谷水德生和等多处。十年之中，积资逾10万。光绪年间，中国茶叶销售疲软。为振兴茶业，集股于娄底茶亭子，经营长华南茶庄。扩建厂房，购置机器，收购毛茶，精制成米茶(红碎茶)出口欧美，以土特产换取外资，发展茶叶生产，活跃农村经济。清朝末年，茶叶市场为外商操纵，彭敢于与外商竞争，出任华茶董事会董事，并任汉口长郡会馆会长。民国初年，军阀混战，地方关卡林立，苛政暴敛，影响商品流通和商民利益。彭上书南北当局，吁请取缔不合理税收，创设统一税收，利国便民。1934 年，以娄底茶业公会名义，呈请湘乡县政府出示严禁茶叶掺假，以保证茶叶质量与茶业信誉。热心公益事业，独资修建乡路、石桥，兴办族学，资助子弟求学深造。救济乡民，调解纠纷，为时人称道。

康刘锃(1858—1928 年)，攸县人。1895 年乙未科二甲进士，礼部主事。参加公车上书。1913 年加入国民党，1915 年组织攸县常福矿产公司，在槚山采砒矿，惨淡经营 10 年。1928 年逝世于攸县。

卢次伦(1858—1929 年)，号月池，广东中山县翠亨村人。长期在湘经营茶业。自幼聪明好学，随兄在家务农，农闲学医。借行医游历各地，探测矿产资源，先后到过桂林、个旧、衡岳、泰山、曲阜、宜宾等地。光绪十年(1884 年)，他在广州结识一位矿冶专家，得知湖南省石门县南镇附近的九台山有开发价值的铜矿。光绪十二年(1886 年)春，卢次伦率领数十名采矿伙伴，带着湖南官方签发的矿产开采证，来到石门九台山开矿。后因湘鄂两省发生地界争议与矿区产权纠纷，致使纠纷不息、采矿计划告罄，他的同伴返回广东，而卢次伦独自一人留在石门宜市(今泥沙镇)。光绪十三年(1887 年)，决定留在宜市开办茶业，于次年4 月回广东筹资，5 月返回石门宜市，并从安徽祁门请来技师改制红茶。当年所产红茶4 000余斤，销往汉口，得利成倍。光绪十五年(1889 年)，卢次伦在宜市松柏坪盖起制茶大楼，上挂巨型“泰和合”茶号招牌。茶号下设管事、工厂管理、文书、司账、管钱、运输、总务、研讨、赈济、分庄等 10 个部门，并在石门及湖北五峰、长阳、鹤峰四县茶区设立茶庄数十个，专门办理采购和运输，同时还在津市设津庄，在汉口设汉庄，办理转运和销售业务。卢次伦给精制的米茶命名为“宜红”，意即：宜市的红茶，也有“宜乎其红”之意。“泰和合”茶号的红茶产量逐年上升，由5万斤、10万斤、12万斤，到1899年接近30万斤，达到鼎盛时期。茶号有从业人员6 000余人，运输船只100余艘，骡马1 000多匹。为运输便利，卢次伦筹资修筑了从鹤峰至津市的青石板路350多公里，修通到达各产茶区的山路250余公里，整治宜市至石门县城渫水行道50余公里。他还十分热心群众文化生活和福利事业，曾组织“宜红班”到各茶区演出，邀请民间艺人下茶区说书，捐资办学、设义渡、救济灾民等，深受时人赞誉。1919年因社会动荡、盗匪猖獗，“宜红”茶的生产、运输和销售受到严重影响，卢次伦不得不将“泰和合”茶号关闭停业，返回广东故里。1929年冬因病去世。

黄忠浩(1859—1911年)，字泽生，黔阳人。曾入长沙校经堂读书。光绪十四年(1888年)优贡，后屡试不第。主讲沅州书院，集资试开金矿，并襄助沅州知府朱其懿整理地方财政，颇为朱所赏识。后纳资捐内阁中书。1895年募乡勇，驻守湖北田家镇炮台，后调领武靖营迁驻武昌洪山。1897年湖南巡抚陈宝箴倡办新政，黄被邀回湘整顿军事，又主张兴办矿务，自雇矿师，勘察矿藏，与喻光容等合资开采黔阳金矿和溆浦、芷江等处铅矿。1902年捐得道员衔，被派去日本考察，借机调查矿政。回湘后与甘肃候补知府喻光容等呈请创办沅丰总公司，集股银20万两，遍勘湘西辰、沅、永、靖等府所属矿山，获准后自任总公司经理，次第开采矿山。1903年沅丰总公司与阜湘总公司合并为湖南全省矿务总公司，下分西、中、南三路公司，黄忠浩任西路公司总经理。后参与创办明德学堂，任学堂校董，一度担任湖南教育会会长。在湖南各界为争取“湘路自办”的斗争中，黄与龙璋、谭延闿一同主持筹款，力拒外债。1908年秋应赵尔巽召，任四川兵备、教练两处总办，兼督练公所总参议。1910 年升署四川提督。1911 年春黄离川回湘，投入立宪运动。时清廷颁布“铁路国有”政策，将粤汉、川汉铁路主权出卖给帝国主义者，他曾借赴京机会面责邮传部长盛宣怀。该年夏出任湖南中路巡防营统领，镇守长沙。武昌起义后长沙响应，焦达峰率新军和会党发动长沙起义。黄决意与革命党人为敌，被押解至小吴门斩首示众。

张通典(1859—1915 年)，湘乡人。字伯纯，号天放楼主，晚年号志学斋老人。1889 年至南京入曾国荃幕，兼任江南水师学堂提调。1896 年入湖南巡抚陈宝箴幕，参与创设湖南矿务总局，任提调，直接参与开办龙王山、水口山、黄金洞等矿，为湖南近代矿业先驱之一。1898 年参与创设湖南保卫局，倡办南学会、时务学堂、《湘报》等。戊戌政变后，在上海、南京、安徽等地从事教育等活动。后应粤督张鸣歧电邀入桂，专任垦务，设垦牧公司于贵县、柳州，又在广东肇庆开辟良港，筑造船坞，为粤民称颂。1911 年在广州加入同盟会，后赴江苏，协助光复苏州。南京临时政府成立后任内务司司长和临时大总统府秘书。后退隐湘中。1915 年病逝。

俞旦初(1859—1931 年)，字永炳，今临湘聂市人。清光绪十一年(1885 年)中秀才，十九年中举人，后出任安徽婺源知县；二十七年任六安知府，三十一年任三品衔和州知府；民国成立后，先后任职天津杨柳青、河南老河口厘卡，后由谭延闿推荐，任四川泸州知府。在六安任知府时，发行股票，筹集资金，招募工人，成立宝成公司，第一个在临湘开发桃林铅锌矿。任和州知府时，开办茶行，经营茶叶收购与加工，以“方志盛商号”之名印发纸币，先后在临湘、岳阳、长沙、安化和湖北省汉口、通城、蒲圻等市县开设茶行 30 多处，纸币流通湖南、湖北、江苏 3 省，茶叶运销内蒙、新疆、广州和南洋诸岛。

邱昌蕃(1862—1932 年)，字哲斋，芷江人，1862 年生，清监生。光绪二十二年(1896 年)，他被推举为保甲总局绅，力赞废科举、兴学校之变法主张，并致力创办学校。除致力办学外，他潜心于经商办厂。光绪二十四年(1898 年)，受戊戌维新思想的影响，邱昌蕃集股在芷江县城开办时务书局，并亲赴上海等地采购新书刊到县分销，芷江新文化知识之输入与传播自此始。光绪二十五年(1899 年)，因川盐、粤盐运输困难，致使价格昂贵，而芷江水路下达江淮，但却苦于盐荒。于是他与人谋划，请求清政府当局将芷江由食川盐、粤盐改为食淮盐，费尽心力，终得以批行。光绪三十年(1904 年)，邱昌蕃与浙江绅商沈文恒、湘绅商陈焕奎奉藩司锡良委任，负责运销湖南西路铜元由常德、沅陵、洪江至芷江，并在芷江设立钱号，使当地金融得以活跃起来。在熊希龄开办醴陵瓷业学堂时，邱昌蕃送儿子及族亲入学堂学习瓷艺，后又出面集资在太和山开办瓷厂，因运输不便，于民国三年(1914 年)迁垅坪桃花溪口，并成立阜丰瓷业公司。是年，该公司所产瓷品获北京农商部三等奖，其精品被选送巴拿马国际博览会参赛。后因战事频繁，瓷业生产受到影响而被迫屡屡停产，于是他又招收避难窑工改烧日用陶器，使近百名失业者得以谋生安业。民国四年(1915 年)，邱昌蕃分别与常德日清轮船公司经理朱柏堂集股成立溆浦曾家溪锑矿公司，与平江绅商胡云岩集股成立怀化沙罗田宝沅公司。民国六年(1917 年)，邱昌蕃被委充为沅江、临湘两县榷运局局长。民国七年(1918 年)，受湘西军政长田应诏和民政长张学济之命，他负责主持筹办晃县酒店塘汞矿。民国九年(1920 年)，他又奉芷江县府之令，负责筹办平民工艺厂，购县城南门外旧驿站设址建厂，招收学徒，教授日用品制作技术，使不少贫苦无业者能够糊口营生。民国十六年(1927 年)冬，他被选为芷江县工会副会长。民国二十一年(1932 年)去世，终年 70 岁。

谭元琳(？—1948 年)，常宁人。早年入水口山铅锌矿当学徒。1918 年到衡阳泰记电灯公司做工。1928 年创办湘衡机械厂，始初只有资金 300 块银元，职工 10 人，工作母机 1 台，仅能承修织袜机、缝纫机等。1930 年，购买两台车床，承担印刷机、压面机、保险柜以及船舶机械等修制业务。此后工厂规模不断扩大，拥有资金 35 万元，职工近 300 人，工作母机 22 台，厂内设有木模、冷作、电焊、铸、锻、车、钳、刨、铣、钻等 10 项工种，年产压面机 300 余台，各种型号虎钳 250 台，锅炉及配套泵 10 余套，纺织机械 4 套。并以 10 万元资金与人合办湘华炼铁厂。1944 年衡阳沦陷，厂房被毁。日军投降后，其次子正平找回部分机械，在衡阳重建部分厂房，存放机械设备，并开展锻工业务。1948 年冬，乘轮船去衡阳，因船沉遇难。

孙道仁(1868—1935 年)，字退庵，号静山，慈利人。以军功为福建候补道台。历任福宁镇总兵、陆军武备学堂总办、长门统领。新军成立，任陆军第十镇统制官。1911 年任福建水师提督。辛亥革命福州光复，被举为都督。1912 年 7 月正式就职。1913 年“二次革命”发动后，于 7 月 20 日宣布福建独立，事败寓居上海、福州等地。其间回湖南与姚生范经营慈利七都雄黄矿，在长沙、津市、慈利等地组织公司。护法战争爆发，矿区遭毁，公司倒闭后返回福州。后任黎元洪总统府高等顾问。1922 年授将军府将军。1924 年逝世。

李钟奇(1871—1913 年)，字莀臣，号正权，洞口人。幼年家贫，得官资就读于岳麓书院。后在山东、四川两入赵尔巽之幕。

眼见时政衰败，内忧外患，回故乡谋求救国之道。一是倡办新学，振兴教育。光绪三十一年(1905 年)，创办洞口境内第一所小学堂。光绪三十三年(1907 年)又筹建高沙中学堂，于宣统二年(1910 年)建成开学。1913 年，因校址位于蓼水之滨，故改名“蓼湄中学”。二是集资办厂。在高沙创办织布厂，从湖北、江苏等省购进铁制织布机 30 余台，进行半机械化作业。后因纺织工业快速发展，难与之竞争，工厂停办。

余钦翼(1872—1954 年)，字葵生，常德人。光绪二十六年(1900 年)，赴日本学习军事，初入振武学堂，一年后转入日本士官学校第四期学习，1904 年毕业回国，被分配到新军中当教官，后调到湖南任新军第二十五标管带，驻防常德。次年调回长沙，晋升为五十标标统。武昌起义后，湖南省宣告独立，任湖南新军第一协协统。1912 年 2 月，升为新编第一师师长。10 月，湘军被裁减。他愤而请准退伍，以中将衔领得退伍费黄金 5 000 两、白银 200 两。解甲归田后，余钦翼在常德绅商中倡办“朗朗电灯有限公司”，并投入大量股金，使之终于发电，是为常德有电灯照明之始。1920 年春，余钦翼与常德绅商集资在“门板洲”一带垦荒造田。多年经营，计筑堤百余里，围成一个西起陈家咀、东至沈家沟、北抵茅草街约 30 余万亩的大垸。不料竟有人诡词构讼，并赂通陆军一个团，霸占垦区。他亲赴长沙，面见省长赵恒惕，据理力争获胜。此后他一直经营垸务，周旋于各派势力之间。

陈盛芳(1874—1946 年)，字茂兰，醴陵人。早年学砖工，技艺日益精湛，曾建造安源煤矿近 20 丈烟囱取得成功，获得矿务局总办张绍甄、德国籍工程师瓦伦赏识。此后，安源煤矿所需厂房、烟囱等建造均由其承包，获利甚厚，回乡置办田产、房产，并捐银倡修渌江桥，还捐办学校，兴建码头、茶亭，方便群众。

1936 年投资银洋万余元创办醴陵电气公司，县城始有照明用电。1946 年病逝。

文经纬(1874—1913 年)，字晋藩，善化人。1904 年入宁乡师范学堂学习，次年留学日本学习警务，并在东京加入同盟会。1909 年从日本归国后在家乡创办小学堂，1911 年 3 月初创办富为商业学校，同年投身保路运动，并发起组织“湘路协赞会”，任干事。湖南光复后，任湖南都督府高级顾问。在参政的同时，还致力于发展实业和教育，曾参与创办经华纺织厂、麓山玻璃厂、肥料局，又命其弟创办宜家女塾、文氏育英族学等。1913 年二次革命爆发后因反袁被捕杀。

盛时(1875—?)，字廉生，善化县人。1904 年留学日本，加入留日学生仇鳌、余焕东等组织的新华会。1905 年随新华会加入同盟会。回国后不久因密友刘道一被捕受到清政府追捕再入日本，入日本法政大学学习，1910 年回国。长沙光复后，曾任湖南都督府高等审判厅厅长、司法司司长、国民党湖南支部评议员，后为国会参议院候补议员。长潭公路竣工时，与何又伊等组织龙骧长途汽车公司，租佃长潭公路经营汽车运输。不久又与汉口通利公司签订湘鄂合办草约，合股经营。

左铭三(1877—1942 年)，醴陵人。毕业于醴陵渌水书院及醴陵师范学校。历任小学校长、渌江中学教员之职。后在第四路军总指挥部任秘书长。刘建藩首义零陵，左极力襄助，及败。1939 年寄住其外甥中央军校武冈分校中将主任李明灏家时，倡议该校将领集资，择湘西边陲靖县开办农场。经过一年筹备，集资 17 股，共 8 500 银元，1940 年秋建场，并任主任，负责全场生产事宜。农场有工人 100 多人，开山植桐，在北门外接官亭至潘家坪一带植桐 70 000 多株。有稻田 1 000 多亩，分布在江东、太阳坪、甘棠、横江桥、飞山等乡，请佃户16人租种，年收稻谷10万斤左右。另有果园8处，茶园、核桃山、杨梅山等3块，鱼塘6口。农场年总收入60 000元左右。抗战军兴，左常抄写日报贴诸城乡，并组织话剧团演爱国话剧，还编《日寇暴行录》、《忠义节烈集》以唤醒民众，共赴国难。

周纪勋(1877—1957年)，茶陵人。1918—1925年先后任四区高等小学校长、区团防局长、县财政局长。后兴办实业，开采铁矿、钨矿，购置田产，成为县内的一个大富豪。1936年2月15日，谭余保领导的湘赣游击队动员他支援革命，慨然承诺捐款1万元，为湘赣游击队购置枪支弹药及医药用品。解放前夕，与颜润泽组织反共救国委员会和伪县政府，任"主任"和"县长"。土地改革时，谭余保写信给中共茶陵县委，指出对周纪勋"应按开明绅士对待"。后居县城。

刘铁逊(1880—1953年)，又名绍烈，字克慎、笃前，新化人。1900年，在锡矿山经营"三益"采矿公司，获高额利润。1913年，组建"美利"炼厂，与华昌公司合营，改名"新华昌"炼厂。1917年，为打破外商技术垄断，发明土法氧炉。1926年，极力阻挠锡矿山工人筹备组织工会，又拒不接受矿工会代表提出改善工人待遇的"十二条"，湖南全省工人代表大会通过关于《锡矿山代表请愿惩办工贼刘铁逊并没收其财产案》，迫于矿工会威力，逃往外地。翌年回锡矿山。1930年，在冶炼方面获得巨大利润后，又独资或集资开办采矿公司7家，其矿地面积约占矿山总矿地的1/5。此外还经营商业，合股开办钱庄。1950年土改时，逃往长沙。1953年病逝。

李熙雅(1883—1945年)，浏阳人。父母早逝，孤苦伶仃，为街坊欧阳从吾所收为养子，改姓欧阳。读私塾8年，参加县学考试未取。养父母相继去世后，恢复李姓。李熙雅祖辈善制烟花，后渐失传。他成年后，立志恢复先人技艺。某日，路过铁铺，见匠人制器，铁锤下砧，火花四溅，光彩夺目。由是深受启发，乃捣铁屑成末，和以黑硝及其他燃料，装入晒干的泥筒内压紧，插以引线。经反复燃试，终于熠熠焰火四射，取名“萝卜花”。春节时去市上销售，深受时人喜爱。他自觉光度不强，色彩单调，又进一步实验，以洋生铁屑为原料，和以多种药物，将泥筒改为纸筒，制造出重量轻、亮度强、冲力大的新火花。在此基础上，扩大品种，生产出“大叶兰花”和“大叶菊花”。继后，制出能喷射多次的“二度梅花”、“连升三级”等。1918 年扩大作坊，改为“李四美”，相继制作出“地老鼠”、“冲天炮”、“天鹅抱蛋”和“二龙戏珠”等新品种。随后又制作出大型组合烟花，燃放时，一组组花木、鸟兽、人物，逐层腾空，蔚为奇观，轰动一时。此后，“浏阳李四美花炮”盛名远扬，产品销往南洋各地，还在美国芝加哥博览会上获奖。1945 年病逝。其技艺为浏阳烟花生产的发展奠下基础。

郭省吾(1883—1960)，原名应龙，湘潭人。清末留学日本，入东亚蚕桑学院学蚕桑，获博士学位。民国初年归国，任职省蚕业研究所，主持蚕业专科学校，致力于培养蚕业人才，并引进外地良种桑苗，植于家乡湘江河洲上。1917 年，成立家庭蚕场，后停办。

刘果卿(1883—1927 年)，名自课，涟源人。幼入私塾，稍长，随父就读安化培英堂。年方弱冠，在家开设“学商斋”，经营日用杂货。贫人赊购，了无厌色，亦不讨账，听其自便。不到两年，“学商斋”因此倒闭。后又去锡矿山合股营锑，仅 2 年，亏累告罢。回家后，自设“守先家塾”。“凡贫不能送读者，劝勉入学。

有无学俸，又听其便”。终以“力不从心”，自行闭馆。1926年加入中国共产党，成为农会柱石，“马日事变”后，受到通缉，流亡于武汉，后被捕入狱。1927年12月就义于安化县城。

周传芳(1883—1952年)，江西吉安人，长期在湘西经商。14岁随族人来沅陵谋生，在一家百货店当学徒。因洗碗不慎打破菜锅，被老板逐出店门。后在同乡的帮助下，自己摆摊营业，几经周折，逐渐发迹。1915年在上南门正街买房，开设和茂祥商店，专营布匹，后拓宽经营绸布、棉纱、香烟、颜料、白糖、煤油、海带等批发业务，并在店右设一零售门面。不久，又在常德开设和茂祥百货分店，在江西宜春和吉安与人合开绸布店，在上海、汉口、常德等埠设栈进货，运销湘西各县及云、贵、川各地，一跃成为湘西巨商，积聚资金达30余万银元。其经商之道有四：一把握行情。他常年订阅上海《大公报》、《申报》等多种报纸，用电话了解市场物价变化情况。抗日战争时期，南京、上海失守后，棉布滞销，周料定不久将复俏，嘱常德栈大量采购漆河布，要武汉栈采购棉花25吨，分装20只大船，每只船舱底再装1吨石膏运回。不久，布、棉货价大涨，石膏亦成俏货，三项货品脱手盈利颇巨。二讲究信誉。对顾客成交业务不论大小，一经落簿便成“铁案”，物价涨跌从不翻盘。对于往来银钱，也十分讲究信誉。一次，所里(今吉首市)一客商，运来银元若干，到店时包装破烂，经清点多出500元，周照实记账，不昧分文。银行对盖有“和茂祥”店章封签的成扎钞票，均不复点，照数入库。三勤劳经营。周每日闻鸡而起，先安排业务，店门一开，便站在大门口，招揽顾客。当时物价一日三涨，较大的生意都由周亲自定盘成交。商品到岸，安放何处，如何叠垒，他都亲自安排。“和茂祥”雇用人员数十，对新来人员，先试用后雇用，对诚实可靠者重用，华而不实者只派简单事务，亲属亦不例外。

刘况(1884—1961 年)，字伯伦，湘阴人。清光绪二十九年(1903 年)赴日本留学，三十三年加入同盟会。回国后参加辛亥革命。1912 年往美国加利福尼亚大学学习矿冶。1915 年回国参与策划推翻湘督汤芗铭的统治。此后在军界、政界、教育界任职。1932 年后历任中央实业部专门委员兼矿业司司长、安徽烈山煤矿总经理、湘赣钨矿局局长、湖南省汞矿管理局局长、湖南会靖区采金厂厂长等职。刘况从事矿冶事业多年，贡献殊多，尤以开采晃县汞矿著称，持续增产优质水银，解决了抗日军用急需。1944 年秋，创办染织工厂。1949 年春，回湘阴家居。中华人民共和国成立后，加入中国国民党革命委员会，旋回湘筹建省工业厅坪塘炼砒厂，任厂长。1953 年调掌湖南工业试验所，次年改任省文史馆馆员并当选省政协第二届委员。

刘紫珊(1885—1947 年)，字忠海，古丈人。光绪三十一年(1905 年)中秀才，尔后继承父业，投笔从商，经营桐油。桐油是古丈的大宗特产，他在当地及沅陵、花垣、永顺王村等地开设庄行，收购量高达 1250 吨，运往常德、长沙、汉口等地销售，获利不小，成为古丈富商，至 1925 年，已拥有资本达 1.5 万银元。次年步入军界，任国民党古丈县独立营营长，抽出资金购买枪支。从此无暇经商，生意逐渐萧条，直至停业。

符鼎九(1885—1959 年)，大庸(今永定区)人。年轻时在清军中当兵。中华民国成立后，回大庸经商，开设符鼎茂南货布疋店。符鼎九爱好文艺，自幼练习书法、绘画，能写一手好字，当时大庸许多商店的招牌多出自他的手笔。他的商店货真价实，秤平斗满，恪守信誉，生意兴隆。中华人民共和国成立后，他拥护社会主义制度，带头参加公私合营，并作为资方代理人身份，被选为大庸县人民委员会委员、湘西自治州政协委员。1959 年去世。

曹耀材(1885—1961 年),字济辉,又名聚辉,长沙县人。17 岁考入湖南高等学堂甲班。后投身反清革命,参与辛亥长沙光复之役。湖南都督府成立后,担任会计检查院次长。袁世凯称帝后被捕入狱达 20 余月。谭延闿二次督湘期间,因欲改变电报体制,将电报系统纳入湖南省建制,由地方政府直接管辖,于是派高级顾问曹耀材为局长,并将署内所装总机移到前玄帝宫中,成立“长沙电话局”,开始对外营业,并由都督府直接管理。曹到任后,为扩充市内电话起见,与长沙德商瑞记洋行签订合同,采购西方电气公司共电式总机 1 000 门和单机若干部,以及电缆等一切相关设备,由该公司派员来湖南安装,完工后,由该公司负责维护,并开放通话,每月向客户收取租机费银元 7 元。后因目睹时局败坏、战乱频繁而离开政界,开始自办实业,先后经营纱厂、粮食加工厂等。在商战中,既善聚财,也好散财,凡扶危济困,社会公益事业,虽一掷千金而无所吝惜,因在家中排行第四,故时人称为“曹四豪”。1938 年长沙大火,其积年所蓄志之财产损失殆尽。1961 年病逝。

方裕震(1885—1967 年),名家声,字擎宇,因留有美髯胡须,人称“震胡子”,桑植人。1908 年考入湖南省立二师,一年后因故辍学。1911 年考入湖湘政法学堂,1918 年参加贺龙部队,历任参谋、团部副官、梯团团长。1925 年 4 月贺龙任澧州镇守使,被委任为少将澧州警备司令,帮助贺龙扩充军备,恢复平民工厂,安置游民就业,组织失学儿童上学,颇受贺龙赏识,友情甚笃。1926 年贺龙率部北伐,密令他转移地方,以经商干实业来支持革命。1927 年至 1930 年间,方裕震往返于桑植、津澧之间,在桑植县五里溪开办硫磺矿，极力支持贺龙招集旧部，扩大武装。1931 年，方裕震到安徽淮南煤矿在陈伯陶手下任运输主任。1933 年他返湘回到津市，与同乡好友王子宗、石显臣等人开设“富强庄”土栈。1940 年，他到津市任军米厂经理。1943 年，津澧一带沦陷，他回桑植与刘玉和等人在县城开设民生联合工厂，任厂长，从事织布、织袜、缝纫加工等，一开桑植轻工业之先河。1945 年，他在桑植县城组建救济院，任院长，奔波于桑（植）津（市）之间，组织募捐，以救济抗战烈家属和流亡难民。此后，他再度去津市经商，直至解放。1955 年，因历史问题被捕判刑。1967 年病逝于衡阳狱中，终年 82 岁，后予以平反。

杨道馨（1886—1933 年），字鳣堂，澧县人，后随家迁居津市。1904 年春，入湖南高等学堂，次年东渡日本，入东京政法大学。留日期间，参加同盟会。1910 年归国，参加革命斗争。1928 年一度出任湖南省参议会参议员、桃源县县长，后仕途失意，萌生退念，于同年回归故里，以兴办学校和实业为己任。他积极参与兴办采矿、学校、工厂等，先后任澧县羊耳山煤矿股份有限公司董事长、津市九澧平民工厂厂长、津市澹津女校校长等职。蒋桂战争之际，友人杨熙绩函请他入粤任职，覃振也从南京来电促其出任南昌市市长，均称病不出。1933 年 8 月 7 日，在澹津女校任内，因患痢疾去世。

邓寿荃（1886—1946 年），又名兴南，安化人。1918 年毕业于湖南高等工业学校。1920 年代理湖南省立甲种农业学堂校长。先后被选为县、省议员，担任长沙黑铅炼厂厂长、湖南造币厂厂长、水口山矿务局局长。在此期间，曾以矿砂收入接济湘军第四师师长唐生智购械费用。1926 年唐生智率部入长沙，代行省长职务，不久就任省政府主席，邓被任为省财政司司长和建设厅厅长。1927 年 6 月唐生智离湘后，随之去职。1932 年以后，被南京国民政府任命为粤汉铁路局局长、监察院参议，其间从事过黄金生意。两年后回到长沙，弃政从商。抗日战争期间，后方棉纱、食盐紧俏。邓利用与第九战区司令长官湖南省政府主席薛岳的关系，以证券获得 3 万光洋、4 000 多担稻谷，在华容买下增福垸，拥有田地 2 000 余亩；在宁乡白箬铺、华容天古垸、益阳县、安化县大福坪等地购进大量土地；在长沙市兴汉门到小吴门一线收购不少地产。1939 任重庆国民政府行政院行政委员。其间还做药材和黄金生意，后定居安化县城。1946 年病逝于安化。

李恒盛(1886—1957 年)，原名日元，字熙成，武陵(今常德市武陵区)人。12 岁时与其兄随伯父在常德城学打铁，手艺出众。出师后与其兄合开“李义盛铁铺”。1912 年起独自经营，改招牌为“李恒盛铁铺”。当时常德铁匠打刀具搭的钢，都是从四川购来、质劣价高，打的刀刃不是崩口，就是卷口，用户经常退货。某次，李恒盛偶尔用废炮弹壳煅打一页刨子刀片，锋利无比。他喜出望外，严守秘密，暗中大量收购废炮弹壳。为了招揽生产，他在招牌上加书“自制钢火，包用回换”字样。又在成品上镌刻“李恒盛”字样，以示对用户负责。从此，他的生意压倒同行，所制刀具几乎占领常德市场，还远销湘西、鄂西各县。1935 年，李恒盛开炉四盘，雇工十余人，成为常德最大的铁器铺。为求省料，他只用“一火”打一把钉锤成功，众皆叹服。于是，要求大家节约消耗，便给每人增一成工资。经过协商，确定生产定额：每 3 人用 1 盘炉，日产菜刀 10 把，每把耗铁 1 斤，钢 2 两；日产斧头 10 把，每把耗铁 5 斤，钢 4 两。又规定日产凿 32 把，刨 40 疋。质量要求不夹灰，不麻面，不出现凸凹。这是常德铁器行业定额生产之始；这一定额标准在常德市解放初期曾为全市铁器生产合作社所采用。当时常德无近代机械工业，从外地购进的机械损坏后，无处修配。李恒盛发现某铺有台废弃手摇式车床，买回改装利用，居然也能制出所需零配件。常德市首饰行业所需钢模，本地不能制造，仰给于长沙等地，李恒盛便潜心反复试制，终于成为常德独家制造的产品。李恒盛先后带徒弟 20 多人，成为一代铁匠名师。1950 年，他被调到常德七一机械厂任煅压工车间主任，1952 年退休。

姚少安(1886—1957 年)，又名姚本俊，泸溪人。其父以生产经营鞭炮业起家，购置大量田产，兼营粮行米店。少读私塾，后随父经商。后独掌家业，潜心经营，苦谋理财、发财、聚财之道。光绪三十二年(1906 年)，开设“姚恒森油行”，从单一的鞭炮业发展到经营桐油业，大量收购产自县境南部山区的桐油，运往常德、汉口等地出售后，贩回南杂、布匹等货物到浦市销售。数年间，姚恒森商号已在辰溪、沅陵、洪江、常德、汉口等地均设有分店或坐庄，雇用店员 17 至 18 人帮助经营管理。这些所雇用的店员大多经过精挑细选出来的精干商业行家。姚亲自统筹全局，各地店员随时向他报告行情，事无巨细，均要过问。他在床头放置一部电话机，以便随时与外地通话联系。姚恒森商号经营范围非常广泛，同时又注意市场变化，有计划地收购市场的廉价期货，如谷米、柴炭等各种土特产均在其列，待市场缺货或价格回升，就及时脱手。因此，购销快、资金活、客户多、生意旺，资金周转快，集少赚为多赚，生意越做越红。数年之间，姚少安成为浦市八大巨商之一。抗日战争胜利后，浦市私立兴华中学停办，他以私家财产接办该校，并将学校改名为志仁中学(即今泸溪县第二中学)。中华人民共和国成立后，姚继续经商，开设有南杂、布匹两店铺。曾踊跃认购公债一万元(新币)，支援国家经济建设。

1956 年参加公私合营，设在外地分支店庄的财产也就地参加公私合营。公私合营后，他担任浦市红旗商店的私方经理，并当选为湘西苗族自治州人民代表、泸溪县人民委员会委员。1957 年 9 月，在浦市病世。

杨景辉(1886—1966 年)，字惠南，长沙县人。17 岁入湖南实业学堂就读，1905 年 19 岁时赴日本留学，先后肄业于大阪预备学校、鹿儿岛商业学校、东京帝国大学农艺系。1916 年回国，从此投身于农业实业工作。曾任湖南茶业讲习所所长、北京国立农业专门学校教授、农林传习所所长、湖南建设委员会委员、湖南农事试验场场长、南通大学农学院农艺系主任等职。1932 年任湖南农事试验场第一任场长兼农艺科科长，主持以水稻为主的粮食作物研究工作，选育出“万利稻”、“黄金籼”等水稻品种，对发展水稻生产有重要贡献。后任湖南农业委员会委员、湘米改进委员会委员、湖南农业改进所稻作物技师、湖南建设厅技正、省农业改进所所长等职。1953 年担任湖南省文史馆馆员。

胡庶华(1886—1968 年)，号春藻。攸县人。民国初年留学德国柏林矿科大学、柏林工业大学，获得冶金博士学位。回国后，先后任湖南公立专门学校教授、武昌大学代理校长、江苏教育厅厅长、上海钢铁厂厂长、汉阳兵工厂厂长、农矿部技监、国营烈山煤矿局局长、同济大学校长、湖南大学校长、西北大学校长等职。1949 年 8 月在香港参与在港 44 人起义，10 月到达北京。尔后任全国政协第二、三、四届委员和北京钢铁学院教授兼图书馆馆长。著有《冶金工程》、《钢铁工业》等学术著作。1968 年逝世。

李维国(1886—1975 年)，又名正义，曾用名猷章、愤泉，郴县人。1905 年至 1913 年在湖南实业学堂、湖南高等工业学堂机械科攻读。其间加入同盟会。1913 年公费赴美国麻省理工学院学习，毕业后在美国奇异公司任制图员，后又在克尔汽涡轮公司、纽约华昌贸易公司任工程师，1922 年回国，在上海、沈阳华昌公司任工程师，后转铁路部门，担任京绥路南口机车厂工程师、汉口京汉铁路局长等职。1923 年加入国民党。北伐战争时期，任国民革命军第八军一师交通处处长。1927 年国民党清党，未参加重新登记，从此与国民党脱离组织关系。1928 年回铁路部门，先后任呼海路机厂松浦厂厂长、汉口平汉铁路机务处副处长、平汉铁路长辛店机厂厂长、株洲机厂副处长。抗日战争时期，到沈阳皇姑屯机车厂任厂长，兼任接收整理工作。以后又去沪宁沪杭铁路局任顾问。他以“实业救国、不干预时政、独善其身”的宗旨，从事机械工程工作 30 余年。1948 年 10 月应湖南省主席程潜电邀返湘，任湖南第一纺纱厂厂长，次年 7 月任楚怡工业学校董事兼校长。1949 年 7 月间参加湖南和平解放活动。1950 年 4 月任湖南省工业厅副厅长兼湖南机械厂（后改长沙机床厂）厂长。工业厅改组时，为省机械局副局长。1951 年参加中国国民党革命委员会，后被选为民革湖南省委常委。1956 年加入中国共产党。1975 年 7 月在上海病逝。

易鼎新（1887—1953 年），字修吟，醴陵人。1910 年考入美国理海大学电机系。1914 年考取纽因大学研究院电机部研究生，1915 年获理科硕士学位。归国后，执教于湖南工业专门学校、高等师范学校，兼任湖南电灯公司工程师。1918 年应聘担任汉冶萍公司汉阳铁厂、大冶铁厂、萍乡煤矿工程师，为解决铁厂发电装置、煤矿窿内变电站等作出较大贡献。1926 年任湖南大学教授，1927 年任浙江工业专门学校、浙江大学工学院教务主任。1929 年任杭州电厂厂长兼总工程师。1933 年任湖南电灯公司总工程师兼湖南大学教授，用两年时间筹建了两万千瓦新发电厂。1938年长沙大火以后转到辰溪任湖南大学教授，兼任总务长、教务长。1941年为恢复长沙电气业，曾拟就《长沙市电气事业计划草案》。1942年任醴陵东方中学校长。1944年任迁到遵义的浙江大学教授兼机械系主任。抗日战争胜利后，重返湖南大学任教授，兼任电机系主任和教务长。撰写出版了《有线电报》、《有线电话》等著作，是一位著名的电气学家和电工专家。新中国成立初期，历任湖南大学校长兼校务委员会主任委员、湖南大学教务长、副校长、代理校长。1950年8月加入中国国民党革命委员会。1953年3月在长沙病逝。

肖培斋(1887—1963年)，号九成，石门人。父肖守箴为清朝秀才，廉洁正直。肖培斋家境清贫，从小务农，年近20方立志求学。在澧州旧制中学毕业后，考入长沙高等工业学校(今湖南大学前身)机械系第一期。毕业后，他被聘为湖南省第一纺纱厂技佐，不久被提升为技师。抗战期间，湖南省第一纺纱厂被迫西迁沅陵柳林汊，后又继续迁往黔阳安江。当时，肖培斋分工负责全厂机械管理及技术工作，具体指挥机械搬迁，不畏艰险，与工人们一道出色地完成了搬迁任务，后被提升为工程师。机器拆零搬迁，沿途损坏在所难免，给安装工作带来不少困难。当时纺纱厂里的机械多系进口设备，国内没有配件，肖培斋就带领工程技术人员亲自设计绘图，创建机修部，开办车、钳、锻、铸、刨、铣、木模等车间，同时还建起火力发电厂。到1940年，湖南第一纺纱厂所有机械设备安装完毕并投入生产。全厂拥有纱锭5万枚、织布机100台、印染厂一座、职工8 000余人，成为当时西南各省最大的纺纱厂，产品既供前线军用，也供后方民用，大大缓解了当时棉纱供不应求的局面。1947年6月，肖培斋60寿辰，小儿子肖祖衍从美国留学回来完婚，湖南银行和商业界一些巨头备置金链、金牌等贵重首饰作为贺礼，妄图借此购买纱厂的棉布从事非法经营，牟取暴利。肖培斋极为气愤，遂将礼品全部退回。他同情支持革命，崇尚俭朴、乐于助人。中华人民共和国成立后，湖南省副主席袁任远力荐其到省工业学校执教。1955 年退休。

谢式安(1889—1956 年)，字斌丞，洞口人。1912 年毕业于湖南陆军学校，随即考入北京陆军军需学校。1916 年谭延闿督湘，委任为上尉军需课员。后历任少校参谋、中校参谋、军需监、少将兵站总监等职，参加北伐，战功卓越。1927 年，被蒋介石撤职，闲居南京、上海等地数年。1932 年，唐生智任国民党军事参议院院长，委任谢为军事参议。1935 年退役回长沙，集资办东成米厂。1949 年 8 月，代表长沙工商界去前线慰问中国人民解放军和国民党起义官兵。9 月，经程潜推介、周恩来批准策划营救杨虎城将军未成。1956 年 10 月病逝于西安。

刘重威(1890—1926 年)，字璧如，邵东人。保定军官学校毕业。1921 年，任湘军团长，翌年任独立混成旅旅长，率部驻防洪江、宝庆一带清剿湘西土匪。提出“为家乡办十大好事”。1924 年，集巨股，倡建宝庆光明电灯股份有限公司，为邵阳地区照明用电之始。1925 年，复捐银元 1 万块，成立邵阳县励学储金会，激励学生奋发上进，并带头捐资倡修东关桥(今邵阳市东风桥)，修复循程中学校舍，修建牛马司煤矿轻便铁道。1926 年，被湖南省代省长唐生智诱捕，被杀于衡阳金兰寺。

贺风章(1891—1927 年)，常德人。小时在百货商店当学徒，后与人合伙开设洪泰南货店。1919 年起独资经营。这时，县城各校进步师生在“五四”运动的影响下，走上街头，开展反帝反封建的宣传活动。1924 年 5 月，加入社会主义青年团，在团常德地方特别支部的领导下，开展反苛捐杂税的斗争，并慷慨拿出钱财，资助因罢工而处于困境的同志。1926 年 10 月，常德商民协会成立，他被选为委员长，领导商民协会会员反对奸商操纵市场，查禁英日洋货。同时，主动将自己的商店改为互利合作商店，放弃和店员、学徒的主雇关系，此举影响很大，不少商店职工也争相向资本家谈判劳资互利。后加入中国共产党，并任常德商民协会党支部书记。1927 年春，常德各公法团体发起组织常德劳资仲裁委员会，他代表商民协会参加，担任仲裁委员，在解决劳资纠纷中，坚决维护职工正当利益。5 月 24 日，常德发生“敬日”反革命事变，在县城被捕，7 月 28 日，被杀害于下南门。

封傅樵(1892—1947 年)，号铁僧，邵阳人。早年居贵州省黎平县经商，后迁居靖县。1926 年被宝庆帮商人推选为宝庆同乡会会长。1927 年在靖县工运特派员王正恺(共产党员)的宣传教育下，接受革命思想，拥护新三民主义，积极参加农民运动。3 月中旬，靖县农民协会成立，当选为农会委员，发动商界捐款支援农会活动经费。“马日事变”后，外逃避难。1928 年回靖开设富湘盐号，选任商会会长。是年，县长李芳行勾结劣绅，无视上令，增设税务征收机关，勒索商民。封联络各公法团体联名控告，县府以羁押商会常务委员覃培根等人相威胁，乃逃至宝庆，成立办公处，继续上告胜诉。经湖南省政府建设厅饬令县长撤销征收机关，释放覃培根等 3 人。1936 年再次当选为会长。1939 年靖县成立抗日自动兵团，乃发动工商界筹资，赠送全团 800 余名士兵每人搪瓷碗、毛巾、雨伞各一件，并代表工商界在欢送大会致词，又先后两次发起“抗日献金运动”，全县商人踊跃捐献计法币 3 000 多万元。1941 年任期届满离职，仍积极参与商会活动，关心地方建设。1943 年为筹建靖县初级中学，发动商界募捐办学经费。

杨湘曙(1892—1962年)，又名杨轼棻，常德人。祖父在南县浪拔湖挽垸造田3 000亩，为当地富户。宣统元年(1909年)考入湖南实业学堂。1913年官费留学日本，入东京高等工业学校电气科，1920年毕业。后任常德朗朗电灯公司主任技师。其时，常德绅商集资合办鼎新电灯公司，设备已运到工地龙王庙，但负责指导安装的德国技师因薪酬问题迟迟不到任，股东们非常焦急。杨湘曙说："为了替中国人争气，愿尽义务安装。如损坏设备，愿以千亩田赔偿。"当德国技师来到常德时，看到街上电灯明亮，便偷偷折回上海，杨也被正式聘为鼎新电灯公司的工程师。该公司在他的力促下不断扩建，一跃居湖南省第二位。1933年，杨建议常德县政府购买电动抽水机以排除城区的渍水，得到批准。两台各45马力的电动抽水机均由他一手购买和安装，当年投入使用，是为常德电力抽水排渍之始。1936年，杨湘曙辞去电厂工作，仿照前苏联米丘林的办法在常德县沈家坪创办园艺场，占地20亩，从上海、温州等地引进多个优良果木品种，其中蟠桃、无核蜜橘享有盛名，参观者络绎不绝，争先仿效。与此同时，杨湘曙与丁友铎等十余人合资兴办"厚生农场"，垦五荒百亩，种油桐10万株，是为常德私人创办农场之始。其园艺场和厚生农场是今"常德县园艺场"的前身。常德解放后，任常德发电厂技术员。1951年9月，被提升为副厂长。1954年被选为常德市首届人民代表大会代表。

贺勉哉(1892—1963年)，衡阳人。青年时期来靖州谋事未遂，寄居同乡开的祁昌商店，借地设私塾，教育蒙童，渐次闻名于绅商各界。1938年至1946年间，先后就任靖县县政府军法官及国民党靖县县党部主办的文化服务站经理、县商会文牍等职，还被选为商会常务理事。贺热心公益事业，重视教育。当时，下熙街至河街仅一溪之隔，居民往来需绕道数里，贺发动两街居民、商户，集资兴建木板桥一座，名曰“利济桥”，行人称便。并为河街保国民学校筹措经费，沿街向商店募捐。赣、粤、闽、黔、长、衡、永、宝“八帮”同乡筹建乐群小学时，贺亦极力赞助。靖县解放前夕，积极参与保护电厂活动。1950 年 11 月，被选为靖县各界人代会代表。1951 年冬，当选为靖县工商联合会筹备委员会主任委员。在团结教育工商界接受社会主义改造，协调公私、劳资关系等方面作过许多工作。1951 年发动商界捐献人民币 3 亿元(旧币)，捐献书刊人民币 449 万元。1954 年 6 月，被选为靖县第一届人民代表大会代表。贺深谙医学，1957 年，应公私合营益寿堂国药店聘请，担任中医。

张永义(1892—1967 年)，字远明，会同人。父母早丧，兄弟二人辛勤耕作 5 亩稻田糊口，农闲则跟随叔父撑船、划排。继而经营小本生意，年复一年，积累了一些经商经验。1929 年经人介绍，结识洪江油商，与之签订桐油交易合同。先从洪江油商借出资金，后如期将收集的桐油运售，深得资方信任。尔后专门收购桐籽，在家开设榨坊，加工桐油，提炼洪油，直接销售。资金渐多，业务日大，声誉日高。常年经营桐油、洪油，兼营木材、纱布等。由于讲究信誉，注意市场动态，加速资金周转，因而生意兴隆，并在晃县、贵阳、长沙、汉口等地派驻购销人员，广取四方之财。1936 年在洪江开设永生油号(又称永生油厂)，所制桐油、洪油，远销扬州、泰州、镇江、上海、无锡、苏州等地。张永义经营商业 30 余年，拥有雄厚资金，置地 900 余亩，开设榨坊 3 所。1956 年，永生油厂停业，张永义又与人合伙开办洪江玻璃厂，经营民用玻璃业务，任厂总务。1957 年，被选为洪江市工商联委员。同年，当选为洪江市人民代表。1963 年 2 月退休。1967 年在上海病故。

钟绍仪(1893—1942年)，原名清凌，号品余，沅陵人。在北京大学读书时参加“五四”运动。1920年毕业后任广东省厂务局长，因厌恶官场角逐，弃职回乡办教育。在湖南省立第八联合中学，沅陵县立女子小学任教员、训育主任、事务主任等职，还与陈士英、周仲珍等人共同创办沅陵务实女子职业学校，后自筹经费开办实验工厂，招收农村和城镇失学青年入厂，学习缝纫、刺绣、木作、雕刻、绘画以及制造肥皂等技艺，培养出一批能工巧匠。1936年，在乐道乡创办“五八”短期小学、沅陵县第三高等小学第四分校(后改为乐平乡中心小学)，自任校长，方圆百里来此就读的学生颇多。乐于公益事业。捐资修桥，赡养孤老，扶弱济贫，赈济灾民，百姓称颂。1942年病故。

杨竹秋(?—1942年)，洪江人，祖籍江西新淦县。清末秀才，曾就读湖南法政学堂。都督谭延闿劝他从政为官，婉言谢绝，回洪江继承祖业，掌管杨恒源油号。善经营，颇有积蓄。热心地方公益事业，曾捐资创办商达小学、豫章小学。抗日战争时期，倡议江西同乡会馆创轩赣才中学，自任首届校董会董事长。同时，对创办私立洪达中学、雄溪女中、复兴小学等亦捐资相助，系私立洪达中学首届校董之一。1939年，与洪江八大油号老板，被湖南省第七区保安司令谭自侯诬为“运油资敌”，先押解至芷江宪兵司令部，再转解至重庆军法处审讯。备受折磨，于1942年去世。

龙乾(1893—1945年)，字秉刚，茶陵人。1913年毕业于长沙铁路学校，次年东渡日本，自费考入岩仓路校。1916年入东京帝国工业大学电机系，援例得补教育部官费。留学10年，因成绩优异，日本文部省当局欲留他在原校任教，他毅然拒绝，于1923年回国，参与创办常德电灯公司，任机电工程师。不久又参与创办邵阳光明电灯公司。1926年任教于湖南省立高级工业学校和私立楚怡工业学校。以后任湖南省建设厅技正，1929 年兼任省第一纺纱厂工程师。曾与桥梁专家茅以升等发起成立中国工程师学会，任首届理事，并受聘任国民政府实业部全国工业标准委员会委员。1934 年任汉口泰安纱厂工程师，1936 年应聘天津北洋纱厂任总工程师。“七七事变”后天津沦陷，他不愿为日本侵略者效劳，冲破重重障碍，转道上海、安徽、湖北等地，辗转经湘西回到茶陵，以字画自娱。1945 年病逝。

李子实(1893—1987 年)，别号植源，新宁人。早年毕业于日本帝国大学冶金科及东京工业大学军用化学科。回国后在南京开办文化燃料工厂，首次在国内生产出孔明牌蚊香和蜂窝煤。1927 年出任黄埔军校政治教官。1937 年调中央航空委员会任技佐及器材处科员，从事科研工作。1940 年研究发明飞机烤机炉，解决了飞机在严寒中不能起飞的难题，轰动世界，获国家重奖。1943 年调中央航空委员会任三等机械正购委员会专员。1947 年任中央空军沈阳燃料厂厂长。1949 年后居台北市，任台湾空军总部政战上校。1987 年病逝于台北。

舒万龄(1894—1984 年)，芷江人。1894 年生。早年家贫，1920 年到县城做帮工谋生。1924 年到福星昌酱油厂当学徒，经过 3 年勤学苦练，制作酱醋技术达到炉火纯青的地步。1932 年，他首次肩挑酱醋担子到贵州镇远贩卖，被抢购一空。此后，他来到镇远，在当地开设酱油坊，挂起“舒祥泰酱油铺”牌号，自产自销酱醋及豆酱、面酱、辣酱、酱菜等制品。由于他既熟谙制酱技术，又特别注重质量，对每一道制作工序他都要亲自到场严格把关，关键工艺由其独自操作，因此所产酱醋，色香味俱佳，上盖贵阳，下压洪江，再加上经营灵活，销路极广，日进千吊，获利丰厚。两年后，成为“富冠黔东”的巨商。但生意兴隆，却招来地方势力的嫉恨。原军阀旅长、后解甲从商的江荣华，因办酱油厂与之竞争失败而耿耿于怀。于是便买通当地师管区将其在厂帮工的两个外甥抓去当兵，舒万龄不得不花费 200 块大洋才将两个外甥领回。1944 年 5 月，他又被专员公署稽查所以“囤积私盐，扰乱经济，破坏抗战”的罪名投进监牢，同时被抄没岩盐 7 000 多斤，罚款折合银元约 40 000 元。中华人民共和国成立不久，舒万龄当选为镇远地区支前委员会常委，地区工商联副主任。抗美援朝开始后，他从地下挖出埋藏多年的 14 000 块银洋捐献给国家。1955 年 9 月，他的酱油铺改为公私合营，命名为“镇远酱油厂”，舒万龄任厂长。1957 年，他又投资银元 1 万元、人民币 2.3 万元、公债券 1 万元，兴建“凯里酱油厂”。1959 年 3 月，舒任国营凯里酱油厂厂长。在担任厂长的十多年中，他任劳任怨，勤奋工作，与工人同甘共苦，直到退休。退休前，他将全套制酱工艺手把手地教给青年工人。舒万龄先后当选为黔东南自治州第二、三届人大代表、州政协副主席、州工商联副主任、贵州省工商联副主任、贵州省政协常委。1984 年 1 月病逝，终年 90 岁。

朱世昀(1895—1931 年)，字星叔。湘乡人。10 岁入明德小学，继入经正中学，后与仲兄同至清华学校留美预备科学习，于 1916 年官费留美。他尊重父兄实业救国的意愿，决定研究矿冶工程，先插入美国匹茨堡城的卡尼奇大学高级班攻读两年，获学士学位，接着赴美国中部几处铁矿实习一年，1920 年秋至纽约，进哥伦比亚大学矿学院潜心研究两年，得采矿工程硕士学位。1922 年夏，应六河沟煤矿总局总理王正廷等电约返回，任该局工程师。1928 年受聘为国民政府农矿部设计委员，继任浙江省建设厅技正，次年春被派为长兴煤矿局总工程师，不久代理局长。1930 年夏，实授局长兼总工程师。他不辞辛苦，惨淡经营，不久即将已经停工三年的工程完全恢复，并使全矿日产量累增至650吨。为了保证安全生产，提高劳动效率，他采用双洞法流通井内空气，引用风钻、电矿灯，设立电力厂，恢复广兴井口，延长广兴铁路，还计划扩大生产，使日产量增至1 000吨。此外，他对职工物质生活和精神生活的改善也比较注意。1931年10月，朱世昀在武装护矿中殉职，年仅36岁。

陈熹(1895—1965年)，字企濂，浏阳人。曾就读于雅礼大学预科，1923年在国立北京农业大学园艺系毕业。担任过湖南省立第一农校、高级农校农科主任，又在长沙广雅中学和浏阳金江中学任校长，后任省农业改进技正、南岳林垦局局长、长沙市园林管理处主任等职。他先后规划设计的公园、农林场有10余处。1933年起，先后从日本及江、浙、粤、赣等引进无核蜜橘，有宫川、早生温州等17个品种，梨类有二宫白、长十郎等12个品种，桃类有玉露、蟠桃等8个品种，以及李、梅、柿、杏、枣、葡萄、枇杷、板栗等共50多个品种，先后在省立高农农场及其家乡浏阳柏嘉山铃泗洲、长沙市郊黑石渡辟地繁育。1934年主持设计蓉园。坐落在长沙市小吴门外，全园面积150余亩，仿苏、杭园林结构。1936年开办开源种植公司，继而自营企园农场，至解放时止，先后繁殖柑橘、梨、桃等果苗30余万株，栽植果树2 000余株，年产无核蜜橘300至400担。1938年，任南岳林垦局长，适日军进犯，财政拮据，他与全局员工维护南岳名胜古迹，垦复荒山，兴办林场，遍植行道树，广造风景林。1941年辞去南岳林垦局长职，倡大家与地争利，回乡办学，并办小型花木农场，以其培育成功的无核蜜橘苗木分送乡邻友好，每户数株，普及推广。中华人民共和国成立后，任湖南省城市规划设计委员会、长沙市建设局、株洲市基本建设局工程师。1951年，他参与省会烈士公园规划设计，任设计组长。1955 年调株洲市，规划兴建株洲公园，绿化荒山，分建苗圃，培育林木，为美化株洲奠定了基础。1965 年在株洲病故。著述有《农业大意》、《造园学概论》、《园林规划与设计》、《无核蜜橘栽培技术》等。

何明伟(1896—1967 年)，会同人。1896 年生。14 岁当学徒，出师后当店员多年，后来独自经营小本生意。民国十六年(1927 年)，何明伟参加会同县工农运动，并担任特别法庭审判员，积极参加揪斗劣绅、审判贪官的斗争。工农运动失败后，为避国民党当局追捕，潜逃贵州、广西年余，直到风波平息，才归家重操旧业。民国十九年(1930 年)后，他先后出任会同县财政局委员、课员，保安十二团军需，会同县教育局产款经理，会同县忠孝乡乡长，县商会主席、理事长等职。他开设“百利生、何恒丰”两家商店，主要经营南杂业，由于诚信经营、待客谦和而生意兴隆。1949 年 10 月 6 日，中国人民解放军兰州支队在会同县成立临时治安维持会，何明伟被任为副主任委员，在瓦解和争取反动武装向人民解放军投诚、协助人民政府征粮、组织人民自卫队、修复洪(江)会(同)电话线路、收集国民党军政人员逃走时遗弃的财物以及维持地方治安等方面，做了许多有益的工作。1950 年 1 月，何明伟任非法人员自新登记处副主任。此后，他曾担任会同县剿匪治安生产委员会副主任，参加了会同县各界人民代表会议，并出席湖南省第二届各界人民代表会议。此外，他还担任过会同县清理案犯委员会委员、县物资交流委员会委员、县工商联合会副主任等职。1956 年，在对私营工商业进行社会主义改造中，他将自己的全部资本投入城关镇公私合营南杂商店，并出任该商店第二门市部实物负责人。同年，何明伟当选为城关镇人民代表、副镇长，并被选为县人民委员会委员。1967 年 11 月病逝，终年71岁。

孙锡祉(1895—1969年)，号敬徵，保靖人。学徒出身，当店员20余年。1933年在保靖县城开设“孙敬记”布店，因经营得法，获利丰厚，成为保靖八大富商之一。中华人民共和国成立后，孙锡祉创办利民染织厂，积极参加公私合营，主动认购国家公债。1952年被邀请出席湘西苗族自治区首届各界人民代表会议。1956年当选为县人民代表，并任州政协委员。1969年去世。

毛翼丰(1896—1987年)，字端梧，常德人。民国初年，入湖南甲种工业学校学习纺织，1917年任上海恒丰纱厂助理工务员。不久，吴淞大中华纱厂开办，被聘为该厂考工主任。1920年，任萧山通惠公纱厂副工程师。他到厂后，更新设备，加强技术管理，使一个行将倒闭的纱厂恢复生机。先后担任无锡申新第三纱厂、南通大生纱厂工程师。1936年任郑州豫丰纱厂总工程师，半年后，被中国银行总管理处邀请任业务帮办。次年，抗日战争爆发，调任中国银行西安分行副经理，负责主持豫丰纱厂内迁重庆工作。他设法克服困难，改用小火轮和木船分段运载。经过一年多的努力，终于将设备和物资全部运抵重庆，以后又奉命从缅甸转运纱机。抗日战争爆发前，中国银行向英国勃拉特兄弟公司购买50 000锭纱机，原订在上海交货，日寇侵占上海后，这批纱机改由仰光交货。当时滇缅公路为我国唯一国际通道，运输十分困难。他奔走于昆明、仰光之间，冒着生命危险，把这批机器运抵重庆，为新建合川豫车纱厂和陕西蔡家坡纱厂提供了机器设备。1942年任重庆豫丰纺织公司副经理。鉴于我国棉、毛纺织机器全赖进口，便积极向公司建议，在重庆余家背筹建豫丰机器厂，自己兼任厂长，从纱厂机修车间抽调部分设备，因陋就简投入生产，然后自制设备，逐渐扩充。经过他的艰苦努力，在抗战期间，自制上百台工作母机，生产成套毛纺机械，扩展兰州毛纺厂，改造豫丰毛纺厂棉纺机械，支援了蔡家坡雍兴机器厂，并为新建贵阳豫丰纱厂提供了5 000余锭全套棉纺机械设备。抗日战争胜利后，任重庆豫丰纺织总公司经理，主持所属各厂技术、生产和业务工作。中华人民共和国建立后，先后担任过西南纺织公司经理、西南纺织工业局总工程师、四川省纺织工业厅总工程师兼四川省纺织工业研究所所长，为中国纺织事业的发展做出了很大贡献，并当选为重庆市人民代表和四川省人民代表。

马公武(1897—1950年)，名彬，号仲雅，字公武，辰溪人，祖籍新化。曾祖父经商来辰溪定居，其父在柳树湾开设恒昌油号，为辰溪商界巨户。马公武幼年延师于辰溪名儒刘祥武，17岁入长沙明德中学，21岁入北京大学预科，24岁东渡日本，先在庆应大学攻经济，继在陆军士官学校习军事，1928年毕业回国，在国民革命军中历任营长、中校参谋、师长、纵队司令等职。因与蒋介石政见不和，离开军队去广州中山大学任教，后在粤军陈济棠部任职，“两广事件”后，在广州被国民党特务组织“兰衣社”密禁。抗日战争爆发后获释。出狱后，拒受当局“游击纵队司令”的派令，返回辰溪故里，决心兴办实业。先后创办湘西物产公司、洪昌机器锯木厂、洪昌砖瓦厂、梅花村果木场、天马山牧场等企业。1942年筹集资金，捐出家产田地60余亩，于沅水西南岸梅花村创建一所完全中学——楚屏中学，自任董事长及校长，同时在城区创办楚屏小学，随后又创办《建华日报》。马公武在辰溪，与国民党地方党政组织保持距离，和中共地下党有过多次接触，并参与营救中共地下党员陈策的活动。1950年12月，以“恶霸及隐藏枪支、电台等”罪名受到制裁。1984年，怀化地区中级人民法院经过复查，认定原判依据不足，撤销原判决，不予追究刑事责任。1987 年，怀化地区中级人民法院再次复查，裁定无罪。

蒋孝彰(1897—1962 年)，名光曾，娄底人。早年留学美国，攻化学玻璃专业，获博士学位。回国后任教于湖南、武汉、金陵等大学。1933 年，被任命为汉阳火药厂制酸厂主任、代理厂长，后任湖南防毒面具制造厂厂长。抗日战争胜利后，任国民政府行政院善后救济总署邵阳乡村工业示范组主任，在邵阳兴建硫酸、水泥等 12 个工厂。1949 年后，任中国玻璃研究院研究室主任，为中国玻璃物化性能研究奠定基础，所研制的微晶玻璃，成功地应用于导弹工业。

宋经全(1897—1962 年)，大庸(今永定区)人。少时家贫，靠帮人榨油度日。1925 年，宋经全迁居大庸县城，开始以卖豆腐，做起小本生意。稍有积蓄，他便转行经营百货业，后又从事经营桐油、土碱、五倍子等生意，商号名“宋全盛”。抗日战争时期，因生意兴旺，他在长沙、津市、来凤等地设立分庄，拥有 350 篓桐油的资金，同时又置田产，年收租谷 100 担，成为当地有名的富商。宋经全经营有方，坚持秤平斗满、重视质量、讲究信誉，对出口的桐油他都要用显微镜检验，以便去掉杂质水；在包装上讲究结实美观，因此客商对他的商品在价格、数量、质量上均信得过。他待人谦和，对店员、学徒亲如一家人，而且报酬优厚，因此店内员工也爱店如家，劳资关系和谐。大庸解放初期，市场上买不到食盐，他便把店里存盐悉数平价卖出。土地改革时，又主动把收租的田地交给农会。1950 年，他还带头购买胜利折实公债 640 份，折人民币 1 500 元，支援抗美援朝又捐款 1 000 元。1951 年，他与同行数人联营开办“源诚”油盐号，深入农村推销、采购，疏通商品流通渠道，并投资兴建大明电厂、远大织布厂、造纸厂、肥皂厂。公私合营时，他将铺面、资金、仓房全部入股，定股资金 3 321 元。1956 年，宋经全当选县人民代表、县人委会委员、州政协委员。在他担任县粮油厂副厂长期间，坚持勤俭办企业的方针，亲自带领职工修缮厂房，到山区烧、运木炭，与职工一道研究榨油技术，使百斤菜籽出油率从 27 斤提高到 33 斤。1962 年 10 月去世。

阮觉施(1897—1963 年)，岳阳人。中国橡胶工业的创始人之一。早年公费留学日本，毕业于东京高等工业专门学校应用化学科，曾在日本橡胶厂任工程师，并成为日本橡胶学会会员。数年后回国，在湖南高等工业学校及福建学院附中等校任教。1930 年，在上海创办中国工商橡胶厂，引进国外生产技术，生产各种橡胶鞋。抗日战争爆发后，为支持政府抗日，改进技术、设备，转而生产渡河架桥用的橡皮浮舟、防毒面具等军用橡胶品。上海沦陷前，将工厂撤至大后方，因橡胶依赖进口，无法继续生产，乃于香港创办新华橡胶厂，生产军用品以供抗日之用。后又在重庆创办新华纺织厂，利用西北、西南的羊毛生产军用毛毯，全力支援抗日，还曾兴办桂林利华橡胶厂、重庆利华橡胶厂、柳州利华橡胶厂、贵阳中南橡胶厂等许多不需大量原料的小厂，收留流亡于各地的工厂员工，为日后中国橡胶工业的发展培养了众多技术管理人才。20 世纪 40 年代，他是国内第一个翻译出版日本《最新化学工业大系》丛书橡胶工业分册，开始系统地传播橡胶技术理论知识的人。抗日战争胜利后，受国民政府委任，前往东北接收日资橡胶厂，担任资源委员会沈阳橡胶厂厂长。后在上海自办振华橡胶厂及申联皮革厂，在湖南创办振华橡胶厂，在北京创办新华橡胶厂，于中国橡胶工业之发展贡献良多。中华人民共和国成立后，应邀赴沈阳协助傅津清办厂，后受中央人民政府委托，主持全国各地橡胶工业的技术策划、新厂筹建等工作。先后被聘任东北橡胶公司总工程师、国务院轻工部橡胶局总工程师。社会主义改造时期，将自己创办的所有工厂交给国家，退出实业界，到广州华南工学院化工系任教授，为培养新一代化工人才辛勤耕耘。50年代末退休回京，受聘为化工部橡胶工业研究设计院技术顾问。翻译了许多英、日文技术资料，为引进和吸收国外先进技术、设备作出贡献。

唐仁甫(1897—1971年)，又名仁虎，湘潭人。出生于书香门第，自幼爱好绘画。1915年，进入长沙湘绣庄学艺。1917年入锦华丽湘绣庄，从诸名师学习，博采众长，逐渐形成自己独特的绘画风格。1927年被选为绣庄经理，扩股增资，在上海、长沙、宁乡、湘潭设立分厂，多次在国内外举办或参加展览会，声誉日剧。1932年，他亲自画像，制成绣稿，由绣庄绣制美国总统罗斯福像，参加芝加哥世纪博览会。1935年任衡粹女子职业中学图画、刺绣教师，培养大批技艺人才，推动湘绣工艺的发展。

彭明晃(1897—1972年)，字景梅，汨罗人。早年毕业于长沙甲种工业学校，后留学日本。1918年，在日本参加“争回青岛，废除二十一条”爱国运动而被捕入狱，后经留日学生监督处保释回国。1919年7月，赴法勤工俭学，先在史来德雷诺工厂当钳工、车工，后考入法国迪早大学。1924年毕业回国，任湖南铁工厂技士、国民革命军第二军司令部军械科科长、第十四军联合修械处处长等职。1928年任平江铁路局机械处工程师、段长。1938年任交通部驼运管理所运输科科长、晃县汽车修理厂工程师、厂长。1942年任湖南省建设厅技正、湖南善后救济分署汽车修配厂筹备主任。1946年任平江铁路江岸机厂工程师兼厂长、汉口机务处行车安全委员会委员兼工程师。1949年春任湖南安江纱厂主任。1950年春，应聘到鞍山钢铁公司计划处任工程师和工业学校教师。1958 年调任河北省冶金厅钢铁处工程师，1960 年任河北冶金备件厂工程师。1968 年被戴上历史反革命帽子，送回原籍。1972 年病故，1974 年由河北冶金备件厂为其平反。

谷从铎(1899—1981 年)，字玉振，人称“铎三公”。白族，桑植人。幼时读过两年私塾，后因家贫辍学，随父务农。成年后，在桑植马合口集市开屠宰行，不几年，便成为当地小康之家。20 世纪 20 年代末至 30 年代初，湘西各地被强令大种鸦片，官商从中渔利。桑植贩至津市每两烟土可赚 1 至 2 块银元。谷从铎遂改做贩卖鸦片兼木排生意，往返于桑植津澧之间，到 1927 年，已成为巨富，并在津市开设“荣华宫”(亦称荣华丰)土栈，专门收购永顺、龙山、桑植、慈利等地鸦片贩往武汉销售，生意非常红火。1937 年，国民政府下令严禁烟毒，“荣华丰”土栈停业，改做贩运棉花生意的“大成花行”。谷从铎将产自湘西北的棉花贩往宋子文在河南郑州开办的豫丰纺织厂，从中获利。抗日战争爆发后，南京、武汉相继沦陷，鄂、豫、皖等地棉源被卡断，造成棉花供不应求。谷从铎抓住这一有利时机，生意越做越大。1940 年宜昌、沙市失守后，长江航运中断，“大成花行”的棉花不得不开辟陆路运输通道，于是在慈利江垭、湖北来凤、四川(今重庆)彭水等地沿途设立分行。运输成本虽然增加不少，但棉花的售价大大提高，当时“大成花行”以积累资金高达百万元银洋，成为津市十大巨富之一。抗战胜利后，谷从铎改营粮、油、盐和土特产等，同时还在新安、合口和津市郊区广置田产，至 1949 年，富甲津澧。中华人民共和国成立后，参加公私合营。

刘松修(1900—1991 年)，江西新喻县人。长期在湘西经商。少随父来洪江，在萧森泰药店当店员。略有积蓄，与同乡合伙开协和钱庄、庆丰祥布店，进而与刘炳煊开设刘同庆油号，以善经营著称。抗战前刘同庆油号资财达到70余万银元，成为洪江巨商之一。抗战胜利后，以刘安庆油号招牌重起炉灶，经营洪油。时值国民党货币贬值，物价一日数涨，但他重货轻币，一手售油，一手进实物，得以保存实力。中华人民共和国成立后，刘继续经营洪油，生意日隆。在国家对私营工商业的社会主义改造中，他将其全部资金投入创办公私合营洪江植物油厂、洪江瓷厂和其他服务事业，被委派为洪江植物油厂副厂长，享受较高待遇。1956年，他被选为洪江市副市长，还当选为省政协委员，多次出席省和全国的有关会议。1958年被错划为右派，受到降职降薪处分。十一届三中全会后，予以改正，当选为省政协委员、洪江市政协副主席。1991年4月在洪江病逝，终年91岁。

李尔康(1901—1981年)，名先颐，新邵人。1921年留美，1925年获美国乌斯特大学理学学士。1926年入美国阿海阿大学，次年获化学工程硕士，1929年回国。先后任山西太原硫酸厂工程师、天津一区英文秘书、北京中央大学和工业大学教授、南京国民政府实业部工业试验所技正等职。1938年任重庆中央工业试验所化工部主任。1948年任天津恒大公司总经理，创建恒大烟草厂、东亚面粉厂、中华火柴厂等实业。1949年初任国民政府行政院乡村工业示范总处顾问。1949年冬调湖南省农业厅筹建杀虫药剂厂并任厂长。1953年任湖南省轻工业化工厅工程师。著有《毒气之防卫》、《毒气用活性炭制造之研究与试验》。

陈梅寿(1902—1951年)，酃县(今炎陵县)人。6岁丧母，随父学裁缝。在县城租铺开了一间缝衣店。后买了一台机械缝纫机，成为本县最先采用机械缝纫的裁缝。1925年用积攒的资本另外开了一间小百货店，店名“福利安”。1928年4月为陈毅率领的南昌起义军和湘南起义军制作军服，获得了一笔满意的报酬。随后冒险在江西宁冈、吉安、赣州一带做生意，获利不少。1933 年在县城十字街东街口盖了一栋三层 16 间的店铺，成为县城第一栋三层商店。1934 年正式营业定名为“福利安号百货布疋”。由于信誉良好，价格公道，销路广，资本积累也较其他商店快，逐渐成为本县最大的百货布匹商家。抗战期间在本县沔渡、中团等地购置田产，成为当地一个颇有声名的工商业者和地主。他热心公益事业，经常做些救济难民、办学、修路等慈善活动。1951 年病逝。

李连章（1902—1954 年），原名李定涛，号连章，芷江人。1902 年生。青年时期，李连章在长沙求学，先后就读于私立公益师范学校、湖南孔道大学和湖南建国法政学校。毕业后，他教过书，也担任过芷江地方自治筹备委员、县政府自治协助员等职，并于民国十五年（1926 年）和二十七年（1938 年）曾先后两度加入国民党。民国二十二年（1933 年）10 月，李连章经省合作指导员训练班受训后返县，竭力主张兴办合作事业，发起组织芷江合作协会，并被推选为执委会主席。此后不久，他被湖南省建设厅聘为国民党芷江县合作指导员、芷江县主任指导员，专门负责推行和发展合作组织。当时的芷江，农村经济几近崩溃，为推行合作、发展生产，李连章首先在县城帮助组织建立起全县第一个信用合作社——民益信用合作社，以低息发放贷款、接济贫民和支持发展城镇工商业为主，同时对城郊农村也发放生产贷款。信用合作社在一定程度上抑制和打击了民间高利贷活动，受到了当地民众的普遍欢迎。接着，他又在县城河西帮助组织建立起全县第一个消费合作社。为进一步推进合作事业、培养出合作事业人才，李连章还在沅郡乡村师范学校设置合作经济课程，并自编教材，亲自担任讲师。在不到几年的时间里，芷江合作事业遍及全县。到民国三十年（1941 年），全县已有合作社 4 个、信用合作社

351个、生产合作社182个、消费合作社5个、运输合作社1个、供应合作社1个，社员人数达19 897人，贷款金额总计110余万元，而且还创办了1所合作小学——私立协作小学。李连章因举办合作事业工作勤勉，受到湖南省建设厅的明令嘉奖和加薪晋级。抗日战争后期他被调到沅陵，先后担任合作事业湘西办事处视察员兼第二组组长、合作督导员兼沅陵湘西合作社桐棉联合运销社副经理等职。民国三十四年(1945年)，李连章被推举为辰溪私营青萍煤矿董事长；民国三十五(1946年)，当选为湖南省参议员；民国三十六年(1947年)，被聘为省政府参事；是年冬，被国民党中央圈定为"国大代表"候选人。竞选失败后，李连章到南京参加"国大代表"中央提名落选人联谊会。从南京回到长沙，他先后被选为省农会理事、长沙印刷合作社和省合作联社监事。1949年1至6月，李连章参加了长沙和平解放运动。同年7月，他从长沙到洪江办理煤矿登记图表。湘西解放后，他在沅陵参加湘西军区组织的思想改造学习；1954年3月，以反革命罪被判处死刑。1984年平反，被认定为起义人员，芷江县人民法院撤销原刑事判决，恢复其起义人员名誉。

尹仲容(1903—1963年)，邵东人。1925年毕业于南洋大学(今上海交通大学)电机工程系，先后两次供职国民政府交通部电政司，任职期间，将长期分设的邮政和电信、电报局和电台合并，收回外商控制的沪(上海)—烟(烟台)—沽(大沽)线，筹建九省长途电话网，使长江中下游和平汉、津浦、陇海三铁路沿线地区长途电话网在抗战初期得以兴建并迅速完工。1936年出任中国建设银行公司协理，主持民营给水与电力投资开发，筹建和改进了西安、南昌、汉口等城市的水电设施。抗战胜利后，赴南京协助策划战后生产与交通的恢复。1947年4月，回中国建设银行公司任常务董事，兼扬子电气公司、汉口既济公司执行董事。1949年4月随国民党政府迁居台湾，为台湾经济活动步入正轨作出重要贡献，被台湾工商界称为“台湾经济之父”、“台湾工业化之父”。1963年1月病逝于美国。

欧阳扶九(1904—1978年)，原名维骞，宁远人。曾就读长沙岳云中学，1927年毕业于湖南大学，1929年任湖南省银行职员。此后历任邵阳办事处主任、常德分行经理、总行襄理等职。抗日战争时期，省银行总行随省政府撤退湘南，在沅陵成立湘西管理处，他任总行襄理兼该处副处长。抗日战争胜利后，总行迁回长沙，他调任总行副行长，后任副总经理。1948年代理总经理职务。参与湖南和平起义。湖南和平解放，他负责将省银行全部资财交给人民。此后任中国人民银行湖南省分行会计科长、湖南银行干校副校长、省财贸干校专业技术部副主任，湖南财贸学校财经教研室副主任、会计系副主任等职。他是湖南省政协第三、四届委员，长沙市人民代表。1957年加入中国民主同盟，被选为长沙市委委员会常务委员。1978年4月3日逝世。

燕春舫(1905—1962年)，桃源人。少时因家贫由其父带到常德谋生，15岁入“南洋西药房”当学徒。后向“一有烟蜡店”赊销丝烟，沿街叫卖。后又提篮叫卖针棉小百货，稍有积蓄，遂与人开设“介湘”等百货店。1936年独资经营“燕春记百货店”。对顾客迎进送出，不厌其烦，生意兴隆。抗日战争期间，日机轰炸常德，同行纷纷搬迁或停业，燕春舫趁机扩大经营，以重金购得下南门十字路口地皮，建房开店，改招牌为“春记福百货号”。“常德会战”期间，他虽遭重大损失，但不气馁，仍旧恢复营业。至解放前夕，他拥有资金约5万银元，雇工30余人，在长沙设有专庄，与上海、广州、武汉等地百货商行建立了联系，成为蜚声常德商界的巨富。中华人民共和国成立后，被选为湖南省第一届人民代表、常德市工商联合会副主任，出席全国工商联筹备会。1956 年，其商店“春记福”实行公私合营。1957 年调任常德百货公司副经理。

李仲熙(1905—1966 年)，涟源人。1935 年在攸县鸾山利洞与人合办合隆炼铁厂。1949 年在攸县酒埠江合伙经营群和炼铁厂并任经理。1955 年该厂公私合营。1956 年任湘潭地区钢铁冶炼公司副经理，随后调任攸县官田铁厂厂长，后为攸县副县长。1966 年病逝。

程炯(1906—1973 年)，字俊清，醴陵人。1929 年上海同济大学机械工程系毕业后，赴德国勃兰斯威工业大学留学。1932 年回国后先后任汉阳火药厂工程师、津浦铁路浦口材料厂厂长、津浦铁路冀南材料厂厂长兼天津材料厂厂长等职。1937 年在任济南材料厂厂长时，日军向济南进犯，他不顾危险，全力组织国家物资装车南运。日军迫近，他才乘最后一列货车离开。同年冬，任河南农工器械制造厂厂长，改装设备、赶制手榴弹，并试制出六管高射机枪支援抗日战争。1938 年河南农工器械厂迁到湖南辰溪，他与中共地下党来往密切，还协助夫人朱启畴创办丹山小学。抗战胜利后任湖南省公路局局长。湖南和平解放前夕掩护中共地下党活动，参与起义准备工作。中华人民共和国成立后任湖南省公路局副局长，对全省公路建设多所筹划。1973 年逝世于长沙。

黄曾甫，长沙人。1912 年生。1935 年湖南大学毕业后，历任中学教员、隐储女校校长、《湖南戏报》主编等职。抗日战争初期任长沙市戏剧界抗敌后援会主席。40 年代后，先后合资在长沙、贵阳、重庆经营卷烟厂、火柴厂、钱庄等，任董事长、总经理、厂长等职，曾任长沙市私营烟厂联谊会主任、长沙市商会常务理事。1949 年参加湖南和平起义。1950 年任长沙市工商联筹委会秘书长，次年将所经营的湘中火柴厂捐献给长沙市人民政府生产教养院。后在市民政局、文化局任职。1957 年错定为“右派”，1978 年平反。晚年从事文史研究，曾任长沙市政协文史委员会兼职副主任，是民建长沙市委顾问。著有《春泥馆随笔》。

吴鉴光(1912—1989 年)，字子舟，涟源人。出身冶炼世家，年少时立志“实业救国”。1933 年毕业于南京兵工学校应用化学系，历任国民党中央军政部兵工署南京理化研究所技术员、河南巩县兵工分厂技术员、太原西北实业公司制造厂工程师、广州新火药厂筹备处技正、重庆第二兵工厂制酸部代理主任等职。1941 年回乡集资兴办安平铁厂。次年冬试用小高炉，日产铸铁 4 ~ 5 吨，为全省私营铁厂之冠。1943 年，与金鸡坑李葆田等人合资，于观音洞新建逢源(人和)铁厂，日产铸铁 3 吨。中华人民共和国成立前夕，继续扩建翻砂场、机修间、炼钢厂房，添置机床和鼓风设备，并写下“尽所能与物争，今为私；大道之行也为公”的誓言，刻石嵌壁，以表其忱。1951 年任安化县工矿委员会主任。1953 年，主动申请将安平铁厂公私合营，为省内第一家公私合营冶铁企业。其个人股金定息分别赠与涟源县湘剧院、县工商联合会、梅塘小学等。安平铁厂公私合营后，吴任工程师，大力进行技术革新。1954 年 7 月，调任省重工业厅工业局技术室冶炼组长。1957 年任涟源钢铁厂工程师、总工程师。1989 年 3 月逝世。

康明盛(1913—1976 年)，衡阳人。少读私塾，12 岁随父康尧亮来永绥(今花垣)经商定居，从下乡赶集卖草鞋、鞭炮、针线等小本商品开始，长年手持雨伞、身背包袱、脚穿草鞋出没于村寨和墟场收购山货。在商旅途中，被四川(今重庆)秀山县商贩杨三鸵赏识，于是结为伙伴，合资设立流动收购点，专门收购猪鬃、羊兽皮等土特产品，通过水运至沅陵、常德等地出售，同时购回山区短缺的南杂、五金、小百货等物品进行贩卖。由于经常来往于各大集市场口，能及时了解各地商品信息，加上深识山货与小百货市场的变化，生意越做越大，由零售小商贩发展成为资金雄厚的大商号。抗日战争胜利后，他正式挂出“康明盛商号”的牌子，雇请店员，跻身于县城富商大贾行列。1956 年参加公私合营，被任命为百货文具行业私方经理。

杨宏祥(1920—1987 年)，洪江人。幼读私塾两年，略识写算。12 岁在裕兴和南杂店学徒，出师后仍留该店帮工，后得亲友资助，自营同德和南杂店。经营一年有余，改为宏太杂货店兼营磨坊。1951 年邀集杂货业股东 44 人，集资 33 500 元，自武汉购进机器，延聘技工，在岩码头创办建洪面粉厂。1952 年 1 月投产，洪江始有机制面粉、面条。1953 年 10 月实行粮食统购统销，建洪面粉厂与新生米厂合并为新建粮食加工厂。1956 年 1 月带领加工厂 34 名职工和私方人员申请公私合营。先后任湖南省政协委员、省工商联委员、洪江市政协委员、市工商联副主任等职。

张本奎，生卒年不详，湘潭人。1898 年 7 月，鉴于樟脑用途甚多，而行销外国又广，加上湖南向来有熬蒸樟脑的优越条件，他和湘乡廪贡生萧仲祁、王国柱等，集股本银 1 万两，创立湖南化学公司，采用土法熬制樟脑。公司规模虽小，但开湖南省内化工工业先河，也是湘潭最早的近代工厂之一。

黄修元，生卒年不详，字笃恭，湘潭县人。1902 年委理湖南炼矿总公司(即阜湘总公司)、沅丰总公司事宜。1903 年阜湘、沅丰两公司合并为湖南全省矿务总公司，下分西路、中路、南路三公司。黄主持中路公司。为湖南近代矿业先驱之一。梁启超、杨度称其经济之才“不可一世”。

图书在版编目(CIP)数据
湖南近现代实业人物传略/朱有志，郭钦主编.—长沙：
中南大学出版社，2011.4
（湖湘文库）
ISBN 978-7-5487-0238-2

Ⅰ.①湖… Ⅱ.①朱… ②郭… Ⅲ.①企业家—列传—湖南省—近现代 Ⅳ.①K825.38

中国版本图书馆CIP数据核字（2011）第061864号

湖湘文库编辑出版委员会

湖南近现代实业人物传略

主　　编　朱有志　郭钦
责任编辑　陈应征
责任印制　文桂武
整体设计　郭天民
出版发行　中南大学出版社
社　　址　长沙市麓山南路
邮　　编　410083
发行科电话　0731-88876770
传　　真　0731-88710482
经　　销　湖南省新华书店
印　　装　湖南天闻新华印务有限公司
版　　次　2011年4月第1版第1次印刷
开　　本　960×640　1/16
印　　张　32
字　　数　363千字
书　　号　ISBN 978-7-5487-0238-2
定　　价　72.00元

ISBN 978-7-5487-0238-2